NOUVELLE-FRANCE

DOCUMENTS HISTORIQUES

CORRESPONDANCE

ÉCHANGÉE ENTRE LES

AUTORITÉS FRANÇAISES ET LES GOUVERNEURS ET INTENDANTS

VOLUME I

PUBLIÉS PAR ORDRE DE LA LÉGISLATURE DE LA PROVINCE DE QUÉBEC

QUÉBEC
IMPRIMERIE DE L.-J. DEMERS & FRÈRE
30 — rue de la Fabrique — 30
1893

AVIS

Québec, 2 mars 1893.

Le présent volume contient le commencement de la correspondance échangée entre les autorités françaises et les gouverneurs et intendants de la Nouvelle-France.

Le gouvernement de la province de Québec regrette d'être forcé, dans un but d'économie, de suspendre, pour le moment, la publication de ce travail important.

NOUVELLE-FRANCE

DOCUMENTS HISTORIQUES

CORRESPONDANCE OFFICIELLE DES GOUVERNEURS ET INTENDANTS

1620 — 7 mai

LETTRE DE LOUIS XIII

AU SIEUR DE CHAMPLAIN

Monsieur de Champlain,

Ayant sçu le commandement que vous aviez reçu de mon cousin le Duc de Montmorency, admiral de France et mon viceroy en la Nouvelle-France, de vous acheminer au dit païs, pour y estre son lieutenant et avoir soing de ce qui se présentera pour le bien de mon service, j'ay bien voulu vous escrire cette lettre pour vous assurer que j'auray bien agréables les services que vous me rendrez en cette occasion, surtout si vous maintenez le dit païs en mon obéissance, faisant vivre les peuples qui y sont le plus conformément aux loix de mon royaume que vous pourrez, et y ayant le soing qui est requis de la religion catholique, afin que vous attiriez par ce moyen la bénédiction divine sur vous, qui fera réussir vos entreprises et actions à la gloire de Dieu,

que je prie, M. Champlain, vous avoir en sa saincte et digne garde.

Escrit à Paris, le 7ᵉ jour de may, 1620.

LOUIS

1638 — 10 février

LETTRE DE LOUIS XIII

AU SIEUR D'AUNAY CHARNISAY

Monsieur d'Aunay Charnisay,

Voulant qu'il y ait bonne intelligence entre vous et le Sieur de la Tour, sans que les limites des lieux où vous aurez à commander l'un et l'autre puissent donner sujet de controverse entre vous, j'ai jugé à propos de vous faire entendre particulièrement mon intention touchant l'étendue des dits lieux, qui est que, sous l'autorité que j'ai donnée à mon cousin le cardinal duc de Richelieu sur toutes les terres nouvellement découvertes par le moyen de la navigation, dont il est surintendant, vous soyéz mon lieutenant général en la côte des Etchemins, à prendre depuis le milieu de la terre ferme de la baie Françoise en tirant vers les Virginies et gouverneur du Pentagouet et que la charge du Sieur de la Tour, mon lieutenant général en la côte d'Acadie, soit depuis le milieu de la baie Françoise jusques au détroit de Canceaux. Ainsi vous ne pourrez changer aucun ordre dans l'habitation de la rivière Saint-Jean, faite par le dit Sieur de la Tour, qui ordonnera de son économie et peuplade comme il jugera à propos, et le dit Sieur de la Tour ne s'ingérera pas non plus de rien changer ès habitations de la St-Caine et Port-Royal ni des ports de ce qui y est. Quant à la Croque, l'on en usera comme l'on en a fait du vivant du commandeur de Razilly. Vous continuerez au reste et redoublerez vos soins en ce qui est de la conservation des lieux qui sont dans l'étendue de votre charge et spécialement de prendre garde exactement qu'il ne s'établisse aucuns étrangers dans les pays et côtes de la Nouvelle-France, dont les rois mes prédécesseurs ont fait prendre possession en leur nom. Vous me donnerez compte au plus tôt de l'estat des affaires de delà et particulierement sous quel prétexte et avec quels aveu et commissions quelques étrangers se sont introduits et ont formé des habitations ès dites côtes, afin que j'y fasse pourvoir et vous envoie les ordres que je jugerai nécessaires sur ce sujet, par les premiers vaisseaux qui iront en vos quartiers. Sur ce je prie Dieu qu'il vous ait, Monsieur d'Aunay Charnisay, en sa sainte garde.

Ecrit à St-Germain en Laye, le 10 février 1638.

LOUIS

BOUTHILLIER

1641 — 13 février

LETTRE DE LOUIS XIII

AU SIEUR D'AULNAY CHARNISAY

A St-Germain en Laye, le 13 février 1641

Monsieur Daulnay Charnisay,

J'envoye ordre au Sieur de la Tour, par lettre expresse, de s'embarquer et de me venir trouver aussy tost qu'il l'aura reçue. A quoy, s'il manque d'obéir, je vous ordonne de vous saisir de sa personne et de faire fidelle inventaire de tout ce qui luy appartient, copie duquel vous enverrez par deça.

Pour cet effet, vous vous servirez de tous les moyens et forces que vous pourrez et mettrez les forts qui sont entre ses mains en celles de personnes fidelles et affectionnées à mon service, qui en puissent respondre. La présente n'estant à auctre fin, je prie Dieu qu'il vous ait, Monsieur Daunay de Charnisay, en sa saincte garde.

LOUIS

1645 — 28 septembre

LETTRE DE LOUIS XIV

AU SIEUR D'AULNAY CHARNISAY

Fontainebleau, 28 sept. 1645

Monsieur D'Aulnay Charnisay,

Estant bien informé de la passion que vous avez toujours eue pour conserver soubs mon obéissance les costes et forts et habitations de l'Acadie, mesme de la valeur et courage que vous avez faict paroistre pour ranger le Sieur de la Tour à son devoir et empescher les mauvais effets des pratiques qu'il tentoit avec quelques estrangers pour leur mettre ès mains le fort qu'il commandoit, ce qui eust non seulement causé un notable préjudice à mon service par la perte de toutes ces costes, mais encore celle de la pesche des molues, qui auroit été suivie de plusieurs aultres inconvénients très dommageables à mon estat, je vous fais celle-cy, par l'advis de la reyne régente, Madame ma mère, pour vous faire cognoistre combien j'estime vostre fidélité à mon service, qui m'est si agréable, que je prendrai à plaisir de vous en tesmoigner le souvenir, non moins par les effets de ma protection que de mes bienfaits, pour preuve desquels je vous enverray au plus tost un vaisseau équipé de tous ses apparaux avec quelques raffraichissemens, afin de vous donner plus de sujet de me bien servir, vous assurant que les peynes et travaux que je sais que vous avez supportés vous tiendront lieu de mérite près de moy, qui prie Dieu, Monsieur D'Aulnay de Charnisay, vous avoir en sa saincte garde.

LOUIS.

1645 — 27 septembre

LETTRE DE LA REINE REGENTE

AU SIEUR D'AUNAY CHARNISAY

Monsieur D'Aunay Charnizay,

La passion que vous avez fait paroistre pour la conservation des costes, forts et habitations de l'Acadie sous mon obéissance, en vous opposant aux mauvais desseins et intelligence que le Sieur de la Tour avait avec quelques étrangers au préjudice du service du Roy, Monsieur mon fils, me donne sujet d'estimer votre faveur et fidélité. Je vous fais celle-cy pour vous tesmoigner le désir que j'ai d'avoir occasion de reconnoistre vos services par des effets de ma bonne volonté et cependant vous diray que pour vous donner toujours plus de moyens de servir le Roy mon dit sieur et fils en ces quartiers, il a commandé qu'on vous fasse équiper un vaisseau pour vous l'envoyer au plus tost et ne doutant point que vous ne continuiez de faire tout votre possible pour bien establir l'autorité du Roy en toutes ces costes et pays, je prie Dieu vous avoir, Monsieur D'Aunay Charnizay, en sa sainte garde.

Escrit à Fontainebleau le vingt-sept septembre 1645.

ANNE.

1646 — 6 avril.

LETTRE DE LOUIS XIV

A M. LE COMTE DE DOIGNON

Monsieur le Comte de Doignon,

Voulant contribuer autant qu'il m'est possible au bien et à l'avantage de ceux du pays de la Nouvelle-France de Canada, à l'assister de moyens pour peupler le pays et y faire enseigner la foi de l'Evangile de Notre Sauveur, j'ai résolu de prester l'un de mes vaisseaux pour faire un voyage au dit pays durant la présente année et sachant que celuy nommé *La Marquise*, qui est maintenant au port de La Rochelle, est plus propre qu'aucun autre pour ce dessein, je vous escris celle-ci par l'advis de la reine régente, Madame ma mère, pour vous dire que vous ayez à remettre le dit vaisseau *La Marquise* avec ses agrès, canons, munitions et apparaux entre les mains du Sieur de Repentigny, deputé pour les affaires concernant le dit pays, pour y faire son embarquement, ainsi qu'il a accoustumé, en retirant de lui sa promesse de le rendre au meilleur état qu'il se pourra au retour de ce voyage. A quoy m'assurant que vous ne manquerez à satisfaire selon mon intention, je prieray Dieu vous avoir, Monsieur le Comte de Doignon, en sa sainte garde.

Escript à Paris le 6e jour d'avril.

LOUIS.

1659 — 14 mai

LETTRE DE LOUIS XIV

AU VICOMTE D'ARGENSON

Monsieur d'Argenson,

Je vous ay cy-devant escrit pour vous ordonner d'appuyer le Sieur Evesque de Pétrée en la fonction épiscopale, selon les pouvoirs qu'il en a obtenus de nostre Saint Père le Pape, lequel à ma prière l'a ordonné évesque, afin que sans aucune opposition il en pust faire les fonctions en l'estendue de la Nouvelle-France. Présentement je vous escris, non seulement pour vous recommander de nouveau la personne du dit Sieur Evesque, mais pour vous dire que si les vicaires du Sieur Archevesque de Rouen vouloient s'ingérer de faire aucune fonction de jurisdiction, vous ayez à les en empescher et à leur dire que quelques lettres que j'aye accordées au dit Sieur Archevesque, mon intention n'est point que luy ny eux de son autorité s'en prévalent jusqu'à ce que par celle de l'église il ait esté déclaré si le dit Sieur Archevesque est en droict de prétendre que la Nouvelle-France soit de son diocèse. Car outre qu'on ne convient pas que c'ait esté sous son autorité ou celle de ses prédécesseurs que la religion a esté portée en ces pays de par delà, quand on demeureroit convaincu que cela luy eust acquis le droit, Nostre Sainct Père le Pape n'en est pas persuadé et ce seroit un scandale si dans une église naissante la jurisdiction de celuy que Dieu a estably chef de l'universelle venoist à estre contestée. Je scay bien qu'on y veut engager mon autorité et que sous le prétexte de la maintenir on essaye de donner atteinte à celle du Pape, mais je feray ce que je dois en maintenant la mienne sans toutefois blesser l'autre. Ce que vous avez à faire se réduict à maintenir le dit Sieur Evesque en la pleine fonction de sa charge, soit qu'on le considère honoré du caractère épiscopal soit du vicariat apostolique dont j'ay recherché Sa Sainteté; mais je désire que vous ménagiez en sorte les choses que les vicaires du dit Sieur Archevesque ayent sujet de se louer de vostre conduite. Celle-cy n'estant à autre fin, je prie Dieu qu'il vous ait, Monsieur d'Argenson, en sa sa sainte garde.

Escrit à Paris le 14ᵉ jour de may 1659.

LOUIS

DE LOMÉNIE

A Monsieur d'Argenson,
 Conseiller en mon Conseil d'Estat
 Gouverneur et mon lieutenant
 Général en la Nouvelle-France.

1665 — 27 mars

MEMOIRE DU ROY

Pour servir d'instruction au Sieur Talon, s'en allant intendant de la justice, police et finances dans la Nouvelle-France

Sa Majesté ayant fait choix du dit Sieur Talon pour remplir cette charge, a considéré qu'il avait toutes les qualités nécessaires pour prendre une connaissance parfaite de l'état du dit pays, de la manière que la justice, police et finances y ont été administrées jusques à présent, en réformer les abus et en ce faisant maintenir les peuples qui composent cette grande colonie dans la possession légitime de leurs biens et dans une union parfaite entre eux, ce qui pourra produire avec le temps une augmentation considérable de la dite colonie, qui est la fin principale où sa dite Majesté désire parvenir.

Pour cet effet le dit Sieur Talon sera informé que ceux qui ont fait des relations les plus fidèles et les plus désintéressées du dit pays ont toujours dit que les Jésuites (dont la piété et le zèle ont beaucoup contribué à y attirer les peuples qui y sont à présent) y ont pris une autorité qui passe au delà des bornes de leur véritable profession, qui ne doit regarder que les consciences. Pour s'y maintenir, ils ont été bien-aises de nommer le Sieur Evêque de Pétrée pour y faire les fonctions épiscopales, comme étant dans leur entière dépendance, et même jusques ici, où ils ont nommé les gouverneurs pour le Roy en ce pays là, où ils se sont servi de tous les moyens possibles pour faire révoquer ceux qui avaient été choisis pour cet emploi sans leur participation, en sorte que comme il est absolument nécessaire de tenir en une juste balance l'autorité temporelle, qui réside dans la personne du Roy et en ceux qui le représentent, et la spirituelle, qui réside en la personne du dit Sieur Evêque et des Jésuites, de manière toutefois que celle-cy soit inférieure à l'autre, la première chose que le dit Sieur Talon devra bien observer et dont il est bon qu'il ait en partant d'ici des notions presque entières, est de connaître parfaitement l'état auquel sont maintenant ces deux autorités dans le pays, et celui auquel elles doivent être naturellement. Pour y parvenir, il faudra qu'il voye ici les Pères Jésuites qui ont été au dit pays et qui en ont toute la correspondance, ensemble le procureur général et le Sieur Villeray, qui sont les deux principaux du Conseil Souverain établi à Québec, qu'on dit être entièrement dévoués aux dits Jésuites, desquels il en tirera ce qu'ils en peuvent scavoir sans néanmoins se découvrir de ses intentions. Il importe qu'il sache que le dit pays avait été concédé à une compagnie formée du temps du ministère de feu M. le cardinal de Richelieu en 1628; que cette compagnie n'ayant pas assez de force pour soutenir le pays, elle remit en 1644 entre les mains des habitants la traite de la pelleterie, qui est le seul avantage qu'elle en tiroit, à condition seulement d'un millier de castors tous les ans, pour son droit de seigneurie, et en 1662, la dite compagnie n'étant plus composée que de 45 parts, de 100 dont elle était composée dans son commencement, les intéressés en ces 45 parts l'ont remis purement entre les mains du Roy, n'étant pas en état de fournir à la grande dépense qu'il fallait faire, sans qu'ils en retirassent aucun profit.

Depuis la dite année 1662, Sa Majesté a joint le dit pays à la concession qu'elle a faite à la Compagnie des Indes Occidentales, dont il est nécessaire que le dit Sieur Talon voye les lettres de concession, par lesquelles la compagnie est en droit de nommer le gouverneur et tous les autres officiers, et comme la compagnie connoit assez qu'elle ne pourroit pas trouver des personnes qui eussent assez de mérite et qui fussent assez autorisées pour occuper ces postes et les remplir dignement, elle a été bien-aise que le Roi fit cette nomination jusques à ce que par la continuation des bontés et de la protection de Sa Majesté cette colonie s'augmentant considérablement, la dite compagnie puisse alors par elle-même trouver des sujets propres pour y envoyer.

Il a été bon que le dit Sieur Talon sçeust toutes ces choses pour lui faire connoitre que l'intention et la volonté du Roi sont qu'il protège, appuye et travaille, autant qu'il sera en son pouvoir, à bien établir l'autorité de la Compagnie dans le dit pays, dont pour lui donner les plus grandes lumières il pourra voir les instructions qui ont été données au dit Sieur de Tracy, l'édit portant établissement du Conseil Souverain, l'arrest du conseil donné sur le sujet de la concession et défrichement des terres et toutes les lettres qui ont été écrites depuis un an par le Sieur de Mezy, gouverneur, le dit Sieur Evêque de Pétrée et les officiers du dit Conseil Souverain, par lesquelles il sera amplement informé des démêlés qui sont survenus entr'eux.

Pour lui en faire une déduction succincte,

il sera informé que les Jésuites firent tant de plaintes, il y a deux ans, contre le Sieur baron du Bois d'Avaugour, qui était gouverneur du pays, et lequel depuis a été tué en deffendant avec beaucoup de valeur le fort de Sérin contre les Turcs, sur la frontière de Croatie, que le Roi, pour leur donner satisfaction, se résolût, non seulement de le rappeler, mais même de leur laisser le choix d'un autre gouverneur en 1663. Ils jetèrent donc les yeux sur le dit Sieur de Mezy, major de la ville de Caen, qui faisait profession d'être dévot et qu'ils croyaient sans doute qui se conduirait par leurs sentiments ; mais ils se sont trouvés courts dans leurs mesures quand il a été en possession du commandement, parce que non seulement diverses passions de colère et d'avarice, qu'il avait cachées dans les commencemens, ont éclaté, à ce qu'ils dirent, au désavantage du Roi et de la colonie, en sorte qu'il a interdit et rétabli à plusieurs fois, suivant ce qu'il lui a plu, les officiers du Conseil Souverain ; mais ce qui paroit d'essentiel dans ce démelé, c'est que de son autorité, en 24 heures de temps, il a fait embarquer et fait partir les Sieurs Bourdon, procureur général, et Villeray, conseiller, de sorte que cette conduite violente ne pouvant être approuvée du Roi, Sa Majesté a fait expédier un pouvoir au dit Sieur de Tracy et au Sieur de Courcelles, qu'elle envoye en la place du dit de Mezy, et Talon, pour faire informer par des personnes qui ne soient point suspectes de partialité, de la vérité des plaintes que l'on a formées contre lui ; et en cas qu'ils les trouvent bien fondées, il le fasse mettre en arrest pour lui faire et parfaire son procès, jusques à jugement définitif, exclusivement, et l'envoyer ensuite prisonnier en France, étant une satisfaction qu'il estime devoir à la justice et au repos de ses peuples en ces quartiers là.

Les Iroquois, qui sont distingués en diverses nations et qui sont tous ennemis perpétuels et irréconciliables de la colonie, ayant par le massacre de quantité de François et par les inhumanités qu'ils exercent contre ceux qui tombent en leur pouvoir, empêché que le pays ne se soit peuplé plus qu'il l'est à présent, et par leurs surprises et leurs courses inopinées tenant toujours le pays en échec, le Roy, pour y apporter un remède convenable, a résolu de leur porter la guerre jusques dans leurs foyers, pour les exterminer entièrement, n'ayant aucune sureté dans leur parole et violant leur foi aussi souvent qu'ils trouvent les habitans de la colonie à leur avantage, et pour cet effet, a ordonné au dit Sieur de Tracy d'y passer des Antilles, avec quatre compagnies d'infanterie des troupes réglées, pour commander en cette expédition ; et outre ce, envoye mille bons hommes, sous la conduite du Sieur de Salière, ancien maréchal de camp d'infanterie, avec toutes les munitions de guerre et de bouche qui ont été estimées nécessaires pour cette entreprise, dont il a remis un ample mémoire au dit Sieur de Talon, comme aussi des fonds qui ont été faits, tant à ce sujet que pour les autres dépenses qui pourront être à faire dans le pays, lequel fournira aussi 3 à 400 soldats, qui savent la manière de combattre ces peuples sauvages.

Comme l'intention du Roy est qu'il assiste dans tous les conseils de guerre qui se tiendront dans le cours de cette expédition et qu'ainsi il sera exactement informé des résolutions qui se prendront, sa principale application devra être en ce temps là à faire en sorte que toutes les choses dont l'on aura besoin pour le service et le soulagement des troupes ne manquent point et de pourvoir par sa vigilance et par son industrie aux incidens imprévus. Et comme peut-être cette entreprise étant finie à la gloire des armes de

Sa Majesté et à la sureté de la colonie ainsi qu'il y a lieu de l'espérer, les dits Sieurs de Tracy, de Courcelles, de Salière et les autres chefs estimeront à propos de construire quelques forts pour la conservation des lieux que l'on aura occupés, il faudra en ce cas qu'il donne pareillement tous ses soins pour les fournir des vivres et munitions nécessaires pour leur défense et la substance des soldats que l'on y pourrait laisser.

Avant que de partir de Québec pour cette expédition, il sera bon qu'il prenne, autant que le temps le lui permettra, toutes les connoissances qu'il pourra tant de ce qui concerne l'administration de la justice que ce qui regarde l'état des familles, afin que s'il y avait quelque chose à redresser au premier point et qu'il pût travailler utilement au second, il le fit auparavant que d'entreprendre ce voyage; mais au retour, comme il sera plus libre, étant déchargé des principales affaires de la guerre, et que suivant le pouvoir qui lui est donné et aux dits Sieurs de Tracy et de Courcelles, ils auront, ou licencié le Conseil Souverain, pour le composer d'autres personnes, en cas qu'ils ayent remarqué qu'ils n'ayent pas fait leur devoir, ou se seront contentés d'en ôter quelques-uns, ou enfin les auront confirmés, si effectivement ils auront reconnu qu'ils ont de bonnes intentions et qu'ils n'envisagent que le bien de la justice, il importe qu'il ait perpétuellement dans l'esprit que cette même justice devant faire la félicité des peuples et remplir la première intention du Roi, sa principale application doit être à la faire régner sans distinction de qui que ce soit, en prenant garde que le Conseil Souverain la rende toujours avec intégrité sans nulle cabale et sans frais. Et quoiqu'il lui soit conféré l'autorité de juger seul, souverainement et en dernier ressort les causes civiles, il sera bon, néanmoins, qu'il ne s'en serve pas que dans une nécessité absolue, étant de conséquence de traiter les affaires dans leur ordre naturel et de n'en point sortir que par des occasions indispensables.

Comme la colonie tirera un autre avantage très considérable de l'établissement d'une bonne police, tant pour ce qui regarde l'administration des deniers publics, la culture des terres, que dans les manufactures que l'on y pourra établir, le dit Sieur Talon concertera avec les officiers qui composeront le dit conseil et les principaux habitans du pays, les moyens de faire quelques règlemens fixes sur ce sujet pour les faire observer inviolablement, les fondant, s'il se peut, sur l'exemple de ceux qui sont en vigueur dans les villes du royaume où l'ordre est mieux établi. Il lui est remis un état du revenu du pays et de l'emploi qui s'en est fait jusques ici, ensemble des debtes qui ont été contractées et des intérêts qui s'en payent annuellement; mais, comme il pourra, étant sur les lieux, en tirer encore plus d'éclaircissement, l'intention du Roi est qu'il tâche d'entrer si avant dans cette matière qu'il connoisse avec certitude jusques au dernier sol, à quoi ce revenu monte effectivement et même s'il s'y est commis quelques abus, qu'il en fasse informer pour punir les coupables, s'ils se trouvent prévenus de malversations considérables.

L'une des choses qui a apporté le plus d'obstacles à la pleuplade du Canada, a été que les habitans qui s'y sont allés établir ont fondé leurs habitations où il leur a plu ; pour mieux s'entre-secourir les uns aux autres, au besoin, ils ont pris des concessions pour une espace de terre qu'ils n'ont jamais été en état de cultiver, par leur trop grande étendue, et étant ainsi espars, se sont trouvés exposés aux embuches des Iroquois qui, par leur vitesse, ont toujours fait les massacres avant que ceux qu'ils ont surpris ayent pu être secourus de leurs voisins. C'est aussi pour cette raison que le Roi a fait rendre il y a deux ans un arrest du conseil dont il sera délivré une expédition au dit Sieur Talon, par lequel, pour remédier à ces accidens, Sa Majesté ordonnait qu'il ne serait plus fait, à l'avenir, aucun défrichement que de proche en proche, et que l'on réduirait les habitations en la forme de nos paroisses et nos bourgs, autant qu'il sera dans la possibilité, lequel néanmoins est demeuré sans effet sur ce que pour réduire les habitans dans des corps de villages, il faudrait les assujettir à faire de nouveaux défrichements et à abandonner les leurs : toutefois, comme c'est un mal auquel il faut trouver quelque remède pour garantir les sujets du Roi des incursions des Sauvages qui ne sont pas dans leur alliance, Sa dite Majesté laisse à la prudence du dit Sieur Talon d'aviser avec le dit Sieur de Courcelles et les officiers du Conseil Souverain de Québec à tout ce qui sera praticable pour parvenir à un bien si nécessaire.

La difficulté qui s'est rencontrée, ainsi qu'il est dit ci-dessus, à l'exécution de cet arrest pour réunir les habitations en corps de paroisses, ayant empêché l'effet d'une chose qui est tout-à-fait salutaire au pays, et laquelle peut le plus contribuer à rendre cette colonie florissante, il sera important que, sans s'arrêter à vouloir exécuter cet arrest à la rigueur, le dit Sieur Talon travaille de concert avec les habitans à l'exécuter en partie, s'il ne peut être exécuté entièrement ; et le tempérament que l'on y pourrait apporter seroit, par exemple, qu'un habitant qui auroit une concession pour 500 arpens de terre, dont il n'auroit défriché que 50 arpens, en abandonneroit cent arpens aux nouveaux François, qui viendront s'habituer au pays ; à quoi, s'il s'opposait, on pourroit même menacer de lui ôter toutes celles qu'il n'auroit pas encore mises en culture, et effectivemeut en cas de besoin, il sera expédié une déclaration pour être enregistrée au dit Conseil Souverain de Québec, portant que les dits habitans seront obligés de défricher toutes les terres qui leur ont été concédées, sinon, et à faute de ce faire, il leur en sera retranché chaque année le dixième ou quinzième pour les donner à de nouveaux colons, et par ce moyen il y auroit lieu d'espérer que dans un petit nombre d'années toutes les terres concédées seroient généralement mises en culture.

Il reste encore une chose à faire sur la même matière, qui servira beaucoup à l'augmentation de la colonie, qui est que le Roi désire que dans le cours de chacune année, le dit Sieur Talon fasse préparer 30 ou 40 habitations pour y recevoir autant de nouvelles familles, en faisant abattre les bois et ensemencer les terres que l'on aura défrichées de Sa Majesté.

Le Roi considérant tous ses sujets du Canada, depuis le premier jusques au dernier, comme s'ils étoient presque ses propres enfants et désirant satisfaire à l'obligation où il est de leur faire ressentir la douceur et la félicité de son règne, ainsi qu'à ceux qui sont au milieu de la France, le dit Sieur Talon s'étudiera uniquement à les soulager en toutes choses et à les exciter au travail et au commerce, qui seuls peuvent attirer l'abondance dans le pays et rendre les familles accommodées. Et d'autant que rien ne peut mieux y contribuer qu'en entrant dans le détail de leurs petites affaires et de leur domestique, il ne sera pas mal à propos qu'après s'être établi, il visite les habitans les uns après les autres, pour en reconnoître le véritable état, et ensuite pour voir autant bien qu'il pourra aux nécessités qu'il y aura remarquées, afin qu'en faisant les devoirs d'un bon père de famille, il puisse leur faciliter les moyens de faire quelques profits et d'entreprendre de labourer les terres incultes qui sont les plus prochaines de celles qu'ils ont déjà mises en culture.

Il observera que l'un des plus grands besoins du Canada est d'y établir des manufactures et d'y attirer des artisans pour les choses qui sont nécessaires à l'usage de la vie, car jusques ici il a fallu porter en ce pays-là des draps pour habiller les habitants, et même des souliers pour les chausser, soit qu'étant obligés de cultiver la terre pour leur substance et celle de leurs familles, ils en ayent fait leur seule et leur plus importante occupation, soit par le peu de zèle et d'industrie de ceux qui les ont gouvernés jusques à présent. C'est pourquoi il examinera tous les moyens que l'on pourra embrasser pour l'introduction d'une chose si utile au dit pays, à laquelle Sa Majesté contribuera par l'ouverture de ses coffres, étant bien persuadée qu'elle ne saurait employer une bonne somme d'argent à un meilleur usage.

L'éducation des enfans étant le premier devoir des pères à leur égard, le dit Sieur Talon les excitera à leur inspirer la piété et une grande vénération pour les choses qui concernent notre religion (quoique le Sieur évêque de Pétrée et les Jésuites s'y appliquent avec beaucoup de fruit); et ensuite beaucoup d'amour et de respect pour la personne royale de Sa Majesté et après à les accoutumer de bonne heure au travail. Car on a toujours fait une expérience certaine que la fainéantise des premières années de la vie est la véritable source de tous les désordres qui la traversent, au lieu que l'application produit un effet contraire parmi ceux qui évitent l'oisiveté dans ces premiers temps.

L'expédition contre les Iroquois étant achevée, le Roi désire que le dit Sieur Talon invite les soldats, tant du régiment de Carignan que des quatre compagnies d'infanterie, qui ont passé d'abord en Amérique, sous le commandement du Sieur de Tracy, à demeurer dans le pays, en faisant à chacun d'eux une légère gratification au nom de Sa Majesté pour leur donner plus de moyen de s'y établir et leur procurer même des anciens habitans quelques terres défrichées, outre celles qu'il pourra leur accorder pour les mettre en culture.

Par un arrêt du conseil que le Sieur évêque de Pétrée, qui travaille avec beaucoup de zèle et de ferveur à l'avancement et la perfection du christianisme de la Nouvelle-France, emporta le dernier voyage qu'il fit à la cour, le Roi établit des dismes sur le fruit de la terre et lui permit et à son clergé de lever le 20e pour aider à la subsistance du séminaire et des ecclésiastiques qui font les fonctions curiales à Québec, Montréal, Trois-Rivières et autres habitations de la colonie, Sa Majesté estimant alors que cette charge ne seroit pas grande aux dits habitans, attendu même que l'Eglise prenne le onzième pour la disme en la plupart des lieux du royaume, néanmoins son intention est que le dit Sieur Talon examine avec les dits Sieurs de Tracy et de Courcelles si effectivement cet établissement est trop onéreux au pays, parce qu'en ce cas, il faudroit voir le tempérament que l'on y devroit apporter, et que Sa dite Majesté contribueroit plutôt d'ailleurs à l'entretien du dit séminaire et des prêtres qui le composent.

Par tous les rapports qui ont été faits du Canada, il est constant qu'il s'y trouve une très grande quantité de bois propre à toute sorte d'usages, et même à la construction de toutes les parties d'un vaisseau, et qu'il y a des arbres de la grosseur et de la hauteur nécessaires pour master. Et comme c'est un trésor qu'il faut soigneusement conserver pour avec le temps dresser quelques ateliers pour y bâtir des navires pour le Roi, il sera bon, lorsqu'il se fera quelque nouveau défrichement, d'empêcher l'abatis du bois qui sera de la plus belle venue et que l'on pourra employer à l'ouvrage susdit. Cependant le dit Sieur Talon rendra un service au Roi qui lui sera bien agréable et contribuera en même temps à l'établissement du commerce dans la colonie, s'il peut disposer les habitans les plus accommodés à entreprendre quelques bâtimens pour eux, à quoi même ils trouveront d'autant plus de facilité, si l'on vient à ouvrir les mines de cuivre, de plomb et de fer, que l'on vérifie être très abondantes, pour les divers essays qui en ont été faits.

Le dit Sieur Talon examinera de plus si les terres rapportent beaucoup de blé par leur fertilité, et par ce moyen si y en ayant dans le pays au delà de ce qui est nécessaire pour la nourriture de tous les habitans qui composent la colonie, et de leurs familles, il ne seroit pas plus avantageux aux habitans de semer en quelques-unes des chanvres et des légumes, et en cas qu'il l'estime nécessaire il pourra, par la participation du gouverneur et du Conseil Souverain, en dresser un règlement pour le faire exécuter. Et comme les nourritures du bétail à quoi le pays est fort propre par la salubrité des eaux et la vaste étendue des prairies contribueront beaucoup à l'avantage de la colonie, il sera bon aussi que le dit Sieur Talon examine, avec la même participation du dit Sieur gouverneur et du dit conseil, s'il ne seroit pas à propos de faire des défenses de tuer des bœufs, vaches, veaux, brebis, porcs, et généralement toute autre espèce de bétail, pendant un temps dont ils conviendront.

Au surplus, le dit Sieur Talon doit être fort soigneux à informer le Roi de tout ce qui se passera au dit pays et d'envoyer à Sa Majesté les observations qu'il aura faites sur la présente instruction.

Fait à Paris, le 27ᵉ jour de mars 1665.

LOUIS

DE LIONNE

1672—7 avril

MÉMOIRE DU ROY

Pour servir d'instructions au Sieur Comte de Frontenac que Sa Majesté a choisy pour Gouverneur et Lieutenant Général pour Sa Majesté en Canada

Le Sieur de Frontenac doit être premièrement informé que le repos et la tranquillité des colonies de la Nouvelle-France ayant été plusieurs fois troublés par les entreprises et les cruautés que les nations sauvages, et particulièrement les Iroquois, ont exercées sur les habitans qui les composent, lorsque Sa Majesté a commencé de donner ses soins et son application au rétablissement du commerce et de la navigation dans son royaume, elle prit la résolution de faire un fonds tous les ans pour estre employé aux besoins de ses sujets qui s'estoient habitués aux dits païs et quoy qu'il ayt été consommé des sommes considérables pour parvenir à l'augmentation qu'elle s'estoit proposée des dites colonies, le fruit de ses peines et de cette dépense a esté longtemps retardé par le massacre que les dits Iroquois ont fait de temps en temps des dits habitans, en sorte que le soin de penser à la conservation de leur vie et de celle de leurs familles les a longtemps divertis de l'application qu'ils devroient donner au défrichement et à la culture des terres.

Mais, comme Sa Majesté donne à tous ses sujets une égale protection et qu'elle n'a rien plus fortement à cœur que de leur en faire ressentir les effets, le dit Sieur de Frontenac doit être informé que Sa Majesté voulant délivrer une fois pour toutes les habitans des dits païs de la cruauté des dits Iroquois, elle prit la résolution en 1665 de faire passer aux d'ts païs le régiment de Carignan Salières, composé de mille hommes avec toutes les armes et munitions nécessaires pour faire la guerre aux dits Iroquois et les forcer à luy demander la paix.

Cette entreprise eut un heureux succès et cette expédition ayant esté faite par les soins du Sieur de Tracy, lieutenant général en l'Amerique, et du Sieur de Courcelles, gouverneur et lieutenant général en la Nouvelle-France, elle eut la satisfaction d'apprendre que la pluspart des dites nations sauvages estoient venues se soumettre à son obéissance, que les dits habitans ne recevroient plus la mortification de se voir troubler dans leurs établissemens par la cruauté et la barbarie des dits Iroquois, et comme Sa Majesté crut en mesme temps que le moyen le plus sûr d'augmenter considérablement ces colonies estoit de licencier aux dits pays les compagnies du dit régiment et de faire délivrer des concessions aux capitaines et soldats qui voudroient s'y habituer volontairement, cette pensée ayant réussy et la plus part des dits officiers et soldats ayant pris des habitations, les dites colonies en receurent une augmentation telle, qu'elles sont à présent en estat non seulement de soustenir par elles mesmes, mais aussi de fournir dans peu d'années une plus grande quantité de marchandises au Royaume qu'elles n'ont fait jusques à présent temps.

Depuis Sa Majesté a fait passer tous les ans aux dits pays un nombre considérable de personnes de l'un ou l'autre sexe, et en 1669 elle accepta la proposition qui luy fut faite par six capitaines d'infanterie d'y faire passer leurs compagnies complètes pour s'y habituer pareillement, ainsy il est facile de comprendre que les dites colonies estant remplyes d'un nombre considérable de gens aguerris, elles pourront donner assez de crainte aux dits Iroquois pour les contenir dans les bornes de leur devoir et de l'obéissance qu'ils doivent à Sa Majesté. C'est pourquoi le dit Sieur de Frontenac doit prendre un soin particulier d'entretenir les habitans du dit païs dans l'exercice et le maniement des armes et de leur faire faire de fréquentes revues, afin de les tenir, non seulement en estat de repousser des injures qui leur pourront estre faites par les dits Iroquois, mais mesmes de les attaquer toutes les fois qu'il importera au service de Sa Majesté et au repos des dites colonies.

Après ce premier devoir, qui est indispensable pour la défense et le maintien des dites colonies, le dit Sieur de Frontenac doit s'appliquer fortement à faire goûter à tous les habitans dont elles sont composées la même douceur et la mesme tranquillité dont jouissent les autres sujets de Sa Majesté, en faisant régner parmy eux sa justice, en sorte qu'un chacun jouisse du fruit de son travail et de ses peines.

Il doit être informé aussy qu'il a esté estably un conseil souverain à Québec, lequel est composé du lieutenant général, de l'évesque de Petrée, de l'intendant de la justice, police et finances au dit païs et d'un nombre de conseillers, et d'autant que cet establissement n'a esté fait que dans la seule veuë d'empescher l'oppression des pauvres par les plus puissans et les plus accommodés des dits habitans, le dit Sieur de Frontenac tiendra soigneusement la main à ce que les bonnes intentions de Sa Majesté sur ce sujet soient ponctuellement exécutées, et en cas qu'il trouvast quelque défaut dans la conduite des juges et personnes publiques, il sera nécessaire qu'il les en avertisse, mais s'il arrive quelque désordre considérable, il ne manquera pas d'en donner avis au Roy.

Quoy qu'il n'y ait point eu jusqu'à présent aucune maladie populaire en la Nouvelle-France, en cas qu'il en survînt quelqu'une, le dit Sieur de Frontenac en fera examiner les causes avec un grand soin pour y remédier promptement, estant fort important au service de Sa Majesté de persuader aux habitans du dit païs que leur conservation est chère à Sa Majesté et utile et nécessaire au public.

L'augmentation des dites colonies devant être la règle et la fin de toute la conduite du dit Sieur de Frontenac, il doit penser continuellement aux moyens de conserver tous les habitans, d'en attirer aux dits païs le plus grand nombre qu'il luy sera possible, et comme le bon traitement qu'il fera à ceux qui y sont desja établis conviera plusieurs autres François à passer au dit païs pour y faire de mesme leur établissement, il s'appliquera fortement à appaiser tous les différends tant généraux que particuliers et à les gouverner avec cet esprit de douceur qui règne dans la conduite de Sa Majesté.

Le dit Sieur de Frontenac doit exciter par tous moyens possibles les dits habitans à la culture et au défrichement des terres ; et comme l'éloignement des habitations les unes des autres a considérablement retardé l'augmentation des colonies et a facilité autrefois les moyens aux Iroquois de réussir dans leurs funestes entreprises, le dit Sieur de Frontenac examinera ce qui est praticable pour assujettir les dits habitans à défricher de proche en proche, soit en obligeant les anciens colons à y travailler dans un certain temps, soit en faisant des concessions nouvelles aux François qui viendront s'establir au dit pays.

Le Roi ayant accordé plusieurs grâces par l'arrest de son conseil du 3 avril 1669, en considération de la fécondité des familles et des garçons qui se marieront à vingt ans et au-dessous, et les filles à quinze, il ne doute pas que le dit Sieur de Frontenac ne se serve avantageusement de ces moyens pour porter tous les habitans à se marier et que les colons n'en reçoivent une augmentation considérable.

L'établissement des pêches sédentaires dans la rivière de Saint-Laurent, ou dans les mers voisines, pouvant apporter beaucoup d'utilité aux dites habitations, tant par leur abondance que par la facilité du débit qu'ils en peuvent avoir, soit aux îles Antilles, soit en France, il les excitera fortement à s'y appliquer et leur fera connoistre en même temps que portant aux dites îles, avec leurs poissons, des viandes et du merrain, douves en chêne, ils pourroient en tirer un double avantage par le retour des sucres qu'ils apporteroient en Canada.

Pour cet effect, comme il est nécessaire d'avoir des vaisseaux et que tous les bois propres aux constructions se trouvent abondamment aux dits païs, le dit Sieur de Frontenac profitera de cette disposition pour les porter à s'y appliquer, ces deux points estant très importants pour l'augmentation des colonies.

Il sçait assez combien la nourriture des bestiaux donne de commodités dans les familles, c'est pourquoi il excitera fortement tous les chefs d'en avoir le plus grand nombre qu'il leur sera possible, en sorte que le pays ne soit point obligé d'avoir recours aux bestiaux du royaume, pour sa subsistance et pour la culture des terres et d'autant qu'il y en a à présent à la coste de l'Acadie un nombre très considérable de toutes espèces et que le Roy a cy-devant fait un fonds pour commencer le chemin nécessaire pour la communication de ce pays-là, à la Nouvelle France, le dit Sieur de Frontenac fera toutes les diligences qui dépendront de luy, en procurant un avancement de ce travail, lequel produira un avantage réciproque par le débit et la consommation des denrées et marchandises qui se pourront transporter de l'un à l'autre pays.

Le Sieur de Frontenac saura que Sa Majesté ayant donné au Sieur de Grandfontaine le gouvernement de la province de l'Acadie, qui est situé depuis la rivière Saint-Laurent jusqu'à la Nouvelle-Angleterre, et celuy du fort Plaisance, en l'île de Terreneuve, au Sieur de la Poippe, il est nécessaire qu'il se fasse rendre compte par eux de tout ce qu'ils feront chacun dans leur employ, tant pour le service du Roy que pour le gouvernement de ses sujets et qu'il leur recommande d'avoir un grand soin de l'augmentation de ses colonies, estant certain que Sa Majesté considèrera leur service à proportion de la multiplication des habitans qu'ils auront procurée.

Les PP. Jésuites, qui sont establis à Québec, estant les premiers qui ayent porté les lumières de la foy et de l'Evangile en la Nouvelle-France et qui par leur vertu et leur piété ayent contribué à l'établissement et à l'augmentation de cette colonie, Sa Majesté désire que le dit Sieur de Frontenac ayt beaucoup de considération pour eux ; mais en cas qu'ils voulussent porter l'autorité ecclésiastique plus loin qu'elle ne doit s'étendre, il est nécessaire qu'il leur fasse connoître avec douceur la conduite qu'ils doivent tenir, et en ce cas qu'ils ne se corrigent pas, il s'opposera à leurs desseins adroitement, sans qu'il paroisse ny rupture ny partialité, et donnera avis de tout à Sa Majesté, afin qu'elle y puisse apporter le remède convenable.

La colonie de Montréal, située au-dessus de celle de Québec, recevant beaucoup de soulagement et de consolation des ecclésiastiques du Séminaire de St-Sulpice, qui y sont établis, il sera nécessaire que le Sieur de Frontenac leur donne toute la protection qui dépendra de luy comme aussy aux PP. Récollets qui se sont establys en la dite ville de Québec, ces deux corps ecclésiastiques debvront être appuyez pour balancer l'autorité que les PP. Jésuites se pourroient donner au préjudice de celle de Sa Majesté.

Comme la fin de toute sa conduite et du service qu'il peut rendre à Sa Majesté dans cet employ, doit être l'augmentation et la multiplication des peuples en ce païs-là, il doit prendre soin tous les ans d'en faire faire un rôle exact dans toutes les paroisses, soit par les officiers establis en chacun canton pour rendre la justice, soit par les curés, lequel rôle sera divisé par les hommes, les femmes, les enfans de douze ans, et au-dessous et au-dessus, et les servantes, et sera envoyé à Sa Majesté tous les ans, afin qu'Elle puisse connoistre de combien de personnes la dite colonie augmentera tous les ans.

Comme il n'y a rien qui maintienne et augmente si certainement les peuples dans un pays, que de leur bien administrer la justice, qui employe toujours l'autorité de Sa Majesté pour conserver les droits d'un chacun, le dit Sieur de Frontenac doit s'appliquer plus particulièrement à ce que la justice soit bien administrée par les officiers ordinaires en première instance, et par le Conseil Souverain, en cas d'appel, sans toutefois s'en mesler qu'en qualité et dans la fonction de président, au dit Conseil, dans l'exercice duquel il se contiendra, laissant une entière liberté aux juges qui le composent de dire leurs advis, et s'appliquera surtout à relever cette justice et à imprimer aux peuples le respect et l'obéissance qu'ils doivent aux jugemens qu'elle rendra et aux officiers qui la composent.

Fait à Versailles, le 7ᵉ jour d'avril 1672.

Louis

Colbert

1676 — 13 avril

EXTRAIT D'UNE LETTRE DU ROY

A MONSIEUR DE FRONTENAC

A St-Germain, le 15 avril 1676

Monsieur le Comte de Frontenac,

Vous devez tenir la main à ce que l'ordre que je donne au Sieur Duchesneau de faire un recensement général de tous les habitans de tous âges et sexes soit ponctuellement exécuté, ne pouvant pas me persuader qu'il y ait que 7,832 personnes, hommes, femmes, garçons et filles, dans tout le pays, en ayant fait passer un plus grand nombre depuis quinze ou seize ans que j'en prends soin. Il faut de nécessité qu'il y ait une partie considérable des habitans qui ait été omise: c'est pourquoi je veux qu'il en soit fait un plus exact et que l'on m'informe avec soin, tous les ans, du nombre d'enfans qui seront nés, pendant le cours de chacune année, et des garçons et filles nés dans le pays qui auront été mariés.

A l'égard des nouvelles découvertes, vous ne devez point vous y appliquer sans une grande nécessité et un très grand avantage et vous devez tenir pour maxime qu'il vaut beaucoup mieux occuper moins de pays et le bien peupler que de s'étendre davantage et avoir des colonies faibles, qui peuvent être facilement détruites par toute sortes d'accidens, etc.

Sur le sujet du commerce et de la traite, je suis bien-aise de vous dire que vous ne devez point souffrir qu'aucune personne constituée en dignité, ecclésiastique ou séculière, ou communauté, en fasse aucune sous quelque prétexte que ce soit, ny même aucune traite de pelleteries, et je ne crois pas nécessaire de vous dire que pour montrer l'exemple, vous ne devez point souffrir qu'aucun de vos domestiques ny autre personne se serve de votre nom ou de votre autorité pour en faire aucun et même je vous défends de donner jamais aucun congé ny permission pour la traite.

1677 — 28 avril

EXTRAIT D'UNE LETTRE DU ROY

A MONSIEUR DE FRONTENAC

A Dunkerque, le 28 avril 1677

Monsieur le Comte de Frontenac,

Il n'y a qu'à approuver ce que vous avez fait dans votre voyage au fort de Frontenac pour remettre les esprits des cinq nations Iroquoises et vous éclaircir des soupçons qu'ils avaient pris et des raisons qui les pouvaient exciter à faire la guerre. Vous devez tenir la paix et la bonne intelligence entre ce peuple et mes sujets, sans toutefois vous reposer si fort sur les précautions que vous prendrez pour cet effet, que vous ne soyez et ne mettiez les dits habitans en état de s'opposer vigoureusement à toutes les entreprises que ces peuples pourraient faire et de les repousser entièrement.

Au surplus, je veux que vous continuiez à bien vivre avec les Anglois, et que vous observiez de ne leur donner aucun sujet de se plaindre, sans toutefois en rien souffrir de contraire aux traités que j'ai faits avec le roy leur maître.

Il ne reste qu'à vous réitérer les ordres que je vous ai donnés toutes les années précédentes d'exciter toujours les habitans au commerce maritime, à l'établissement des manufactures et à la pêche, étant certain que ces trois points sont des moyens très faciles de produire l'abondance dans le pays, et par conséquent la multiplication des habitans. A quoi, ne doutant pas que vous ne vous conformiez exactement, je prie Dieu qu'il vous ait, Monsieur le Comte de Frontenac, en sa sainte garde.

Ecrit à Dunkerque le 28ᵉ jour d'avril 1677.

LOUIS

COLBERT

1678 — 12 mai

EXTRAIT D'UNE LETTRE DU ROY

A MONSIEUR DE FRONTENAC

A St-Germain en Laye, 12 mai 1678

Monsieur le Comte de Frontenac,

Je suis bien-aise d'apprendre que vous ayez toujours maintenu mon autorité dans les différents traités que vous avez faits avec les Iroquois et autres nations des Sauvages ; et à l'égard de la prétention du général major anglois, mon intention est que vous contribuiez toujours tout ce qui pourra dépendre de vous pour maintenir la paix entre les deux nations, sans toutefois laisser entreprendre aucune chose sur les pays qui sont de ma domination.

Je suis pareillement bien-aise que l'éducation des enfans des Sauvages continue ; tenez la main à ce que le nombre en soit augmenté et quoiqu'il soit bon de faire connoistre à leurs parens que l'on ne les retient pas par force, il est toujours avantageux d'en retenir le plus grand nombre qu'il sera possible.

J'approuve fort que vous ayez donné les ordres au Sieur de Marsan, commandant à l'Acadie, de se ménager avec les Anglois, en sorte qu'il n'arrive point de rupture.

1679 — 25 avril

EXTRAIT D'UNE LETTRE DU ROY

A MONSIEUR DE FRONTENAC

Monsieur le Comte de Frontenac,

Ne manquez pas de me donner très souvent avis de ce qui se passe entre les Sauvages et les nations de l'Europe qui sont établies proche la Nouvelle-France, et des succès de la guerre qu'ils ont entr'eux.

Je désire au surplus que vous mainteniez toujours la paix, l'amitié et bonne correspondance avec les Anglois et les Hollandois, sans toutefois vous relâcher de tous les droits et avantages qui appartiennent à ma couronne en ce pays, aussy de tout ce qui peut appartenir à mes sujets, sur quoi je me remets à vous pour vous conduire avec la prudence nécessaire au bien de mon service et à celuy de mes sujets.

Je vous recommande aussi toujours de maintenir mes sujets en repos et en union entr'eux autant qu'il sera en vous et sur la difficulté que vous y trouvez, appliquez-vous à les maintenir en sûreté à l'égard du dehors et à tenir toujours la main que la justice soit bien administrée à l'égard du dedans. Vous parviendrez à cette fin avec plus de facilité que vous ne croyez, et particulièrement si vous tenez la main à ce que les crimes seront sûrement punis et à empêcher les coureurs de bois et les chasseurs qui ne servent qu'à la destruction des colonies et non à leur augmentation, et que vous obligiez par ce moyen tous les hommes à s'appliquer à la culture de la terre et au défrichement et à l'établissement du commerce et des manufactures.

Escrit à St-Germain en Laye, le 25ᵉ jour d'avril 1679.

LOUIS

1680 — 29 avril

EXTRAIT D'UNE LETTRE DU ROY

A MONSIEUR DE FRONTENAC

A St-Germain en Laye, le 29 avril 1680

Monsieur le Comte de Frontenac,

Vous avez appris depuis vos lettres écrites, que l'avis qui vous avait été donné de la rupture entre moi et le roy d'Angleterre n'était pas véritable. Ainsi vous n'avez point de précautions à prendre sur ce sujet là, vous devez être assuré que dans toutes les occasions de cette conséquence, je vous ferai ponctuellement avertir de ce que vous aurez à faire.

Il est bien important que vous mainteniez toujours mes sujets, dans toute l'étendue du pays où vous commandez pour moi, dans l'exercice et le maniement des armes, en sorte qu'étant divisés par compagnies réglées, ils puissent être en état de se défendre et se procurer par eux-mêmes la liberté et le repos dont ils ont besoin. Mais, surtout, bannissez de votre esprit toutes les difficultés que vous n'avez que trop facilement et trop légèrement fait naître; considérez bien le poste dans lequel je vous ai mis et l'honneur que vous avez de représenter ma personne, en ce pays là, qui doit vous élever infiniment au-dessus de toutes ces difficultés et vous obliger à souffrir beaucoup de choses de la part du corps et des particuliers qui sont habitués, qui ne sont d'aucune conséquence ou égard à l'obéissance soumise qu'ils rendent à mes ordres, dont j'ai toujours sujet d'être satisfait. Et lorsque ce premier point de l'obéissance et de la sujétion est aussi bien établi qu'il l'est, vous devez agir avec toute modération à souffrir même les fautes de moindre conséquence, pour parvenir à la fin qui doit être notre unique but, d'augmenter et de fortifier cette colonie et d'y attirer de nombreux habitans par la protection et les bons traitemens que vous ferez aux anciens. Et vous voyez bien que vos maximes sont bien éloignées de celles que vous avez observées jusques à présent, en chassant des principaux habitans et en obligeant beaucoup d'autres personnes, par mécontentemens particuliers, de repasser en France; mais, surtout, pensez bien que pour parvenir à ces fins, il ne faut avoir ni intérêt ni passion pour personne, donner une très grande liberté à tous les marchands et à tous les vaisseaux qui y portent quelque trafic, exciter continuellement tous les habitants à la culture des terres, au trafic, manufactures, pêches et autres choses qui peuvent leur donner du profit et les contenir dans leur travail et dans leurs habitations et les empêcher de vaquer par les bois dans l'espérance d'un profit qui tend à la ruine entière de la colonie et du peu de commerce qu'elle peut faire. En ce peu de mots consiste le fruit et la fin de toute votre application et tout ce que vous pourrez faire pour me rendre vos services agréables.

1682 — 10 mai

INSTRUCTION

que le Roy veut être mise ès mains du Sieur de la Barre, choisy par Sa Majesté pour gouverneur et son lieutenant en la Nouvelle-France

A Versailles, le 10 mai 1682

Après lui avoir expliqué les intentions de Sa Majesté sur tout ce qui a rapport à la religion, il doit être informé de tout ce qui regarde la défense du pays par les armes, qui doit être sa fonction principale.

Et premièrement, Sa Majesté ne doute pas qu'il ne soit suffisamment informé de la situation du dit pays habité par les François, qui commence à l'embouchure de la rivière de St-Laurent et continue le long des bords de cette rivière jusques à la sortie du lac appelé de Frontenac.

Il est pareillement informé que les Sauvages les plus voisins des habitations françoises sont les Algonquins et les Iroquois, que ces derniers ont troublé plusieurs fois le repos et la tranquillité des colonies de la Nouvelle-France, jusqu'à ce que Sa Majesté leur ayant fait une forte guerre, ils furent enfin contraints de se soumettre et de vivre en repos, sans faire d'incursions sur les terres habitées par les François. Mais comme ces peuples inquiets et aguerris ne peuvent être contenus que par la crainte et que Sa Majesté a été même informée par les dernières lettres, que les Onnontaguez et Sonnantouans, peuples iroquois, ont tué un récollet et fait plusieurs autres violences, qu'il serait à craindre qu'ils ne poussassent plus loin leur audace, il est bien important que le Sieur de la Barre se mette en état le plus tôt qu'il se pourra d'aller avec 5 ou 600 habitants, les plus en état de faire cette course, sur les bords du lac de Frontenac, à l'entrée du lac de Conty, pour se faire voir aux habitations iroquoises en état de les contenir dans leur devoir et de les attaquer même, s'ils faisaient quelque chose contre les François. En quoi il doit observer qu'il ne faut point rompre avec eux sans une nécessité très puissante et sans une certitude entière de finir promptement et avec avantage la guerre qu'il aura entreprise contre eux.

Il ne faut pas seulement s'appliquer à empêcher les violences des Iroquois contre les François; il doit aussi s'appliquer à maintenir en paix les Sauvages entre eux et empêcher par tous moyens les Iroquois de faire la guerre aux Illinois et autres peuples leurs voisins, étant très certain que si ces nations, desquelles les Anglois ont tiré des pelleteries qui font le principal commerce du Canada, se voyant à couvert de la violence des Iroquois par la protection qu'elles recevront des François, elles seront d'autant plus excitées à porter leurs marchandises et augmenteront le commerce par ce moyen.

Mais pour parvenir à des fins aussi avantageuses, il faut donner une grande application à aguerrir les habitants et en les divisant par compagnies dans chaque habitation, les exerçant au maniement des armes, leur faisant faire des fréquentes revues et observant qu'ils aient tous chez eux les armes nécessaires pour s'en servir, au cas de besoin, et les tenir enfin incessamment en exercice pour les rendre capables de se bien défendre en cas qu'ils fussent attaqués. En quoi il pourra se servir utilement des officiers des troupes qui y passèrent il y a quelques années sous le commandement du Sieur de Tracy.

Sa Majesté veut que peu de temps après son arrivée, il fasse travailler à un rolle exact de tous les habitants, divisés par habitatious, dans lequel il distinguera ceux qui sont en état de porter les armes, des vieillards et des enfans, fera mention du nombre des femmes et des filles de tous âges et s'appliquera à donner une connoissance entière et véritable à Sa Majesté de l'état de la colonie ; surtout Sa Majesté lui recommande encore de la mettre en état de se défendre par elle-même, n'étant ni du service, ni des intentions de Sa Majesté d'envoyer des troupes réglées sur ces lieux.

Outre l'établissement que les François ont le long de la côté de la rivière St-Laurent, partie de l'Acadie est encore occupée par les François, et comme il a été écrit que les Anglois se rendoient maîtres de plusieurs postes qui ont toujours été occupés par les François, Sa Majesté veut qu'il s'informe de ce détail et envoye même au gouverneur de Boston pour lui expliquer les lieux de l'étendue de la domination françoise et lui demander de se contenir dans les limites de ce qui appartient aux Anglois. Et comme il n'y a point eu de gouverneur depuis longtems en cet endroit et que le Sieur de Valière en a fait les fonctions, sans commission et depuis deux ans, Sa Majesté veut qu'il examine si le dit Sieur de la Valière en est capable, ou s'il y a quelque autre officier qui puisse dignement remplir cette place, afin d'informer Sa Majesté par le retour des premiers vaisseaux.

Plusieurs particuliers, habitans du Canada, excités par l'espérance de profit qu'ils trouveroient dans le commerce des pelleteries avec les Sauvages, ont entrepris en différens temps des découvertes dans le pays des Nadoussioux, la rivière de Mississipy et autres endroits de l'Amérique Septentrionale ; mais comme Sa Majesté n'estime pas que ces découvertes soient avantageuses et qu'il vaut bien mieux s'appliquer à la culture de la terre, dans les habitations défrichées, Sa Majesté ne veut point qu'il continue à donner de ces permissions, mais seulement qu'il laisse achever celle commencée par le Sieur de la Salle, jusques à l'embouchure de la dite rivière Mississipy, en cas que par l'examen qu'il en fera avec l'Intendant, il estime que cette découverte puisse être de quelque utilité.

1683 — 5 août

EXTRAIT D'UNE LETTRE DU ROY

A M. DE LA BARRE

A Fontainebleau, le 5 août 1683

Monsieur de la Barre,

Je vous recommande d'empêcher autant qu'il vous sera possible que les Anglois ne s'établissent dans la baie d'Hudson, dont on a pris possession en mon nom, il y a plusieurs années ; et comme le colonel d'Unguent [1], nommé par le roy d'Angleterre pour être gouverneur de la Nouvelle-York, a eu ordre précis de la part du roy d'entretenir bonne correspondance avec vous et d'éviter avec soin tout ce qui pourroit l'interrompre, je ne doute pas que les difficultés que vous avez eues de la part des Anglois ne cessent à l'avenir.

Je suis persuadé comme vous que la découverte du Sieur la Salle est fort inutile, et il faut dans la suite empêcher de pareilles entreprises, qui ne vont qu'à débaucher les habitans par l'espérance du gain et à diminuer la ferme des castors.

Je vous recommande toujours de travailler conjointement avec l'Intendant à l'établissement du commerce entre les Iles et le Canada, et je me remets sur ce sujet à ce qui est plus amplement porté par votre instruction.

Sur ce je prie Dieu, etc.

1684 — 31 juillet

EXTRAIT D'UNE LETTRE DU ROY LOUIS XIV

ADRESSÉE DE VERSAILLES A M. DE LA BARRE

Versailles, 31 juillet 1684

Monsieur de la Barre,

J'ai vu par vos lettres du 5 juin dernier, la résolution que vous avez prise d'attaquer les Iroquois et les raisons qui vous y ont porté ; et quoique ce soit un malheur considérable pour la colonie de la Nouvelle-France, qui va à interrompre le commerce de mes sujets, à les détourner de la culture des terres et à les exposer à de fréquentes insultes de la part des sauvages iroquois, qui peuvent

1 — Dongan.

souvent les surprendre dans les habitations éloignées, sans même que vous soyez en état de leur donner du secours, je ne laisse pas d'approuver que vous ayez pris cette résolution, puisque par l'insulte qu'ils ont faite aux quinze François qu'ils ont pillés et par l'attaque du fort de Saint-Louis, vous avez eu lieu de croire qu'ils vouloient tout de bon déclarer la guerre. Et comme je veux vous mettre en état de la soutenir et de la terminer avec diligence, je donne ordre pour l'armement du vaisseau l'*Emerillon*, sur lequel je fais embarquer 300 soldats entretenus dans les ports de Brest et de Rochefort, avec le nombre d'officiers et de gardes de la marine contenus aux listes que vous trouverez ci-jointes ; et ce secours avec celui qui vous a été envoyé par les derniers vaisseaux partis de la Rochelle, et dont vous avez été informé par mes précédentes lettres, vous donnera moyen de combattre avec avantage et de détruire entièrement ces peuples ou au moins de les mettre en état, après avoir été punis de leur inscience, de recevoir la paix aux conditions que vous leur imposerez.

Vous devez observer à l'égard de cette guerre, que quand même vous la feriez avec avantage, si vous ne trouvez moyen de la faire promptement, elle ne causera pas moins la ruine de la colonie, dont les peuples ne peuvent subsister dans les continuelles inquiétudes qu'ils auront d'être attaqués par les Sauvages et dans l'impossibilité où ils se trouveront de s'appliquer à leur commerce et à la culture de leurs terres. Ainsi, quelque avantage que vous puissiez retirer, pour la gloire de mes armes et pour l'entière destruction des Sauvages, de la continuation de cette guerre, vous devez préférer une paix qui, rendant le calme à mes sujets, vous mettra en état d'augmenter la colonie par les moyens qui vous ont été marqués dans mes lettres précédentes.

J'écris à mon ambassadeur d'Angleterre de retirer des ordres du duc d'York pour empêcher que celui qui commande à Boston n'assiste pas les Sauvages de troupes, armes ou munitions, et j'ai lieu de croire que mes ordres s'expédieront aussitôt que l'on en aura fait instance de ma part.

Je suis bien-aise de vous dire que, par tout ce qui me revient de ce qui s'est passé en Canada, la faute que vous avez faite de ne pas exécuter ponctuellement mes ordres sur le sujet du nombre des vingt-cinq passeports à accorder à mes sujets et le grand nombre que vous en avez envoyé de tous côtés pour favoriser des gens qui nous appartiennent, me paroît avoir été la principale cause de ce qui est arrivé de la part des Iroquois. J'espère que vous réparerez cette faute en donnant une fin prompte et glorieuse à cette guerre.

Vous avez fait des dépenses pour le rétablissement du fort de Québec et pour plusieurs autres choses, sans la participation du Sieur de Meules, que je n'ai point approuvées, cela n'étant point de votre fonction, mais de celle de l'Intendant, auquel vous devez faire connoître la nécessité qu'il y a de faire ces sortes de dépenses, qui doivent être ordonnées et arrêtées par lui.

Il m'a paru aussi qu'une des principales causes de guerre vient de ce que le nommé Du L'Hut a fait tuer deux Iroquois qui avoient assassiné deux François dans le lac Supérieur et vous voyez assez combien le voyage de cet homme, qui ne peut apporter aucun avantage à la colonie et qui n'a été permis que pour l'intérêt de quelques particuliers, a contribué à troubler le repos de cette colonie. Comme il importe au bien de mon service de diminuer autant qu'il se pourra le nombre des Iroquois et que d'ailleurs ces Sauvages, qui sont forts et robustes, serviront utilement sur mes galères, je veux que vous fassiez tout ce qui sera possible pour en faire un grand nombre de prisonniers de guerre et que vous les fassiez embarquer par toutes les occasions qui se présenteront pour les faire passer en France.

Je vous ai fait savoir par ma lettre du 14 avril dernier que je voulais que vous donnassiez toute sorte de prétection au Sieur de la Forest et que vous n'apportassiez aucun obstacle à son voyage. Je vous répète encore que mon intention est que vous lui laissiez exécuter les ordres qu'il a reçus et que vous lui donniez les moyens nécessaires pour passer sûrement au lieu où il est destiné.

Je veux aussi que vous laissiez la possession du fort Frontenac au sieur de la Salle et aux gens qui y seront de sa part et que vous ne fassiez rien contre l'intérêt de cet homme, que je prends sous ma protection particulière.

1685 — 10 mars

LETTRE DU ROY

A M. DE LA BARRE

A Versailles, le 10 mars 1685

Monsieur de la Barre,

Ayant été informé que votre âge ne vous permet pas de continuer les fatigues qui sont inévitables aux fonctions de votre charge de gouverneur et mon lieutenant général en Canada, je vous fais cette lettre pour vous dire que j'ai choisy le Sieur Denonville pour servir en votre place, et que mon intention est qu'aussitôt qu'il y sera arrivé et que vous lui aurez remis le commandement et les instructions de tout ce qui le regarde, vous vous embarquerez pour revenir en France.

Sur ce, etc., etc., etc.

1685 — 10 mars

EXTRAIT D'UNE LETTRE DU ROY

A M. DE MEULES, INTENDANT, ETC

A Versailles, 10 mars 1685

Je n'ai pas lieu d'être satisfait du traité fait entre le dit Sieur de la Barre et les Iroquois. L'abandon qu'il a fait des Illinois m'a fort déplu et c'est ce qui m'a déterminé à le rappeler. J'ai choisi pour remplir sa place le Sieur de Denonville, qui connoitra par lui-même l'état des affaires, et je lui ai donné pouvoir de continuer la paix ou de faire la guerre, suivant qu'il l'estimera convenable à mon service et au bien du pays.

Vous devez vous faire une application principale de le bien informer de ce qui peut être bon et de toutes les vues que vous pouvez avoir pour le bien de la colonie et pour remédier aux désordres qui s'y sont glissés.

1685 — 10 mars

INSTRUCTION

que le Roy veut être remise entre les mains du Sieur marquis de Denonville, choisi par Sa Majesté pour gouverneur et son lieutenant général en la Nouvelle-France

A Versailles, le 10 mars 1685

Le Sieur de Denonville doit être informé que les divisions continuelles des précédents gouverneurs et intendants ont été si préjudiciables à son service et au bien de la colonie établie en Canada, que Sa Majesté estimant nécessaire de les envoyer et de mettre en leur place des gens dont la conduite plus sage et plus modérée respondît mieux aux intentions de Sa Majesté, Elle fit choix du Sieur de la Barre pour la charge de gouverneur, qu'il a exercée depuis trois ans. Mais son âge fort avancé le mettant hors d'état d'agir avec la vigueur nécessaire à l'exécution de ses ordres, Elle a jeté les yeux sur le dit Sieur de Denonville pour remplir sa place, étant persuadée par les services qu'il lui a rendus et par la sage conduite qu'il a tenue dans ses armées, qu'il continuera de la bien servir et qu'il s'appliquera à rétablir la tranquillité et le repos parmi ceux de la colonie que les exemples et les partialités des chefs ont jusques à présent divisés....

Sa Majesté lui a expliqué ses intentions sur la conduite qu'il doit tenir en arrivant au dit pays, et il sait que la principale vue qu'il doit avoir est d'établir par une paix ferme et solide le repos de la colonie. Mais pour faire que cette paix soit de durée, il faut abaisser l'orgueuil des Iroquois, soutenir les Illinois et les autres alliés que le Sieur de la Barre a abandonnés et continuer par une conduite ferme et vigoureuse à faire connoître aux dits Iroquois qu'ils auront tout à craindre pour eux s'ils ne se soumettent aux conditions qu'il voudra bien imposer.

Il doit donc leur déclarer d'abord qu'il veut protéger de toutes ses forces les alliés des François, faire sçavoir la même chose aux Illinois, Outaouais, Miamis et autres, et s'il estime à propos de soutenir cette déclaration par des troupes et par quelque entreprise contre les Sonnontouans, Sa Majesté se remet à lui de prendre à cet égard les résolutions qu'il estimera le plus convenable, étant bien persuadé qu'il suivra les meilleurs partis et que son expérience à la guerre le mettra en état de terminer bientôt celle-là, s'il est obligé de l'entreprendre.

Il doit être informé que le commandant de la Nouvelle-York a prétendu donner du secours aux Iroquois et étendre la domination angloise jusqu'au bord de la rivière St-Laurent et dans toute l'étendue des terres habitées par ces Sauvages. Et quoique Sa Majesté ne doute pas que le roy d'Angleterre, auprès duquel elle a fait faire instance par son ambassadeur, ne donne des ordres pour faire cesser les injustes prétentions de ce commandant, Elle estime pourtant nécessaire de lui expliquer qu'il doit faire toutes choses pour maintenir la bonne intelligence entre les François et les Anglois, mais que si, contre toute apparence, ces derniers soulevoient les Sauvages et leur donnoient du secours, il doit agir contre eux comme contre des ennemis, quand il les trouvera sur les terres des Sauvages, sans cependant rien tenter sur les terres de l'obéissance du roy d'Angleterre.

Outre l'établissement que les François ont fait le long de la côte de la rivière de St-Laurent, ils occupent encore partie de l'Acadie ; et comme il a été écrit que les Anglois se rendroient maistres de plusieurs postes qui ont toujours été occupés par les François, Sa Majesté veut que le dit Sieur de Denonville s'informe de ce détail et envoye même au gouverneur de Boston pour lui expliquer les lieux de l'étendue de la domination françoise et lui demander de se contenir dans les limites de ce qui appartient aux Anglois, suivant les ordres que le feu roy d'Angleterre lui en a donnés et dont Sa Majesté fera demander le renouvellement au Roy à présent régnant.

Il sait que le commandement du dit pays de l'Acadie a été donné au Sieur Perrot, à qui Sa Majesté fera dire de s'y en aller au plus tôt, après avoir pris les ordres du dit Sieur de Denonville sur tout ce qu'il doit faire dans son gouvernement, dont Elle veut qu'il lui rende compte le plus souvent, qu'il tienne correspondance avec le dit Sieur de Denonville, à quoi il y a lieu d'espérer que contribuera beaucoup la visite que le Sieur de Meules doit faire du dit pays, suivant les ordres qu'il recevra de Sa Majesté par les premiers vaisseaux qui iront en Canada.

Il ne faut pas seulement s'appliquer à empêcher les violences des Iroquois contre les François; il doit aussi prendre un soin particulier de maintenir en paix les Sauvages entr'eux et empêcher par tous moyens les Iroquois de faire la guerre aux Illinois et autres peuples leurs voisins, étant très certain que si ces nations, de qui on tire les pelleteries, qui est le principal commerce du Canada, se voyent à couvert de la violence des Iroquois, par la protection qu'elles recevront des François, elles seront d'autant plus excitées à porter leurs marchandises et augmenteront le commerce par ce moyen....

1687 — 30 mars

EXTRAIT D'UN MEMOIRE DU ROY

AUX SIEURS MARQUIS DE DENONVILLE ET DE CHAMPIGNY

A Versailles, le 30 mars 1687

Sa Majesté a approuvé la conduite que le dit Sieur de Denonville a tenue à l'égard des Iroquois et les mesures qu'il a commencé de prendre pour se mettre en état de leur faire la guerre avec avantage. Et après avoir bien examiné toutes les raisons portées par ces lettres, Elle a été convaincue de la nécessité de cette guerre et pour cet effet Elle a donné depuis longtemps les ordres nécessaires pour la préparation des troupes, armes et munitions dont ils peuvent avoir besoin....

Sa Majesté a approuvé la convocation que le dit Sieur de Denonville a faite des nations iroquoises à Catarakouy pour faire en sorte de retirer le père de Lamberville, et en cas que cela n'ait pas réussi, il est nécessaire de prendre des mesures pour empescher qu'il ne reste exposé à la fureur de ces Sauvages. Elle a été surprise du procédé du colonel D'Unguent [1] et Elle donne ordre au Sieur de Barillon, son ambassadeur à Londres, d'en faire des plaintes au roy d'Angleterre. Cependant, comme depuis ce que ce colonel a fait, il a été conclu à Londres le traité de neutralité dont il lui a été envoyé copie, et que Sa Majesté Britannique a donné des ordres positifs, dont ils trouveront copie ci-jointe, à tous les gouverneurs des pays de son obéissance en Amérique de s'y conformer exactement, Elle ne doute point que cela ne mette fin à toutes les entreprises que ce colonel aurait pu avoir commencées contre les intérêts des François au préjudice des intentions du roy son maître. Ainsi Elle n'estime pas qu'il soit à propos de faire aucune entreprise contre les Anglois. Elle veut néanmoins qu'il fasse savoir si ce colonel se conformera aux ordres qu'il recevra d'Angleterre en exécution du dit traité, afin que s'il y contrevient, Sa Majesté puisse demander sa révocation au roy d'Angleterre.

A l'égard des prétentions des Anglois dans l'Amérique, Sa Majesté a approuvé que le dit Sieur de Denonville ait envoyé un mémoire des droits qu'Elle a sur la meilleure partie de ce pays et elle est bien-aise de leur faire savoir à cet égard qu'Elle doit nommer incessamment des commissaires, lesquels, avec d'autres que le roy d'Angleterre doit aussi nommer de sa part, travailleront, en exécution du dit traité de neutralité, à terminer toutes les contestations qu'il y peut avoir à présent entre les François et les Anglois, sur les pays qui appartiennent aux deux roys en Amérique et Elle fera remettre ces mémoires à ces commissaires pour s'en servir dans les discussions qu'ils auront à faire avec ceux d'Angleterre sur ce sujet.

A l'égard des entreprises pour empescher le commerce des François et pour l'attirer

1 — Dongan.

chez eux, il faut que les dits Sieurs de Denonville et de Champigny s'attendent qu'il n'y aura que leur industrie et l'application qu'ils donneront à faire garder les passages qui puissent maintenir les sujets de Sa Majesté dans le commerce qu'ils ont accoutumé de faire avec les Sauvages, étant certain qu'on aura toujours les Anglois contraires et que ces Sauvages aimeroient mieux traiter avec eux qu'avec les François, par l'avantage qu'ils y trouvent en vendant leurs marchandises plus cher aux Anglois....

Sa Majesté n'a aucune connoissance de la prétention du colonel Dongan sur les 25,000[1] livres qu'il prétend lui être dues en France : ainsi Elle n'a rien à lui dire là-dessus....

Sa Majesté a vu le mémoire que le Sieur de Denonville a envoyé des mesures qu'il a prises et des ordres qu'il a donnés pour la campagne prochaine. Elle les approuve et Elle ne doute point que le succès n'y réponde et qu'il ne soit aussi favorable qu'Elle le doit attendre, n'ayant affaire qu'à des Sauvages qui n'ont aucune expérience d'une guerre réglée, et qu'au contraire ceux qu'il pourra ramasser étant conduits par un homme aussi capable et aussi expérimenté que lui, seront d'une grande utilité. Et enfin Elle s'attend d'apprendre dans la fin de cette année la ruine entière de la plus grande partie de ces Sauvages, et comme il en pourra faire plusieurs prisonniers et que Sa Majesté estime qu'Elle pourrait s'en servir sur ses galères, Elle veut qu'il fasse en sorte de les garder jusqu'à ce qu'il y ait des vaisseaux qui repassent en France, et il pourra même envoyer par le retour des vaisseaux de Sa Majesté qui doivent porter les soldats, ceux qui auront été pris avant le départ de ces vaisseaux....

Elle a été bien-aise d'apprendre le voyage que le Sieur de Tonty a fait à l'embouchure du fleuve de Mississipy ; mais Elle aurait souhaité qu'Elle eût pu y apprendre des nouvelles du Sieur de La Salle, ayant beaucoup d'inquiétude de savoir ce que son entreprise est devenue, et Elle veut que s'il revient, ils lui donnent toutes sortes de protection. Elle se remet au Sieur de Denonville de faire ce qu'il estimera convenable sur la demande qui lui a été faite de deux nègres déserteurs par un officier du colonel Dongan, et Elle trouve bon qu'il les rende, s'il l'estime à propos....

Pour ce qui est des femmes de mauvaise vie, Sa Majesté n'a pas approuvé la proposition qu'il a faite de les renvoyer en France, vu que ce ne serait pas une punition assez grande pour empescher les suites de ce désordre ; mais Elle veut qu'il les fasse travailler par force aux ouvrages publics, comme à tirer l'eau, à servir des maçons, à scier du bois et à d'autres ouvrages pénibles, afin que ce châtiment, se faisant à la vue de tout le monde, soit d'un plus grand exemple en ce pays.

1687 — 17 juin

LETTRE DU ROY

A M. LE MARQUIS DE DENONVILLE

A Versailles, le 17 juin 1687

Monsieur le Marquis de Denonville,

Quoique je vous ai expliqué assez amplement mes intentions par ma dépêche du 5 du mois de février dernier, en vous envoyant le traité de neutralité conclu à Londres le 16 du mois de novembre de l'année dernière, entre mes sujets et ceux du roy d'Angleterre dans les îles et pays de terre ferme de l'Amérique, et que je vous aie, par mon autre dépêche du 30 mars suivant, très expressément défendu de faire aucune entreprise contre les Anglois, j'ai estimé à propos de vous écrire cette lettre pour vous donner avis que j'ai donné plein pouvoir au Sieur de Barillon, mon ambassadeur auprès du roy d'Angleterre, et au Sieur de Bonrepos, que j'ai envoyé pour cet effet à Londres pour terminer avec des commissaires que Sa Majesté Britannique a nommés de sa part, toutes les contraventions qui peuvent avoir été faites à ce traité, les différends qu'il y a actuellement entre les compagnies françoises et angloises au sujet de la baie d'Hudson, et généralement tous ceux qui peuvent être arrivés entre les deux nations en ce pays : et comme les dits commissaires sont demeurés d'accord qu'il ne seroit rien innové de part ni d'autre pendant les négociations et que mon intention est que cela soit exécuté dans l'étendue des pays de mon obéissance, je suis bien-aise de vous dire que je désire que vous vous conformiez à ce qui est en cela mes intentions, et que je vous défends de faire aucune entreprise contre les Anglois et que je vous ordonne même d'empescher qu'il leur soit fait aucun tort, ni en leurs personnes, ni en leurs biens, pendant que les négociations qui se font à présent à Londres dureront, voulant au contraire que vous entreteniez une bonne correspondance avec ceux qui commandent en ce pays, pour le dit roy d'Angleterre, et que vous fassiez en sorte que je ne reçoive aucune plainte de votre conduite sur ce sujet. Et la présente, etc., etc.

1688 — 8 mars

MEMOIRE

Pour servir d'instruction au Sieur Marquis de Denonville, gouverneur et lieutenant général de la Nouvelle-France sur les éclaircissements à donner au sujet des contestations qui sont entre les François et les Anglois touchant la propriété des pays de l'Amérique Septentrionale (8 mars 1688).

M. de Denonville a été informé par la copie du traité conclu à Londres le XI du mois de décembre dernier, qui lui a été envoyé, que les commissaires nommés par le Roy et le roy d'Angleterre, pour terminer les différends et contestations qui sont entre les François et les Anglois en Amérique, doivent se rassembler au commencement du mois de janvier de l'année prochaine.

Il doit estre adverty que ces commissaires ont estimé à propos de prendre un délay aussy long pour pouvoir tirer des colonies des deux nations les éclaircissements nécessaires sur la propriété des terres et pays qui sont en contestation, et l'intention de Sa Majesté est que le dit Sieur de Denonville donne ces éclaircissements pour ce qui regarde l'Amérique Septentrionale.

Les pays qui sont aujourd'huy en contestation entre les François et les Anglois sont la baye d'Hudson et les postes qui sont occupés par les deux nations dans cette baye, le pays des Iroquois et la partie méridionale de l'Acadie, depuis Pentagouët jusqu'à la rivière de Quinibiniquy. Il est nécessaire que le dit Sieur de Denonville fasse la plus exacte recherche qu'il pourra des titres qui servent à prouver la propriété que les François ont sur les lieux et qu'il les envoye par le retour des premiers vaisseaux.

A l'égard des pays qui ne sont pas actuellement occupés par aucune des nations de l'Europe, l'intention de Sa Majesté est de s'approprier ceux qui sont actuellement nécessaires pour le maintien du commerce et pour la conservation et l'augmentation de la colonie.

Et pour éviter toute sorte de contestation à l'advenir, particulièrement avec les Anglois, les dits Commissaires ont estimé à propos, après qu'on sera convenu des limites des pays et terres qui appartiennent aux deux nations, de dresser une carte exacte sur laquelle on marquera de concert par des lignes et couleurs différentes ce qui doit appartenir à l'une et à l'autre nation et que cela soit distingué de manière qu'il n'y puisse plus avoir de difficulté. Il est nécessaire que le dit Sieur de Denonville fasse faire cette carte le plus exactement qu'il se pourra. Qu'il y fasse marquer tous les endroits par où ces lignes devront passer et tous les forts, passages et lieux occupés par les sujets de Sa Majesté, ceux qui sont occupés par personne, et qu'il y joigne un mémoire qui explique les raisons, soit de droit, soit de bienséance, qui l'auront obligé de choisir les endroits qui devront être occupés par les François.

Comme cette carte et ce mémoire seront nécessaires pour reprendre la négociation qui doit recommencer au commencement de janvier 1689, il faut que le dit Sieur de Denonville les envoye au plus tôt par les vaisseaux qui partiront de Québec au commencement du mois de novembre.

A l'égard des pays qui ne sont occupés par aucune nation de l'Europe et qui ne seront marqués sur cette carte appartenir à personne, comme il sera à propos de régler par le traité qui sera fait, la manière dont la propriété s'en pourra acquérir, il faudra aussi que le dit Sieur de Denonville fasse sçavoir son advis et ceux des principaux du pays sur les formalités qui devront être observées pour establir un titre de propriété suffisant.

1689 — 1er mai

MEMOIRE DU ROY

AUX SIEURS MARQUIS DE DENONVILLE ET DE CHAMPIGNY

A Versailles, le 1er mai 1689

... La proposition que les dits sieurs de Denonville et de Champigny font de régler l'affaire des Iroquois en reprenant le traité commencé entre les François et les Anglois n'est plus praticable depuis la révolution arrivée en Angleterre. Ils auront sçeu que le Prince d'Orange s'est rendu maistre du royaume, et comme il y a apparence que les Anglois déclareront bientôt la guerre à la France, il n'y a pas lieu de s'attendre à aucune négociation en Europe, et au contraire il faut que les dits Sieurs de Denonville et de Champigny se trouvent sur leurs gardes pour empescher d'être surpris par les Anglois qui pourraient avoir ordre de faire quelque surprise ou autre entreprise sur la colonie. D'ailleurs ce seroit reconnoître le roy d'Angleterre maistre de la nation iroquoise que de traiter avec lui sur le différend que les François ont avec cette nation ; et il ne convient point que cette affaire passe par ce canal, puisqu'en effet il est certain que les François ont pris possession des terres des Iroquois avant que les Anglois y ayent pu rien prétendre ; et Sa Majesté veut que les dits Sieurs de Denonville et de Champigny n'oublient rien pour la maintenir dans cette possession ou pour empescher au moins que les Iroquois ne se joignent aux Anglois pour nuire à la colonie. Cependant, Sa Majesté est bien-aise de leur faire savoir que cette prétention des Anglois sur le pays des Iroquois ayant été mise en avant par les commissaires du roy d'Angleterre, l'année dernière, ceux de Sa Majesté leur répondirent par le mémoire dont ils trouveront la copie cy-jointe, et cette contestation fut remise à être traitée dans la négociation qui devoit recommencer le 1er janvier 1689, dans laquelle les Anglois auroient sans doute reconnu le droit de Sa Majesté sur cette nation, n'ayant aucune bonne raison à opposer à celle des François.

Quelque connoissance que Sa Majesté ait des mauvaises intentions des Anglois, Elle ne veut pas cependant que le dit Sieur de Denonville commence aucune hostilité contre eux, ni qu'il prenne occasion de rupture des secours qu'ils pourroient donner aux Iroquois; et son intention est qu'ils laissent à leur égard les choses en l'estat qu'elles sont, à moins qu'ils ne leur déclarent la guerre et qu'ils fassent des hostilités les premiers.

Sa Majesté convient avec eux que le moyen le plus sûr d'accabler tout d'un coup les Iroquois seroit d'avoir trois à quatre mille hommes de bonnes troupes; mais ce n'est pas le temps d'y penser. Les forces de Sa Majesté sont d'ailleurs trop occupées; et il n'y a rien de plus important ny de plus nécessaire dans l'état présent des affaires que de conclure la paix directement avec les Iroquois, Sa Majesté n'étant pas de volonté de faire aucune dépense pour la continuation de cette guerre; et pour leur faciliter les moyens de parvenir à cette paix, Sa Majesté a envoyé à Marseilles les ordres nécessaires pour faire repasser à Rochefort les Iroquois qui avoient été envoyés aux galères; et Elle a ordonné qu'ils soient habillés un peu proprement pour être renvoyés chez eux.

Mais en cas que toutes les mesures que le dit Sieur de Denonville pourra avoir prises pour parvenir à la paix viennent à manquer, Sa Majesté désire, pour ne pas donner occasion aux Iroquois de faire des entreprises contre la colonie et leur rendre les François méprisables, que non seulement il se serve des forces qu'il a et du secours qu'il pourra tirer des habitans pour défensive rigoureuse, mais même pour les attaquer et leur faire une forte guerre autant qu'il seroit possible en attendant que Sa Majesté puisse prendre d'autres résolutions.

Il est aussi bien important que le dit Sieur de Denonville fasse tout ce qui conviendra pour mettre à couvert le commerce des François dans les postes avancés, particulièrement à Missilimakinak, pour empescher l'exécution du dessein que les Anglois ont, il y a longtemps, de s'y établir. Comme il ne peut conserver ce poste que par le moyen des Sauvages alliés, il est important qu'il soutienne autant qu'il pourra les espérances qu'ils doivent avoir de n'être point abandonnés et qu'il entretienne par toutes sortes de moyens leur animosité contre les Iroquois.

1689 — 7 juin

MEMOIRE

Pour servir d'instructions à Monsieur le comte de Frontenac, sur l'entreprise de la Nouvelle-York

Le Roy ayant fait examiner la proposition qui lui a été faite par le Sieur Chevalier de Callières, gouverneur de Montréal, de faire attaquer la Nouvelle-York par les troupes que Sa Majesté entretient en Canada avec un nombre des habitans de ce pays, Elle y a d'autant plus volontiers consenti qu'elle sait que les Anglois qui habitent cette contrée se sont avisés, depuis la dernière année, de soulever la nation iroquoise, sujette de Sa Majesté, pour les obliger à faire la guerre aux François, qu'ils leur ont fourni pour cet effet des armes et des munitions et cherché par tous moyens, même au préjudice des ordres du roy d'Angleterre et de la foi des traités, à usurper le commerce des François dans les pays dont ils sont en possession de tout temps.

Pour parvenir à l'exécution de ce dessein, Sa Majesté a donné ordre au Sieur Bégon de préparer la munition nécessaire pour cette entreprise et a fait armer deux de ses vaisseaux de guerre au port de Rochefort, sous le commandement du Sieur de la Coffinière, auquel Elle a ordonné de suivre exactement les ordres que le dit Sieur de Frontenac lui donnera sur cette expédition.

Il partira en toute diligence pour aller s'embarquer à la Rochelle sur l'un des vaisseaux et mettre à la voile sans perdre aucun temps, pour se rendre à l'entrée du golfe de St-Laurent et à la baie de Campseaux, où il s'embarquera sur le meilleur des vaisseaux marchands qui l'auront suivi pour se rendre à Québec.

Avant de quitter le vaisseau de Sa Majesté, il donnera ordre au dit Sieur de Coffinière d'attendre de ses nouvelles et lui prescrira ce qu'il aura à faire jusqu'à ce qu'il les ait reçues et le lieu où il devra les recevoir, et il lui donnera ordre de prendre tous les bâtimens anglois et autres ennemis qu'il pourra trouver pendant son séjour à cette côte.

Aussitôt que le tems et l'occasion le pourront permettre, il détachera de l'entrée de la rivière St-Laurent le Sieur Chevalier de Callières pour arriver devant lui à Québec, afin de gagner du tems et de faire préparer les choses nécessaires pour l'entreprise de la Nouvelle-York, de concert et sous les ordres du Sieur Marquis de Denonville, auquel Sa Majesté mande de lui donner créance et à ce qui lui sera mandé à cet égard par le dit Sieur de Frontenac, surtout de garder le secret de la dite entreprise et d'en couvrir les préparatifs sous le prétexte qu'il jugera le plus convenable pour la cacher et pour engager les habitans et les troupes à s'y porter plus volontiers.

Le dit Sieur de Frontenac doit garder de sa part ce secret autant qu'il sera possible et avoir en vue particulièrement toute la diligence imaginable pour l'exécution, Sa Majesté étant persuadée qu'elle ne se pourrait pas faire dans un autre tems que celui de l'automne prochain, comme Elle l'a résolu.

Ainsi, dès qu'il sera arrivé à Québec, il doit profiter de l'état auquel il aura trouvé les choses pour achever de les mettre dans la disposition convenable pour partir avec les bateaux, canots et tout l'équipage nécessaire pour cette expédition et avec le Chevalier de Callières qui commandera les troupes sous ses ordres.

Il enverra aussitôt par terre et par mer, comme il jugera plus sûr, au dit Sieur de la Coffinière, au lieu qu'il lui aura marqué, l'ordre et une instruction de ce qu'il aura à faire pour se rendre à Manatte, en se servant du chiffre qu'il lui aura laissé.

Il lui ordonnera de faire la navigation directement et sans rien entreprendre dans sa route, en rangeant la côte de l'Acadie jusqu'au dit Manatte, où il laissera en passant ce qu'il aura pour la dite côte de l'Acadie, et lui ordonnera de mouiller le plus sûrement qu'il pourra et de bien observer les endroits où il pourra faire son débarquement, lorsque le dit Sieur de Frontenac y sera arrivé.

Il donnera ordre au dit Sieur de la Coffinière de prendre les bâtimens qu'il trouvera dans la baie du dit Manatte, sans s'exposer à aucune aventure qui pût le mettre hors d'état de servir à cette entreprise.

Comme il ne paroit pas possible de prendre un rendez-vous certain pour faire arriver les dits vaisseaux à Manatte dans le même tems que le dit Sieur de Frontenac y arrivera avec ses troupes et sans donner l'alarme à ceux de ces lieux, il faut que les deux vaisseaux de guerre aillent droit dans la baie, et d'autant mieux que l'attaque des premiers postes de la Nouvelle-York avertira ceux de Manatte, et qu'ainsi les vaisseaux y arrivant avant les troupes de terre, ils y causeront une diversion.

Le dit Sieur de Frontenac étant informé de la conduite et des moyens qui ont été proposés d'un détachement de 900 à 1,000 hommes des troupes de Canada, de 600 habitans, il doit se concerter avant son départ avec le Sieur de Denonville sur les mesures qu'il y aura à prendre pour la sûreté de la colonie et pour y employer les troupes et les habitans qui y resteront pour se garantir des courses des Iroquois. Enfin, il donnera l'ordre au Chevalier de Vaudreuil, que Sa Majesté veut qu'il commande en Canada pendant l'expédition du Sieur de Frontenac et après le départ du Sieur de Denonville.

Il laissera pour cet effet les instructions nécessaires au dit Sieur de Vaudreuil et lui indiquera les personnes du conseil desquelles il aura à se servir, le tout aussi de concert avec le dit Sieur de Denonville, avec lequel il examinera si l'expédition de la Nouvelle-York ne seroit pas assurée avec un moindre nombre d'hommes que les seize cents qui ont été proposés, afin, en ce cas, d'en laisser davantage pour la garde du pays.

Le dit Sieur de Frontenac étant informé de la route qu'on doit tenir et pour laquelle il prendra de plus particulières connoissances quand il sera sur les lieux, pour la commodité et la sûreté des troupes et pour la diligence, Sa Majesté n'entrera pas ici dans un plus grand détail sur ce sujet ni pour l'attaque d'Orange et de Manatte, ni pour tout ce qu'il y a à faire sur cela. Elle lui recommandera seulement de faire en sorte, autant qu'il sera possible, que ceux d'Orange ne puissent être avertis de sa marche afin qu'il puisse surprendre ce premier poste et faire couper au-dessous d'Orange pour s'assurer du nombre de bâtimens dont il aura besoin pour descendre à Manatte et pour mettre les choses en état de ne pouvoir être inquiet quand il en partira pour le dit Manatte et qu'il y sera attaché. Pour cet effet, il doit mettre un officier de confiance à Orange avec le détachement qu'il trouvera à propos d'y laisser, avec ordre d'y être sur ses gardes et de s'y fortifier et prendre toutes les instructions qu'il pourra pour le succès de l'entreprise de Manatte. Il doit aussi faire désarmer tous les habitans et s'en assurer ensemble de leur effet, en leur laissant espérer tout le bon traitement dont ils se pourront flatter jusqu'à ce qu'il soit en état de n'en rien appréhender, après quoi Sa Majesté veut qu'il exécute ce qu'Elle a ci-après à lui prescrire. Elle veut qu'il prenne un soin très particulier pour empescher qu'il ne soit fait aucun dégat des vivres, marchandises, munitions, effets, bestiaux, ustensiles et principaux meubles des habitations, et comme il doit avoir pour but de mettre les forts d'Orange et de Manatte en état de défense et de faire subsister les François qui y demeureront, il doit non seulement faire ravitailler ces forts pour le plus longtemps qu'il sera possible, mais encore y assembler tout ce qu'il pourra de vivres, et au défaut d'une quantité suffisante de magasins dans les dits forts, il en fera serrer dans les bourgs, en observant de ne point toucher à ceux qu'il aura fait mettre dans les dits forts qu'à l'extrémité.

Sa Majesté ne veut pas qu'il laisse dans toute cette colonie aucun des habitans qui pourroient y être suspects. Son intention est aussi qu'il fasse faire des inventaires exacts dans les habitations et dépendances par le commissaire Gaillard, que Sa Majesté veut qu'il y mène avec lui, de tout ce qui se trouvera en bestiaux, grains, marchandises, meubles, effets et ustensiles dans chacune des dites habitations, et qu'il choisisse parmi les habitans de Canada et parmi les officiers et soldats des troupes ceux qui se trouveront propres à le maintenir et mettre en valeur, qu'il leur en donne des concessions au nom de Sa Majesté, en leur laissant des vivres qui s'y trouveront autant qu'il sera nécessaire pour subsister jusqu'à ce qu'ils en aient pu faire, et il examinera le fort et le faible de ceux à qui il jugera à propos d'accorder les dites concessions, pour distribuer les plus considérables à proportion de leur savoir-faire et de leurs forces, en observant d'en associer plusieurs pour une même habitation, lorsqu'il l'estimera nécessaire. Il informera Sa Majesté de tout ce qu'il aura fait à cet égard, en lui envoyant les inventaires de tout ce qui aura été laissé en chacune de ces habitations, et lui donnera son avis sur la redevance qu'ils seront en état de lui faire. Après avoir résolu ce qu'il aura jugé absolument nécessaire de laisser à ceux à qui il aura fait ces concessions, il fera mettre à couvert tout le surplus, comme grains, huile de baleine et toutes sortes de marchandises et autres principaux effets dont il sera aussi fait des inventaires qui seront pareillement envoyés à Sa Majesté.

Il examinera les moyens de débiter les dits effets afin que, sur ce qu'il en retirera, Sa Majesté puisse ordonner sur ses avis les gratifications qu'elle trouvera à propos de faire aux dits habitans, aux officiers de terre et de mer et aux soldats et matelots qui se seront distingués et leur donner en son particulier des marques de la satisfaction qu'Elle attend de son zèle et de son application en cette occasion.

Comme, parmi les dits effets et marchandises, il y en aura dont le débit ne se peut faire qu'en France, il pourra faire charger sur les deux vaisseaux de guerre ce qu'il y aura de plus considérable et qu'ils pourront prendre sans nuire à leur navigation, même sur quelqu'un de ceux des bâtimens qui se trouveront au dit Manatte, en les faisant équipper pour cet effet.

Si, parmi les habitans de la Nouvelle-York, soit Anglois soit Hollandois, il se trouve des catholiques de la fidélité desquels il croit se pouvoir assurer, il pourra les laisser dans leurs habitations, après leur avoir fait prêter serment de fidélité à Sa Majesté, bien entendu, qu'il n'y en ait pas un très grand nombre et en sorte qu'ils ne puissent donner aucun soupçon, n'ayant à regarder en cela que ce qui conviendra le mieux pour le maintien et pour l'avantage de la colonie et en même temps pour sa sûreté et pour celle des François.

Il pourra aussi garder, s'il le juge à propos, des artisans et autres gens de service nécessaires pour la culture de terres ou pour travailler aux fortifications, en qualité de prisonniers, en les distribuant aux habitans françois qui en auront besoin, jusqu'à ce que les choses étant dans l'état d'une assurance entière, on leur puisse donner la liberté.

Il faut retenir en prison les officiers et les principaux habitans, desquels on pourra retirer des rançons.

A l'égard de tous les autres étrangers, hommes et femmes et enfants, Sa Majesté trouve à propos qu'ils seront mis hors de la colonie et envoyés à la Nouvelle-Angleterre, à la Pensylvanie ou en d'autres endroits qu'il jugera à propos, par mer ou par terre, ensemble ou séparément, le tout suivant qu'il trouvera plus sûr pour les dissiper et empescher qu'en se réunissant, ils ne puissent donner occasion à des entreprises de la part des ennemis contre cette colonie.

Il enverra en France les François fugitifs qu'il y pourra trouver, et particulièrement ceux de la religion prétendue réformée. Lorsqu'il aura pris les ports et assujetti cette colonie, il doit penser particulièrement à son retour en Canada pour y ramener les habitans et les soldats qu'il jugera nécessaires pour le service du Roy, selon la disposition où il trouvera les choses, tant à l'égard des Iroquois, du côté du dit Canada, que de la Nouvelle-York, et à proportion de ce qu'il estimera devoir laisser de troupes pour garder les forts et le pays.

Et comme après son expédition, rien ne paroit plus important que de profiter de la saison pour son retour en Canada, il faut qu'en cas qu'il n'eust pas exécuté tout ce qui est contenu ci-dessus, il en confie l'exécution au Sieur Chevalier de Callières, en lui donnant ses ordres en conformité et suivant qu'il jugera plus convenable au service du Roy,

Sa Majesté ayant résolu de donner au dit Sieur de Callières le gouvernement de la Nouvelle-York et de la ville et du fort de Manatte en particulier, sous l'autorité du lieutenant général de Sa Majesté dans la Nouvelle-France.

Il choisira avant son départ les officiers et les soldats qu'il trouvera à propos de laisser à la Nouvelle-York et mettra dans les postes les officiers les plus propres à les maintenir et fortifier.

En cas qu'après avoir suffisamment pourvu de troupes la Nouvelle-York, et concerté le nombre de soldats qu'il estimera nécessaire pour le service de Sa Majesté en Canada, il trouvât qu'il y en eût à renvoyer en France par les vaisseaux du Roy et garder jusqu'au nombre de trente-cinq à quarante hommes pour les envoyer dans la suite à l'Acadie, Sa Majesté est bien-aise de lui faire observer à cet égard qu'il doit se régler pour le nombre des hommes qu'il laissera à la Nouvelle-York sur les moyens qu'il aura de les y faire subsister et sur la nécessité de la garde du pays et considérer aussi que son retour en Canada sera plus commode à ceux qu'il y doit ramener, quand ils ne seront pas en plus grand nombre.

En cas que, contre toutes les apparences, la saison se trouvât trop avancée pour son retour en Canada pendant le reste de l'automne, il y donnera avis de son expédition et de son séjour jusqu'au printems, et il s'employera pendant l'hiver à mettre sa conquête en sûreté et à faire la guerre aux ennemis.

De quelque façon que ce soit, il doit par lui-même, s'il est obligé de rester, ou par le Chevalier de Callières, si cela est convenable, profiter de l'état où seront les choses pour faire une paix solide et avantageuse avec les Iroquois, qu'il trouvera sans doute disposés à la demander, étant privés de secours et de la communication des Anglois.

Pour ôter aux Anglois la facilité des entreprises par terre contre la Nouvelle-York, du côté de la Nouvelle-Angleterre, Sa Majesté veut qu'il détruise les habitations des Anglois qui sont proches de Manatte et le plus avant qu'il sera possible et mettre sous contribution les plus éloignées.

Il enverra un mémoire exact de toutes les observations qu'il pourra faire pour le commerce des nouveaux habitans de la Nouvelle-York, pour la sûreté de la navigation de là en France et pour la communication avec le Canada, afin que sur cela, Sa Majesté puisse lui donner les ordres nécessaires pour tirer de cette conquête tous les avantages qu'on doit en espérer; mais, en cas que contre toute apparence, et par des raisons que Sa Majesté ne peut prévoir, cette entreprise ne se pût exécuter, il enverra ses ordres au dit Sieur de la Coffinière de faire la guerre aux Anglois et de ranger même les côtes de la Nouvelle-York pour y faire le plus de prises qu'il pourra et y demeurer jusqu'à ce qu'il ne lui reste de vivres que pour revenir en France.

1869 — 7 juin

INSTRUCTIONS

Pour le Sieur Comte de Frontenac, gouverneur et lieutenant général pour le Roy dans le pays de la domination de Sa Majesté en l'Amérique Septentrionale

Après lui avoir expliqué les intentions de Sa Majesté sur tout ce qui a rapport à la religion, il doit être informé de tout ce qui regarde la défense du pays par les armes, qui doit être sa fonction principale.

Comme le dit Sieur de Frontenac a une parfaite connoissance de ce pays, Sa Majesté ne lui parlera ni de sa situation ni des intérêts de la colonie, par rapport aux nations voisines, soit de l'Europe, soit de l'Amérique, ou Elle se contentera de lui expliquer ce qui regarde l'état présent où elle se trouve par rapport à la guerre des Iroquois, et pour cela il doit être informé que le Sieur de Denonville ayant eu ordre de faire la guerre aux nations iroquoises, entra dans le quartier des Sonnontouans en l'année 1687 avec un corps considérable des troupes, une partie des milices du pays et plusieurs Sauvages, alliés des François. Il ravagea toutes leurs cabanes, brûla leurs blés et les obligea de se refugier chez les autres nations.

Cet exploit, quoique considérable, n'ayant pu mettre les Sauvages à la raison, et le dit Sieur de Denonville voyant combien la guerre était nuisible à la colonie, trouva moyen de leur faire persuader de demander la paix. Pour cet effet, des députés de trois de ces nations le vinrent trouver à Montréal et lui promirent de venir incessamment avec ceux des deux autres et de la demander tous ensemble. Et, en effet, ces cinq nations députèrent peu après et la paix auroit été conclue sans qu'un parti des Hurons les ayant enlevés en chemin, la négociation ne put s'achever.

En ce même temps, le chevalier Andros étant arrivé dans la Nouvelle-York pour relever le colonel Dunguent [1], il fit savoir aux Iroquois qu'il les prenoit sous sa protection, leur défendit de faire la paix sans sa participation et en écrivit en mêmes termes au Sieur de Denonville.

Les choses étoient en cet état lors du départ des dernières lettres, et comme la révolution arrivée depuis en Angleterre aura encore aigri les choses, Sa Majesté a résolu, pour terminer cette guerre si dommageable à la colonie, de faire attaquer la Nouvelle-York, ainsi qu'Elle a plus amplement expliqué ses intentions sur ce sujet au dit Sieur

1 — Dongan.

de Frontenac et Elle est persuadée que lorsque les troupes iroquoises ne recevront plus de secours des Anglois, elles seront obligées d'en passer par où Sa Majesté voudra.

Sa Majesté ne s'étendra pas davantage sur la nécessité de procurer la paix à cette colonie, le dit sieur de Frontenac étant informé comme il est de la situation du pays, que toutes les habitations sont dispersées de manière à ne pouvoir s'entre-secourir et que l'occupation que la guerre donne aux habitans les empêche de vaquer à la culture des terres et au commerce, ainsi il doit avoir en vue particulièrement d'établir solidement la paix avec toutes les nations voisines et prendre tous les meilleurs moyens qu'il pourra trouver pour la maintenir.

Le sieur de Denonville avait fait bâtir au commencement de cette guerre un fort au passage de Niagara, prétendant par là empêcher les Iroquois de passer au nord et donner envie aux Illinois et autres nations éloignées de venir faire la guerre, ayant une retraite assurée dans ce fort ; mais y étant mort un nombre de soldats, d'ailleurs le ravitaillement de ce fort étant d'une dépense immense et les nations ennemies n'ayant jusques à présent point profité de cette retraite, le Sieur de Denonville a trouvé à propos de le démolir et de ne conserver que Cataracouy. Sa Majesté lui a fait savoir qu'Elle avoit approuvé ce qu'il a fait à l'égard du dit fort de Niagara et Elle lui a même permis d'abandonner celui de Cataracouy, s'il le jugeait nécessaire. Elle donne au dit Sieur de Frontenac le même pouvoir sur ce sujet, et Elle est bien-aise de lui faire observer seulement qu'il ne doit prendre aucune résolution à cet égard qu'après un examen fait avec toute l'application nécessaire de l'utilité ou inutilité de ce fort.

Il est informé que les Anglois, par le moyen d'un nommé Radisson, françois fugitif, avoient envahi un fort et quelques habitations que la compagnie du Nord de Canada avoit établis dans la baie, sur les ruines nommées de Bourbon et de Sainte-Thérèse, les intéressés en cette compagnie envoyèrent cent hommes en 1686, qui se rendirent maîtres des trois forts que les Anglois avaient établis dans le fonds de cette baie.

La nouvelle de cette invasion réciproque donna lieu à une assemblée, qui se fit à Londres, de commissaires de la part de Sa Majesté et de celle du roy d'Angleterre, dans laquelle ces commissaires n'ayant pu convenir des faits, ils demeurèrent d'accord de remettre la négociation au premier du mois de janvier de cette année, ce qui n'a pu être exécuté, par la révolution arrivée en Angleterre. Et comme dans la conjoncture présente des troubles de ce royaume, les Anglois n'auront apparemment pas pris de grandes précautions de ce côté, Sa Majesté désire qu'il donne à cette compagnie la protection dont elle aura besoin, tant pour chasser les Anglois des ports qu'ils ont occupés sur Elle que pour la continuation de son commerce.

Il fut traité dans cette mesme conférence d'une interruption faite par les Anglois à Pentagouet, qui appartenoit aux François, et remirent à faire raison de la violence qui avoit été faite lorsque la négociation seroit refusée. Sa Majesté veut que le dit Sieur de Frontenac prenne avec le Sieur de Meneval, qui est à présent gouverneur de l'Acadie, les mesures nécessaires pour empescher de pareilles irruptions des ennemis, et pour les contenir dans leurs limites, en cas qu'on ne soit pas en estat de faire des entreprises sur eux.

1690 — 14 juillet

MEMOIRE DU ROY

AUX SIEURS COMTE DE FRONTENAC ET DE CHAMPIGNY

A Versailles, le 14 juillet 1690

Les affaires considérables que Sa Majesté a à soutenir à présent, ne luy ayant pas permis d'envoyer en Canada de nouveaux secours de troupes, ny de penser à l'entreprise qui avoit été proposée l'année dernière sur la Nouvelle-York, c'est pourquoi ayant examiné ce qui s'est passé pour le party qu'il y a à prendre ou de se tenir sur la deffensive ou d'attaquer les ennemis, Sa Majesté estime qu'une forte et vigoureuse deffensive est plus convenable présentement à son service et à la seureté de la colonie. Elle ne laisse pas d'espérer que si le dit Sieur de Frontenac peut attaquer les ennemis avec avantage, il ne perdra pas l'occasion de les réduire de vive force à la paix ; mais entre la nécessité d'estre sur la deffensive et la négociation pour la paix, Sa Majesté veut bien qu'il s'en serve pour la faire de la créance qu'il s'est acquise avec les Iroquois, en conservant l'honneur de ses armées par tous les ménagemens possibles.

Les entreprises faites par les Iroquois obligent Sa Majesté de recommander au dit sieur de Frontenac de prendre de plus justes mesures que par le passé pour les empescher et de tenir la main à ce que tous ceux qui occupent des postes soient toujours sur leurs gardes, mesme qu'ils envoyent des partys pour avoir connoissance de leur marche et par le moyen des batteaux armés, qu'il peut mettre dans les endroits où ils doivent passer, sous le commandement d'officiers vigilans et qui ayent l'expérience nécessaire pour pouvoir pénétrer les précautions avec lesquelles ces Sauvages ont coutume de marcher, affin de les esloigner de la colonie et qu'ils ne la puissent entamer,

1690 — 14 juillet

MEMOIRE DU ROY

AUX SIEURS COMTE DE FRONTENAC ET DE CHAMPIGNY

Le Roy a vu par les lettres et par le rapport qui a été fait à Sa Majesté par le Sieur Marquis de Denonville et par celui du lieutenant envoyé par le dit Sieur de Frontenac, l'estat des affaires de Canada. Sa Majesté a été informée des irruptions que les Iroquois ont faites dans l'isle de Montréal et des soins du dit Sieur de Frontenac pour essayer de la paix avec ces Sauvages par le moyen de ceux qui ont été envoyés de France. Les affaires considérables que Sa Majesté a à soutenir à présent ne lui permettent pas d'envoyer en Canada de nouveaux secours de troupes, ni de penser à l'entreprise qui avait été proposée l'année dernière sur la Nouvelle-York. Elle approuve le parti que le Sieur de Frontenac a pris de continuer la guerre par une vigoureuse deffensive.

Les entreprises faites par les Iroquois obligent Sa Majesté de recommander au dit Sieur de Frontenac de prendre de plus justes mesures que par le passé pour les empescher et de tenir la main à ce que tous ceux qui occupent des postes soient toujours sur leurs gardes, mesme qu'ils envoyent des partis pour avoir connoissance de leurs marches et par le moyen des batteaux armés, qu'il peut mettre dans les endroits où ils peuvent passer, sous le commandement d'officiers vigilans et qui puissent pénétrer les précautions avec lesquelles ces Sauvages ont de marcher, afin de les en éloigner, et qu'ils ne puissent entamer le corps de la colonie.

Rien ne paroit plus nécessaire pour cet effet que d'exécuter les ordres qu'Elle a déjà donnés pour la réunion des habitations en villages, et particulièrement au-dessus des Trois-Rivières, afin que les habitans soient mieux en état de se défendre. Il faut même qu'il les oblige à fermer ces villages de palissades et à se mettre par ce moyen hors d'insulte.

Il doit aussi appuyer les habitans dans le tems des semences et des récoltes par quelques officiers et soldats aux endroits où les ennemis pourroient venir, pour prendre avantage de la nécessité où ils sont d'être pour lors à la campagne.

Quoiqu'il doive faire son capital de conserver le pays et d'y employer particulièrement les troupes, Sa Majesté est aussi persuadée qu'il peut faire attaquer les Anglois et les Iroquois par les Sauvages alliés, comme Elle apprend qu'il a commencé.

Il doit aussi donner du secours aux Sieurs de la Forêt et Tonti, auxquels Elle a accordé l'établissement qu'avoit le feu Sieur de la Salle aux Illinois, pour les mettre en état d'agir de leur part contre les Iroquois.

Il pourra faire encore agir les Iroquois alliés, et pour cet effet il paroit convenable à Sa Majesté d'envoyer au lieu nommé Le Sault ceux qui en avoient été tirés pour les faire venir à Montréal et de leur donner toutes les assistances qui seront nécessaires, tant pour la subsistance que pour la garde de leurs familles et les engager à faire une forte guerre aux Iroquois ennemis.

Il paroit à Sa Majesté que comme l'établissement des Cannibas est particulièrement du côté de l'Acadie et dans le voisinage des habitations de la Nouvelle-Angleterre, où ils ont enlevé le fort de Penkuit et plusieurs autres postes fortifiés, ils doivent être excités d'y continuer la guerre, et pour cet effet le dit Sieur de Frontenac entretiendra correspondance avec le Sieur de Menneval, qui commande à l'Acadie, auquel ils ont beaucoup de confiance, et pour lui donner moyen d'y concourir, Sa Majesté lui ordonne de leur faire les mêmes présens que l'année dernière.

Elle espère que la négociation qu'il a commencée avec les Outawas, sur l'avis de la paix qu'ils ont faite avec les Iroquois, aura eu le succès qu'il en a attendu et qu'il les aura engagés à leur renouveler la guerre, ce qu'il doit procurer par tous les moyens possibles, même en leur faisant faire quelques présens.

Sa Majesté est bien-aise de lui dire à cette occasion que n'étant plus obligée aux dépenses extraordinaires qu'il a fallu faire pour attaquer les Iroquois, il trouvera dans les fonds qui seront faits cette année de quoi assister tous ces Sauvages pour en tirer les services auxquels il trouvera à propos de les employer.

Il doit profiter des dispositions des intéressés de la Compagnie du Nord pour le dessein qu'elle a de faire pour attaquer le fort de Nelson par le Sieur d'Iberville, et de les aider de son autorité dans les choses où ils en auront besoin pour les mettre en état de chasser les Anglois de ce poste, qui est le seul qui leur reste dans la baie d'Hudson.

Quelques vues que Sa Majesté donne au dit Sieur de Frontenac pour le maintien de la colonie et réduire les Iroquois à désirer la paix, cependant, par la confiance qu'Elle a en son zèle, en son application, Elle se remet à lui d'y ajouter et de faire en cette occasion ce qu'il estimera de plus convenable à son service, ne doutant point que par la connoissance qu'il a des choses, des manières des Sauvages, de ses forces et du pays, il ne soit en état de prendre le meilleur parti.

Sa Majesté ayant appris que les habitans de Québec ont fait préparer, pour fermer cette ville, des palissades, il faut qu'ils les oblige à y travailler sans retardement et que s'ils ne pouvoient absolument se passer de quelques secours pour achever cet ouvrage, les dits Sieurs de Frontenac et de Champigny examineront les moyens d'y pourvoir et de leur faire donner ce qui sera indispensablement nécessaire.

Le Sieur de Denonville ayant fait remarquer que dans l'attaque de Cataracouy, celui qui y commandoit n'en avoit pas fait saper les fortifications, suivant ses ordres, et qu'ainsi si les Anglois ou les Iroquois occupoient à présent ce poste, ils y seroient bientôt en état de défense, il est très nécessaire que le dit Sieur de Frontenac y envoye pour achever de le détruire, s'il ne l'a pas encore fait, et qu'il fasse aussi rechercher les deux canons de fonte qui ont été tirés de ce fort et laissés au lac Saint-François.

La dépense faite pour les forts de Missilimakinak et du lac Érié devant être remboursée sur les premiers congés qui seront délivrés sur la traite, suivant l'ordre de Sa Majesté, du 8 mars 1688, Elle ne veut pas qu'il en soit donné aucun que cette dépense ne soit entièrement acquittée.

Le dit Sieur de Denonville a représenté à Sa Majesté la nécessité qu'il y a d'occuper la jeunesse des familles nobles du Canada et a proposé de les faire passer en France pour servir dans les gardes du corps ou de les employer dans les troupes, à mesure qu'il vaquera des places, sur quoi Sa Majesté, avant de se déterminer, est bien-aise d'avoir l'avis des dits Sieurs de Frontenac et de Champigny, sur ce qui peut être de plus à propos pour son service.

Quoique Sa Majesté ait expliqué aux Sieurs de Frontenac et de Champigny ses intentions sur ce qui regarde la guerre, Elle estime nécessaire de leur dire, sur ce qui regarde la paix, qu'Elle agrée que dit Sieur de Frontenac continue à se servir du moyen qu'il a commencé d'employer pour obliger les Iroquois à la paix, en observant de ne rien faire qui leur fasse connoitre qu'il la désire, par la crainte de la continuation de la guerre, ni dont ils puissent prendre aucun avantage. Cependant Sa Majesté est persuadée que dans l'état où est à présent la colonie, il est important extrêmement pour sa conservation qu'il puisse parvenir bientôt à conclure un traité avec les Sauvages et finir cette guerre dans laquelle, par l'événement, il se trouve qu'il y a beaucoup à perdre et rien à gagner.

L'affection de Sa Majesté pour l'avancement de la religion et le service de Dieu l'oblige à recommander encore fortement aux dits Sieurs de Frontenac et de Champigny de continuer leurs soins pour concourir au zèle du Sieur Evêque de Québec et pour secourir les ecclésiastiques dans les occasions où ils auront besoin de leur autorité, s'assurant que les dits ecclésiastiques de leur part feront tout ce qui dépendra d'eux pour contribuer dans cette conjoncture à maintenir les habitans dans une bonne union et dans la bonne volonté d'employer leurs biens et leur personne pour son service et pour leur propre conservation.

Les Sieurs de Denonville et de Champigny ayant trouvé à propos de promettre six congés pour la traite aux Religieuses et à l'hôpital de Montréal, Sa Majesté veut qu'elles en jouissent et que le dit Sieur de Frontenac donne les dits congés, afin qu'elles puissent subvenir à la subsistance des malades et à la réparation de leurs bâtimens.

Sa Majesté a été bien-aise d'apprendre la facilité que ses sujets ont trouvée l'année dernière pour leur traite avec les Outawas, ayant apporté pour huit cent mille livres de pelleteries. L'importance de ce commerce doit engager les dits Sieurs de Frontenac et de Champigny à ne rien oublier pour entretenir une bonne correspondance avec ces Sauvages et pour assurer le retour des effets des François.

Le Sieur de Denonville ayant rendu compte du progrès des entreprises du Sieur Riverin, pour la pêche des baleines et de la morue, les dits Sieurs de Frontenac et de Champigny doivent l'exciter à la continuer et à façonner les habitans à ces pêches, et l'assurer que Sa Majesté fera considération de ses soins, de ses dépenses, de ses pertes. Elle désire cependant qu'ils le fassent jouir des congés qu'elle lui a ci-devant accordés, quand il y aura occasion, et qu'ils lui fassent savoir leur avis sur la demande qu'il fait du privilège de la traite avec les Sauvages du lac de Témiscaming.

1691 — 7 avril

MEMOIRE DU ROY

AUX SIEURS COMTE DE FRONTENAC ET DE CHAMPIGNY

Au camp devant Mons, le 7 avril 1691

Sa Majesté n'estant pas, quant à présent, dans la disposition de faire faire l'entreprise qu'ils ont proposée sur la Nouvelle-York et sur la Nouvelle-Angleterre, ils doivent toujours s'instruire des moyens de l'exécuter et l'en informer, mesme disposer ce qui est nécessaire pour attaquer par terre les colonies anglaises, en cas que cela convienne au service du Roy.

Sa Majesté est bien-aise de leur recommander encore l'exécution de ce qui leur a esté ordonné pour la réunion des habitans en villages et pour assurer les semences et les récoltes des habitans, comme il a esté fait l'année dernière.

Sa Majesté espérant qu'ils auront engagé les habitans de Québec et de Montréal à préparer les palissades et les matériaux nécessaires pour les fortifications, Elle a encore bien voulu ordonner l'envoi d'un fonds de 20,000 livres pour les faire achever aussy bien que les autres postes, avec le secours que les habitans pourront donner.

Elle veut aussy que le dit Sieur de Frontenac apporte une particulière application aux ordres qui ont esté donnés pour empescher que les Iroquois ni les Anglois ne puissent profiter des ouvrages qu'on a laissé subsister au fort Frontenac, lorsqu'il a esté abandonné, et comme il paroist par ce qu'ils ont mandé à Sa Majesté qu'ils n'y avoient pas esté, Elle désire qu'ils lui rendent compte de ce que sont devenus les vivres, ustensiles, munitions et armes qui y avoient esté laissés, ce qui monte à une somme très considérable, estant obligée de leur dire à cette occasion qu'Elle a sujet d'être fort mal satisfaite de ceux qui ont fait l'abandonnement de ce poste, qui auroient pu emporter les plus cons dérables effets, ou au moins les déposer dans les bois, où les ennemis n'auroient pu s'en prévaloir.

Les dits Sieurs de Frontenac et de Champigny rendront compte à Sa Majesté de l'estat du fort St-Louis, des Illinois, et de la conduite du Sieur de la Forest, auquel la concession en a esté accordée pour luy et pour le Sieur Tonty et des mouvemens auxquels le dit Sieur de la Forest aura engagé les dits Illinois contre les ennemis communs.

Quoique Sa Majesté ait expliqué aux dits Sieurs de Frontenac et de Champigny ses intentions sur ce qui regarde la guerre, Elle veut bien leur dire aussy qu'Elle agrée les moyens que le dit Sieur de Frontenac a commencé d'employer pour obliger les Iroquois à la paix et pour les détacher des Anglois, en leur faisant toujours connoitre qu'il ne la désire pas par la crainte de la continuation de la guerre, Sa Majesté estant néanmoins persuadée que rien ne peut estre plus nécessaire à son service et à l'avantage de la colonie que de parvenir le plus tôt qu'il pourra à conclure un traité avec les Sauvages de la participation des Outawas et autres qui sont sous son obéissance.

1693 — 28 mars

MEMOIRE DU ROY.

AUX SIEURS COMTE DE FRONTENAC ET DE CHAMPIGNY

Le rapport fait, par ceux qui sont revenus de Boston, des préparatifs qui s'y faisoient pour tenter une nouvelle entreprise contre Québec et les avis qu'ils ont aussy donnés que les Anglois de la Nouvelle-York, avec les Iroquois, doivent, de leur côté, attaquer la colonie par le haut de la rivière, ont fait prendre au Roy la résolution d'y envoyer un puissant secours d'hommes, munitions, armes, vivres, argent et autres effets, et de faire partir présentement les vaisseaux qui les doivent porter et escorter, afin que le Sieur comte de Frontenac soit en estat de se préparer pour repousser les ennemis, s'ils viennent l'attaquer, ou leur faire la guerre, en cas qu'ils en soient demeurés aux menaces.

La capacité et expérience du Sieur de Frontenac empesche Sa Majesté de lui donner des vues particulières de ce qu'il a à faire pour la défense de la colonie, contre les menaces des ennemis, pour les assaillir quand il le pourra faire. Elle veut bien s'en rapporter à ce qu'il jugera à propos et lui dire seulement qu'ayant fait examiner la proposition faite par le Sieur de Lamothe Cadillac d'avoir des bâtimens de guerre légers et propres à garder les détroits des rivières et lacs sur la route ordinaire des Anglois et Sauvages, venant du côté d'Orange, Elle a donné ordre à Rochefort qu'on envoye en Canada les proportions sur lesquelles ils doivent estre bâtis, et tout ce qu'il faut, à la réserve du bois pour leur construction. L'intention de Sa Majesté est qu'aussitôt qu'ils auront reçu le mémoire de ces proportions, ils fassent faire ces bateaux, afin qu'ils puissent s'en servir dès cette année pour la défense du pays. Le dit Sieur de Frontenac peut donner le commandement de ces bateaux au dit Sieur de Lamothe Cadillac; mais il faut que cela se fasse avec beaucoup de secret et de manière que l'avis de ces armemens ne puisse être porté aux ennemis avant le temps de leur descente.

1694 — 8 mai

MEMOIRE DU ROY

AUX SIEURS COMTE DE FRONTENAC ET DE CHAMPIGNY

Les menaces des Anglois, dont les officiers revenus de l'Acadie à la fin de 1692, avoient informé et l'avis que les Sieurs de Frontenac et de Champigny ont prétendu avoir eu de leur dessein pour une invasion générale du Canada et pour faire le siège de Québec, n'ayant pas eu de suite, il y a si peu d'apparence qu'ils ayent été depuis en estat de l'attaquer que Sa Majesté est persuadée que le dit sieur de Frontenac aura non seulement mis à couvert le pays contre leurs courses et les partis des Sauvages, mais même qu'il aura pu exécuter les projets auxquels il a fait savoir à Sa Majesté qu'il se préparoit pour leur faire une forte guerre, en sorte qu'Elle n'est pas sans espérance que les dispositions des Iroquois pour la paix ne puissent avoir eu quelque acheminement.

Sa Majesté veut qu'ils se conforment à l'ordre qu'Elle leur a donné l'année dernière pour faire cesser le paiement aux Sauvages chrétiens de dix écus blancs pour chaque prisonnier, et de moitié pour les femmes, ce qui fera encore une diminution sur le projet. Cette dépense ne se peut supporter et elle paroit d'autant moins nécessaire que dans l'occasion de l'invasion des villages des Agniez et dans la retraite du party françois, qui avoit fait si heureusement cette expédition, l'espérance de ce projet n'a pas empesché que les Sauvages chrétiens n'ayent donné à l'invasion des Agniez et rendu cette expédition non seulement inutile, mais encore très dommageable aux François, dont les dits Sieurs de Frontenac et Champigny ont décrit toutes les misères dans les relations qu'ils ont envoyées de la retraite des François, qui se sont laissé conduire par leurs Sauvages à faire des campémens et à y rester pour donner le temps aux Anglois de s'assembler pour les poursuivre, comme ils ont fait. Si l'évasion des personnes, au nombre de plus de 300, n'avoit pas été favorisée par les Sauvages amis, tous les fonds des dépenses de Canada n'auroient pas suffy pour cette gratification. Et enfin Sa Majesté entend qu'ils remettent les choses à cet égard en l'estat où elles l'étoient avant qu'ils l'eussent résolu, puisque la dépense de leur subsistance et les autres fournitures qui se font à ces Sauvages, lorsqu'ils sont employés à la guerre, sont entièrement sur le compte de Sa Majesté.

1695 — 14 juin

MEMOIRE DU ROY

AUX SIEURS COMTE DE FRONTENAC ET DE CHAMPIGNY

A Versailles, 14 juin 1695

Le Roy fut informé, par leur dépesche de l'année 1693, des dispositions par lesquelles il sembloit que les Iroquois étoient pour la paix et du projet du Sieur de Frontenac pour leur faire une plus forte guerre, afin de les soumettre; mais Sa Majesté a été étonnée par celles de l'année dernière et par les relations qui en ont été envoyées, qu'elle s'est passée jusqu'au départ des vaisseaux en des vaines négociations avec les Iroquois, pendant même que ceux-ci agissaient pour débaucher les Sauvages alliés de son service. Elle est persuadée que le Sieur de Frontenac, qui a connu leur mauvaise foi, aura repris les premiers erremens, des desseins qu'il avoit formés et Elle espère toujours qu'en leur continuant la guerre, ils seront réduits à demander la paix plus sincèrement qu'ils n'ont fait jusqu'à présent, à se détacher des Anglois, qui se sont embarqués dans cette guerre.

L'événement a justifié ce que Sa Majesté a mandé l'année dernière aux Sieurs de Frontenac et de Champigny, du peu d'apparence qu'il y avoit que les Anglois puissent attaquer le Canada par une invasion générale ny pour faire le siège de Québec. Les ennemis, au contraire, n'ont pas été en état de se défendre des attaques des Sauvages de l'Acadie, ny de se mettre à couvert des déprédations d'un corsaire, avec un seul brigantin; c'est ce qui a fait penser à Sa Majesté que les Iroquois, connoissant la faiblesse des Anglois, ont engagé de concert avec ceux-ci les pourparlers de paix, pour éluder et suspendre l'exécution des desseins projetés contre eux, afin de gagner du temps pour se mettre en deffense, à quoi il semble qu'ils sont parvenus, suivant ce qui résulte de l'état où ces négociations étoient réduites. C'est pourquoi Sa Majesté est persuadée que si le dit Sieur de Frontenac a trouvé à propos d'y donner un nouveau cours, il n'aura pas discontinué de leur faire la guerre et qu'il continuera jusqu'à leur entière soumission.

Il n'y a pas plus d'apparence présentement que l'année dernière que les Anglois soient en estat d'agir par invasion contre le Canada, par mer ni par terre, ainsi rien ne pourra empescher le Sieur de Frontenac de les attaquer aussy bien que les Iroquois. Sa Majesté se remet à son savoir-faire et à sa prudence, pour ce qu'il trouvera plus à propos de faire pour mettre en action en même temps les Canadiens, les Sauvages alliés d'en haut, les Illinois et ceux du côté de l'Acadie, pour profiter des dispositions dans lesquelles il les a tous mis d'une plus grande aliénation avec les Anglois, par les présens extraordinaires qui ont été destinés pour ces Sauvages depuis les dernières années.

Sa Majesté ne trouve point à propos qu'ils continuent de faire donner dix écus pour chaque Iroquois tué et pour chaque femme faite prisonnière, non plus que vingt écus pour chaque Iroquois fait prisonnier, pour les raisons qu'elle leur a expliquées par sa dépêche de 1694. Ils doivent se servir de moyens moins onéreux à Sa Majesté pour exciter les Sauvages chrétiens à faire la guerre aux Iroquois. Ils doivent être engagés par la subsistance qu'il paroit qu'ils leur donnent lorsqu'ils vont en guerre et par les autres grâces et la protection de Sa Majesté, qui n'a pas reconnu un grand effet des 6,326 livres qu'ils mandent avoir été payées pour cela aux Sauvages.

1696 — 26 mai

MÉMOIRE DU ROY

POUR LES SIEURS DE FRONTENAC ET DE CHAMPIGNY

Sa Majesté ayant esté informée par les dépesches des Sieurs de Frontenac et de Champigny des XI et XII août, 4 et 10 novembre derniers, de la rupture des négociations sur les propositions de paix dont les Iroquois les avoient entretenus pendant les deux dernières années, et des irruptions qu'ils ont mandé que ces barbares ont faites sur la colonie avec plus de cruauté qu'ils n'en avoient encore exercé contre les habitans, il a paru à Sa Majesté qu'en effet ils n'avoient feint de vouloir la paix que dans ce dessein de préparer les moyens d'attaquer plus facilement la colonie, pendant la suspension des entreprises des François, qu'ils ont obtenue à la faveur de leurs fréquentes députations, afin d'avoir le temps de faire des vivres par la liberté de la chasse, de quoi se pourvoir de munitions d'armes, enfin de ménager les Outawas et autres nations pour les obliger, par la jalousie de ces négociations et de la suspension d'une forte guerre, à se liguer contre eux, comme il paroit qu'ils ont fait, par ce que les dits Sieurs de Frontenac et de Champigny ont mandé sur les avis du Sieur de Lamothe Cadillac, commandant à Missilimakinac et sur la déclaration des propres députés de ces Sauvages qui estoient à Québec lors du départ des vaisseaux.

Comme les projets dont le dit Sieur de Frontenac a rendu compte à Sa Majesté, avant qu'il eût l'advis de la défection des Sauvages alliés qui sembloient devoir apporter un grand changement dans les dispositions des affaires de Canada, pourroient aussi être changés à cause de la conjoncture, Sa Majesté, dans cette incertitude, ne se trouve pas dans un état à leur pouvoir faire autre chose à cet égard que de les informer de ses réflexions et des conséquences qu'on tire de ce qu'ils ont fait savoir qui s'est passé, non seulement avec les Iroquois, mais même avec les nations alliées et que de faire encore pour cette fois un effort considérable pour secourir la colonie.

Il paroit à Sa Majesté que la guerre avec les Iroquois n'a point une autre cause, particulièrement dans les derniers temps, que leur jalousie du commerce avec les nations d'en haut pour se le conserver avec la Nouvelle-York et avec ces nations par l'avantage de la situation des établissements des Iroquois, qui barrent les chemins des Anglois vers ces nations et d'elles avec la Nouvelle-York. Il résulte encore des relations des dits sieurs de Frontenac et de Champigny que l'aliénation des Outawas et autres provient de ce que les François, par leurs courses dans la profondeur des terres, ont usurpé le commerce que ces nations faisoient avec les autres supérieures, et que quelques-unes de celles-cy, pour de mêmes intérests, font la guerre aux alliés ou sont obligés de se rallier aux Iroquois et qu'enfin la course des bois, plus effrénée l'année dernière qu'elle ne l'a encore été, nonobstant les ordres de Sa Majesté et la réduction des congés au nombre de 25, est la source de tous les désordres de la colonie, qu'elle a donné occasion à des établissemens qui, en la divisant dans des régions si éloignées, la dissipent et renversent les vues que Sa Majesté a eues qu'on doit avoir uniquement de la réunir et d'appliquer les habitans à la culture des terres, à la pêche et autres choses qu'Elle a toujours recommandées et qu'ils peuvent tirer de la nature du pays et de leur application et industrie.

La difficulté de la communication avec les nations d'en haut et même l'impossibilité à cause de leur union avec l'Iroquois, fait penser à Sa Majesté que le dit sieur de Frontenac ne pourroit soutenir cette communication, au moins qu'avec des dépenses insupportables, qui lui ôteroient les moyens de faire une plus forte guerre aux Iroquois pour les détruire, ou au moins pour les forcer à demander sincèrement la paix.

Ayant examiné ce qui a esté mandé pour l'invasion proposée dans les villages des Iroquois ou pour se réduire à les harceler par des partis fréquents, Sa Majesté a trouvé bon de laisser à la capacité et à l'expérience du dit sieur de Frontenac de faire en tout ou partie ce qu'il jugera plus à propos pour son service ou pour l'avantage de la colonie, après avoir examiné les advis qui pourroient lui être donnés par le sieur de Champigny et par les principaux officiers, étant persuadée qu'il prendra toujours le meilleur parti.

Sa Majesté, outre une recrue de trois cents soldats, compris les soixante pour l'Acadie, dont Elle leur a fait donner advis, a fait envoyer par les vaisseaux qu'Elle a fait équiper à Rochefort, tout ce qu'il a demandé en munitions, armes, vivres et marchandises, et non seulement les mêmes fonds de l'année précédente pour toutes les natures de dépenses et charges, mais même une augmentation de 15,000 livres pour l'extraordinaire de la guerre et de 7,000 livres sur la dépense pour la subsistance et l'entretien des troupes, suivant les états qui en ont été expédiés.

Pour les engager à faire un usage aussi utile au service de Sa Majesté qu'Elle se le promet de l'extraordinaire effort qu'Elle a fait en cela dans la conjoncture présente, et à prendre d'autres mesures pour l'advenir, Sa Majesté est obligée de les advertir qu'il n'y a pas apparence qu'Elle puisse supporter longtemps la dépense à laquelle la guerre du Canada l'engage. Elle ne veut aussi absolument pas donner les 39,894 livres d'une part et 34,337 livres d'autre, dont ils ont demandé le remplacement. Il faut qu'ils ménagent ces sommes sur les fonds qui sont donnés annuellement, sur lesquels les munitions tirées des magasins de Rochefort ont dû être déduites.

Sa Majesté a ordonné les fonds qui ont esté demandés pour la despense des mâts envoyés et à envoyer. Ils ne sont pas de la longueur proportionnée à la grosseur. Elle ordonne à Rochefort d'en envoyer un mémoire. Elle a aussi ordonné le remboursement de la despense faite pour la fluste *La Charente*, et ne pouvant faire celle qu'ils ont proposée pour l'entretien du vaisseau *La Bouffonne*, Elle veut qu'ils la renvoyent dès cette année en France et qu'elle passe à Plaisance pour y porter de bonne heure des madriers et autres matériaux nécessaires pour faire des plates-formes.

Ayant vu les estats de la dépense qui a été faite pour le rétablissement du fort de Cataraquoi et de celle qui est proposée pour le soutenir, Sa Majesté a peine de s'imaginer comment ils peuvent croire qu'ils le pourront maintenir. C'est pourquoi Elle désire qu'ils examinent de nouveau les raisons qui les y peuvent obliger, par comparaison de celle de la destruction et abandonnement de ce fort dans la conjoncture présente, pour faire en cela ce que le dit sieur de Frontenac trouvera plus à propos pour l'avantage de la colonie et pour les moyens de faire une plus forte guerre aux ennemis et les obliger à demander la paix.

La défection des alliés leur doit avoir suffisamment fait connoître le peu de fondement qu'ils peuvent faire sur ces sauvages, toutes les fois que leur intérêt les pourra porter à rompre avec les François, surtout après ce que le dit sieur de Frontenac a fait pour les secourir, et les assistances que le sieur de Champigny et lui ont engagé Sa Majesté à leur donner. Il paroist évidemment que cela n'a servi qu'à entretenir plus licencieusement la course des Canadiens dans la profondeur des bois, comme il est remarqué au commencement de ce mémoire, et qu'à fournir des occasions pour la perpétuer, favoriser les intérêts particuliers et formenter tout le désorde qui s'en ensuit, sous le prétexte de la guerre, qu'à surprendre des établissemens deffendus hors des limites de la colonie, contraires aux intentions de Sa Majesté, qu'Elle n'a point cessé de faire connoitre. C'est pourquoi Elle est persuadée sur ce qu'Elle vient d'apprendre par les dits sieurs de Frontenac et de Champigny, de la trahison de ces Sauvages, que ne pouvant pas détruire les Iroquois, ils doivent faire la paix avec eux, même indépendamment des alliés, s'ils ne peuvent pas les y faire comprendre, en cas que les Iroquois les demandent ou qu'ils les y puissent conduire.

Ils doivent avoir pour principe capital, suivant tous les ordres de Sa Majesté, dans toutes les parties du régime de cette colonie, de la réunir et de lui faire trouver sa subsistance dans l'emploi des habitans au dedans de son estendue, et dans leur commerce avec le royaume et avec les Sauvages, qui apporteront nécessairement leurs pelleteries dans la colonie pour s'y pourvoir des marchandises du royaume dont ils ont besoin, comme ils faisoient avant qu'on eût souffert que les Canadiens se dirigeassent dans les profondeurs des terres, où ils contractent l'habitude de toutes sortes de débauches et de vices qui les rendent inutiles et à charge à la société civile, sans parler de leurs survexations envers les Sauvages, dans le prix excessif des marchandises qu'ils y portent et du désordre pour le mauvais castor qu'ils prennent d'eux indistinctement, parce qu'ils sont assurés d'en estre également payés. En sorte que le remède que Sa Majesté a entendu apporter à l'avilissement du prix des dits castors, et en y mettant le commerce dans la main de ses fermiers en 1675, afin d'en maintenir et augmenter la valeur au profit de la colonie, est devenu pire que le mal et paroit avoir augmenté toujours depuis la licence de la course dans la profondeur infinie des terres, ce qui a produit un immense superflux et immense quantité de castors, et en partie de mauvaise qualité, par augmentation d'une manière étonnante, année après année, et beaucoup davantage la dernière que les précédentes...

Fait à Versailles, le 26 mai 1696.

1699 — 25 mars

LETTRE DU ROY

A M. DE FRONTENAC

A Versailles, le 25 mars 1699.

Monsieur le comte de Frontenac,

J'ai esté informé par les dernières lettres que j'ai receues de vous et par la copie de celles du sieur comte de Bellomont, que vous m'avez envoyées, de ce qui s'est passé au sujet des cinq nations des Iroquois, nommées par les François—Onnontagué, Ouneyoust, Goyoguen, Sonnontouan et Anniés ; et par les Anglois, les Maques, les Oneydes, les Ondayés, les Cayougas et les Senekoes. Afin que les choses n'aillent pas jusqu'aux voyes de fait, je suis convenu avec mon frère le roy d'Angleterre, en attendant que les commissaires que nous avons nommés en exécution du traité de Riswic en ayent fait un qui serve de règle à l'avenir, que si on estoit venu aux actes d'hostilités, ils cesseront de part et d'autre dans l'instant que vous recevrez cette lettre ; que si mes troupes avoient eu quelqu'avantage sur celles d'Angleterre ou les Anglois sur les miennes, quoyqu'il soit arrivé et quelque poste qui ait esté pris de part et d'autre, les choses seront rétablies sur le pied qu'elles estoient au commencement du mois d'août ; et finalement, pour prévenir la continuation des disputes qui sont survenues à l'occasion des Iroquois des Cinq-Nations susnommées, jusqu'à ce qu'on soit venu à une décision, j'ay consenti qu'ils demeurent en repos et qu'ils jouiront de la paix conclue à Riswic de même que les Indiens qui sont leurs voisins, qu'en conséquence de cela les prisonniers et les otages seront rendus de part et d'autre, et les Iroquois des Cinq-Nations aussy bien que les Indiens avec lesquels ils sont en guerre et les autres leurs voisins de part et d'autres seront désarmés, autant qu'il sera jugé à propos par vous et par le sieur de Bellomont, pour les contenir dans la tranquillité dont on est convenu qu'ils jouiront et en cas que les dites nations se fassent la guerre les unes aux autres ou insultent les colonies françoises ou angloises.

Je veux que vous agissiez de concert avec le dit sieur de Bellomont contre eux et les obliger de vivre en repos. Je vous adresse copie des ordres que mon frère le roy d'Angleterre donne au dit comte de Bellomont, afin que si le vaisseau qui vous porte ceux-ci arrive plus tôt que celui d'Angleterre, vous les fassiez passer jusqu'à lui avec le plus de diligence que vous pourrez et on adresse aussy un double de cette dépêche au dit sieur de Bellomont pour vous estre par luy envoyé, en cas qu'il reçoive celle du roy d'Angleterre avant que vous receviez la présente, laquelle n'estant à autre fin, je prie Dieu [1].

1699 — 27 mai

MEMOIRE DU ROY

AU SIEUR CHEVALIER DE CALLIÈRES,

Gouverneur et son lieutenant-général, et au Sieur de Champigny, intendant

Sa Majesté a receu les depesches des sieurs comte de Frontenac et de Champigny des 15 et 25 d'octobre dernier, auxquelles Elle fait réponse par ce mémoire.

La satisfaction que Sa Majesté a eue du dit chevalier de Callières l'ayant engagée à le choisir pour remplir la place du dit sieur comte de Frontenac, Elle est bien-aise de lui expliquer ses intentions sur les affaires courantes de ce pays et Elle les renferme dans cette depesche, qu'Elle luy escrit en commun et au dit sieur de Champigny, pour leur faire concevoir qu'Elle veut qu'ils vivent ensemble dans une parfaite union et correspondance, leur déclarant qu'Elle ne prendra confiance que dans celles qui luy escriront de mesme en commun pour ce qui aura rapport à la colonie, et quoy qu'Elle ne doute pas qu'ils ne pensent toujours de la mesme manière,

---

[1] — La même dépêche fut adressée à M. de Callières, sous la date du 27 avril.

ne devant avoir l'un et l'autre en veue que le bien de son service, cependant Elle veut bien leur dire qu'en cas qu'ils se trouvent de différents sentiments sur quelque affaire, Elle trouve bon que dans leurs depesches communes, ils mettent leurs sentiments différemment et qu'ils y ajoutent les raisons pour lesquelles ils pensent ainsy, afin que Sa Majesté estant en estat de juger des unes et des autres, Elle puisse donner ses ordres avec connoissance, suivant qu'Elle le jugera à propos.

Le dit sieur de Callières trouvera cy-joint une dépêche de Sa Majesté et une autre du roy d'Angleterre au comte de Bellomont pour faire cesser tous actes d'hostilité entre les deux nations au sujet des Iroquois, pour unir les forces de la Nouvelle-France à celles de la Nouvelle-Angleterre, pour obliger ces Sauvages à demeurer en paix et à y laisser les autres nations nos alliés. Sa Majesté ne doute pas que cela n'apporte la tranquillité dans tout ce pays et Elle recommande au dit chevalier de Callières de s'y conformer exactement de sa part.

Il aura soin d'envoyer au dit sieur de Bellomont la depesche que le roy d'Angleterre luy escrite, à moins que le dit sieur de Bellomont ne l'ait prévenu et ne luy ait envoyé celle que Sa Majesté a escrite au feu comte de Frontenac, par son canal, auquel cas il ne sera pas nécessaire de la luy envoyer. Sa Majesté approuve que le dit sieur de Frontenac ait remis aux Anglois, que le dit sieur de Bellomont luy a envoyés pour l'informer de la paix, ceux de leur nation qui estoient prisonniers à Québec et Elle ne doute pas que les Anglois n'ayent de leur costé renvoyé de mesme tous les François; cependant, en cas qu'on ait advis qu'il soit resté quelques enfans au-dessous de douze ans, sous prétexte de religion, comme ils doivent estre rendus, suivant la règle que les

Anglois ont establie eux-mesmes que les enfans à cet âge devoient estre rendus, parce qu'ils ne sont pas en estat de se choisir une religion, Sa Majesté a trouvé bon que les dits sieurs de Callières et de Champigny acceptent l'offre qui leur a esté faite par les prestres du Séminaire d'aller sur les lieux pour les retirer, et Elle a agréé qu'ils leur donnent les commodités, les ordres et les lettres dont ils auront besoin pour l'exécution de ce pieux dessein.

Sa Majesté accordera volontiers aux Anglois catholiques qui sont restés en Canada et qui ont refusé de retourner à la Nouvelle-Angleterre, à cause de la religion, les lettres de naturalité qu'ils demandent, et ils n'ont qu'à en envoyer une liste sur laquelle Sa Majesté les fera expédier.

Elle a leu avec beaucoup de satisfaction la lettre que le dit sieur de Frontenac a escrite au comte de Bellomont en response de celle qu'il avait receue de ce comte, et Elle désire que les dits sieurs de Callières et de Champigny soustiennent dans l'occasion la dignité des caractères dont ils sont revêtus, avec la mesme fermeté que le dit Sieur de Frontenac a fait en celle-cy. Quoiqu'il n'y ait plus de dépense à faire pour soutenir la guerre, Sa Majesté a bien voulu faire remettre cette année la somme de cent mille livres qu'Elle a accordée dans le plus fort de sa durée pour payer les anciennes deues et notamment celles qui proviennent des vivres perdus ou pris sur mer en 1690-91 et 91, et de l'excédant fait en 1693 sur les fonds de cette année pour les fortifications de Québec. Elle veut aussi qu'on paye sur ce fonds ce qui est deu pour des munitions fournies au fort de Missilimakinac dès l'année 1687 et la construction des corps de garde que le dit comte de Frontenac fit pour l'année dernière, à la porte du fort de Québec.

Sa Majesté a approuvé que le dit feu Sieur de Frontenac et le Sieur de Champigny ayent retardé la permission qui avait esté donnée au nommé LeSueur d'aller avec cinquante hommes fouiller des mines sur le bord du fleuve Mississipi; Elle a esté satisfaite des raisons qui les ont obligés d'en user ainsy. Elle a révoqué la dite permission et Elle veut que les dits Sieurs de Callières et de Champigny empeschent que le dit Sieur LeSueur ny aucun autre ne sorte de la colonie sous le prétexte d'aller chercher des mines, sans des permissions expresses de Sa Majesté.

A l'égard du fort des Illinois et de l'habitation que les Sieurs de la Forest et de Tonty y ont, comme elle a esté faite avec l'agrément de Sa Majesté, laquelle a bien voulu excepter nommément de la deffense générale qu'Elle a faite par la dite déclaration du mois de may de la dite année 1696, Elle trouve bon qu'ils permettent aux dits Sieurs de la Forest et de Tonty d'y envoyer deux canots par an seulement, avec le nombre d'hommes nécessaires pour les naviguer, à condition néanmoins qu'il n'excèdera pas le nombre de douze et ce jusqu'à nouvel ordre et qu'il ait plu à Sa Majesté d'en ordonner autrement,

Sa Majesté n'estime pas nécessaire de continuer des présens aux Sauvages; Elle a bien voulu les accorder dans le temps qu'on les employoit à faire la guerre aux Iroquois pour les dédommager en quelque manière de la perte que cela leur causoit; mais Elle désire que le dit Sieur de Callières les assure de la continuation de la protection de Sa Majesté, qu'il les informe de la suspension des armes avec les Iroquois, qu'Elle est pour eux comme pour les François et qu'il a ordre de les deffendre et de faire la guerre aux Iroquois toutes les fois qu'ils voudront les attaquer. Elle veut aussy qu'il leur fasse connoistre qu'en rappelant tous ses sujets qui estoient sur la profondeur des terres, son intention a esté de leur procurer un avantage considérable pour le bon marché qu'ils auront des marchandises à Montréal, dont les François profitoient sur eux.

Sa Majesté a esté informée que le père Hennepin, récollet flamand, qui a esté autrefois en Canada, vouloit y retourner. Comme Sa Majesté n'est pas satisfaite de la conduite de ce religieux, Elle veut qu'ils s'assurent de luy, s'il y repasse, et qu'ils l'adressent à l'intendant de Rochefort, à qui Sa Majesté fera savoir ses intentions sur son sujet.

1700 — 5 mai

MEMOIRE DU ROY

AUX SIEURS CHEVALIER DE CALLIÈRES,

gouverneur et lieutenant-général, et Champigny, intendant de justice, police et finances dans les pays de la Nouvelle-France

Sa Majesté a vu la lettre qu'ils ont écrite le 20 du mois d'octobre dernier au Sieur comte de Pontchartrain, secrétaire d'État et de ses commandemens sur les affaires de le Nouvelle-France. Elle a été très satisfaite des sentimens dans lesquels ils assurent qu'ils sont de vivre dans une parfaite intelligence et d'agir de concert dans toutes les affaires qui regarderont son service.

Sa Majesté a approuvé que le dit Sieur chevalier de Callières se soit servi du Sieur de la Vallière et du Père Bruyas, jésuite, pour porter au comte de Bellomont la lettre du roy d'Angleterre qui lui a été adressée pour ce comte et qu'il les ait chargés de ramener tons les François qui sont chez les Anglois et particulièrement les enfans au-dessous de 12 ans; et en cas qu'ils ayent pu les amener tous, Elle trouve bon qu'ils acceptent l'offre qu'ont faite les directeurs de l'hôpital de Montréal de les aller chercher.

Elle a été bien-aise d'apprendre que les Iroquois n'ayent fait aucun acte d'hostilité. Elle est persuadée qu'étant avertis comme ils sont de ce qui a été convenu avec les Anglois d'unir leurs forces à ceux des François pour les obliger de demeurer en paix, en cas qu'ils voulussent troubler la tranquillité du pays, qu'ils n'oseront rien faire qui leur attire ces deux puissances sur les bras et il faut regarder désormais cette cessation d'armes comme une paix, et Sa Majesté trouve bon qu'on recommence à faire commerce avec ces Sauvages, comme on faisoit avant la guerre, en prenant cependant les précautions nécessaires pour ne s'en pas laisser surprendre.

1701 — 31 mai

MEMOIRE DU ROY

AUX SIEURS CHEVALIER DE CALLIÈRES

gouverneur et lieutenant général de Sa Majesté et de Champigny, intendant de justice, police et finances de la Nouvelle-France

A Versailles, le 31 mai 1701

Sa Majesté a vu les dépêches qu'ils ont écrites au Sieur comte de Pontchartrain, secrétaire d'Etat, ayant le département de la marine, les 17 et 18 octobre, et 6 novembre de l'année dernière 1700 et les états, mémoires et autres papiers qui y étoient joints. Elle a appris avec beaucoup de satisfaction que la paix ait été conclue avec les Iroquois sans aucune participation des Anglois et malgré les moyens qu'ils ont mis en usage pour l'empêcher. Elle désire qu'ils fassent, de leur côté, tout ce qui sera praticable pour le maintien de cette paix, qui est indispensablement nécessaire pour le progrès de la colonie et pour soulager Sa Majesté d'une partie des dépenses dans lesquelles cette guerre l'a engagée et qui lui sont extrêmement à charge dans la conjoncture présente.

Quoiqu'Elle eût un extrême besoin de se décharger de ces dépenses, Elle a bien voulu les continuer cette année, qu'Elle se voit à la veille d'entrer en guerre avec l'Angleterre, afin d'ôter à cette nation tout dessein d'entreprise sur cette colonie, et que les Iroquois voyant les François en bonne posture ne se rallient pas à eux une seconde fois, qu'ils conservent pour le moins une exacte neutralité, et s'il étoit possible, en cas de guerre, de les unir à nous pour leur faire faire la guerre aux Anglois. Il ne faudroit pas manquer, c'est ce que Sa Majesté désire qu'ils ménagent avec toute l'adresse et la dextérité possible, en observant qu'ils ne faut pas que l'union que nous pouvions avoir avec les Iroquois nous fasse perdre l'amitié des autres Sauvages nos alliés. Ainsi en cas d'union avec eux, il faut faire en sorte qu'ils vivent en bonne intelligence avec les autres....

A l'égard des 84 qui n'étoient pas encore réunis l'année dernière et dont la plus grande partie ont pris la route du Mississipi, Sa Majesté a été informée des raisons qui les ont retenus dans les bois, et Elle a bien voulu y avoir égard, étant fort persuadée que la clémence dont Elle veut bien user à leur égard les engagera à une plus prompte obéissance à l'avenir.

Ce qui a encore porté Sa Majesté à écouter leurs raisons, a été la résolution qu'Elle a prise de former un établissement au bas du Mississipi. Elle fait état d'y faire établir ces gens là et de donner par ce moyen commencement à cette colonie, qui lui est venue d'une nécessité indispensable pour empêcher le progrès que les Anglois de la colonie et de la Nouvelle-York ont commencés de faire dans les terres qui sont entr'eux et ce fleuve. Mais comme Elle veut empêcher que cette colonie ne nuise à celle du Canada, Elle donnera ses ordres pour obliger les Canadiens qui y ont passé de payer leurs dettes. Elle leur défendra aussi la chasse du castor, et comme ils en ont actuellement et qu'ils ne sont pas encore informés de la deffense que Sa Majesté a résolu de leur faire, Elle a permis aux députés de la compagnie de Québec, qui sont en France, d'envoyer un commis au Mississipi pour recevoir et payer tous les castors qui y seront apportés pendant cette année et la prochaine, afin qu'il n'en soit point porté aux Anglois et que ce commerce reste dans la même main.

1702—3 mai

MEMOIRE DU ROY

AU SIEUR CHEVALIER DE CALLIÈRES

gouverneur et lieutenant-général en la Nouvelle-France, en réponse de ses dépêches et de celles du Sieur de Champigny, cy-devant intendant du dit pays, des
5 et 31 octobre 1701

... Le dit Sieur chevalier de Callières fut informé par la dépesche de Sa Majesté de l'année dernière que voulant bien employer les moyens qui pouvoient être mis en usage pour ne pas les perdre et les empêcher de passer aux Anglois, Elle leur avoit permis de s'aller établir dans la colonie qui a esté commencée à l'embouchure du Mississipy, avec la permission de vendre à la compagnie les castors qu'ils avoient. Bien entendu qu'il leur sera deffendu de faire ce commerce à l'avenir sous des peines rigoureuses. Sa Majesté ne leur permettra pas même celuy des menues pelleteries, mais seulement celuy des cuirs, au moyen des bœufs ou autres animaux, dès qu'ils en pourront tirer.

Si ces gens là ne profitent pas de la grâce que Sa Majesté a bien voulu leur faire et vivre dans les bornes des règles qu'Elle leur a prescrites, Elle fera punir sans miséricorde ceux qui continueront dans la désobéissance, lorsqu'on pourra les arrêter. Sa Majesté n'a pas cru que la permission qu'Elle a accordée au Sieur Juchereau détablir une tannerie au bas du Mississipi pust faire aucun tort à la colonie, et Elle a compté au contraire que cet établissement seroit d'une grande utilité pour le royaume, sans que là colonie en souffrît. Le dit Sieur de Callières trouvera ci-joint une copie de la concession faite au dit Sieur Juchereau, afin qu'il l'oblige de se renfermer dans les bornes de ce qui luy est permis.

Sa Majesté a eu la même vue dans celle qu'Elle a accordée au Sieur le Secut [1]. Cet homme a fait espérer des minéraux très nécessaires au royaume. Elle a voulu voir ce que c'était, s'il l'a trompée et que ces promesses n'ayent pas l'effet qu'il en a fait. Sa Majesté abolira cet établissement; cependant, Elle envoye de mesme au dit Sieur de Callières copie de la concession du dit le Sécut afin qu'il le fasse punir, s'il fait au delà de ce qui lui est permis.

Le remède que les dits Sieur de Callières et de Champigny ont proposé pour empêcher la dissipation de la colonie dans les nouveaux établissemens n'est pas sans inconveniens et il peut être à craindre qu'il augmente le mal, bien loin de le diminuer, et qu'il ne jette Sa Majesté dans une dépense immense, qu'Elle n'est ni en estat ny en volonté de faire. Il paroist, suivant leur idée, que les Sauvages vendroient dans les différens postes, qu'ils voudroient établir, les pelleteries qu'ils y apporteroient. Ainsy il ne s'en feroit plus aucun commerce dans les lieux établis de la colonie, dont les habitans, ne trouvant plus le profit que le commerce leur donne, ne manque-

[1] — *Sic* dans le manuscrit. Cela doit être une confusion du nom de Le Sueur?

roient pas de s'en aller dans ces postes. Ainsy la colonie perdroit une partie de ses habitans et par conséquent de sa force. Si c'étoit à Sa Majesté à faire subsister les garnisons qu'on mettroit dans ces postes, quelle dépense ne faudroit-il pas faire pour leur porter les choses dont ils auroient besoin! On en peut juger par celle qui se fait pour le fort Frontenac seulement. Quelle sûreté auroit-on que les officiers et soldats ne feroient pas la traite? Et si c'était la compagnie qui s'en chargeât seule, outre qu'elle ne manqueroit pas de s'écrier sur la dépense à laquelle cela l'engageroit, il sembleroit qu'il ne seroit pas juste qu'elle fist seule le commerce, à l'exclusion de tous les autres habitans. Par toutes ces raisons et d'autres qui seroient trop longues à déduire, ces établissemens ne paroistroient convenables qu'en cas qu'il se pust faire qu'ils ne causassent aucune dissipation du commerce qui se doit faire dans la colonie et qu'ils ne fussent point à charge à Sa Majesté. Cependant, si malgré toutes ces raisons, ils paroisssoient indispensables au dit Sieur de Callières, Sa Majesté luy permet de les faire faire de concert avec l'intendant.

1703 — 30 mai

MEMOIRE DU ROY

AU SIEUR CHEVALIER DE CALLIÈRES

Gouverneur et lieutenant-général pour Sa Majesté et au Sieur de Beauharnois, intendant de justice, police et finances en la Nouvelle-France

... Elle a veu ce qu'ils écrivent sur la dépense que là compagnie de la colonie a faite pour le Détroit. Elle est bien-aise d'apprendre qu'elle ne luy ait par esté à charge de l'année dernière.

Les avis qui sont revenus à Sa Majesté sur cet établissement de Détroit sont si différens, qu'Elle est bien-aise, une fois pour toutes, de scavoir à quoy s'en tenir. Sa Majesté ne leur répétera point icy les raisons qui l'ont engagée à ordonner qu'on le fist. Le Sieur de la Motte Cadillac est toujours persuadé que ces raisons subsistent et que cet établissement aura tout l'effet qu'on en a attendu ; d'autres prétendent que la terre n'y vaut rien, qu'elle ne produira jamais de quoy nourrir les habitans qu'on y pourroit mettre, que la pesche est très médiocre et que la chasse en est à trente ou quarante lieues et enfin qu'il est à craindre que les Anglois n'attaquent ce poste sans qu'on le puisse secourir et que la guerre ne recommence par là. La compagnie de la colonie se plaint aussi que cela l'engage à une dépense extraordinaire et qu'il est impossible qu'elle la puisse soutenir, s'il faut continuellement porter en cet endroit les vivres nécessaires pour la subsistance des gens qui y sont. L'intention de Sa Majesté est que les dits Sieurs de Callières et de Beauharnois assemblent le dit Sieur de la Motte Cadillac et ce qu'il y a de meilleur resté dans le pays, soit officiers soit habitans, pour discuter avec beaucoup d'application et de soin les raisons pour et contre cet établissement et qu'ils en dressent ensuite un mémoire exact, qu'ils feront signer par les dits Sieurs de la Motte Cadillac et ce qu'il y a de meilleur, ceux qui auront assisté à cette assemblée, et qu'ils signeront eux-mêmes, afin que sur ce qui y sera contenu Sa Majesté puisse donner ses ordres soit pour consentir à la conservation et à l'augmentation de ce poste, soit pour l'abandonner entièrement ou pour le laisser seulement subsister comme un entrepôt de commerce. Sa Majesté est persuadée qu'ils agiront en cela sans prévention et dans la seule veue du bien et intérêt de son service.

Il faut sans difficulté que ce soit la colonie qui entretienne l'aumônier de ce fort aussy bien que celuy du fort de Frontenac et des autres endroits où elle fait son commerce.

1705—17 juin

MEMOIRE DU ROY

AU SIEUR MARQUIS DE VAUDREUIL

en réponse de la depesche escrite en commun par luy et par le Sieur de Beauharnois, cy-devant intendant, du
17 novembre de l'année dernière

A Versailles, le 17 juin 1705

... Elle espère que le dit Sieur de Vaudreuil aura trouvé le moyen d'accommoder cette affaire et de faire faire aux Iroquois, par les Outaois, la satisfaction qu'ils luy ont demandée ; en cas que cela ne soit pas fait, Elle désire qu'il s'y employe de sorte qu'il y parvienne, voulant esviter par toutes sortes de moyens de renouveler la guerre en ce pays, et si les Outaois refusoient de faire à cet égard ce qu'il trouvera juste et raisonnable, Elle veut qu'il les menace de les abandonner aux Iroquois et à l'extrémité qu'il les y abandonne plutost que d'avoir à soustenir une guerre avec les Iroquois qui feroit la ruine de la colonie. Au surplus, Sa Majesté a approuvée que le dit Sieur de Vaudreuil leur ait envoyé le Sieur de Joncaire et ensuite le Sieur de Longueuil pour les engager à conserver la paix et Elle agréera toujours tout ce qu'il fera pour cette fin.

Elle désire qu'il en use avec les Miamis et autres nations qui ont insulté les Iroquois comme Elle luy a ordonné de faire avec les Outaois.

Sa Majesté approuve la protection qu'il a donnée à plusieurs nations sauvages contre les entreprises des Anglois ; mais il ne doit faire attaquer aucune nation sauvage qu'elles n'ayent effectivement commencé des actes d'hostilité contre les François, la guerre contre aucune d'elles ne convenant point.

Sa Majesté est persuadée que c'est à bonne fin qu'il a porté les Abénakis à venir s'establir parmi les François ; Elle ne laisse pas, cependant, d'y trouver de l'inconvénient, parce que partie de ces Sauvages estant restés dans leurs anciennes habitations, il est à craindre que les Anglois ne les accablent et que nous ne perdions cette barrière, qu'occuperont les Anglois du costé de Pantagouet et que ceux qui sont venus dans la colonie ne soient beaucoup à charge ; cependant, puisque cela est fait, il n'y a qu'à le laisser subsister, il fera sçavoir dans la suite l'effet que ce changement aura produit. Sa Majesté approuve que le dit Sieur de Vaudreuil ait pris des mesures pour rompre l'assemblée générale des nations iroquoises, que les Anglois avoient convoquée au village des Onontagués et qu'il ait empesché qu'elle se soit tenue.

Sa Majesté a veu ce qu'il a escrit du peu de succès qu'a eu le gros party qu'il avoit envoyé en guerre. Comme ces partys causeront des dépenses immenses et que le succès en est souvent fort incertain, Sa Majesté désire qu'il ne les fasse plus sans une grande nécessité, d'autant plus qu'estant obligé de les envoyer par les terres des Iroquois ou par leur voisinage, il est à craindre que cela ne les mette en défiance et ne les engage à faire quelque coup qui pourroit attirer la guerre.

1707 — 30 juin

INSTRUCTION

pour servir au Sieur d'Aigremont, subdélégué du Sieur Raudot, intendant de la Nouvelle France, que le Roy a choisy pour aller au fort de Cataracouy, à Niagara, au fort du détroit de Pontchartrain et à Missilimakinac

A Versailles, le 30 juin 1707

Sa Majesté ayant dessein de soustenir ces postes, Elle a esté bien-aise d'y envoyer un homme de confiance pour vérifier l'estat où ils sont et le commerce qui s'y fait et l'utilité dont ils peuvent être pour la colonie du Canada. Elle a jeté les yeux sur luy, estant bien persuadée qu'il exécutera ponctuellement ce qui est porté par ce mémoire et qu'il en rendra un bon compte à son retour.

Sa Majesté désire qu'il parte de Québec aussitôt que la saison sera propre pour commencer le voyage. Elle donne ordre au Sieur marquis de Vaudreuil et Raudot, gouverneur général en Canada, de luy faire fournir un canot et les hommes necessaires pour le naviguer, avec les vivres qu'il faudra pour les subsistances pendant le voyage, mais sans marchandises de traite.

La principale raison qui a engagé Sa Majesté à luy faire faire ce voyage est que le dit Sieur de la Motte Cadillac, qui est chargé de l'établissement du Destroit de Pontchartrain, escrit par toutes ses lettres qu'il ne reçoit pas des dits Sieurs de Vaudreuil et Raudot les secours qu'ils ont eu ordre de luy donner et qu'il a trouvé ce poste à son arrivé en très mauvais estat. Il prétend que le fort étoit sans poudre, le Sieur Tonty, qui y commandoit, s'étant défait de tout ce qu'il y en avoit avant de le quitter, que les terres de la compagnie de la colonie qui avoit ce poste avant luy, y estoient en friche et possedées par les Sauvages, les maisons toutes découvertes, point de grains, la plus grande partie des pelleteries pourries et gastées et le magasin de cette compagnie pillé et qu'il est en estat de prouver ces faits par plusieurs temoins. Sa Majesté veut qu'il vérifie luy-même tout ce qu'il avance et qu'il fasse en sorte de découvrir la vérité par des gens non suspectés.

Il s'informera aussy de ce qui s'est passé dans l'action des Outaouas et de ce qui leur a donné lieu d'attaquer le fort du Détroit et de tuer trois François, le dit Sieur De la Motte voulant insinuer que cette action leur a esté inspirée pour faire manquer cet établissement, afin de rendre compte de tout ce qu'il apprendra et surtout de la conduite que le Sieur de Bourgmont, qui commandoit dans ce fort, a tenue en cette occasion.

Il paroit par les lettres de tous les officiers qui sont en garnison au Détroit qu'il n'y a pas un plus beau ny meilleur pays et que tout le bien qu'on en a dit est véritable. Le dit Sieur De la Motte ajoute qu'il n'y a pas à douter que ce poste ne soit incessamment la retraite de toutes les nations qui sont de ce costé, que ce poste est parfaitement bien situé, que les nations qui habitent les rives du lac y peuvent venir sans passer aucun rapide ny aucune chute d'eau et que les Sauvages qui sont dans la profondeur des terres y viennent par des chemins très unis. Il aura pareillement soin de s'informer si tous ces avantages se rencontrent dans ce poste.

Le dit Sieur De la Motte escrit aussy qu'il a fait porter plein deux canots de blé françois pour semer les terres de ce poste, avec toutes sortes d'autres grains et des matériaux pour faire un grand moulin : il verra si tous ces grains ont réussi et si ce moulin est sur pied.

Le dit Sieur De la Motte marque qu'il n'y a personne en ce poste pour prendre soin des malades et que c'est sa femme et sa fille qui en sont chargés ; il dit que le supérieur des Hospitaliers de Montréal se chargera volontiers de ces malades et que ces gens sont très propres pour une nouvelle colonie, parcequ'ils montrent à travailler et qu'ils sont propres pour des manufactures : il aura soin, en passant à Montréal, de voir ce supérieur pour l'engager à suivre ce que le dit Sieur De la Motte propose et il rendra compte de la response qu'il luy fera.

Il trouvera ci-joint une copie du traité que le dit Sieur De la Motte a fait pour l'establissement du poste du Détroit : il vérifiera s'il l'exécute ponctuellement et surtout s'il rend aux soldats qui luy ont esté donnés par ordre de Sa Majesté, la justice qui leur est due, tant pour leur nourriture que pour leur solde.

Il paroit, par les dernières lettres du dit Sieur De la Motte, qu'il y avoit encore actuellement à Missilimakinac le nommé Arnaud, gendre du Sieur de Lotbinière, qui y faisoit la traite avec le nommé Boudor, marchand de Montréal. Les Sieurs de Vaudreuil et Raudot ont eu ordre de faire revenir ces deux hommes, et s'ils étoient encore sur les lieux, Sa Majesté veut qu'il leur ordonne de retourner promptement, le dernier chez luy et l'autre à Québec, sous peine de désobéissance. Il s'informera exactement du commerce que ces deux hommes ont fait pendant leur séjour à Missilimakinac et il en rendra compte.

Le dit Sieur De la Motte prétend que le dit Sieur de Vaudreuil a fait renvoyer du Destroit l'interprète des Outaouas, qui avoit toujours esté payé par Sa Majesté et par la Compagnie, pour faire mettre en sa place le frère de son secrétaire, parce que le dit Sieur de Vaudreuil a voulu dans cette place un homme tout dévoué à luy. Il s'informera de ce qui s'est passé sur cela et il fera savoir si celuy qui a esté osté de cette place estoit aussi fidèle que le Sieur De la Motte le prétend. Le dit Sieur de Vaudreul se plaint de son costé de ce que le dit Sieur De la Motte, par des vues d'intérêt, veut faire entendre qu'il le traverse dans son establissement, afin de leur rendre suspect, mais que son unique vue est de faire commerce avec les Anglois et de tirer le party le plus avantageux qu'il pourra de son établissement par rapport à son intérêt seulement.

Le dit Sieur Vaudreuil et le dit Sieur Raudot escrivent conjointement que s'il y a quelque abus dans la traite de l'eau-de-vie chez les Sauvages, il ne peut venir que par le Sieur De la Motte, qui est à emporter avec luy plus de 15 barriques, avec une grande quantité de poudre ; ils me marquent aussy que son commissionnaire à Québec a escrit à celuy qui est à Montréal de donner permission à tous les canots qui voudroient monter au Destroit, à condition d'y porter au Sieur De la Motte 300 livres pesant en eau-de-vie et qu'enfin il leur a paru que le dit Sieur De la Motte avait envie de faire commerce, parce qu'il n'a emporté que de l'eau-de-vie et de la poudre. Comme Sa Majesté veut absolument soutenir les deffenses qui ont été faites de faire aucun commerce d'eau-de-vie avec les Sauvages, Elle ordonne au Sieur d'Aigremont de vérifier bien précisément la quantité d'eau-de-vie que le dit Sieur De la Motte a emportée et de s'informer de l'usage qu'il en a fait ; c'est le point principal qui a engagé Sa Majesté de l'envoyer au Détroit. Ainsy il faut qu'il donne toute son attention pour bien esclaircir le fait, pour en rendre un bon compte. Il passera du fort de Détroit à Missilimakinac pour visiter cet endroit et s'informer du nombre des François qui y sont et du commerce qu'ils y ont avec les marchands de Montréal et de Quebec et enfin de tous ceux qui sont intéressés dans leur commerce. Il agira de concert avec les missionnaires qui sont sur les lieux, sur la conduite qu'il devra tenir avec les Outaouas et il s'informera d'eux, des dispositions où ils sont à l'égard des François. Il prendra aussi toute la connoissance qu'il pourra des avantages de ce poste pour en rendre un compte exact à son retour.

On a informé Sa Majesté que les Anglois travaillent à s'emparer du poste de Niagara et qu'il est d'une grande conséquence pour la conservation du Canada de les prévenir, parce que s'ils en étoient les maîtres, ils barreroient le passage et empêcheroient la communication des Sauvages alliés des François, qu'ils attireroient à eux par leur commerce aussy bien que les Iroquois et les disposeroient quand ils voudroient à faire la guerre aux François, ce qui désoleroit le Canada et contraindroit de l'abandonner. On prétend que ce poste de Niagara peut servir d'entrepôt à l'établissement du Détroit et faciliter le secours qu'on y pourroit donner par le moyen d'une barque sur le lac Ontario, qu'enfin il est d'une conséquence infinie pour le soutien de la colonie du Canada d'établir ce poste et qu'on pourroit y parvenir par le moyen du Sieur de Joncaire, que le Sieur de Vaudreuil tient chez les Iroquois. Sa Majesté veut que le Sieur d'Aigremont examine sur les lieux si ce poste est d'une aussi grande conséquence pour cette colonie qu'on le prétend, et en ce cas, qu'il voie avec le dit Sieur de Joncaire si on pourroit faire consentir les Iroquois d'y avoir un fort avec du monde et qu'ils fassent de concert un mémoire bien détaillé des moyens dont il faudroit se servir pour y parvenir et de la dépense qu'il en coûteroit pour cela, afin d'en informer. Il seroit à désirer qu'il pust s'aboucher avec le dit Sieur Joncaire et qu'ils pussent se trouver ensemble à Niagara.

On a voulu faire entendre à Sa Majesté que le dit Sieur de Vaudreuil tient le dit Sieur de Joncaire chez les Iroquois pour y faire commerce et pour destruire l'établissement du Détroit. Sa Majesté paroit persuadée du contraire. Cependant, il ne laissera faire que de s'informer de la conduite du dit Sieur de Joncaire pour en pouvoir rendre compte. Les dits Sieurs de Vaudreuil et Raudot ont informé Sa Majesté qu'ils ont jugé à propos de ne point affermer le fort de Frontenac et de le retenir pour le compte de Sa Majesté, estant persuadés qu'il ne sera point à charge. Ils marquent qu'ils en ont donné le commandement au Sieur de Tonty. Comme Sa Majesté n'a pas été satisfaite de sa conduite pendant qu'il a commandé au Détroit, à cause du commerce considérable qu'on prétend qu'il a fait, le dit Sieur d'Aigremont doit, à son passage en ce lieu, s'informer bien exactement si le dit Sieur de Tonty ne continue pas de faire commerce pour son compte, parce que, en ce cas, il faudroit le retirer de ce poste. Il sera rendu compte des marchandises que le dit Sieur Raudot aura envoyées en ce lieu pour faire la traite et de ce qu'elles auront produit, et il entrera dans le plus grand détail qu'il se pourra sur cela, pour voir par le bénéfice qu'il y aura sur ces marchandises, s'il conviendra de soutenir ce poste sur le pied que les dits Sieurs de Vaudreuil et Raudot l'ont establi ou s'il faudra l'affermer.

Il aura soin de s'informer de la conduite de tous ceux qui seront dans ce poste, au sujet du commerce, parce qu'il ne convient pas que personne y en fasse aucun et il rendra un compte exact à Sa Majesté de tout ce qu'il en aura appris.

1707 — 30 juin

MEMOIRE DU ROY

AU SIEUR MARQUIS DE VAUDREUIL,

gouverneur et lieutenant-général, et Raudot, intendant de la Nouvelle-France.

A Versailles, le 30 juin 1707

... Sa Majesté a approuvé le party qu'ils ont pris d'envoyer un canot à Missilimakinac pour chercher les esclaves que les Outaouais avoient promis aux Iroquois, afin d'empescher ces Sauvages de déclarer la guerre. Elle désire que le Sieur de Vaudreuil entretienne une bonne correspondance entre toutes les nations sauvages, pour les empescher de se déclarer contre les François, cela estant de la dernière importance pour la conservation de la colonie. Elle se remet à luy de prendre toutes les mesures qu'il estimera convenables pour cela et Elle luy recommande surtout, s'il est absolument obligé d'envoyer quelques canots chez les nations sauvages, d'empescher qu'on ne leur porte de l'eau-de-vie; mais le meilleur et le plus seur moyen pour y parvenir seroit d'éviter absolument ces sortes de voyages, parce que ceux qui les font ne s'attachent uniquement qu'à faire la traite.

Sa Majesté n'a pas approuvé la proposition qu'ils font de permettre aux gens qui naviguent les canots, qu'ils sont obligés d'envoyer chez les Sauvages, de porter pour 300 livres de marchandises chacun; ce seroit un moyen d'autoriser le commerce défendu, qu'Elle ne veut point absolument qu'on fasse ainsi. Elle a désapprouvé qu'ils ayent permis aux François qu'ils ont donné au sauvage, qui est descendu avec le nommé Maurice Menard, pour lui aider à remonter à Missilimakinac, de porter pour 300 livres de marchandises, et leur recommande encore fortement d'envoyer absolument aucun canot que dans une nécessité tout à fait indispensable. Il faut qu'en ce cas ils deffendent d'embarquer aucunes marchandises dans ces canots, sous peine de punition, et qu'ils fassent mesme visiter ces canots afin de faire un exemple de ceux qui contreviendront aux deffenses qu'ils feront.

Sa Majesté s'attend que le dit Sieur de Vaudreuil obligera les Outaouas du Destroït à faire une satisfaction proportionnée à l'offense qu'ils ont faite d'attaquer le fort du Destroït et de tuer trois François. Il paroist, par tout ce qui est revenu de cette action, que le Sieur de Bourgmont, qui commandoit dans ce fort, n'a pas tenu la conduite qu'il devoit pour l'empescher. Le dit Sieur de Vaudreuil doit s'entendre avec le Sieur de la Motte Cadillac, qui est au Destroït, sur ce qu'il y aura à faire pour tirer raison de ces Sauvages et pour les maintenir en paix avec les François, puisque cela convient aux affaires de la colonie...

Sa Majesté seroit bien-aise qu'on pust se dispenser de continuer à faire des présens aux Sauvages, parce que cela cause une dépense immense qu'il est nécessaire d'éviter, outre qu'on les rend par là paresseux et qu'ils regardent les présens comme des choses qui leur sont dues, lorsqu'on les leur donne ordinairement. Il faut, s'ils ne peuvent, comme ils prétendent, se dispenser de les continuer pour entretenir ces Sauvages dans les intérêts des François, les diminuer peu à peu jusqu'à ce qu'on puisse les retrancher entièrement et c'est à quoy il faut qu'ils donnent leur attention. Sa Majesté à veu ce qu'ils escrivent sur la réponse que le Sieur Dudley, gouverneur de Nouvelle-Angleterre, a faite au sujet du traité de neutralité qui a été proposé. Il convient que ce traité soit général pour toute l'étendue du gouvernement de la Nouvelle-France et les pays dépendans de la Couronne d'Angleterre et Sa Majesté ne veut point absolument que le dit Vaudreuil traite avec le dit Dudley que sur ce pied. Si le gouverneur anglois y consentoit, le dit Sieur de Vaudreuil doit bien prendre garde de rien insérer dans ce traité qui puisse blesser l'honneur de la nation et il doit envoyer copie de ce traité par la première occasion qu'il aura. Il observera qu'il ne doit pas estre au nom de la reine Anne, parce que Sa Majesté ne la reconnoit point pour reine d'Angleterre. Le Sieur de Subercase, gouverneur de l'Acadie, escrit qu'il travailloit de son costé à faire aussi un traité avec le gouverneur anglois. Sa Majesté lui a fait ordonner d'informer le dit Sieur de Vaudreuil de ce qu'il fera et de suivre tout ce qu'il luy prescrira, tant sur cela que sur tout ce qui regarde son gouvernement. Le dit Sieur de Vaudreuil aura vu par les lettres qu'il doit avoit reçues du dit Sieur de Subercase, le secours qu'il demande pour tenter quelque chose sur les habitations anglaises du costé de Boston. Sa Majesté désire qu'il lui donne tous ceux qu'il pourra, sans mettre cependant le Canada hors d'état de deffence, s'il étoit attaqué.

Sa Majesté fait remettre les 3000 livres qu'ils demandent pour le bastiment qu'ils ont envoyé à Boston pour y porter une partie des prisonniers anglois qui estoient à Québec en échange de plusieurs François que le gouverneur de Boston a envoyés à Port-Royal. Sa Majesté a été informée par des lettres de l'Acadie que le nommé Alain, qui est revenu de Boston et que le Conseil de Québec a renvoyé absous des faits qui ont esté avancés contre luy, au sujet des liaisons qu'il a eues avec les Anglois, n'est pas tout à fait innocent. Elle a donné ses ordres au Sieur Bégon pour le faire observer et examiner sa conduite. Elle a approuvé les diligences que le dit Sieur de Vaudreuil a faites pour faire arrester les cinq ou six habitans qui sont partis dans un canot pour aller faire la traite du castor à Orange ; il est fâcheux que les détachemens qui ont esté envoyés pour cela, les ayent manqués ; cependant le dit Sieur de Vaudreuil a bien fait de faire mettre en prison le nommé Cuvillier, qui luy a esté indiqué, et le père du nommé St-Germain, dont le fils s'est sauvé, pour l'obliger à le représenter. Sa Majesté désire que le dit Sieur Raudot suive cette affaire pour faire punir ces habitans, afin d'en faire un exemple ; si, cependant, on ne peut avoir des preuves de leur commerce, il faut les faire rester en prison au moins cinq ou six mois.

1707 — 7 septembre

LETTRE DE CACHET DU ROY

A M. LE MARQUIS DE VAUDREUIL

gouverneur et lieutenant-général en la Nouvelle-France, au sujet de la réjouissance ordonnée par Sa Majesté pour la naissance du prince des Asturies

Monsieur le Marquis de Vaudreuil,

De toutes les marques visibles de la protection dont il a plu à Dieu de favoriser mon petit-fils, le roy d'Espagne, depuis qu'il a esté appelé à la Couronne qui luy appartient par les droits les plus légitimes et les plus sacrés, il n'y en a point eu de plus éclatante et de plus précieuse que la naissance d'un prince des Asturies. Les Espagnols y sont d'autant plus sensibles qu'ils se sont vus privés d'un pareil avantage pendant une longue suite d'années, et l'union des deux couronnes rendant entr'elles les interests communs, la France ne doit pas donner aujourdhuy moins de marques de joye sur cette naissance, que l'Espagne en a fait paroistre sur celle du Duc de Bretagne, ces deux princes assurant également la stabilité des deux monarchies. Ils ostent à nos ennemis communs la fausse idée de réunion dont ils fesoient le prétexte le plus spécieux de la guerre qu'ils ont allumée, et me donnent la satisfaction de voir la possession des deux royaumes assurée à deux branches de ma maison. La juste reconnoissance que je dois à Dieu, unique auteur de tant de bienfaits, m'engage à vous écrire cette lettre pour vous dire que j'écris au Sieur Evesque de Québec de faire chanter le *Te Deum* en actions de grâces dans l'église cathédrale de cette ville. Mon intention est que vous y assistiez, que vous y fassiez assister le Conseil Supérieur et que vous fassiez ensuite allumer des feux de joye et tirer le canon et donner en cette occasion les marques de réjouissances accoutumées. Sur ce, je prie Dieu qu'il vous ait, Monsieur le Marquis de Vaudreuil, en sa sainte garde.

Escrit à Versailles, le septième septembre mil sept cent sept.

LOUIS

PHELYPEAUX

1708 — 6 juin

EXTRAIT D'UN MEMOIRE DU ROY

A MESSIEURS DE VAUDREUIL ET RAUDOT

A Versailles, 6 juin 1708.

... Elle se remet à ce qu'Elle a escrit en cas que le dit Sieur de Vaudreuil convint d'un traité de neutralité avec le gouverneur de la Nouvelle-Angleterre. Il faut que ce traité soit général pour toute l'étendue du gouvernement de la Nouvelle-France et les pays dépendant de la couronne d'Angleterre ; il ne doit pas être au nom de la Princesse Anne, parce que Sa Majesté ne la reconnoit point pour roine d'Angleterre et le dit Sieur de Vaudreuil doit bien prendre garde qu'il y soit rien inséré qui puisse blesser l'honneur de la nation. S'il parvenoit à faire ce traité, il est nécessaire qu'il envoye copie par la première occasion qu'il aura...

Vous verrez pareillement par ce mémoire la proposition qui a esté faite de s'emparer du poste de Niagara, d'y bâtir un fort et d'y establir un commandant, parce que ce poste est dans le milieu des établissemens des Iroquois et qu'il seroit bien difficile d'en chasser les Anglois, si une fois ils y estoient établis. On propose aussi de faire donner des marchandises à ces Sauvages à bon marché, pour les empêcher d'aller aux Anglois et de faire un tarif du prix qu'ils pourroient les acheter, parce que pour peu que cela approche du prix de celles qu'ils tirent des Anglois, on peut s'assurer que tous ces Sauvages se rangeront du costé des François et feront la guerre aux Anglois. Comme cela seroit capital pour la colonie, je serois bien-aise que nous puissions parvenir à faire fournir ces marchandises. Je vous prie de voir les moyens dont on pourroit se servir pour cela et de me faire savoir votre advis en détail sur tout...

Le dit Sieur de la Motte propose aussy, outre les compagnies françoises qui sont au Détroit, d'y faire establir quatre compagnies sauvages ou du moins deux. Il prétend que cela conviendroit fort à la colonie, en ce qu'on attacheroit les Sauvages aux François et qu'on n'auroit plus rien à craindre des Iroquois non plus que des Anglois, parce que s'ils faisoient quelques entreprises contre le Canada, il se trouveroit à portée, avec les troupes Françoises et Sauvages, d'enlever tout d'un coup les villages des Iroquois et d'emmener leurs femmes et leurs enfans esclaves. Son dessein seroit de mettre ces compagnies sur le même pied que celles des François et de les faire commander par les Sauvages les plus accrédités parmi les nations, d'en faire un corps séparé, en ordonnant que le dernier capitaine françois commanderoit le plus ancien capitaine Sauvage. Comme cela pourroit être bon, Sa Majesté désire que les dits Sieurs de Vaudreuil et Raudot discutent cette proposition à fond avec le Sieur d'Aigremont et qu'ils envoyent leurs advis raisonnés pour et contre...

1709 — 6 juillet

MEMOIRE DU ROY

AUX SIEURS MARQUIS DE VAUDREUIL

gouverneur et lieutenant-général, et Randot, intendant de justice et finances, en la Nouvelle-France

A Versailles, le 6 juillet 1709

... Sa Majesté est satisfaite de l'application que le Sieur de Vaudreuil assure qu'il a de conserver l'union entre les Sauvages des différentes nations qui avoisinent le Canada. Cela est d'autant plus nécessaire que Sa Majesté ne seroit pas à present en état de prendre la protection des uns contre les autres, ainsi il ne doit rien oublier pour conserver cette bonne intelligence entr'elles.

Elle a veu ce qu'ils ont écrit sur les fortifications : il n'est pas temps à present de commencer de nouveaux ouvrages. Il faut se contenter de tenir en état de défense ceux qui sont faits. On pourra examiner après la paix les expédiens proposés par le Sieur Levasseur pour trouver dans le pays le fonds nécessaire pour une partie de nouveaux ouvrages qu'il y aura à faire.

1710 — 27 avril

LETTRE DU ROY

A M. DE VAUDREUIL

Ordonnant un *Te Deum* à l'occasion de la prise de la ville et du château Saint-Sébastien

Monsieur le marquis de Vaudreuil,

Vous scavez desjà de quel œil je regarde les succès que Dieu daigne accorder à mes armes. Ils ne me flattent qu'en tant qu'ils me paroissent un des témoignages de la justice de mes intentions et qu'ils augmentent les espérances d'une prochaine paix, car pour y parvenir, plustost que je poursuive de nouvelles conquestes, je me suis rendu maistre de la ville et du château de Saint-Sébastien, que dans l'impatience d'obtenir du roy d'Espagne qu'il consente enfin à désarmer l'Europe et à establir pour ses intérests et pour sa gloire une ferme alliance entre deux nations qui ne se combattent qu'à regret. Et daignant rendre grâces à Dieu des nouvelles marques que j'ai reçues de sa protection, je vous escris cette lettre de l'avis de mon oncle, le duc d'Orléans, régent, pour vous dire que j'escris au Sieur Evesque de Québec de faire chanter le *Té Deum* dans l'église cathédrale de cette ville et que mon intention est que vous y assistiez, que vous y fassiez assister le Conseil Supérieur, que vous fassiez ensuite allumer des feux, tirer le canon et donner en cette occasion les moyens de réjouissances accoutumées. Et la présente n'estant à autre fin, je prie Dieu qu'il vous ait, Monsieur le marquis de Vaudreuil, en sa sainte garde.

Escrit à Paris, le vingt-septième aoust mil sept cent dix.

LOUIS

FLEURIAU

A Monsieur le marquis de Vaudreuil, gouverneur et mon lieutenant-général en la Nouvelle-France, à Quebec.

1713 — 22 mai

PUBLICATION DE LA PAIX
FAITE ENTRE SA MAJESTÉ ET L'ANGLETERRE, LA HOLLANDE, ETC

De par le Roy

On fait a sçavoir à tous qu'il appartiendra qu'une bonne, ferme, stable et solide paix avec une amitié et reconciliation entière et sincère, a esté faite et accordée entre très haut, très excellent et très puissant Prince Louis, par la grâce de Dieu, roy de France et de Navarre, notre souverain seigneur; très excellente et très puissante princesse Anne, reine de la Grande-Bretagne; très haut, très excellent et très puissant Prince Frédéric Guillaume, roy de Prusse; très haut, très excellent et très puissant prince Victor Aimé, duc de Savoye, et les seigneuries, Etats Généraux des provinces unies, des Pays Bas, leurs vassaux, sujets, serviteurs, en tous leurs royaumes, pays, terres et seigneuries de leur obéissance; que la dite paix est générale entr'eux et leurs dits vasseaux et sujets, et qu'au moyen d'icelle, il ne doit estre fait aucun acte d'hostilité tant par mer que par terre, et sur les rivières et autres lieux, et qu'ils doivent vivre ensemble avec amitié et bonne correspondance, tout ainsy qu'il a esté ou dû estre fait en temps de bonne, sincère et aimable paix, telle que celle qu'il a plu à la Divine bonté de rétablir entre le dit seigneur Roy, la dite dame Reyne, les dits seigneurs Roy et Prince et Etats Généraux précédemment nommés, leurs peuples et sujets, et pour les y maintenir, il est expressément deffendu à toutes personnes de quelque qualité et condition qu'elles soient, d'entreprendre, attenter ni innover aucune chose au contraire ni au préjudice d'icelle, et sur peine d'être punis sévèrement comme infracteurs de paix et perturbateurs du repos public; et afin que personne n'en puisse pretendre cause d'ignorance, Ordonne Sa Majesté que la présente sera lue, publiée et affichée partout où besoin sera.

Fait à Marly, le vingt-deuxième ma mil sept cent treize.

LOUIS

PHILYPEAUX

1714 — 13 avril

PUBLICATION DE LA PAIX
ENTRE SA MAJESTÉ ET L'EMPEREUR

De par le Roy.

On a fait scavoir à tous qu'il appartiendra qu'une bonne, ferme, stable et solide paix avec une amitié et reconciliation entière et sincère a esté faite et accordée, entre très haut, très excellent et très puissant Prince Louis, par la grâce de Dieu roy de France et de Navarre, nostre souverain seigneur;

et très haut, très excellent et très puissant prince Charles, empereur des Romaines, leurs vasseaux, sujets et serviteurs en tous leurs royaumes, pays, terres et seigneuries de leur obéissance ; que la dite paix est générale entr'eux et leurs dits vassaux et sujets et qu'au moyen d'icelle il ne doit estre fait aucun acte d'hostilité tant par mer que par terre, et sur les rivières et autres lieux, et qu'ils doivent vivre ensemble avec amitié et bonne correspondance, tous ainsy qu'il a esté ou dû estre fait en temps de bonne, sincère et aimable paix, telle que celle qu'il a plu à la Divine bonté de restablir entre le dit seigneur Roy et le dit seigneur Empereur des Romaines, leurs peuples et sujets, et pour les y maintenir, il est expressément deffendu à toutes personnes de quelque qualité et condition qu'elles soient d'entreprendre, attenter, ou innover aucune chose au contraire, ny au préjudice d'icelle, sur peine d'estre punies sévèrement comme infracteurs de paix et perturbateurs du repos public. Et afin que personne n'en puisse prétendre cause d'ignorance, ordonne Sa Majesté que la présente sera lue, publiée et affichée partout où besoin sera.

Fait à Marly le treize avril mil sept cent quatorze.

         Louis
PHELYPEAUX

1719 — 23 mai

EXTRAIT DU PROJET DE MEMOIRE DU ROY

AUX SIEURS MARQUIS DE VAUDREUIL

gouverneur, et Bégon, intendant de la Nouvelle-France

Sa Majesté a vu tout ce qu'ils ont mandé au sujet des Sauvages de la rivière St-Jean et les limites avec les Anglois. Elle a chargé son ambassadeur en Angleterre de proposer de nommer des commissaires, de part et d'autre, conformément au traité d'Utrecht, pour règler les limites de la Nouvelle-France ; et, cependant, afin d'aller au-devant de tout ce qui pourroit causer quelque altération entre les deux nations, Sa Majesté a demandé qu'il soit défendu au gouverneur de la Nouvelle-Angleterre de rien entreprendre, qu'il soit ordonné au gouverneur de Boston de retirer les habitans qu'il a envoyés à la rivière St-Jean et qu'il soit défendu d'en envoyer de nouveau sur les terres contestées et d'inquiéter les François sur celles dont ils sont en possession. Sa Majesté n'est pas encore informée de l'exécution de cette demande et ne peut rien prescrire au Sieur de Vaudreuil sur la conduite qu'il doit tenir à cet égard. Comme il connoit la conséquence qu'il y a d'empêcher les Anglois de s'établir sur ces terres, Elle se remet à sa prudence de l'empêcher, soit par le moyen des Sauvages, soit par quelque autre qui, cependant, ne puisse point produire quelque sujet de rupture avec l'Angleterre.

Sa Majesté leur recommande toujours de tenir sévèrement la main à ce que les François ne fassent point venir de marchandises étrangères et qu'ils n'en débitent point dans la colonie ; ils doivent prendre de justes mesures pour empêcher absolument qu'il ne soit fait aucun commerce étranger, sous quelque prétexte que ce puisse être.

1722 — (sans date)

LETTRE DU ROY

AU MARQUIS DE VAUDREUIL

Monsieur le marquis de Vaudreuil,

Je viens de recevoir une nouvelle marque de la protection de Dieu dans la maladie courte, mais dangereuse, dont la divine Providence m'a tiré. J'ay senti dans cette occasion son pouvoir et sa bonté : l'un et l'autre m'engagent à luy témoigner ma soumission et ma réconnoissance, c'est par d'humbles actions de grâces que je dois m'acquitter des justes devoirs, et les tendres témoignages que jay reçus de l'amour de mes sujets m'assurant qu'ils seconderont avec zèle mes sentiments, je vous fais cette lettre de l'avis de mon oncle, le duc d'Orléans, régent, pour vous dire que j'écris au Sieur Evêque de Québec de faire chanter un *Te Deum* dans l'église cathédrale de cette ville. Mon intention est que vous y assistiez et que vous y fassiez assister le Conseil Supérieur ; que vous fassiez allumer des feux de joye, tirer le canon et donner en cette occasion les marques de réjouissance accoutumées. Et la présente n'étant à autre fin, je prie Dieu qu'il vous ait, Monsieur le marquis de Vaudreuil, en sa sainte garde.

LOUIS

FLEURIAU

1723 — 8 juin

EXTRAIT D'UN MEMOIRE DU ROY

A MM. DE VAUDREUIL ET BÉGON

... Elle a approuvé le compte qu'ils ont rendu du commerce des Sauvages à Orange, l'année dernière. Elle veut que le Sieur de Vaudreuil continue de donner des ordres au commandant de Chambly et à l'officier qui commande le détachement du haut du lac Champlain, de faire exactement la visite des pelleteries contenues dans chaque canot et d'en dresser un état contenant la quantité, le nom des Sauvages et celui de la mission où ils sont, de faire la mesme visite lorsqu'ils

1 — Cette lettre, qui n'est pas datée, a été enregistrée au Conseil Supérieur de Québec le 5 octobre 1722.

reviendront d'Orange et prendre un estat des marchandises qu'ils rapporteront ; d'envoyer, lorsque le Sieur de Vaudreuil ne sera pas Montréal, au Sieur de Ramezay, afin de pouvoir connoitre la quantité et qualité des pelleteries qu'ils auront portées à Orange et si toutes les marchandises qui en seront rapportées sont à leur usage et de faire convenir les Sauvages de n'en point apporter d'autre espèce, à quoy ils ne doivent point refuser de consentir, s'ils font ce commerce seulement pour leurs besoins. Sans cette condition, ils auroient seuls la faculté d'introduire des marchandises étrangères dans la colonie et les marchands se serviroient de leur entremise pour ce commerce, qui seroit très préjudiciable à celuy du royaume, et les Sieurs de Vaudreuil et Bégon ne peuvent y avoir trop d'attention.

La contagion qui a affligé la Provence et les environs du Languedoc n'a pas permis de tirer cette année des écarlatines de la manufacture de St-Gely de Montpellier, ce qui a déterminé Sa Majesté d'accorder des permissions aux négocians de la Rochelle d'en tirer d'Angleterre ; mais, comme elles y sont beaucoup plus chères qu'on ne pourroit les vendre en Canada, il n'y a pas d'apparence qu'ils envoyent cette année. On verra l'année prochaine ce qu'on pourra faire sur cela. En attendant, il faut que le Sieur de Vaudreuil prenne les plus justes mesures qu'il sera possible pour empêcher que les Anglois ne s'attirent le commerce des Sauvages des païs d'en haut, au préjudice des François.

Sa Majesté a approuvé les mouvemens que le Sieur de Vaudreuil a faits pour empescher l'exécution du dessein que les Anglois d'Orange avoient formé pour détruire l'établissement de Niagara et les mesures qu'il a prises pour empescher les Iroquois de les favoriser dans cette entreprise et empescher par ce moyen les Anglois de rien entreprendre sur ce poste ny sur ceux du pays d'en haut. Sa Majesté luy recommande de tâcher de bien vivre avec les Anglois, en observant cependant de soutenir toujours l'intérêt de Sa Majesté.

Elle a approuvé que le Sieur de Vaudreuil ait absolument refusé aux Sauvages qui sont descendus l'année dernière à Montréal, la permission d'acheter de l'eau-de-vie pour s'en retourner et que le Sieur Bégon ait fait mettre en prison et condamné à l'amende le nommé Poitras, qui en avoit vendu à un sauvage. Elle leur commande de continuer d'en user de même...

1724 — 30 mai

EXTRAIT D'UN MÉMOIRE DU ROY

A MM. DE VAUDREUIL ET BÉGON

ci-devant gouverneur-général et intendant en Canada

Versailles, 30 mai 1724

Sa Majesté a vu ce que les Sieurs de Vaudreuil et Bégon ont mandé au sujet de la guerre des Anglois contre les Abénaquis. Elle ajoutera à ce qui leur fut prescrit par sa dépêche du 5 juin de l'année dernière, qu'il ne convient point que les François paroissent dans cette guerre ; mais il convient en même tems que le Sieur de Vaudreuil inspire, sous main, aux autres nations, d'aider les Abénaquis en leur faisant connoitre que la vue des Anglois est de se rendre maîtres de tout le continent, que la paix qui règne entre les princes d'Europe ne leur permettant pas de faire la guerre aux François du Canada, ils attaquent leurs alliés et cherchent à envahir leurs terres et à les détruire ; que lorsqu'ils y seront parvenus, ils chercheront à envahir les terres des autres nations qui sont près d'eux, du côté de la mer, et que s'emparant de toutes les côtes et des ports, ils veulent empêcher la navigation des François, afin de les obliger dans la suite, à force ouverte, d'abandonner tout le continent ; qu'alors, se trouvant les seuls maîtres, ils rendront esclaves toutes les nations sauvages, ne leur donneront plus ni poudres, ni balles, ni fusils et qu'il ne sera plus tems de reconnoitre qu'ils ont été trompés ; que pour éviter ce malheur, ils doivent prendre des mesures de bonne heure. Il faut s'attacher à le faire sentir aux Iroquois, qui sont plus capables de l'entendre qu'aucune autre nation, et leur faire remarquer que si les Anglois cherchent à s'allier avec les Outawas, c'est dans la vue de trouver chez eux des secours pour les détruire, leur expliquer le nombre considérable de monde qu'il y a dans les colonies angloises et le peu qu'il y a de François en Canada ; que c'est cependant ce petit nombre de François qui maintient les Sauvages en liberté.

1725 — 5 septembre

LETTRE DU ROY

A M. DE VAUDREUIL, LUI ANNONÇANT SON MARIAGE [1]

Monsieur le marquis de Vaudreuil,

L'empressement que mes sujets ont toujours témoigné de me voir assurer par un prompt mariage la tranquilité de l'Estat, étoit trop juste pour différer à répondre aux vœux de mes dits sujets par un choix propre à les remplir, et j'ay cru que nos communes espérances ne pourront estre mieux fondées que sur les vertus et la pieuse éducation de la princesse Marie. Le traité de notre mariage conclu avec le roy son père a esté accomply

---

1 — Enregistrée au Conseil Supérieur, le 2 septembre 1726.

dans ma ville de Strasbourg, où mon oncle, le Duc d'Orléans, l'a épousée en mon nom, le quinzième du mois dernier, et la cérémonie en ayant esté célébrée aujourd'huy, il ne me reste qu'à demander à Dieu de me continuer sa protection. C'est pourquoy j'escris au Sieur Evesque de Québec de faire chanter le *Te Deum* en actions de grâces dans l'église cathédrale de Québec. Et je vous fais cette lettre pour vous dire d'y assister et d'y faire aussy assister le Conseil Superieur, que vous fassiez ensuite allumer des feux de joye, tirer le canon et donner en cette occasion les marques de réjouissances accoutumées. Ce que me promettant de votre zèle et de votre affection, je prie Dieu qu'il vous ait, Monsieur le Marquis de Vaudreuil, en sa sainte garde.

Ecrit à Fontainebleau, le cinquième jour de septembre mil sept cent vingt-cinq.

LOUIS

PHELYPEAUX

1726 — 7 mai

MEMOIRE DU ROY

Pour servir d'Instructions au Sieur marquis de Beauharnois, gouverneur et lieutenant-général de la Nouvelle-France

A Versailles, le 7 mai 1726

Sa Majesté est persuadée que le Sieur marquis de Beauharnois, qu'Elle a choisy pour gouverneur et son lieutenant-général en la Nouvelle-France, a toutes les qualités nécessaires pour gouverner les vastes païs et les peuples différens qui sont confiés à ses soins.

Les nations sauvages qui les habitent exigent de luy une prévoyance et une attention continuelle, pour les faire vivre en paix et pour empescher les nations de l'Europe qui habitent dans le même continent de pénétrer chez elles et d'y faire un commerce qui, jusqu'à présent, a appartenu à la France. Il lui faut de la fermeté pour maintenir les possessions de la France contre ses voisins, qui cherchent depuis longtems à empiéter.

Il est nécessaire de joindre à cette fermeté de la douceur et de la justice et du désintéressement pour gouverner les François, habitans dans la colonie, lesquels sont plus enclins à aller courir dans les bois et à vivre comme les nations sauvages, que de cultiver leurs terres et d'y estre sédentaires.

Pour réussir dans toutes ces différentes parties, il doit avoir pour premier objet — et c'est celuy que Sa Majesté désire qu'il remplisse avec plus d'approbation — de satisfaire à ce qui regarde la religion, d'où dépend la bénédiction qu'on doit attendre du Ciel, sans laquelle rien ne peut avoir d'heureux succès. Sa Majesté veut que le Sieur marquis de Beauharnois employe particulièrement l'autorité qui lui est commise, à contribuer autant qu'il sera en son pouvoir à ce que Dieu soit servi dans toute la colonie et que la religion chrétienne s'étende sur tous les Sauvages. Il doit, pour cet effet, donner toute sorte de secours aux missionnaires, aux Jésuites et aux religieux qui travaillent au salut des âmes, en se conduisant en cela de manière qu'il évite de faire naître entre eux aucune jalousie....

Ce qu'il y a eu jusqu'à présent de plus contraire à l'augmentation du commerce de la colonie, a esté celuy que les Anglois y ont fait depuis quelques années, la facilité que l'on a eue de les souffrir trop longtems à Montréal et avec trop de liberté on leur a donné occasion d'y introduire des marchandises prohibées, et on leur a procuré les moyens de former des liaisons et de prendre des mesures pour faire passer dans les colonies angloises la plus grande partie du castor, en sorte qu'ils ont profité d'un commerce et d'un bénéfice qui doit appartenir aux sujets de Sa Majesté et qui a causé un grand préjudice contre les manufactures du royaume. Cette complaisance qu'on a eue pour eux peut encore causer un plus grand préjudice à la colonie que celuy du commerce, parce que les Anglois, très attentifs à ce qui peut augmenter leurs possessions, prennent des connoissances du pays qui pourroient en tems de guerre estre très préjudiciables. Sa Majesté a commandé au Sieur de Beauharnois de concourir avec le Sieur Dupuis à tout ce qui pourra détruire le commerce des Anglois dans la colonie et de tenir sévèrement la main à l'exécution des ordonnances concernant ce commerce frauduleux et l'usage des marchandises étrangères et prohibées. Il doit aussy veiller avec attention que les Anglois, qui ne manquent jamais de prétexte pour aller à Montréal et dans les autres villes de la colonie, et dont la principale vue est celle du commerce, ne puissent y rester plus de deux jours, pour quelle que cause et raison que ce soit, et que pendant leur séjour et leur retour, ils donnent de si bons ordres pour examiner leurs démarches, qu'ils ne puissent point en abuser. Cette attention est d'une assez grande conséquence pour mériter qu'il y veille avec soin.

1726 — 14 mai

MEMOIRE DU ROY

AUX SIEURS MARQUIS DE BEAUHARNOIS

gouverneur de la Nouvelle-France, et Dupuy, intendant

Versailles, 14 mai 1726

...Le feu Sieur Marquis de Vaudreuil et le Sieur Bégon rendirent compte, au mois de mai de l'année dernière, des avis qu'ils avoient eus, que les Anglois vouloient établir un poste à l'entrée de la rivière Chouégen, sur les bords du lac Ontario, et assez près du poste que Sa Majesté a à Niagara. Cette entreprise des Anglois, qu'ils regardèrent avec raison d'une dangereuse conséquence pour la colonie et pour le commerce, les a déterminés de faire bâtir à Niagara une maison de pierre et de faire construire deux barques au fort Frontenac, pour transporter les matériaux nécessaires et, pour le lac Ontario, empescher les Sauvages de porter leurs petleteries aux Anglois. Le Sieur de Vaudreuil envoya le Sieur de Longueuil aux Iroquois pour empescher l'établissement des Anglois et pour engager ces nations de consentir à la construction des deux barques et à la bâtisse de la maison de pierre à Niagara. Sa Majesté a appris par le compte que les Sieurs de Longueuil et Bégon ont rendu du succès de ce voyage, que le Sieur de Longueuil a trouvé cent Anglois au portage de la rivière Chouégen, avec plus de 60 canots, à quatre lieues du lac Ontario, qu'ils lui firent exhiber le passeport qu'il avoit du Sieur de Vaudreuil, dont quelques chefs des Iroquois, qui étoient présents, furent si choqués, qu'ils déclarèrent aux Anglois qu'ils ne les souffriroient plus dans cet endroit. Les cinq nations iroquoises, assemblées à Onontagué, consentirent à la bâtisse de la maison de pierre à Niagara et à la construction des deux barques et luy promirent qu'ils demeureroient neutres en cas qu'on fît la guerre aux Anglois. Les deux barques ont été construites et les Sieurs de Vaudreuil et Bégon ont pris des mesures pour que la maison soit achevée au mois d'octobre. Le Sieur de Longueuil a même envoyé cent soldats à Niagara, tant pour avancer l'ouvrage que pour arrester les canots des Anglois qui entreprendront de faire la traite sur le lac Ontario.

Les François, depuis l'établissement de la colonie, ont toujours fait seuls le commerce avec les Sauvages des païs d'en haut qui font partie de la Nouvelle-France, et les Anglois ne se sont avisés d'y aller en traite que depuis le traité d'Utrecht.

Leurs premières tentatives, auxquelles on ne s'est opposé que par des menaces, leur ont donné lieu de croire qu'en les continuant à partager le commerce de ces pays avec les François et même à les en faire exclure par le moyen des Sauvages, ils mettront pour y parvenir tous les moyens en usage, soit en faisant des présens aux Sauvages, soit en leur donnant leurs marchandises à bon marché et en leur fournissant de l'eau-de-vie, qui est leur boisson favorite.

Sa Majesté connoissant de plus en plus, par les entreprises et les démarches des Anglois, qu'ils cherchent à pénétrer dans toutes les nations sauvages et à se les attirer, dans l'idée où ils sont de se rendre maîtres par ce moyen de toute l'Amérique Septentrionale, persuadés que la nation de l'Europe qui sera la maîtresse de cette partie le sera par la succession des tems de toute l'Amérique, dans cette vue, ils travaillent à se préparer des alliances avec les Sauvages du continent pour les attirer sur les François à la première guerre, et se rendre maîtres de tout le païs, sentant bien que depuis que Sa Majesté fait fortifier l'Isle Royale, qu'ils ne peuvent s'y soutenir dans la plus grande partie que par ce moyen.

Comme il convient d'empêcher l'exécution de leurs projets et de remettre le commerce dans l'estat où il estoit avant leurs entreprises, Sa Majesté a jugé à propos de rétablir les vingt-cinq congés par an qui estoient donnés autrefois pour aller chez les nations sauvages faire la traite et que l'abus que l'on en fait en différens tems avoit obligé de deffendre d'en continuer la distribution. Sa Majesté s'est d'autant plus volontiers déterminée à ce rétablissement, qu'outre qu'il pourra servir à traverser les idées des Anglois,

Elle est persuadée que par le désintéressement et l'attention du Sieur de Beauharnois, il ne passera rien de contraire à ses intentions et qu'il n'en excèdera pas le nombre qu'Elle prescrit. Elle lui défend très expressément de le faire sous quelque prétexte que ce soit. Elle luy recommande de distribuer ces congés, qui seront visés par le Sieur Dupuy, aux pauvres familles du païs qu'il jugera en avoir le plus grand besoin.

Le Sieur de Beauharnois doit toujours avoir en vue de faire sortir les Anglois du poste qu'ils ont à la rivière de Chouéguen; il doit pour cela se servir des Iroquois, auxquels il doit faire entendre que l'intention des Anglois est de les assujettir en cherchant à leur couper la communication avec les François et ordonner aux commandans dans tous les postes, qu'en cas qu'ils apprennent qu'il y ait des traiteurs anglois dans le continent, d'engager les Sauvages à les piller. Il y a lieu d'espérer que par ce moyen et celui des gens qui exploiteront les vingt-cinq congés par an, les Anglois ne risqueront point d'aller faire la traite dans les païs d'en haut, par la crainte d'y estre insultés ou pillés...

1726 — 14 juin

LETTRE DU ROY

AU CONSEIL SUPÉRIEUR, ANNONÇANT QU'IL PREND LE GOUVERNEMENT DU ROYAUME

Ayant pris la résolution de gouverner par nous-même notre royaume, nous nous sommes proposé en même tems de suivre l'exemple du feu roy notre bisaïeul le plus exactement qu'il nous sera possible, et nous avons jugé à propos, en conséquence, de supprimer le titre de principal ministre de notre Estat. Nous avons bien voulu vous en donner avis, pour que vous vous conformiez à cette disposition en ce qui nous concerne. Si ny faittes faute. Car tel est notre plaisir.

Donné à Versailles, le quatorze juin 1726.

LOUIS

1726 — 1er août

LETTRE DU ROY

A M. LE MARQUIS DE BEAUHARNOIS

Au sujet du rétablissement de sa santé

Monsieur le marquis de Beauharnois,

Je viens de recevoir de nouvelles marques de la protection de Dieu dans la maladie dont il a permis que je fusse attaqué. Mon premier soin est de l'en remercier et de luy demander en mesme tems, par les prières de tous mes sujets, des secours qui me sont nécessaires pour employer les jours qu'il m'a conservés à sa gloire et à leur félicité. Je vous fais cette lettre pour vous dire que j'écris au Sieur Evesque de Québec de faire chanter le *Te Deum* dans l'église cathédrale de cette ville. Mon intention est que vous y assistiez et que vous y fassiez assister le Conseil Supérieur, que vous fassiez ensuite allumer des feux de joye, tirer le canon et donner en cette occasion les marques de rejouissance accoutumées. Et la présente n'estant à autre fin, je prie Dieu qu'il vous ait, M. le marquis de Beauharnois, en sa sainte garde.

Escrit à Versailles le 1er aoust 1726.

LOUIS

PHELYPEAUX

1727 — 29 avril

MEMOIRE DU ROY

AUX SIEURS MARQUIS DE BEAUHARNOIS

gouverneur, et Dupuy, intendant de la Nouvelle-France

... Sa Majesté a esté satisfaite d'apprendre que la maison de Niagara et la construction des deux barques au fort Frontenac ayent esté faites sans opposition de la part des Iroquois, quelques démarches que les Anglois ayent faites pour les porter à traverser cet établissement. Sa Majesté s'est fait rendre compte des raisons qui ont déterminé le Sieur de Chaussegros, ingénieur, de placer cette maison à l'embouchure de la rivière de Niagara, dans le même endroit où il y avoit ci-devant un fort, et Elle les a approuvées, parce qu'on sera en estat d'empescher les Anglois d'aller traiter dans les côtes du nord du lac Ontario et de s'emparer de cette rivière, qui est le passage des pays d'en haut.

Cependant, comme cette maison ne commande pas le portage et qu'il est important de s'en assurer, de manière que les Anglois ne puissent pas y passer pour monter dans les païs d'en haut, Sa Majesté a approuvé la proposition que les Sieurs de Beauharnois et Dupuy ont faite de rétablir l'ancienne maison qui estoit au portage, suivant le plan qu'ils en ont envoyé. Sa Majesté fera employer sur l'estat du domaine d'Occident de l'année prochaine, la somme de 20,430 livres, à laquelle monte la despense, suivant les devis estimatifs qu'ils ont envoyés et comme la principale maison à l'émbouchure de la rivière doit avoir été entièrement achevée ce printems, l'intention de Sa Majesté est que les Sieurs de Beauharnois et Dupuy prennent des mesures pour faire travailler l'automne prochain au rétablissement de l'ancienne maison, ce qui leur sera d'autant plus aisé que les deux barques bâties au fort Frontenac serviront utilement pour le transport des matériaux. Sa Majesté est persuadée, comme eux, que cela ne causera aucun ombrage aux Iroquois, parce qu'outre qu'elle ne passera que pour le rétablissement de celle qui y est, elle ne servira au moins pendant la paix que pour la traite. Ils prendront cependant auprès de ces Sauvages les précautions qu'ils jugeront nécessaires pour rendre inutiles les nouvelles impressions de défiance que les Anglois ne manqueront pas de leur insinuer à cette occasion, ce qui doit les porter à y faire travailler avec le plus de diligence qu'il sera possible.

Sa Majesté connoit toute l'importance de la proposition qu'ils ont faite de bâtir un fort et une maison à l'embouchure de la rivière de Chouégen, pour deffendre l'entrée et la sortie dans le lac Ontario. Les tentatives que les Anglois y ont faites pour y former un établissement, et la traite considérable qu'ils y ont faite les années dernières, au grand préjudice du commerce de la colonie et des traites de Niagara et du fort Frontenac, doivent d'autant plus déterminer à les prévenir que s'ils parvenoient une fois à s'y établir solidement, ils feroient avec supériorité la traite des pays d'en haut et que leur poste favoriseroit le commerce frauduleux que Sa Majesté veut empêcher autant qu'il sera possible. Toutes ces raisons l'auroient déterminée dès à présent d'ordonner la bâtisse de ce fort et maison, si Elle n'avoit cru qu'il ne convenoit point d'entreprendre tant de choses à la fois et qu'il falloit auparavant assurer le poste de Niagara par le rétablissement de l'ancienne maison.

Elle pourra ensuite ordonner celui de Chouégen, lorsque les Sieurs de Beauharnois et Dupuy auront envoyé le plan et le dévis estimatif, à quoy ils pourront satisfaire cette année. Son intention est, en attendant, qu'ils mettent tout en usage pour empêcher que les Anglois s'y établissent et qu'ils disposent les Iroquois à ne point s'opposer à notre établissement, lorsqu'il sera ordonné, en leur faisant entendre que les démarches des Anglois n'ont d'autre but que d'assujettir toutes les nations et de se rendre maîtres du continent et de tout le commerce et que les vues de Sa Majesté ne tendent qu'au maintien de la liberté et à la conservation d'un commerce qui appartient à la France et dont les Anglois cherchent à s'emparer. Cette affaire doit être traitée avec délicatesse et un grand secret et le Sieur de Beauharnois doit en charger l'officier qu'il connoit le plus propre à la faire réussir.

A l'égard des nouvelles que le Sieur marquis de Beauharnois a reçues du Sieur de la Corne, auquel un Sauvage revenant d'Orange a dit que les Iroquois avoient promis au gouverneur anglois qu'ils raseroient la maison de Niagara, et qu'on devoit aposter des Iroquois pour se défaire du Sieur de Joncaire, qui y commande, quoi qu'il n'y ait aucun fond à faire sur les nouvelles des Sauvages, qui en débitent le plus souvent de fausses, Sa Majesté a approuvé que le Sieur de Beauharnois ait donné ordre au Sieur de Longueuil, gouverneur de Montréal, de faire avertir le Sieur de Joncaire pour savoir d'eux la vérité et les empêcher d'effectuer leurs desseins, en cas qu'ils fussent mauvais...

1727 — 14 août

LETTRE DE LOUIS XV

AU MARQUIS DE BEAUHARNOIS

A l'occasion de la naissance de deux princesses

Monsieur le marquis de Beauharnois,

Il a plu à Dieu de commencer à bénir mon mariage par la naissance de deux filles, dont la Reine, ma très chère épouse et compagne, a esté délivrée heureusement aujourd'huy. J'espère de ses bontés l'entier accomplissement de mes vœux et de ceux de mon peuple par la naissance d'un dauphin. C'est pour le luy demander et le remercier des grâces qu'il m'a desjà faites, que je vous fais cette lettre, pour vous dire que j'écris au Sieur Evesque de Québec de faire chanter le *Te Deum* dans l'église cathédrale de cette ville. Mon intention est que vous y assistiez, que vous y fassiez assister le Conseil Supérieur, que vous fassiez ensuite allumer des feux, tirer le canon et donner en cette occasion les marques de réjouissance accoutumées. Et la présente n'étant à autre fin, je prie Dieu qu'il vous ait, Monsieur le marquis de Beauharnois, en sa sainte garde.

Escrit à Versailles, le quatorze aoust mil sept cent vingt-sept.

PHELYPEAUX. LOUIS.

.1727 — 29 avril

MEMOIRE DU ROY

A MM. DE BEAUHARNOIS,

gouverneur, et Dupuy, intendant de la Nouvelle-France

Sa Majesté a appris avec plaisir la disposition où sont les Abénaquis de Saint-François et de Bécancourt, de continuer la guerre contre les Anglois et de ne point écouter aucune proposition de paix que les Anglois n'ayent rasé les forts qu'ils ont construits sur les terres abénaquises. Cela est si important pour le Canada, que le Sieur de Beauharnois ne peut prendre de trop justes mesures pour fomenter cette guerre et empêcher tout accommodement, sur quoi Sa Majesté n'a rien à ajouter à ce qu'Elle a prescrit par sa dépêche du 14 mai de l'année dernière.

Le Sieur de Saint-Ovide, gouverneur de l'île Royale, auquel, sur l'avis donné par les Sieurs de Longueuil et Bégon, que le Sieur Gaulin, missionnaire, avoit engagé les Micmacs et les Sauvages de la rivière Saint-Jean, à faire la paix avec les Anglois, Sa Majesté avoit fait écrire pour être éclaircie de la vérité et lui avoit fait donner ordre en même temps de faire ce qu'il pourroit dépendre de lui pour fomenter la guerre, a, rendu compte que les Micmacs n'avoient point fait la paix et que bien loin que le Sieur Gaulin et les autres missionnaires eussent porté ces Sauvages à la faire, ils avoient au contraire encouru la disgrâce des Anglois sur ce qu'ils excitoient les Sauvages à continuer la guerre ; qu'il est vrai qu'au mois de juillet 1725, quelques sauvages micmacs et de la rivière Saint-Jean, invités à faire la paix, s'étoient rendus au Port-Royal, plutôt pour y être festinés que pour y traiter de paix, que le gouverneur leur avoit remis des propositions, mais que leurs chefs les avoient retirées et avoient fait dire au Sieur de Saint-Ovide qu'ils les lui remettroient au printems, que depuis un parti de huit micmacs avoit pillé un bâtiment anglois, qu'il y avoit eu deux de ces sauvages de tués et deux autres faits prisonniers, et que cette affaire rallumcrait la haine et la méfiance entre eux, que les Sauvages l'ont assuré n'avoir voulu entendre au traité de paix proposé et qu'ils ont paru disposés à rejeter les propositions qu'on pourra leur faire.

Le Père Duparc, supérieur des Jésuites en Canada, a écrit que quoique les Abénaquis Panouamské paroissent souhaiter la paix, ils ne tarderoient pas à se réunir aux autres Abénaquis pour marcher contre les Anglois et que ceux de Narantsouak se joindroient à ceux de Bécancourt.

Toutes ces nouvelles jointes à ce que les Sieurs de Beauharnois et Dupuy ont marqué, donnent lieu de croire que ces nations continueront la guerre, ce qui est fort à souhaiter.

Sa Majesté a continué le fonds de 4000 livres sur le domaine d'Occident pour aider les familles Abénaquises. Elle approuve que sur cette somme, il en soit pris partie pour construire le fort de pieux que ceux de Saint-François et Bécancourt ont demandé pour rassurer les plus timides sur leur sureté particulière. Elle est persuadée que le Sieur de Beauharnois n'auroit pas permis l'établissement de ce fort et que le Père de la Chasse ne l'auroit pas proposé, s'il en pouvoit résulter quelque inconvénient.

1728 — 16 mars

RÉSUMÉ DES DÉPÊCHES DU CANADA

Avec recommandations du ministre, approuvées par le Roy.

20 octobre 1727

Ils marquent que la paix que les Anglois ont faite avec les Abénaquis a beaucoup changé la disposition de ces nations à notre égard. Le Père de la Chasse, dont ils envoient le mémoire sur l'inexécution du fort dont ils avoient parlé, prétend qu'il n'y a que l'ennui de la guerre qui leur a fait prendre ce parti, que ceux d'entre eux qui ont des missionnaires ont toujours pour nous la même affection et seroient même disposés à aller en guerre, s'il se trouvoit à faire quelque expédition contre les Renards et les nations des pays d'en haut. On jugera mieux de la situation où tout cela peut être, par l'exposé du Père de la Chasse, que par leurs simples conjonctures, qui est tout ce qu'ils pourroient y ajouter.

Le mémoire du Père de la Chasse porte que les Abénaquis de St-François, village à onze lieues des Trois-Rivières et dans le centre du Canada, avoient demandé en 1726 que puisqu'on souhaitoit qu'ils continuassent la guerre contre l'Anglois, on leur fît bâtir un fort dont ils manquoient ; que Messieurs de Beauharnois et Dupuy, manquant de fonds pour bâtir ce fort, parce que les 2,000 livres que le roy avoit accordées d'augmentation aux 22,000 livres que Sa Majesté donne par chaque année pour tous les Sauvages du continent, devoient être employées en présens extraordinaires aux Abénaquis, comme ils l'ont été effectivement à l'occasion de la mort du Père Rasle, dont on a couvert le corps. Le Père de la Chasse propose d'employer une partie des 4,000 livres qui étoient destinées pour la subsistance des femmes et des enfans des deux villages de St-François et de Bécancourt, à la bâtisse de ce fort.

Les Pères Aubery et Marcel, missionnaires de ces deux endroits, s'y accordèrent afin que ces sauvages, faute d'avoir un fort, n'eussent point d'excuse plausible de ne point continuer la guerre ; mais au commencement de novembre 1726, incontinent après le départ des vaisseaux pour France, deux députés du village Panouamské, abénaquis de l'Acadie, vinrent se plaindre à MM. de Beauharnois et Dupuy que les partis de St-François et de Bécancourt, excités par les dits gouverneur et intendant, avoient fait coup sur les Anglois, qu'ainsi ils les prioient d'arrêter la hache de leurs frères domiciliés du Canada pour ne pas exposer toute la nation abénaquise et surtout la voisine des Anglois, à sa perte, laquelle seule ne pouvoit résister aux forces et au grand nombre des Anglois.

On tâcha d'encourager ceux de Panouamské à soutenir la guerre, ou du moins à ne pas empêcher ceux de St-François et de Bécancour de la continuer ; mais, nonobstant toutes les représentations sur leurs intérêts communs, ils répondirent qu'ils entendoient mieux que personne de quelle conséquence il leur étoit de ne point continuer la guerre contre les Anglois, même d'entendre aux propositions de paix qui leur étoient faites et d'arrêter la hache de leurs frères domiciliés de Canada, dont le contre-coup retomberoit infailliblement sur eux, et qu'ils étoient résolus, quelques défenses qu'on pût leur faire, d'aller trouver leurs frères de St-François et de Bécancourt, pour leur représenter le danger où ils les exposoient, s'ils continuoient la guerre. A cela, on leur répondit que la démarche qu'ils vouloient faire étoit très contraire aux intérêts de la nation, que cependant on ne vouloit pas les gêner. Ils y allèrent en effet et firent si bien sentir leurs raisons aux villages de St-François et de Bécancour, qu'ils ne continuoient la guerre que malgré eux, que ces deux villages coururent pour arrêter quelques partis qui étoient déjà en campagne.

Le Père Aubery, missionnaire de St-François, n'entendant plus parler que de la paix et voyant que ces Sauvages ne pensoient qu'à aller ratifier celle faite par ceux de Panouamské et ne demandant plus de fort, le projet s'est évanoui.

80 Sauvages de Saint-François de Bécancourt et de Narantsouak, domiciliés, ont été joindre ceux de Panouamské et de Saint-Jean et tous ensemble ont employé l'été à conclure une paix dont le Père Lauverjat a envoyé par écrit les conditions à M. de Beauharnois.

Les missionnaires tâchent toujours de ménager la nation abénaquise, qui même après la paix qu'elle vient de faire, où elle n'a renoncé ni à sa religion, ni à sa terre, ni à son union avec les François, sert toujours, du côté de l'Acadie, où elle est en partie, et avec des missionnaires françois, de barrière contre les entreprises des Anglois.

A l'égard de ceux de Saint-François et de Bécancourt, outre qu'ils aident à empêcher que leurs frères de l'Acadie ne se détachent entièrement de nous et ne se laissent séduire par les Anglois, ils pourront servir dans la guerre qu'on se croit obligé d'entreprendre contre les Renards et autres nations. Ainsi le Père de la Chasse croit qu'il est bon de leur continuer la pension de 4,000 livres pour ces deux villages, lesquelles distribuées par ces missionnaires, les tiendront toujours attachés aux François.

1727 — 25 septembre

M. le Marquis de Beauharnois marque qu'en particulier, Monseigneur connoistra par la lecture de l'extrait qu'il envoya de la lettre du Père Lauvergeat, missionnaire de Panouamské, combien les fausses alarmes du Père Aubery sur la paix des Abénaquis avec les Anglois, sont mal fondées.

Elle porte que les chefs des Sauvages de Panouamské le prient de ne se point défier de leur fidélité et d'être persuadé que l'Anglois, par tous ses présens et par tous les artifices, ne pourra jamais les désunir d'avec les François ni leur faire perdre leur religion ; que si la nécessité ou l'impuissance où ils seroient de continuer la guerre contre lui les a contraints de faire la paix, cela n'empêchera pas qu'aussitôt que les François déclareront la guerre, il ne se mettent de la partie, qu'il verra lui-même par le papier qu'ils lui envoyent combien l'Anglois est éloigné de son compte et quelle foi on doit avoir à ses rapports.

Les papiers envoyés par le Père Lauverjeat sont : 1° un certificat signé de lui et du Sieur de Saint-Castin, le 12 juillet 1727, portant qu'ils ont entendu l'interprétation des actes écrits en anglois où sont contenus les articles de la paix, prétendus stipulés à Boston et confirmés et ratifiés à Caskabay [1]

1 — Baie de Casco, aujourd'hui Portland.

entre les sauvages de Panouamské et M. Dummer, gouverneur-général de la Nouvelle-Angleterre, laquelle interprétation a été faite en langue abénaquise en présence des chefs députés du dit village de Panouamské par deux des interprêtes anglois qui avoient interprêté ces mêmes actes aux dits sauvages à Boston et à Caskabay, lesquels ont supprimé les articles couchés au commencement de ces mêmes actes, où l'Anglois fait dire aux Sauvages :

Qu'ils viennent se soumettre à lui ;

Qu'ils se reconnoissent les seuls auteurs de la guerre qui a été entre eux pendant quatre ou cinq ans ;

Qu'ils renouvellent les prétendus traités faits autrefois entre eux et les Anglois, par lesquels traités l'Anglois prétend que les Sauvages se sont donnés avec leurs terres au roi d'Angleterre, l'ont reconnu pour leur roi et se sont mis au nombre de ses sujets ; qu'ils embrassent les lois angloises, qu'ils font ligue offensive et défensive avec les Anglois.

Les Anglois ont tourné les articles ci-dessus dans les paroles suivantes .

Que les Sauvages de Panouamské étoient venus saluer le gouverneur anglois, faire la paix avec lui et renouveller l'ancienne amitié qui étoit auparavant entre eux.

A l'égard de l'acte d'amnistie et de pardon donné de la part du roi d'Angleterre aux Sauvages par le dit gouverneur en conséquence des prétendus traités ci-dessus rapportés, les interprêtes anglois n'en ont voulu faire aucune interprétation.

Le Père Lauvergeat et le Sieur de St-Castin attestent de plus que les Sauvages de Panouamské leur ont protesté en présence des interprêtes anglois que ni eux, Sauvages, ni les interprêtes ne leur avoient jamais parlé des susdits articles, sinon dans les temps postérieurs ci-dessus rapportés et que les interprêtes anglois ne leur avoient jamais parlé que d'un traité de cessation d'armes, de paix, d'accommodement et d'amitié entre ces deux nations.

Le deuxième est intitulé : " Traité de paix conclu à Caskebay entre les Sauvages du village de Panouamské et les Anglais le… aout 1727. " Il commence par ces termes : " Moi, Panouamskeyen, je t'informe ; toi qui es répandu par toute la terre, prends connoissance de ce qui s'est passé entre moi et l'Anglois dans la négociation de paix que je viens de conclure avec lui. C'est du profond de mon cœur que je t'informe et pour preuve que je ne te dis que la vérité, je veux te parler en ma langue propre. " Le reste est conçu en ces termes, que la raison qui le porte à informer les François de cette vérité, c'est la contrariété des interprétations qu'on fait des écrits Anglois, où sont contenus les articles de la paix, qu'ils viennent de traiter ensemble, lesquels écrits paroissent contenir des choses qui ne sont point, en sorte que les Anglois mêmes les désavouent devant lui, quand il lui en fait la lecture lui-même et qu'il les lui interprète.

Il déclare donc que c'est l'Anglois qui lui a parlé le premier de paix et qu'il ne lui a rendu réponse qu'à la troisième fois qu'il lui en a parlé ; qu'il alla d'abord à la rivière St-George pour entendre les propositions et ensuite à Boston, où il l'appeloit pour le même sujet ; qu'arrivant à Boston avec deux autres sauvages, il salua l'Anglois à la manière dont on le salue, mais qu'il ne lui parla pas le premier et qu'il ne fit que répondre à ses demandes dans cette entrevue ; que l'Anglois lui ayant demandé quel étoit le sujet qui l'amenoit à Boston, il répondit seulement qu'il venoit à l'invitation qu'il lui avoit faite pour entendre les propositions d'accommodement qu'il vouloit lui faire ; que sur la demande que lui fit l'Anglois pourquoi ils se tenoient les uns et les autres, il lui répartit qu'il avoit raison, mais il ne dit point qu'il se reconnoissoit l'auteur de la guerre et il ne désapprouva pas de l'avoir faite. Les Anglois lui ayant dit de proposer lui-même ce qu'il faudroit faire pour s'accorder, il lui répondit que c'étoit plutôt à lui à proposer, parce que lui ayant parlé le premier d'accommodement, il ne doutoit point qu'il ne lui fît des propositions avantageuses.

L'Anglois lui dit : " Tenons-nous au traité qu'ont fait nos pères et renouvelons l'ancienne amitié, " à quoi il ne fit aucune réponse. L'Anglois lui demanda encore s'il ne reconnoissoit pas le roi d'Angleterre, roi dans tous ses Etats. Il répondit : " Oui ; mais je n'entends pas que je reconnoisse ton roi pour mon roi et roi de mes terres, " Dieu ayant voulu que lui, sauvage, n'eût point de roi et qu'il fût maître de ses terres en commun. Il lui demanda aussi s'il ne connoissoit pas que l'Anglois fût du moins maître des terres qu'il avoit achetées, à quoi il répondit qu'il n'en convenoit point et qu'il ne savoit de quoi il vouloit lui parler. L'Anglois lui demanda que si, désormais, quelqu'un vouloit troubler la négociation de paix qu'ils traitoient, ils ne se joindroient pas pour l'arrêter, sur quoi il s'accorda avec lui ; mais il ne comprit pas que c'étoit pour aller de compagnie l'attaquer ni qu'ils faisoient ensemble une ligue offensive et défensive ou qu'ils joindroient leurs forces ensemble ; il comprit seulement que si quelqu'un vouloit troubler leur négociation de paix, ils tâcheroient tous deux de l'apaiser par de bonnes paroles.

L'Anglois lui dit encore qu'afin que leur paix fût durable, s'il arrivoit quelque querelle particulière entre les Anglois et les Sauvages, ils ne se feroient point justice eux-mêmes et s'en rapporteroient à leurs chefs pour les juger, à quoi il consentit, mais il n'a pas entendu que l'Anglois seroit seul juge, mais que chacun jugeroit ceux de son parti.

Qu'enfin l'Anglois lui dit : " Voilà donc notre paix faite." A quoi il répondit qu'il n'y avoit encore rien de fait, parce qu'il falloit que cela fût approuvé dans une assemblée générale et que c'en étoit assez pour le présent d'une cessation d'armes et qu'il alloit informer tous ses parents de ce qui s'étoit passé entre eux.

Que c'étoit là tout ce qui s'étoit passé à son premier voyage à Boston et qu'il n'a nullement été question de grâce et d'amnistie donnée par l'Anglois, de la part de son roi ; que l'Anglois ne lui en a jamais parlé et qu'il ne l'a point demandé.

Qu'à son second voyage de Boston, lui quatrième, il n'y a été uniquement que pour dire à l'Anglois que toute sa nation approuvoit la cessation d'armes et qu'on parlât de paix et dès lors même on régla le temps et le lieu où on s'assembleroit pour traiter. Ce lieu fut Caskebay, où il fut tenu deux conférences, sans y rien décider de plus que d'approuver et ratifier les choses dont les Sauvages étoient convenus et on conclut la paix à ces conditions.

Il y fut seulement réglé de plus qu'il a été permis à l'Anglois de tenir un magasin à St-George, sans y bâtir aucune autre maison ni fort, ne lui ayant point donné la terre.

Il finit en disant que ce qui est porté ci-dessus est la vérité et que si quelqu'un produisoit quelque écrit qui le fît parler autrement, on ne doit y avoir aucun égard, parce qu'il ne sait pas ce que l'on lui fait dire en une autre langue ; mais il sçait bien ce qu'il dit en la sienne et pour foi qu'il dit les choses comme elles sont, il a signé le présent acte, qu'il veut être authentique et demeurer à perpétuité.

Le Père Lauverjeat a mandé au Père de la Chasse que les Abénaquis avoient dit aux Anglois qu'ils ne faisoient la paix avec eux qu'à condition qu'ils n'empiéteroient point sur les terres des Abénaquis et qu'en cas de rupture entre la France et l'Angleterre, ils se reserveroient la liberté de suivre toujours le parti des François. Mais ces deux conditions ne sont que verbales et n'ont point été insérées dans le traité, c'est ce qui l'obligera à avoir toujours des ménagemens pour ces Sauvages et à ne leur pas refuser tout ce qu'il auroit été en droit de ne leur pas accorder, surtout après avoir fait leur paix avec les Anglois, contre son avis et sans le consulter là-dessus.

Sur ce qui fut écrit à M. le marquis de Beauharnois le 13 mai 1727, que dans une lettre écrite par le Père Aubery, missionnaire des Abénaquis de Saint-François, au Père Davaugour, il ne parloit que de 2000 livres accordées par an à la nation abénaquise pendant que le Roi en accordoit 6000, savoir : 2000 livres sur la marine, pour les présens, et 4000 employés sur l'état du domaine d'Occident, sous le nom des Jésuites, que ce secours devoit être suffisant pour faire vivre les familles de ces Sauvages.

1727 — 25 septembre

Il répond qu'ayant communiqué cette lettre aux Jésuites, ils lui ont répondu que le Père Aubery n'avoit entendu parler que pour son village lorsqu'il avoit mandé que les 2000 livres que le Roi donne par an étoient à peine suffisantes pour faire subsister les femmes et les enfans, et ils ont ajouté des 6000 livres que Sa Majesté ordonne par an pour les Sauvages abénaquis, il y en a environ 2000 pour la subsistance du village de Saint-François et autant pour celui de Bécancourt, ce qui compose les 4000 livres sous le nom des Jésuites, les autres 2000 livres étant employées aux présens que l'on a coutume de faire à ces Sauvages, lorsqu'ils vont en guerre.

OBSERVATIONS

Originairement, il y avoit sur l'état des dépenses de l'Acadie un fonds de 4,000 livres pour les présens aux Sauvages de cette colonie ; l'état-major et les troupes ayant passé ensuite à l'Isle Royale, ce même fonds fut compris dans l'état des dépenses de cette isle ; mais M. de Vaudreuil et M. Bégon ayant représenté que l'Ile Royale, n'ayant point commerce avec la plus grande partie des Sauvages et de l'Acadie, qui étoient plus à portée de Québec, on supprima 2,000 livres de l'état de l'île Royale et on les a depuis employées dans celui de Canada pour présens à faire aux Abénaquis, sans distinction de paix ou de guerre.

Sur ce qui fut représenté que ces Sauvages se détermineroient plus volontiers à la guerre contre les Anglois, s'ils étoient assurés que leurs femmes et enfans pussent avoir leur subsistance pendant leurs courses, il fut déterminé en 1723 d'employer 2,000 livres par an sur l'état du domaine, sous le nom des Jésuites, pour cette dépense, afin de cacher aux Anglois d'où venoit cette dépense, et sur ce qui fut marqué que cette somme n'étoit pas suffisante, il fut réglé en 1725 qu'on employeroit 4,000 au lieu de 2,000 et l'emploi en a été fait sur les états de 1725, 1726 et 1727.

Le motif qui a fait prendre le parti d'accorder cette somme ayant cessé par la paix qu'il paroit que ces Sauvages ont faite avec les Anglois, ou du moins qu'ils ne sont plus en guerre contre eux, sembleroit devoir opérer le retranchement de cette dépense, non pas pour 1728, parce que ces Sauvages auront peut-être marché à l'entreprise contre les Renards. Cette dépense pourroit être plus utilement employée dans la suite à l'enceinte de Montréal.

1727 — 20 octobre

MM. de Beauharnois et Dupuy exposent deux demandes que font les PP. Jésuites : la première, que les Abénaquis de Narantsouak, voulant se rétablir dans leur ancien village, demandent un missionnaire qui les conserve dans la religion catholique ; qu'ils en donneront un si le Roi, ayant égard aux pertes qu'ils ont faites à l'occasion du Père Rasle, veut bien leur rétablir un calice, ciboire, soleil et autres ornements de l'Eglise avec des meubles pour la maison du missionnaire, qu'ils ont perdus en cet endroit ;

La seconde, que les Hurons du Détroit demandant un missionnaire, ce qui les attacheroit davantage aux François, ils sont prêts d'en donner un, espérant que Sa Majesté voudra bien fournir à son entretien.

NOTA. — Les Jésuites ont sur l'état des charges annuellement :

Pour leurs missions en Canada..................	5,000 livres.
Pour leurs missions des Iroquois et Abénaquis..	1,500 "
Pour l'entretien d'un missionnaire Acanras.....	600 "
Pour l'entretien d'un 3e régent à Québec........	400 "
Pour celui de deux missionnaires aux Sioux.....	1,200 "
Pour celui d'un missionnaire à Tadousac........	600 "
Sur la marine { Pour l'école d'hydrographie à Québec.......... 800 } { Pour l'hospice qu'ils ont à Montréal.............. 500 }	1,300 "
	10,600 "

Ils ont sçu par le Sieur Brau, qui est venu cet été à Québec, que le Sieur Gaulin ne s'étoit point comporté ainsi qu'on l'avoit dit. Ces ecclésiastique sont nécessaires à l'Acadie, où il est resté un grand nombre de catholiques. M. l'Evesque de Québec vient d'y envoyer un M. Desenclaves, qui est un homme qui brule du zèle de la maison du Seigneur, dépouillé de tout soucy personel et tel qu'il le faut dans ces missions, plus difficiles encore par le ménagement et la discrétion qu'il faut y avoir, que par tout autre endroit.

EXTRAIT POUR LE ROI

La paix des Abénaquis avec les Anglois est un inconvénient, mais il y a apparence que ces Sauvages n'ont pas pu mieux faire. Comme ils servoient de barrière au bas de la colonie de Canada par où les Anglois pourroient en tems de guerre causer plus de dommage, il paroit convenir de maintenir ces Sauvages dans l'intérêt des François, de leur continuer le fonds de 4000 livres, mais au lieu d'en faire la distribution aux seuls domiciliés à Bécancourt ou Saint-François, il paroit plus convenable de les distribuer à ceux de cette nation qui ont des missionnaires, ceux qui ne sont pas domiciliés pouvant servir la colonie aussi utilement parce qu'ils font la barrière avec les Anglois de l'Acadie.

16 mars 1728.

Approuvé par Sa Majesté.

1728 — 14 mai

EXTRAIT DU MEMOIRE DU ROY

AUX SIEURS MARQUIS DE BEAUHARNOIS,

gouverneur, et Dupuy, intendant de la Nouvelle-France

Elle a apris avec surprise que les Anglois soient parvenus à engager les Abénaquis de faire la paix avec eux. C'est un inconvénient auquel on ne devoit pas s'attendre ; mais il y a apparence que ces peuples y ont été forcés et qu'ils n'ont pu faire autrement et qu'ils conserveront toujours le même attachement qu'ils ont eu pour les François, ainsi qu'il paroit par leurs discours, qu'ils y sont bien déterminés et que les missionnaires qui sont auprès d'eux en donnent des assurances. Il convient que les Sieurs de Beauharnois et Dupuy mettent tout en usage pour les entretenir dans ces sentimens ; c'est dans cette vue que Sa Majesté, qui avoit depuis quelques années fait un fonds annuel de quatre mille livres pour faire subsister les femmes et les enfans pendant que les hommes iroient à la guerre et qu'Elle auroit pu supprimer, la paix étant faite, a bien voulu les continuer. Mais son intention est que cette somme, qui n'étoit distribuée qu'aux seuls Abénaquis domiciliés à Becancourt et Saint-François, soit répartie à tous ceux de cette nation qui ont des missionnatres, ceux qui ne sont pas domiciliés pouvant servir aussi utilement que les autres, parce qu'il font la barrière avec les Anglois de l'Acadie et qu'il est, par conséquent, plus à propos de les ménager. Les Sieurs de Beauharnois et Dupuy se concerteront avec le Père de la Chasse pour cette répartition et observeront que les intentions de Sa Majesté à cet égard soient exécutées.

Les Anglois pouvant, en cas de rupture, causer plus de dommages au Canada en l'attaquant par le bas de la colonie que par tout autre endroit, il seroit bien à souhaiter qu'on pût parvenir à peupler la colonie de ces côtés-là et cela contribuera bien plus à sa sûreté que tout ce qu'on peut faire au-dessus de Montréal, où la pluspart des habitans, attirés par l'avidité de la traite avec les Sauvages des pays d'en haut, cherchent à faire des établissemens, sans reflexion qu'ils ne pourroient y être soutenus en tems de guerre et qu'ils seroient forcés de les abandonner. C'est ce qu'on aura de la peine à leur persuader ; mais, quoiqu'il en soit, Sa Majesté souhaite que les Sieurs de Beauharnois et Dupuy excitent ceux qui n'ont point d'établissement d'en faire dans le bas de la colonie, autant qu'il sera possible, et qu'ils marquent les mesures qu'il y auroit à prendre en cas qu'ils ayent de la peine à s'y déterminer. L'exécution de cette vue est de la dernière conséquence.

Sa Majesté approuve que les Jésuites envoyent un missionnaire à Narantsouak, afin de maintenir dans la religion catholique les Abénaquis qui veulent se rétablir dans le village. Elle veut bien en même leur accorder le remplacement d'un calice, d'un ciboire et d'un soleil et autres ornements d'église qui furent pillés lorsque le Père Rasle fut tué dans cette mission par les Anglois. Le Sieur Dupuy les fera faire à Québec avec toute l'économie qui sera possible et fera remettre le tout au missionnaire qui y sera envoyé. A l'égard des meubles qu'ils demandent, comme on n'a pas eu soin d'en envoyer, l'état de Sa Majesté n'a pu rien statuer sur cela ; au surplus, comme il ne leur a été fait aucun retranchement pendant la vacance de cette mission, le revenant bon qu'il y a eu peut bien suppléer à la dépense de ces meubles qui doit être très modique.

Si les Sieurs de Beauharnois et Dupuy, estiment nécessaire de donner un missionnaires aux Hurons du Détroit, comme ils le demandent, Sa Majesté trouvera bon que les Jésuites y en envoyent un ; mais Elle est bienaise de leur expliquer en même temps qu'Elle n'accordera point aucune augmentation de dépense pour cela.

Sa Majesté a été bien aise d'apprendre les témoignages qu'on leur a rendus que la conduite du Sieur Gaulin, missionnaire, n'avoit pas été telle qu'on l'avoit dit. Sa Majesté étoit bien persuadée du contraire, sachant que c'est un ecclésiastique ferme et zélé. Comme il n'y a plus aucun Récollet à l'Acadie et que le gouverneur s'est déclaré qu'il n'y souffriroit aucun religieux, Sa Majesté a approuvé que le Sieur Evêque de Québec y ait envoyé le Sieur Desenclaves, qui y sera très utile si, comme les Sieurs de Beauharnois et Dupuy l'ont écrit, c'est un ecclésiastique zélé, dépouillé de tout intérêt personnel, prudent et discret. Sa Majesté, qui avait compté de recevoir par le retour du vaisseau, l'année dernière, le plan et le devis estimatif du fort que les Sieurs de Beauharnois et Dupuy avoient proposé de faire à Choueguen, a été très surprise d'apprendre qu'Elle a été prévenue par les Anglois, qui se sont bâtis dans ce poste et y ont établi un fort et une garnison, ce qui est d'autant plus fâcheux que cela les met à portée de faire les traites des pays d'en haut concurremment avec le François et peut-être avec plus d'avantage. Sa Majesté a cependant approuvé le parti que le Sieur de Beauharnois a pris de ne rien entreprendre sur cet établissement, attendu les dispositions des Iroquois à cet égard et parce qu'il ne convenoit pas de le faire sans les ordres de Sa Majesté. Il y a tout lieu de croire que les Iroquois n'ont pas été fâchés d'attirer les Anglois dans cet endroit et qu'ils y ont contribué. Quoi qu'il en soit, l'intention de Sa Majesté est qu'il ne soit fait, quant à présent, aucun mouvement à découvert contre cet établissement que les Sieurs de Beauharnois et Dupuy se renferment par les mesures qu'ils ont prises et celles qu'ils y pourront ajouter, à le rendre inutile au commerce des Anglois et qu'ils fassent en sorte d'engager les Iroquois d'y contribuer, en leur faisant entendre, comme il est vrai, que les Anglois ne cherchent qu'à empiéter sur le pays d'en haut et que s'ils y sont un jour supérieurs, ils les rendront leurs esclaves. Les Sieurs Beauharnois et Dupuy doivent mettre tout en usage pour leur faire connoitre leurs intérêts et les porter à prendre des mesures de bonne heure pour prévenir le sort qui les menace. Tout cela doit être ménagé avec dextérité.

Sa Majesté n'a pas été surprise qu'on n'ait rien entrepris sur la maison de Niagara, tous les avis que les Anglois faisoient donner sur cela n'étant que pour couvrir les desseins qu'ils avoient formés de s'établir à Choueguen et en ôter la connoissance aux Sieurs de Beauharnois et Dupuy, en quoy ils n'ont que trop bien réussi.

Puisque le rétablissement de la maison du portage, à Niagara, ne paroit plus nécessaire pour le présent, par le changement de dispositions dans les affaires, Sa Majesté a approuvé qu'il n'y ayent pas fait travailler et ne fait pas remettre le fonds de vingt mille quatre cent livres qu'Elle y avoit destiné et que les Sieurs de Beauharnois et Dupuy proposent d'employer à un établissement à la Galette, où les barques du lac Ontario viendroient charger et décharger. Sa Majesté ignore l'utilité dont pourroit être cet établissement, pour lequel Elle n'est pas, d'ailleurs, en situation de fournir les fonds nécessaires, qui excèdent toujours du double les projets qu'on envoye de la colonie ; cependant, Elle souhaite qu'ils envoient le projet de cet établissement avec l'état de la dépense et un mémoire qui puisse faire juger de l'utilité dont il pourroit être à Sa Majesté, à la colonie et au commerce, sur lequel Elle leur fera savoir ses intentions. Sa Majesté reconnoit de plus en plus que l'exploitation des postes par les officiers qu'on y envoye, bien loin d'augmenter le commerce et l'attachement des nations sauvages, produit un effet tout contraire ; le commerce diminue dans le tems que celui de Anglois fait des progrès considérables, la confiance et l'attachement des Sauvages pour les François diminue journellement. Tout cela provient, indépendamment du peu d'attention qu'on donne peut-être au choix des officiers qui sont envoyés dans ces postes, de ce que ces officiers, qui ne les briguent que dans la vue d'y faire leurs affaires, n'étant pas en état de faire par eux-mêmes les fonds nécessaires pour la traite, empruntent dans la colonie les marchandises à des prix excessifs, qu'ils augmentent encore lorsqu'ils les vendent aux Sauvages, afin d'y trouver un bénéfice. Cela aliène l'esprit des Sauvages, favorise le commerce des Anglois qui, nétant point chargés des mêmes frais ou excédants de prix, sont en état de donner à meilleur compte. Comme il n'est pas possible que les choses restent dans cet état sans exposer la colonie à une prochaine destruction, par l'anéantissement du commerce, Sa Majesté se seroit déterminée à ordonner cette année de rappeler les officiers et les soldats qui sont dans les pays d'en haut et de faire affermer tous les postes, parce qu'Elle estime que ceux qui s'en rendront adjudicataires, étant en état par eux-mêmes de faire les fonds nécessaires pour les traites et ayant intérêt d'augmenter leur commerce, donneroient les marchandises à meilleur marché aux Sauvages et les maintiendroient par la douceur et les bons traitemens dans l'attachement pour les François, à quoi ils ont assez de dispositions, qui seroient encore cimentées par les soins des missionnaires et par la distribution des présens pour lesquels Sa Majesté fait annuellement un fonds de vingt mille livres. Elle n'a rien voulu, cependant, ordonner de précis sur cela avant d'avoir fait part de ses vues aux Sieurs de Beauharnois et Dupuy ; Elle souhaite qu'ils les examinent sans prétention ni complaisance, qu'ils envoyent un mémoire bien circonstancié, qui contienne les raisons pour et contre et les moyens qu'il conviendroit de mettre en usage. Elle leur recommande de ne se déterminer que par des motifs du service, des avantages du commerce et de la sûreté de la colonie.

S'ils estiment qu'il convienne de mettre ces postes en ferme, Sa Majesté trouvera bon que sans attendre de nouveaux ordres, ils commencent par affermer ceux de Niagara et du Détroit, qui peuvent l'être fort avantageusement et qui, outre le bénéfice que Sa Majesté en retirera, produiront une épargne assez considérable par les retranchemens des dépenses qu'Elle y fait et qui pourront être plus utilement employés à la sûreté de la colonie.

Ils observeront qu'en affermant ces postes, Sa Majesté doit être déchargée de toutes les dépenses qui les concerneront, même de l'entretien des deux barques sur le lac Ontario, qu'il conviendra de céder aux fermiers.

Ils observeront pareillement de n'accorder aucun congé pour aller en traite dans ces postes, toute celle qu'on y pourra faire devant être au profit de ceux qui en prendront la ferme.

Suivant les nouvelles que Sa Majesté avoit reçues sur la négociation de paix entre les Sauvages illinois et les Renards, Elle avoit lieu de croire qu'elle étoit sur le point de se conclure et Elle a été bien surprise d'apprendre, non seulement qu'elle avoit été rompue, mais encore que le Sieur de Beauharnois avait pris le parti de faire la guerre aux Renards. Sa Majesté est persuadée de la nécessité de détruire cette nation, parce qu'elle ne peut point se contenir et que tant qu'elle subsistera elle causera du trouble et du désordre dans les pays d'en haut ; mais Elle auroit souhaité qu'on eût attendu ses ordres avant de se déterminer à une pareille entreprise, dont le succès peut être incertain ; il est même à craindre que le projet n'ait pas été si secret que ces Sauvages n'en ayent été informés, auquel cas, s'ils ont prévu ne pas pouvoir résister à l'entreprise, ils auroient pris le parti de se retirer chez les Sioux des Prairies, d'où ils causeront plus de désordres dans la colonie que si on les avoit laissés tranquilles dans leur village. Peut-être même que les autres nations qui ont paru animées contre les Renards seront touchées de leur destruction et deviendront plus insolentes, si on ne réussit, comme il y a apparence que l'armement est fait à présent. Sa Majesté a bien voulu accorder les fonds de 60,000 livres que les Sieurs Beauharnois et Dupuy ont demandés pour la dépense de cette guerre, du succès de laquelle Elle attendra des nouvelles avec impatience.

Elle a examiné les plans et les projets des fortifications proposées à Québec. Elle n'a point approuvé la proposition que les Sieurs Beauharnois et Dupuy ont faite d'y construire une citadelle, parce que ces sortes de fortifications ne conviennent point au génie des Canadiens, qui n'aiment pas à être enfermés, et qu'il n'y a pas assez de troupes réglées pour pouvoir la défendre. D'ailleurs, Sa Majesté n'est pas en état de faire la dépense de la somme de 325,290 livres, demandée pour l'exécution de ce projet. Il faut chercher les moyens de pourvoir à la sûreté de cette place avec moins de dépense. Les Sieurs Beauharnois et Dupuy n'ignorent point que l'entreprise que les Anglais pourroient former sur Québec leur coûteroit des dépenses considérables pour le grand nombre des vaisseaux et des troupes qu'ils seroient obligés d'y employer ; les tentatives qu'ils ont faites pendant la dernière guerre lui ont donné lieu de connoître que le succès étoit bien incertain ; mais en supposant qu'ils voulussent, en cas de guerre, faire une nouvelle entreprise et qu'elle fût assez favorisée pour les conduire devant Québec, il paroit difficile qu'ils pussent en faire le siège dans les formes et s'en rendre maistres. C'est ce qui doit estre mûrement examiné par les Sieurs Beauharnois et Dupuy, conjointement avec les ingénieurs, et arrêter un projet de fortifications qui ne soit pas susceptible de changement, comme l'ont été les précédens. Ils auront soin de l'envoyer à Sa Majesté afin qu'après qu'Elle l'aura approuvé et que l'état de ses finances pourra permettre d'en faire la dépense, Elle puisse y destiner les fonds nécessaires pour l'exécution.

Sa Majesté regarde la perfection de l'enceinte de Montréal comme très utile et nécessaire à la sûreté de la colonie ; Elle recommande aux Sieurs de Beauharnois et Dupuy d'y faire travailler avec le plus de déligence que les fonds annuels de dix-sept mille deux cent cinquante livres qui y sont destinées le pourront permettre. Elle veut que l'ouvrage soit fait de suite, qu'il soit envoyé chaque année un plan de ce qui aura été fait et que le Sieur Dupuy y joigné l'état des fonds qui y auront été employés. Elle lui défend de destiner ces fonds à d'autres dépenses pour quelques causes ni soins ni quelque prétexte que ce puisse être. Elle est persuadée que les habitans payeront exactement ce qu'ils doivent de l'imposition faite pour partie de cette dépense, à quoi les Sieurs de Beauharnois et Dupuy veilleront avec soin et y tiendront la main.

Sa Majesté a vu tout ce qu'ils ont écrit au sujet de la distribution de l'eau-de-vie aux Sauvages, sur laquelle il ne lui est revenu aucune plainte. Elle leur recommande de tenir la main qu'il ne se fasse point d'abus sur cela, parce que si Elle en étoit informée, Elle prendroit le parti de deffendre cette traite avec la dernière sévérité. Elle est toujours persuadée que si les Sieurs de Beauharnois et Dupuy s'aperçoivent que leur tolérance fût préjudiciable à la religion ou à la colonie, ils y mettroient d'eux-mêmes l'ordre convenable, en faisant exécuter à toute rigueur les anciennes défenses. C'est ce qu'elle ne peut trop leur recommander.

Fait à Versailles, le 14 mai 1729.

LOUIS.

PHELYPEAUX.

1729 — 4 septembre

LETTRE DU ROY

AU MARQUIS DE BEAUHARNOIS, GOUVERNEUR DE LA NOUVELLE-FRANCE

A l'occasion de la naissance d'un fils

Monsieur le Marquis de Beauharnois,

De toutes les grâces qu'il a plu à Dieu de répandre sur moi depuis mon avénement à la couronne, celle qu'il m'accorde aujourd'huy par la naissance d'un fils, dont la Reine, ma très chère épouse et compagne, vient d'estre heureusement délivrée, est la marque la plus sensible que j'aye encore receue de sa protection. J'y suis d'autant plus sensible, qu'en comblant mes vœux et ceux de mes peuples, elle assure le bonheur de mon estat. C'est dans les sentiments de la plus juste reconnoissance que j'ay d'un événement si avantageux, que je crois ne pouvoir trop tost rendre à la divine Providence les actions de grâces qui luy en sont dues. J'ay donné ordre au Sieur Evesque de Québec de faire chanter le *Te Deum* dans l'église cathédrale et autres de son diocèse, et je vous écris en mesme tems cette lettre pour vous dire que mon intention est que vous y assistiez ainsy qu'à la procession générale qui sera faite ; que vous y fassiez assister les officiers du Conseil Supérieur, que vous fassiez allumer des feux, tirer le canon et donner en cette occasion les marques de réjouissances accoutumées. Sur ce, je prie Dieu qu'il vous ait, M. le Marquis de Beauharnois, en sa sainte garde.

Escrit à Versailles, le quatre septembre mil sept cent vingt-neuf.

LOUIS

PHELYPEAUX

1730 — 30 août

LETTRE DE LOUIS XV

AU MARQUIS DE BEAUHARNOIS, GOUVERNEUR ET LIEUTENANT-GÉNÉRAL EN LA NOUVELLE-FRANCE

lui annonçant la naissance d'un deuxième fils

Monsieur le Marquis de Beauharnois,

Les tendres témoignages que je reçois en toute occasion de l'amour et du zèle de mes sujets, me rendent encore plus sensible aux événemens de mon règne qui peuvent contribuer à leur bonheur. Rien n'est plus capable d'en assurer la durée que la naissance d'un second fils, dont la Reine, ma très chère épouse et compagne, vient d'estre heureusement delivrée. Cet événement est une suite des bénédictions qu'il a plu à Dieu de répandre sur moy et sur mon estat ; il excite de plus en plus ma juste reconnoissance envers la Providence divine et c'est pour luy rendre les actions de grâces qui luy en sont dues et obtenir de sa bonté, par les plus ferventes prières, la conservation de ses précieux dons, que je donne ordre au Sieur Evesque de Québec de faire chanter le *Te Deum* dans l'église cathédrale et je vous escris en même tems cette lettre pour vous dire que mon intention est que vous y assistiez et que vous y fassiez assister les officiers du Conseil Supérieur, que vous fassiez allumer des feux, tirer le canon et donner en cette occasion les marques de réjouissances accoutumées. Sur ce, je prie Dieu, Monsieur le Marquis de Beauharnois, qu'il vous ait en sa sainte garde.

Escrit à Versailles, le trente août mil sept cent trente.

LOUIS

PHELYPEAUX

1731 — 8 mai

EXTRAIT D'UN MEMOIRE DU ROY

A MM. BEAUHARNOIS ET HOCQUART

A Marly, le 8 mai 1731.

... Sa Majesté est satisfaite de l'attention qu'a le Sieur Hocquart à ce que les postes de Frontenac et de Niagara soient bien fournis de marchandises de traite. Cela est si nécessaire pour faire tomber le poste que les Anglois ont établi à Chouégen, que le Sieur Hocquart ne scauroit y veiller avec trop de soin...

Elle a vu avec plaisir qu'il ne se commet point d'abus sur la tolérance qu'Elle veut bien avoir sur la distribution de l'eau-de-vie aux Sauvages. Satisfaite de l'attention des Sieurs de Beauharnois et Hocquart à cet égard, Elle leur recommande de ne point se relâcher et de faire exécuter à toutes rigueurs les deffences sur cette lettre, en cas qu'elle dégénérât en abus.

Ils ne doivent se rebuter sur les difficultés qu'ils trouvent à establir la colonie du costé du sud, en descendant le fleuve St-Laurent. Sans doute que dans la suite, ils trouveront des dispositions plus favorables. Ainsy ils ne sauroient suivre ces vues avec trop d'application, ils en connoissent toute l'importance.

Sa Majesté a vu ce que le Sieur de Beauharnois a écrit par rapport à l'établissement qu'il a proposé de faire sur le lac Champlain, à la Pointe-Chevelure. Cet établissement peut estre très avantageux, soit pour empescher les Anglois de venir sur les habitations françoises, soit pour tomber sur eux, en cas de guerre. Ainsy l'intention de Sa Majesté est qu'il soit fait dans cet endroit un fort de pieux, en attendant qu'on puisse le faire plus solide, et que le Sieur de Beauharnois y envoye telle garnison qu'il jugera convenable; mais, pour augmenter les forces de ce côté-là, les Sieurs Beauharnois et Hocquart doivent avoir attention d'y concéder des choses [1] aux habitans qui en demandent. Sa Majesté leur recommande de suivre ses vues avec soin, de rendre compte de ce qui sera fait et d'envoyer l'état de la dépense de cet établissement.

Elle a vu aussy la proposition faite par le Sieur Hocquart de faire construire pour le compte de Sa Majesté une flûte de 500 tonneaux et d'en faire une chaque année d'un plus grand port. Sa Majesté s'y détermineroit volontiers; mais, comme la main d'œuvre est trop chère, il convient de se borner, quant à présent, à soutenir et animer les dispositions où les gens du pays paroissent être de s'adonner eux-mêmes à cette construction. C'est dans cette vue que Sa Majesté veut bien accorder une gratification de 500 livres pour chaque vaisseau de 200 tonneaux qui y sera construit, 150 livres pour chaque bateau de 30 jusqu'à 60 tonneaux, et 200 livres pour ceux de 60 jusqu'à 100 tonneaux, en rapportant par les propriétaires des certificats de la vente de ces bâtimens, soit dans les ports de France, soit aux Isles. Elle a fixé cette gratification pour l'année prochaine à deux vaisseaux et six bateaux et Elle augmentera par la suite le nombre des bâtimens, suivant le progrès. Elle ordonne aux Sieurs de Beauharnois et Hocquart de faire savoir ses intentions à cet égard aux habitans du pays et Elle leur recommande de redoubler de soin et d'attention pour les exciter à cette construction. Par ce moyen, on aura des bâtimens pour le commerce, on augmentera le nombre d'ouvriers dans la colonie et on parviendra enfin à y diminuer la main d'œuvre, au point qu'on pourra y faire construire pour Sa Majesté. Elle recommande aux Sieurs de Beauharnois et Hocquart de

---

1 — Choses ou *terres?*

ne point perdre de vue cet objet important, de le suivre avec toute l'application dont ils sont capables et de rendre compte du succès.

Ils doivent estre informés que Sa Majesté a accepté la rétrocession qui lui a esté faite par la compagnie des Indes de la province de la Louisiane et du pays des sauvages Illinois, à commencer du premier juillet prochain. Ils trouveront cy-joint des exemplaires de l'arrest rendu à ce sujet. Cette province sera à l'avenir dépendante du gouvernement général de la Nouvelle-France, comme elle l'étoit avant la concession faite à la compagnie des Indes de la province de la Louisiane et du pays des sauvages Illinois.

Elle n'a point déterminé si les pays des Illinois resteroient dépendans du gouvernement de la Louisiane. Cela peut néanmoins convenir d'autant mieux, que le gouverneur général sera toujours également à portée d'y donner ses ordres et d'estre informé de ce qui s'y passera par rapport aux nations sauvages. Les Sieurs de Beauharnois et Hocquart examineront s'il convient de laisser ce pays au mesme état qu'il est actuellement ou de le distraire du gouvernement de la Louisiane, comme il estoit avant qu'il eût été accordé à la compagnie. Ils auront soin d'en rendre compte et de marquer les raisons pour ou contre, sur lesquelles Sa Majesté fera scavoir ses intentions. Elle recommande aux Sieurs de Beauharnois et Hocquart de contribuer en tout ce qui pourra dépendre d'eux au soutien de la colonie de Louisiane et de se mettre en relation avec le Sieur Perrier, gouverneur, et le Sieur Salmon, commissaire ordonnateur, sur tout ce qui pourra procurer l'avantage réciproque des deux colonies...

Fait à Marly, le huit may 1731.

        LOUIS.

PHELYPEAUX.

1732 — 22 avril

MEMOIRE DU ROY

AUX SIEURS MARQUIS DE BEAUHARNOIS

gouverneur, et Hocquart, intendant de la Nouvelle-France

A Versailles, 22 avril 1732

... Elle a appris avec plaisir que les Chaouanons soient descendus l'été dernier à Montréal, pour demander au Sieur Marquis de Beauharnois le lieu où il désiroit les placer. Elle a approuvé que pour les rapprocher de la colonie et les détacher des Anglois, il ait envoyé le Sieur Joncaire avec eux pour les placer sur la rivière d'Oyo, du côté du nord. Elle luy recommande de ménager avec soin les dispositions favorables de cette nation, pour estre en état d'en tirer les avantages qu'on s'est proposé, en cas de rupture avec les Iroquois. Il est à souhaiter qu'ils persistent dans la résolution où ils ont paru être de ne pas souffrir les Anglois: c'est à quoy le Sieur de Beauharnois doit veiller avec soin....

Sa Majesté a été satisfaite de la diligence avec laquelle les Sieurs de Beauharnois et Hocquart ont fait travailler à l'établissement d'un fort de pieux sur le lac Champlain, à la Pointe-à-la-Chevelure. Elle a approuvé que le Sieur de Beauharnois ait destiné le Sieur de Montcourt avec le Sieur de Rouville pour y commander vingt hommes qui ont dû composer la garnison cet hyver, et Elle approuvera aussy qu'il augmente de dix hommes la garnison de ce poste....

Sa Majesté a approuvé que sur les plaintes qui ont été faites par le gouverneur général de la Nouvelle-York, que les officiers commandant dans les postes de la Nouvelle-France avoient empêché quelques sujets du roi de la Grande-Bretagne, quoique munis de ses passeports, de passer jusqu'au Montréal, où ces particuliers avoient d'anciennes dettes à recouvrir, le Sieur de Beauharnois ait repondu à ce gouverneur que pourvu que les Anglois munis de ses passeports n'apportassent aucune sorte de marchandises, on les laisseroit passer et qu'ils pourroient se faire payer de leurs vieilles dettes, à la charge de ne remporter aucunes pelleteries ny marchandises. L'intention de Sa Majesté est que les Sieurs de Beauharnois et Hocquart tiennent sévèrement la main à ce que ces conditions soient exactement remplies et que si les Anglois y manquent, ils eusent de toute rigueur à leur égard, en faisant saisir toutes leurs marchandises...

1733 — 18 février

INSTRUCTION

A M. DE BEAUHARNOIS AU SUJET DES DESSEINS DES ANGLOIS

A Marly, 18 février 1733.

Les Anglois, continuellement attentifs à augmenter leurs possessions en Amérique, profitent de la paix pour s'avancer dans le pays de Canada et mettent tout en usage pour gagner les Sauvages. Pour prévenir un établissement qu'ils projetoient de faire sur le lac Champlain, on a fait construire un fort de pieux à la Pointe-à-la-Chevelure, en attendant qu'on puisse y en faire un plus solide, et comme il y avoit lieu de craindre qu'ils ne tentassent d'en construire un de l'autre côté, sur le même lac, quoiqu'ils n'ayent aucun droit sur ce terrain, qui appartient incontestablement à la France, il fut ordonné l'année dernière à Monsieur le marquis de Beauharnois de prendre des mesures pour être averti de leurs démarches et de s'opposer aux entreprises qu'ils pourroient faire. Sur cela, il marque qu'il ne lui est point revenu qu'ils aient encore fait paroitre aucun dessein à ce sujet ; mais, afin d'être toujours sur ses gardes, il a donné des ordres au commandant du poste de veiller à leurs démarches et il augmentera la garnison, si la nécessité le demande. Il ne lui est pas non plus revenu qu'ils aient entrepris de faire aucun établissement dans les environs de la rivière d'Ouabache et il pense que les ordres qu'il avoit donnés depuis quelques années, et qu'il a réitérés celle-ci, aux commandans des postes voisins de cette rivière, les auront éloignés des vues qu'ils avoient fait paroitre de s'y établir.

Il paroit convenir d'approuver l'attention de M. de Beauharnois à veiller sur les démarches des Anglois et de lui recommander de ne se point négliger sur ce point.

Approuvé [1].

1737 — 10 mai

EXTRAIT D'UN MEMOIRE DU ROY

A MM. DE BEAUHARNOIS ET HOCQUART

... Sa Majesté a approuvé que les deux barques du lac Ontario ayent navigué l'année dernière alternativement et Elle recommande au Sieur Hocquart d'en faire user de même chaque année, afin d'entretenir ces deux barques.

Si l'on peut naviguer avec les bâtimens de cette espèce dans le lac Champlain, il pourra être utile d'y en faire construire un pour le transport des munitions de la Pointe-à-la-Chevelure ; mais, avant que de hasarder cette construction, il convient de faire sonder ce lac pour connoitre les écueils qui peuvent s'y rencontrer. Lorsque les Sieurs de Beauharnois et Hocquart auront pris des connoissances certaines à cet égard, ils en rendront

[1] — Ceci est de l'écriture du Roi.

compte et Sa Majesté leur fera savoir ses intentions. Sa Majesté a appris avec plaisir que l'entreprise que fit en 1735 le Sieur Desnoyelles, capitaine, sur les sauvages Renards et Sakis, n'a point eu de mauvaises suites. Comme Elle fait expliquer particulièrement ses intentions au Sieur marquis de Beauharnois par rapport à ces sauvages, Elle se contentera de luy recommander ici de s'y conformer.

Elle souhaite d'apprendre que les Chouanons auront tenu la parole qu'ils ont donnée au Sieur Joncaire, qui commande chez eux, de descendre ce printemps à Montréal pour recevoir la parole du Sieur Marquis de Beauharnois sur leur transmigration. Il est à croire que s'ils font cette démarche, il lui sera aisé de les déterminer à s'établir au Détroit et cela est bien à désirer, afin de mettre la fidélité de ces Sauvages à l'abri des insinuations des Anglois. Mais le retardement qu'ils apportent à cette opération fait craindre à Sa Majesté que le Sieur Marquis de Beauharnois ne trouve plus de difficultés qu'il n'avoit cru et que les Anglois, avec lesquels Sa Majesté est informée qu'ils sont en commerce, n'ayent fait assez de progrès chez eux pour les en détourner. Quoi qu'il en soit, le Sieur de Beauharnois ne doit rien négliger pour parvenir à cette transmigration, et cet objet mérite aujourd'huy d'autant plus d'attention, à cause de l'établissement qui a été fait par un party de Chérakis et Chicachas sur la rivière d'Oïo, comme le Sieur de Beauharnois doit en être informé.

Sa Majesté a été satisfaite des éclaircissements qu'il a donnés sur le parti qu'il prit en 1734 de ne point pousser l'affaire qui s'étoit passée aux Ouiatanous et de se contenter du pardon que ces Sauvages luy demandèrent. La voie de la douceur et de la modération est toujours préférable, lorsque l'on peut la suivre sans intéresser l'honneur de la nation et la gloire des armes de Sa Majesté. Mais il y a des occasions où il peut être absolument nécessaire de ne point s'y arrêter et où elle pourroit avoir des suites très fâcheuses. C'est au Sieur de Beauharnois à juger de la conduite qu'il doit tenir dans les occurrences où il peut se trouver, et Sa Majesté ne peut que s'en rapporter à son zèle et à sa prudence. A l'égard des Sioux, suivant ce que le commandant et le missionnaire de ce poste ont écrit au Sieur de Beauharnois des dispositions de ces Sauvages, il paroit qu'il n'y auroit rien à désirer sur cela. Mais le retardement qu'ils apportent à descendre à Montréal, depuis le temps qu'ils le promettent, doit rendre leurs sentimens un peu suspects, et il n'y a que les faits qui puissent faire connoitre si l'on peut absolument compter sur leur fidélité. Mais ce qui doit encore augmenter les inquiétudes qu'on peut avoir sur leur sujet, c'est le coup qui a été frappé sur le convoy du Sieur de la Vérandrie, surtout si cet officier a pris le party, comme il l'avoit annoncé au Sieur Marquis de Beauharnois, d'entreprendre d'en tirer vengeance. Sa Majesté attendra avec impatience que le Sieur de Beauharnois rende compte de ce qui sera passé à cet égard et Elle est cependant persuadée qu'il aura pris les mesures qui lui auront paru les plus convenables pour le bien du service.

Elle a été bien aise d'apprendre que dans le voyage que les Sonontouans ont fait l'été dernier à Montréal, ils ayent paru estre toujours dans de bonnes dispositions pour les François. Mais quoiqu'il paroisse qu'il n'y a rien à soupçonner sur leur fidélité, le Sieur de Beauharnois ne doit pas estre moins attentif à veiller sur la conduite qu'ils tiennent avec les Anglois. C'est ce que Sa Majesté luy recommande.

La soumission avec laquelle la pluspart des chefs Abénakis, qui avoient reçu des commissions des Anglois, ont rapporté ces commissions au Sieur Marquis de Beauharnois, doit donner une bonne idée de leur fidélité, et il est à désirer que ceux qui ont encore de ces commissions prennent le même party, ainsi qu'on l'a promis au Sieur de Beauharnois. Mais il ne doit pas tout à fait se reposer sur cette démarche et rester toujours attentif à prévenir qu'ils n'acceptent de nouvelles commissions. Car ces sortes de liaisons sont toujours dangereuses. Quant à la proposition que les Sieurs de Beauharnois et Hocquart ont faite de faire faire un voyage en France aux chefs des Sauvages de St-François, qui l'ont demandé, il paroit inutile à Sa Majesté d'en faire la dépense ; si, cependant, les Sieurs de Beauharnois et Hocquart jugeoient qu'elle fût absolument nécessaire, Sa Majesté pourroit s'y déterminer. Mais Elle leur recommande d'entrer dans aucune espèce d'engagement avec eux sur cela, sans avoir auparavant reçu ses ordres. Elle fait écrire au Sieur Marquis de Beauharnois sur ce qui regarde les Sauvages Chicachas, pour l'informer des préparatifs qui se sont faits pour une nouvelle expédition du côté de la Louisiane, contre cette nation. Elle luy recommande de faire ce qui pourra dépendre de luy, du côté de Canada, pour que l'on puisse enfin parvenir à réduire ces Sauvages....

1746 — 9 décembre

LETTRE DU ROY

AU CONSEIL SUPÉRIEUR CONCERNANT LES ENREGISTREMENTS

Nos amés et féaux,

Je vous ay desja fait savoir que mon intention est que vous ne procédiez à l'enregistrement d'aucun de mes édits, déclarations, arrêts, ordonnances, lettres de grâce, rémission ou abolition, lettres d'ennoblissement ou autres concernant la noblesse, lettres de naturalité ny autres expéditions de mon sceau et de mon Conseil d'Etat, qu'après que le Sieur Gouverneur Général, mon lieutenant, et le Sieur intendant de la Nouvelle-France, vous auront expliqué que je le désire ou le trouve bon. Comme je suis informé que mes conseils supérieurs de colonies sont encore plus exposés à être surpris, malgré toute l'attention que je suis persuadé qu'ils y apportent, dans l'examen des titres qui leur sont présentés par les particuliers qui veulent jouir des privilèges de la noblesse, attendu la difficulté et pour ainsy dire l'impossibilité où peuvent se trouver les dits conseils de faire les vérifications nécessaires, dans une matière si susceptible d'abus, je vous fais cette lettre pour vous dire que je veux et entends que vous ne procédiez à l'enregistrement d'aucuns titres de cette espèce que lorsqu'il vous apparoitra d'une permission expresse de ma part, que je n'accorderai que sur le compte qui me sera rendu des dits titres par mon secrétaire d'Etat ayant le département de la Marine et des colonies, auquel ils seront remis à cet effet par les particuliers qui voudront les faire enregistrer dans mon conseil supérieur de Québec, pour jouir des privilèges de noblesse dans ma colonie de Canada. Vous vous conformerez à ce qui est de mes intentions à cet égard. Si ny faites faute, car tel est notre plaisir.

Ecrit à Versailles, le neuf décembre mil sept cent quarante-six.

LOUIS

PHELYPEAUX

1749 — 1er février

LETTRE DU ROY

A M. DE LA GALISSONNIÈRE

ordonnant un *Te Deum*

Monsieur le Marquis de la Galissonnière,

Après avoir signé les articles préliminaires de la paix avec le roy de la Grande-Bretagne et les Etats Généraux des provinces unies des Pays-Bas, je n'ai point perdu de temps à travailler à la conclure définitivement. Les conférences tenues à Aix-la-Chapelle, pour cet effet, ont eu le succès que je pouvois désirer. Mes ambassadeurs y ont signé le 18 octobre dernier, avec ceux du roy de la Grande-Bretagne et des Etats Généraux des Provinces-Unies, revêtus de leurs pouvoirs, un traité définitif de paix, auquel la reine d'Hongrie et de Bohême, impératrice, a depuis accédé. Les ratifications de ce traité ainsi que de l'accession de cette princesse, ayant été solennellement échangées, et l'ouvrage de la paix étant par là entièrement consommé, mon intention est de rendre à Dieu de nouvelles actions de grâces de la tranquillité parfaite qu'il veut bien accorder à mes peuples et que je regarde comme l'un des plus précieux dons de sa miséricorde Divine. Je vous fais cette lettre pour vous dire que j'écris au Sieur Evesque de Québec de faire chanter le *Te Deum* dans l'église cathédrale de cette ville, et que mon intention est que vous y assistiez, que vous y fassiez assister le Conseil Supérieur, que vous fassiez ensuite allumer des feux, tirer le canon et donner en cette occasion les marques de réjouissance accoutumées. Et la présente n'étant à autre fin, je prie Dieu qu'il vous ait, monsieur le marquis de La Galissonnière, en sa sainte garde.

Ecrit à Versailles, le premier février 1749.

PHELYPEAUX. LOUIS.

1752 — 31 août

LETTRE DU ROY

AU MARQUIS DUQUESNE

Au sujet de la maladie du Dauphin

Monsieur le Marquis Duquesne,

Les alarmes que m'a causées la maladie de mon fils, le Dauphin, sont heureusement dissipées. J'ay craint d'essuyer le coup le plus sensible dont mon cœur pût être frappé; mais je ne ressens plus que la reconnoissance que je dois au Seigneur, qui m'en a préservé. Quelle marque plus touchante pouvois-je recevoir de sa bonté, que la conservation d'un fils si digne de ma tendresse et de l'amour de mes sujets! A la vue du péril, ils ont partagé mes inquiétudes; maintenant ils donnent des marques éclatantes de leur joie. A ces traits, je reconnois cette fidélité invariable dans tous les événements qui m'intéressent. Des sentimens si conformes à ceux que j'ai pour eux, et qui tiendront toujours le premier rang dans mon cœur, m'assurent qu'ils uniront avec empressement leurs prières aux miennes pour rendre grâces au Tout-Puissant d'avoir conservé des jours qui me sont aussy chers et qui sont si précieux à l'Etat. C'est dans la vue de m'acquitter de ce juste devoir, que je vous fais cette lettre pour vous dire que mon intention est que vous fassiez chanter le *Te Deum* dans l'église de ma ville de Québec et autres de notre gouvernement de la Nouvelle-France, que vous assistiez à celuy qui sera chanté dans le lieu où vous serez, que vous y fassiez assister le Conseil Supérieur; que vous fassiez allumer des feux, tirer le canon et donner les autres marques de réjouissances publiques et accoutumées en pareil cas. Sur ce, je prie Dieu qu'il vous ait, Monsieur le Marquis Duquesne, en sa sainte garde.

Ecrit à Versailles, le 31 aoust 1752.

ROUILLÉ. LOUIS.

1755 — 1er mars

INSTRUCTIONS DU ROY

POUR LE BARON DE DIESKAU

Maréchal de camp des armées de Sa Majesté

La destination de ce corps de troupes estant de soustenir les colonies du Canada, conjointement avec les troupes de la marine qui y sont employées, les ordres et instructions du dit Sieur Baron de Dieskau doivent rouler sur deux objets : l'un, sur ce qui concerne le commandement du dit corps de troupes de terre, son entretien, sa police, sa discipline et son service journalier ; l'autre, relativement à l'autorité que le dit Sieur Baron de Dieskau aura sur les troupes de la marine et aux opérations que les dites troupes, tant de terre que de marine, auront à exécuter pour la conservation des dites colonies. Comme cette dernière partie dépend du ministre de la marine, c'est par luy que le Sieur Baron de Dieskau sera informé des intentions du Roy à cet égard, et il ne sera fait mention dans la présente instruction que de ce qui a rapport au premier objet. Le Baron de Dieskau trouvera cy joint le pouvoir que Sa Majesté luy a fait expédier pour commander le dit corps de troupes, sous l'autorité du gouverneur-général du Canada ; la lettre de service du Sieur de Rostaing, qui sera employé sous luy, en sa qualité de colonel d'infanterie celle du chevalier de Montreuil, aide-major général et celles des Sieurs capitaines partisans.

Il y trouvera aussy l'état des bataillons qui composeront le dit corps de troupes et qui seront embarqués à Brest dans le commencement du mois d'avril prochain, à mesure que la revue en aura été faite par le Sieur de Crémille, inspecteur général d'infanterie. Il sera aussy embarqué sur les mêmes bâtimens deux commissaires de guerre, trois ingénieurs, un chirurgien-major et six autres chirurgiens. Les dites troupes devront être nourries par la marine, dans la traversée, chacune sur le bâtiment où elle se trouvera et n'auront aucun service à y faire, devant estre regardées uniquement comme passagers ainsy que les officiers qui les commanderont.

Elles seront aussy nourries aux dépens du Roy sur les fonds de la marine, de même que les troupes des colonies pendant le tems qu'elles seront en Canada, tant en garnison qu'en détachement, excepté les officiers, qui vivront en garnison au moyen de leurs appointemens, et elles recevront, indépendamment de cette nourriture, la paye en argent comme il est expliqué plus en détail dans l'état ci-joint.

Indépendamment de la paye et de la nourriture, la marine fera encore fournir à ces troupes l'habillement et des ustensiles et fera recevoir et traiter les officiers et soldats malades et blessés dans les hôpitaux du pays, conformément à ce qui a été arresté par le ministre de la marine, dans le mémoire dont on joint ici une copie.

Tous les payemens et les distributions de vivres, d'habillemens et d'ustensiles ainsy que la manutention des hôpitaux, seront faits par les ordres de l'intendant de la marine, sur les extraits des services des commissaires des guerres, chargés de la police des dites troupes, lesquels s'adresseront à luy dans toutes les occasions où il s'agira de pourvoir aux besoins des dites troupes et luy seront subordonnés en tout ce qui aura rapport à la comptabilité.

Le Baron de Dieskau aura cependant attention à ce que toutes ces fournitures se fassent en bonne règle et lorsqu'il s'appercevra de quelques abus, il chargera le plus ancien de ces commissaires d'en faire des représentations à l'intendant de la marine, ce qui n'empêchera pas qu'il ne luy en parle luy-même, lorsqu'il le jugera nécessaire. Il en sera de même quand il s'agira de la distribution des munitions de guerre et de demander au dit intendant des remplacemens d'armes, ou de luy proposer quelque dépense extraordinaire.

Il aura soin que le prest soit régulièrement fait aux soldats tous les cinq ou les dix jours, selon qu'il jugera à propos de l'ordonner.

Sa Majesté le laisse aussy maître d'ordonner telle retenue qu'il voudra sur la solde du soldat, jusqu'à la concurrence d'un sol, tout au plus, y compris les six deniers que le Roy accorde en France pour linge et chaussure, laquelle réserve sera employée à acheter au soldat les choses dont il pourroit manquer, indépendant de ce qui luy doit être fourny par la marine, ayant attention en ce cas que le soldat soit toujours informé de l'objet de la retenue et du temps où le décompte devra luy en estre fait, afin de prévenir autant qu'il est possible qu'il ne pense même pas qu'on veuille luy faire le moindre tort.

Comme la règle qui s'observe en France, dans l'infanterie, que les officiers prennent rang entr'eux suivant l'ancienneté de leurs corps, ne pouvoit s'exécuter en Canada dans le service meslé que les troupes qui y passent auront à faire journellement avec celles des colonies, Sa Majesté a rendu l'ordonnance cy-jointe, tant pour régler que les officiers y prendront rang suivant leur ancienneté que pour établir la parité des grades entre les officiers de terre et ceux des colonies ; mais l'intention de Sa Majesté est que le Sieur Baron de Dieskau ne la rende publique qu'à l'arrivée des troupes en Canada. Cette même ordonnance règle la manière dont les conseils de guerre devront estre tenus pour juger les délits militaires, soit dans les places ou en campagne et dans les détachemens, avec la distinction que l'on doit faire des cas où le délit aura été commis entre des officiers de terre et de ceux où les troupes de terre et celles des colonies seront également intéressées.

Quant aux délits qui intéresseront les habitans des colonies, comme ils sont sans difficulté du ressort des juges ordinaires, le Baron de Dieskau et ceux qui commanderont les troupes de terre en son absence, devront faire remettre au pouvoir des dits juges les officiers et soldats accusés, toutes les fois qu'ils en seront requis de leur part.

Comme il y a des délits de nature à n'exiger qu'une correction momentanée, qu'il est au pouvoir des commandans des corps de prononcer, le Baron de Dieskau aura soin, lorsqu'il lui sera porté des plaintes en pareils cas, soit par les officiers des colonies soit par les habitans, de tenir la main à ce qu'il leur en soit fait satisfaction sur le champ, après la vérification des faits.

Il recommandera pareillement aux commandans des troupes de terre de s'adresser en pareille conjoncture aux commandans des troupes des colonies et aux magistrats des lieux et en cas de deny de justice de leur part, les susdits commandans devront en rendre compte au Baron de Dieskau, qui se pourvoira devant le gouverneur-général et l'intendant pour y mettre ordre.

Quoyque, dans la règle étroite, aucun officier ne doive être mis au conseil de guerre sans une permission expresse de Sa Majesté, cependant, comme le gouverneur-général de Canada a le pouvoir d'y faire juger les officiers des troupes des colonies, Sa Majesté a bien voulu l'accorder de même au Baron de Dieskau sur les officiers des troupes de terre qu'il commande, à condition, néanmoins, qu'il en communique auparavant avec le gouverneur-général pour avoir son aveu, ce party ne devant être pris que dans des cas très graves, où un exemple devient nécessaire pour le maintien de la subordination ; mais il ne luy sera libre, en aucun cas, de faire grâce aux officiers ny aux soldats qui auront été prononcés contre eux au Conseil de guerre, le gouverneur-général n'en ayant pas lui-même la liberté.

Le Baron de Dieskau délivrera des ordres signés de luy aux officiers qu'il aura choisis, en attendant que sur le compte qu'il en rendra, on puisse luy envoyer des commissions, ordres, lettres ou brevets du Roy de même date.

A l'égard des commandans de bataillons qui pourront manquer, il proposera à Sa Majesté ceux qu'il jugera convenable de revestir de ce grade et en attendant sa décision, la bataillon vacant sera commandé par le plus ancien capitaine du susdit bataillon.

Il proposera aussy les grâces qu'il estimera que les officiers qui sont à ses ordres auront méritées par leurs services, en envoyant au secrétaire d'Etat ayant le département de la guerre, une note des motifs qui les luy feront demander et le détail des actions où ces officiers se seront trouvés, afin qu'il puisse en rendre compte à Sa Majesté et lui faire savoir ce qu'Elle aura accordé.

Sa Majesté compte que le Baron de Dieskau tiendra la main à ce que les bataillons qui sont à ses ordres soient exercés sur les principes qui ont été adoptés par Sa Majesté pour être suivis dans toute son infanterie ; si, cependant, il juge à propos de lui faire faire quelques manœuvres particulières, relativement au genre de guerre qu'ils auront à faire en Canada et à la nature des ennemis qu'ils auront à y combattre, Elle luy laisse toute la liberté à cet égard.

S'il arrivoit que ces bataillons souffrissent une diminution considérable, soit par les événemens de la guerre, par maladie, par désertion ou autrement, Sa Majesté permet au Baron de Dieskau d'égaliser toutes les compagnies d'un même bataillon entr'elles, en tirant des soldats des compagnies les plus fortes pour les faire passer dans les plus faibles.

Elle trouve bon aussy qu'en cas de besoin, il joigne ensemble deux bataillons faibles, pour faire le service d'un seul bataillon, sans cependant que les commandans des bataillons ainsy couplés perdent l'autorité qu'ils doivent toujours conserver sur leur troupe, cette réunion ne devant avoir lieu que pour fournir les détachemens et pour combattre. Dans le dit cas de jonction de deux bataillons, le Baron de Dieskau pourra réduire le nombre de nos drapeaux et n'en conserver qu'un de chaque bataillon. A l'égard des compagnies de grenadiers, on les conservera toutes deux. Chaque bataillon entretiendra la sienne sur le pied que le Baron de Dieskau jugera devoir régler relativement à la force de son bataillon, l'intention de Sa Majesté estant qu'on ne puisse en aucun cas faire passer des soldats d'un bataillon dans un autre.

Quoique l'intention de Sa Majesté soit qu'on permette aux soldats qui voudront défricher des terres de rester en Canada, Elle ne veut cependant point que sous ce prétexte, ou quelque autre que ce soit, on délivre aucun congé absolu, jusqu'à ce que les motifs pour lesquels Elle a envoyé les dits bataillons étant cessés, Elle juge à propos de les faire repasser en France. Pour dédommager les soldats qui, à l'occasion de leur passage en Canada, se trouveront obligés de servir au delà du tems où ils auroient dû être congédiés s'ils estoient restés en France, Sa Majesté a fait rendre l'ordonnance cy-jointe, suivant laquelle il sera donné une pistole à chacun de ceux qui se trouveront dans ce cas.

Il reste à traiter la manière dont le Baron de Dieskau doit se conduire avec le gouverneur-général du Canada, auquel la nature de sa charge le rend nécessairement subordonné. Le gouverneur luy laissera tout le détail du commandement, de la discipline, de la police et du service intérieur des troupes de terre ; mais le Baron de Dieskau ne devra pas moins luy en rendre compte, pour que le gouverneur-général connoisse leur force, leur situation et généralement tout ce qui peut contribuer à le mettre au fait du party qu'il en pourra tirer pour le succès des opérations qu'il aura à entreprendre. Il est donc indispensable que le Baron de Dieskau vive avec le gouverneur-général dans la plus grande intelligence, agissant en tout de concert, et qu'il évite autant qu'il le pourra de se trouver séparé de luy, à moins que le gouverneur-général ne le charge de quelque expédition qui exige sa présence.

Dans le cas où le Baron de Dieskau se trouvera nécessairement séparé du gouverneur-général, il fera en sorte que le Sieur de Rostaing reste avec ce gouverneur pour entretenir par son canal la correspondance qui doit toujours subsister entr'eux.

Si le gouverneur-général juge à propos d'assembler un conseil de guerre pour concerter des opérations de campagne, il y appellera sans difficulté le Baron de Dieskau et le Sieur Rostaing, en son absence, et même avec luy, s'il le désire ; mais, soit que le gouverneur-général prenne l'avis d'un conseil de guerre, soit qu'il se contente de conférer en particulier avec le Baron de Dieskau, ou qu'il se décide de son chef sans aucune communication préalable, le dit Sieur Baron sera tenu de se conformer aux ordres et instructions qu'il luy donnera, soit pour faire marcher les détachemens, soit pour conduire lui-même une expédition, et il ne pourra rien changer à ce qui aura été prescrit, qu'autant que le gouverneur-général luy en aura laissé la liberté ou dans les cas imprévus et urgens,

en luy en rendant compte sur le champ. Le dit gouverneur-général pourra même envoyer de nouveaux ordres pendant le cours de l'expédition et s'il le veut, se rendre sur les lieux pour prendre le commandement supérieur et mettre à fin ce qui aura été commencé.

Les gouverneurs particuliers de Montréal et des Trois-Rivières, ayant aussy le commandement, non seulement dans ces places, mais même sur les détachemens qui en sont sortis de leur autorité, dans les cas pressans, le Baron de Dieskau recommandera aux commandans des bataillons qui y seront en garnison d'en user avec eux et les lieutenants du Roy et majors de ces places, de même qu'il est réglé pour les états-majors des places de guerre en France, ce qui doit s'observer pareillement à l'égard du lieutenant du Roy à Québec, qui y commande en l'absence du gouverneur-général. Il sera, d'autre part, recommandé aux dits gouverneurs particuliers, lieutenants du Roy et majors d'en user avec le Baron de Dieskau, comme il se pratique en France dans les places, à l'égard des officiers supérieurs employés sur les frontières par lettres de service, sans cependant que ny le Sieur de Rostaing, ni même le Baron de Dieskau, puissent prétendre de faire marcher aucune troupe de garnison des dites places sans l'ordre du gouverneur-général ou l'agrément du gouverneur particulier de la place où il se trouvera.

Lorsque les bataillons feront corps avec les compagnies franches des colonies, l'aide-major général fera le détail du tout au chef, sans difficulté.

Le gouverneur-général aura attention, dans les distributions des détachemens, de faire en sorte que le commandement soit partagé proportionnellement entre les officiers de terre et ceux des colonies, et que lorsque les deux officiers partisans iront en détachement, on n'envoye point avec eux d'officiers qui puissent leur disputer le commandement.

Le Baron de Dieskau recommandera à tous les officiers détachés de l'instruire de ce qui se passera, soit qu'ils commandent les détachemens ou non, et il fera part au gouverneur général des nouvelles qu'il recevra et des choses où il sera nécessaire que son autorité intervienne pour y pourvoir.

Il aura aussy l'attention d'informer le secrétaire d'Etat ayant le département de la guerre, de la situation actuelle des choses, toutes les fois qu'on expédiera un bâtiment pour la France et de tout ce qui se sera passé d'intéressant.

1755 — 1er avril

INSTRUCTION

PARTICULIÈRE POUR M. DE VAUDREUIL

Sur la conduite qu'il doit tenir avec les Anglois

Versailles, 1er avril 1755.

Pour mettre le Sieur de Vaudreuil en état de se conformer à ce que Sa Majesté a à lui prescrire sur la conduite qu'il doit tenir au sujet des mouvemens dont le Canada est agité depuis quelque tems, il est nécessaire de lui expliquer tout ce qui a rapport aux prétentions que les Anglois ont formées sur les principales frontières de cette colonie et qui ont donné lieu à tous ces mouvemens.

Par l'article 10 du traité d'Utrecht, il avait été convenu qu'il seroit nommé des commissaires de part et d'autre pour régler les limites entre les colonies françoises et britanniques de l'Amérique.

A l'occasion d'une entreprise que les Anglois firent en 1718 sur les établissemens de pêche que les François avoient dans les îles de Canceau, les deux cours nommèrent effectivement des commissaires pour décider de la propriété de ces îles. Ces commissaires s'assemblèrent à Paris. Dès la première conférence, ceux du roi d'Angleterre, qui prétendoient que les îles de Canceau dépendoient de l'Acadie, cédée aux Anglois par le traité d'Utrecht, furent convaincus, à l'inspection de la carte qu'ils présentèrent eux-mêmes, que ces îles étoient au contraire comprises dans les réserves exprimées dans l'article du traité d'Utrecht qui contenoit la cession de l'Acadie, et que par conséquent la France en avoit conservé la propriété. Ils se retirèrent en disant qu'ils avoient besoin de nouvelles instructions de leur cour et ne reparurent plus. Quoique, dans plusieurs occasions qui se sont présentées depuis, il ait été question de nommer d'autres commissaires en exécution de ce traité, les Anglois l'avoient toujours éludé jusqu'à la dernière guerre et le Sieur de Vaudreuil est mieux informé que personne de l'abus qu'ils ont fait de la modération qui a toujours réglé les démarches et les vues de Sa Majesté, puisqu'il a été témoin des usurpations qu'ils n'ont cessé de faire sur les terres du Canada, durant la longue paix qui a suivi le traité d'Utrecht.

Sa Majesté s'étoit flattée de parvenir enfin à mettre des bornes à leurs entreprises et à assurer la tranquillité à ses colonies par une fixation définitive des limites respectives.

En conséquence du dernier traité d'Aix-la-Chapelle, qui a renouvelé celui d'Utrecht, des commissaires ont été nommés de part et d'autre et assemblés à Paris, pour régler toutes les contestations concernant les possessions françoises et britanniques.

Mais quelque empressement et quelques facilités que Sa Majesté ait apportées à ce règlement, il s'en faut beaucoup que le succès du travail de ces commissaires ait répondu aux espérances qu'Elle en avoit conçues sur les dispositions que Sa Majesté Britannique avoit fait paroître à cet égard.

Il n'a été question encore, entre les commissaires, par rapport aux limites du Canada, que de celles qui regardent l'Acadie. La demande que les commissaires britanniques ont faite sur cet objet a mis à découvert les vues ambitieuses et injustes de leur nation. Sous prétexte de la cession qui lui a été faite de l'Acadie par l'article 12 du traité d'Utrecht, ils ont prétendu non seulement que toute la péninsule dans laquelle l'Acadie se trouve située lui appartenoit, mais encore que cette cession comprenoit d'un côté toutes les terres qui s'étendent jusqu'à la rive méridionale du fleuve St-Laurent et embrassoit d'un autre côté les terres qui vont joindre les frontières de la Nouvelle-Angleterre. Mais il n'a pas été difficile aux commissaires de Sa Majesté de détruire des idées si chimériques; et ils ont fait voir que la cession de l'Acadie ne doit comprendre qu'une partie de la péninsule.

Les Anglois ont cependant voulu soutenir par des voies de fait la prétention avancée par leurs commissaires; car du côté de l'Acadie, ils ont d'abord établi un fort assez considérable à Beaubassin, qui est à la vérité dans la péninsule, mais hors des limites de l'Acadie. Il est même à croire que sans attendre la décision des commissaires, ils auroient porté leurs établissemens dans le continent même, au delà de l'isthme qui en sépare la péninsule, si Sa Majesté n'avoit pas pris le parti de les arrêter en faisant construire un fort à Beauséjour et établir d'autres postes sur cette frontière; et du côté de celles de la Nouvelle-Angleterre, ils ont entrepris l'année dernière de faire à main armée un fort à Narantsouak, qui est éloigné de Québec que de trente-cinq lieues; mais le marquis Duquesne doit prendre des mesures pour détruire ce fort; et peut-être cette expédition sera-t-elle faite lorsque le Sieur de Vaudreuil arrivera en Canada.

Il est informé de ce qui s'est passé du côté de la Belle-Rivière, que les Anglois veulent aujourd'hui comprendre dans les dépendances de la Virginie; mais il ignore que non contens de chercher à pénétrer par là dans les profondeurs des terres et à y couper la communication d'entre le Canada et la Louisiane, ils prétendent encore être en droit de fréquenter les lacs du Canada et que les terres qui sont au sud du lac Erié et du lac Ontario leur appartiennent.

Ils ne se sont pas jusqu'à présent expliqués sur l'étendue qu'ils entendent donner à leurs limites de la baie d'Hudson; mais il faut s'attendre qu'ils voudront encore les porter jusqu'au centre de la colonie du Canada pour les resserrer de toutes parts.

Quoiqu'il en soit, Sa Majesté est très résolue de soutenir ses droits et ses possessions contre des prétentions si excessives et si injustes; et quelque soit son amour pour la paix, Elle ne fera pour la conserver que les sacrifices qui pourront se concilier avec la dignité de sa couronne et la protection qu'Elle doit à ses sujets.

Tel est le principe sur lequel son ambassadeur à la cour d'Angleterre a ordre de travailler dans une négociation qui a été entamée avec cette cour pour terminer tous ces différens par un traité provisionnel ou définitif; et c'est aussi sur ce principe que Sa Majesté veut que le Sieur de Vaudreuil règle sa conduite, relativement à ces objets, en attendant l'événement de cette négociation, dont Sa Majesté le fera informer.

Il doit en conséquence être sur ses gardes contre toutes les entreprises que les Anglois pourroient tenter sur les possessions de Sa Majesté, éviter avec soin de leur donner aucun juste sujet de plainte, en user, dans les occasions où il pourra y avoir des voies de fait, de manière qu'il ne puisse pas paroître l'agresseur et se borner à prendre toutes les mesures possibles pour être en état de repousser la force par la force.

L'intention de Sa Majesté est en effet qu'il se tienne dans une exacte défensive, tant que les Anglois ne feront pas quelque entreprise qui doive être regardée comme une rupture de leur part.

Si, pour assurer cette défensive, il juge nécessaire de faire agir les Sauvages offensivement contre les Anglois, il pourra mettre cet expédient en usage ; mais Sa Majesté désire qu'il ne s'y détermine qu'autant que la conduite des Anglois pourra le rendre indispensable pour la sûreté et la tranquillité de son gouvernement.

Supposé, cependant, que malgré ce qu'on devroit attendre naturellement des dispositions équitables et pacifiques dont le roy de la Grande-Bretagne ne cesse de faire donner des assurances, les hostilités de la part des Anglois allassent au point de devoir être regardées comme une rupture, il ne devroit point alors se borner à une simple défensive ; et Sa Majesté veut que dans ce cas, il fasse usage de toutes les forces qu'Elle lui a confiées pour les opérations qui pourront être les plus convenables au bien de son service et à la gloire de ses armes.

Comme ses opérations devront dépendre des circonstances, Sa Majesté s'en rapporte au zèle, à la prudence et à l'expérience du Sieur de Vaudreuil pour entreprendre celles qui lui paroîtront les plus avantageuses et les plus honorables. Elle lui recommande seulement d'observer dans le choix de celles qu'il croira pouvoir entreprendre, de donner la préférence à celles qui auront pour objet des établissemens anglois qui pourront être détruits totalement, tel que le poste de Chouaguen et même le fort de Beaubassin, ou qui méritent d'être conservés après qu'il s'en sera rendu maître, soit pour en accroître la colonie de Canada, comme seroit l'Acadie, soit pour s'en servir à faire quelque échange, suivant les conjonctures où l'on pourra se trouver, lorsqu'il sera question d'une pacification, et telle seroit la prise de la baie d'Hudson.

Mais avant que d'en venir ainsi à des opérations d'une guerre ouverte, Sa Majesté désire que le Sieur de Vaudreuil s'assure que les Anglois auront effectivement commis des hostilités caractérisées, soit contre les établissemens ou forts françois du Canada, soit quelques autres colonies ou à la mer.

On pourroit regarder comme telles les usurpations qu'ils pourront entreprendre sur les terres non établies du Canada et sur lesquelles ils se sont avisés d'élever des prétentions mal fondées.

L'intention de Sa Majesté est cependant que tant qu'ils s'entretiendront à des entreprises de cette espèce, le Sieur de Vaudreuil se contente de s'y opposer et même qu'il n'emploie la force pour cela qu'après avoir fait les protestations et les sommations que le temps et les circonstances pourront lui permettre. Et à cet égard Sa Majesté est bien-aise d'entrer dans une explication plus particulière des prétentions des Anglois, afin de mettre le Sieur de Vaudreuil en état d'agir avec plus de connoissance dans les occasions qui y seront relatives.

Indépendamment des limites de la baie d'Hudson, dont il n'a pas encore été question avec les Anglois, leurs prétentions, comme il a été observé ci-dessus, ont pour objet d'étendre les limites de l'Acadie d'un côté jusqu'à la rive méridionale du fleuve St-Laurent et de l'autre jusqu'aux frontières de la Nouvelle-Angleterre ; de comprendre dans celles de la Virginie les terres qui s'étendent jusqu'au lac Erié et celle de la Belle-Rivière, et de pénétrer dans les lacs du Canada, en sorte que dans ce système, ils enlèveroient aux François tous les établissemens qu'ils possèdent au sud du fleuve St-Laurent, et que la colonie du Canada se trouveroit réduite à ceux qui sont au nord du même fleuve, et dans lesquelles elle seroit bientôt gênée par l'extension que les Anglois ne manqueront point de vouloir donner à leurs limites de la baye d'Hudson.

Il est vrai que la cour d'Angleterre a déclaré qu'elle consentiroit à des modifications sur la demande que ses commissaires ont faite par rapport à l'Acadie ; mais les modifications que cette cour a annoncées laissent encore trop d'étendue à la cession faite de cette province par le traité d'Utrecht, pour pouvoir être adoptées ; et Sa Majesté a soutenu jusqu'à présent que cette cession ne comprend qu'une partie de la péninsule. Le Sieur de Vaudreuil trouvera cette question amplement discutée dans les mémoires que les commissaires de Sa Majesté ont remis aux commissaires anglois, dont Elle lui fera remettre un exemplaire. Il y verra que la prétention des Anglois est détruite par leur titre même, qui est le traité d'Utrecht, en sorte qu'indépendamment de la portion des terres de la péninsule, qui n'est point comprise dans la cession faite par ce traité, le Sieur de Vaudreuil doit regarder comme dépendantes du Canada toutes les terres qui s'étendent dans le continent depuis le fleuve St-Laurent jusqu'aux frontières de la Nouvelle-Angleterre, et maintenir la possession contre les entreprises des Anglois.

Il y a trois observations à faire sur les frontières de la Nouvelle-Angleterre :

La première, qu'à la rigueur et suivant les titres mêmes des Anglois, Sa Majesté pourroit prétendre qu'elles se bornent à la rivière de Sagahadot, mais qu'Elle consent qu'ils les portent jusqu'à la rivière Saint-Georges et qu'Elle pourra consentir à les étendre encore jusqu'à la rivière de Pentagouet, suivant que les Anglois se prêteront à un arrangement de conciliation.

La seconde, que par rapport aux limites de la Nouvelle-Angleterre, dans la profondeur des terres, Sa Majesté est disposée à convenir qu'elles soient fixées à ce qu'on appelle les eaux pendantes, c'est-à-dire aux sources des rivières qui se déchargent à la mer.

Et la troisième, que le Sieur de Vaudreuil doit tenir secrètes les dispositions de Sa Majesté, tant sur ce dernier article que sur celui de la rivière de Pentagouet, Sa Majesté ne lui en faisant part que pour qu'il n'entreprenne rien qui y soit contraire jusqu'à nouvel ordre de sa part.

A l'égard des limites de la Virginie, elles ont été reconnues dans tous les tems aux montagnes qui bornent cette colonie à l'ouest. Ce n'est que depuis la dernière guerre que les Anglois ont formé des prétentions sur les terres de la Belle-Rivière, dont la possession n'avoit jamais été disputée aux François, qui ont toujours fréquenté cette rivière depuis la découverte qui en fut faite par le Sieur de la Salle.

Les Anglois n'ont encore allégué ni aucun titre, ni aucune raison pour appuyer leur prétention. Ils ont seulement fait entendre qu'ils la fondoient sur les droits des Iroquois, droits qu'ils étoient en état de faire valoir, soit à titre d'acquisition soit à titre de souveraineté sur ces sauvages ; mais, 1° les Iroquois n'ont eux-mêmes aucuns droits sur ces terres ; car outre qu'il ne suffit pas que des Iroquois aient mis le pied sur une terre pour qu'elle appartienne à leur nation, il est certain que nous étions en possession de la Belle-Rivière avant que les Sauvages l'aient fréquentée ; 2° Le titre d'acquisition se contrediroit avec le titre de souveraineté, puisque la prétendue souveraineté rendroit l'acquisition inutile ; 3° Cette souveraineté est une chimère : les Anglois veulent l'établir sur l'article 15 du traité d'Utrecht où il est dit *que les habitans du Canada ne molesteront pas les Cinq Nations ou cantons des Indiens soumis à la Grande-Bretagne.*

Mais une telle énonciation insérée dans un traité étranger aux Iroquois peut d'autant moins décider de leur état, qu'outre qu'ils n'y sont pas nommés, le même article ajoute que les commissaires respectifs expliqueront distinctement quels sont les Sauvages qui sont ou devront être censés sujets ou amis de l'une ou de l'autre nation. Et d'ailleurs, le Sieur de Vaudreuil sait bien que les Iroquois sont fort éloignés de reconnoitre aucun souverain.

C'est cependant de cette chimérique souveraineté que les Anglois veulent encore tirer le droit qu'ils prétendent sur les terres qui s'étendent depuis les montagnes qui ferment leurs colonies jusqu'au lac Erié, comme ayant appartenu aux Iroquois. Mais cette prétention se détruit par les mêmes raisons que celles qui regardent les terres de la Belle-Rivière.

Enfin les Anglois ne se sont pas trop expliqués non plus sur le droit de fréquenter les lacs du Canada. Peut-être prétendront-ils l'appuyer sur le même article 15 du traité d'Utrecht, où il est dit, en parlant des sujets de la Grande-Bretagne et des Américains sujets ou amis des deux couronnes, *que les uns et les autres jouiront d'une pleine liberté de se fréquenter pour le bien du commerce.*

Mais cette disposition n'a jamais été étendue pour la liberté du commerce entre les François et les Anglois. En Canada et dans les colonies angloises, qui en sont voisines, on exécute la loi générale qui est établie dans toutes les colonies européennes de l'Amérique contre tout commerce étranger. Ce commerce ne s'y fait que frauduleusement et la liberté stipulée dans l'article du traité d'Utrecht n'a jamais regardé que les Sauvages ; c'est-à-dire que les Sauvages alliés de la France peuvent aller commercer chez les Anglois comme ceux qui sont alliés de l'Angleterre peuvent venir chez les François, mais c'est à quoi se borne cette liberté ; car les Sauvages alliés de la France et placés sur son territoire ne peuvent pas recevoir chez eux les Anglois, comme ceux qui sont alliés de l'Angleterre et établis sur le territoire anglois ne peuvent pas admettre chez eux les François.

Tels sont les principes sur lesquels le Sieur de Vaudreuil doit se régler pour tout ce qu'il pourra avoir à faire relativement aux prétentions des Anglois et aux divers mouvemens qu'elles pourront occasionner. Sa Majesté attend de lui qu'il se conformera avec toute l'exactitude et toute la sagesse que peuvent exiger ces importans objets ; mais Elle lui recommande dans tous les cas de ne faire des entreprises qu'avec toutes les précautions nécessaires pour en assurer le succès et se concilier, autant qu'il sera possible, celle qu'il pourra avoir occasion de faire pour la défense de son gouvernement et la conservation des droits et possessions qui en dépendent avec les vues de la plus grande économie, dont il doit s'occuper principalement dans toute nature de dépenses.

Fait à Versailles, le 1er avril 1755.

1755 — 14 juin

EXTRAIT DES INSTRUCTIONS

DU SIEUR DE VAUDREUIL DE CAVAGNAL

gouverneur et lieutenant général de la Nouvelle-France

De toutes les parties de l'administration confiée au Sieur de Vaudreuil, celle qui exige des soins les plus suivis de sa part, c'est le gouvernement des Sauvages. Il est informé que le Canada est habité par des nations nombreuses et d'autant plus difficiles à contenir, que leur caractère le plus ordinaire est la légèreté et l'inconstance.

L'expérience que le Sieur de Vaudreuil a acquise sur cette importante partie et la réputation qu'il a depuis longtems chez toutes ces nations, font espérer à Sa Majesté qu'il profitera de ces avantages avec tout le succès qu'Elle peut désirer dans les occasions les plus intéressantes; mais quelle que confiance qu'Elle ait en lui, Elle ne peut se dispenser d'entrer ici dans quelques explications particulières sur les principes qu'il doit suivre à cet égard.

Sa Majesté veut qu'il apporte toute l'attention dont il est capable à éviter, autant qu'il sera possible, les guerres avec les Sauvages. Il y a en Canada des gens fort opposés à ce principe ; mais il n'en est pas moins vrai que ces sortes de guerre ne servent le plus souvent qu'à occasionner beaucoup de dépenses et à troubler la tranquillité de la colonie, sans produire aucun avantage réel ; et il est également certain qu'elles n'ont été pour la plupart causées que par des intérêts particuliers. Ainsi, le Sieur de Vaudreuil ne sauroit être trop en garde contre toutes les insinuations qui pourront lui être faites sur cette matière.

Ce n'est pourtant pas qu'il convienne de souffrir de certaines insultes de la part des Sauvages et Sa Majesté en est fort éloignée ; Elle entend, au contraire, et il est effectivement nécessaire qu'on emploie dans certains cas la fermeté pour les contenir. Le mal est, et Sa Majesté a eu occasion de s'en appercevoir plus d'une fois, qu'il est assez commun en Canada de faire grand bruit et même de commencer des guerres pour des faits particuliers de commerce, peu intéressans pour la nation; pendant qu'on souffre des insultes qui la font mépriser et dont la tolérance attire les plus grands désordres.

Le Sieur de Vaudreuil aura à travailler à un autre changement dans le système du gouvernement des Sauvages en Canada. Dans la vue de les occuper et de les affaiblir, on a cru devoir profiter de toutes les occasions pour fomenter et exciter des guerres entre eux. Cette politique, qui est fort éloignée des sentimens de justice et d'humanité qui animent Sa Majesté, pouvoit être avantageuse et peut-être même nécessaire dans les commencemens de l'établissement de la colonie ; mais, au point où sont aujourd'hui réduites ces nations et dans les dispositions où elles sont en général, il est plus convenable à tous égards que les François jouent le rôle de protecteurs et de pacificateurs entre elles. Elles en auront plus de considération et d'attachement pour eux, la colonie en sera plus tranquille et l'on y épargnera beaucoup de dépenses à Sa Majesté, sans compter qu'il périt toujours des François dans ces occasions. Il peut, cependant, se présenter des cas où il est à propos d'exécuter la guerre contre des nations mal disposées pour les François et qui pourroient se déclarer ouvertement contre ; mais, dans ces cas là même, il y a deux choses à observer : l'une, de tenter auparavant de gagner ces mêmes nations en les réconciliant avec celles qui sont fidèles, et l'autre, de s'assurer autant qu'il sera possible que celles-ci ne pourront pas trop souffrir de ces guerres.

Il y a encore un autre principe établi depuis longtems en Canada et que Sa Majesté remarque qu'on suit dans toutes les occasions, c'est de tirer les nations sauvages des endroits qu'elles ont choisis pour leurs retraites et de les approcher des postes françois. L'esprit de traite a contribué plus que toute autre chose à inspirer cette façon de penser et d'agir. C'est, en général, fort mal employer l'argent de Sa Majesté, l'autorité ou le crédit des commandans, que de s'en servir pour ces sortes de transmigrations. Les sauvages alliés doivent être censés bien partout, pourvu que ce ne soit ni sur un territoire anglois, ni dans le voisinage de quelque nation ouvertement ennemie des François. Et sans trop s'occuper du profit des traiteurs ni des préjugés où bien des gens sont à cet égard, le Sieur de Vaudreuil doit laisser à certaines nations la liberté d'errer et de vaquer dans les terres de la colonie, pourvu qu'elles n'y reçoivent pas d'étrangers ; car c'est ce dernier point qui est le plus essentiel.

Sa Majesté a eu occasion aussi de remarquer, dans les différents comptes qui lui ont été rendus de ce qui se passe par rapport aux Sauvages, que depuis quelques années, ils se font un jeu de recevoir des colliers et pavillons anglois et ensuite de les porter aux François pour en recevoir des présens. Tout cela est fort coûteux pour Sa Majesté et d'ailleurs indécent. Il ne convient point d'être la dupe de ces sortes de manœuvres. Le Sieur de Vaudreuil doit les faire cesser, ce qui lui sera d'autant moins difficile qu'elles ne sont que trop souvent favorisées par les François mêmes.

1755 — 21 décembre

LETTRE DU ROY DE FRANCE

AU ROY D'ANGLETERRE

Il n'a pas tenu au Roy que les différends concernant l'Amérique n'ayent été terminés par la voye de la conciliation et Sa Majesté est en état de le montrer à l'univers entier par des preuves authentiques.

Le Roy, toujours animé du désir le plus sincère de maintenir le repos public et la plus parfaite intelligence avec Sa Majesté Britannique, a suivy avec la bonne foi et la confiance les plus entières, la négociation relative à cet objet.

Les assurances que le roy de la Grande-Bretagne et ses ministres renouveloient sans cesse, de vive voix et par écrit, étoient si formelles et si précises, sur les dispositions pacifiques de Sa Majesté Britannique, que le Roy se seroit reproché le moindre doute sur la droiture des intentions de la Cour de Londres.

Il n'est guère possible de concevoir comment ces assurances pouvoient se concilier avec les ordres offensifs donnés en novembre 1754 à l'amiral Bradock et en avril 1755 à l'amiral Boscawen.

L'attaque, au mois de juillet dernier, et la prise des vaisseaux du Roy en pleine mer et sans déclaration de guerre, étoit une insulte publique au pavillon de Sa Majesté et Elle auroit témoigné sur le champ tout le juste ressentiment que lui inspiroit une entreprise si irrégulière et si violente, si Elle avait pu croire que l'amiral Boscawen n'eût agi que par les ordres de sa Cour.

Le même motif avoit d'abord suspendu le jugement du Roy sur les pirateries que les vaisseaux de guerre anglois exercent depuis plusieurs mois contre la navigation et le commerce des sujets de Sa Majesté, au mépris du droit des gens, de la foi des traités, des usages établis parmy les nations policées et des égards qu'elles se doivent réciproquement. Le Roy avait lieu d'attendre de Sa Majesté Britannique qu'à son retour à Londres, Elle désavoueroit la conduite de ses amiraux et de ses officiers de mer, et qu'Elle donneroit à Sa Majesté une satisfaction proportionnée à l'injure et au dommage. Mais le Roy, voyant que celui d'Angleterre, bien loin de punir les brigandages de la marine angloise, les encourage au contraire, en demandant à ses sujets de nouveaux secours contre la France, Sa Majesté manqueroit à ce qu'Elle doit à sa propre gloire, à la dignité de sa Couronne et à la défense de ses peuples, si Elle différoit plus longtems à exiger du roy de la Grande-Bretagne une réparation éclatante de l'outrage fait au pavillon françois et des dommages causés aux sujets du Roy.

Sa Majesté croit devoir s'adresser directement à Sa Majesté Britannique et luy demander la restitution prompte et entière de tous les vaisseaux de guerre et marchands qui, contre toutes les lois et les bienséances, ont été pris par la marine angloise, et de tous les officiers, matelots, artillerie, munitions, marchandises, et généralement de tout ce qui appartient à ces vaisseaux.

Le Roy aimera toujours mieux devoir à l'équité du roy d'Angleterre qu'à tout autre moyen, la satisfaction que Sa Majesté a droit de réclamer, et toutes les puissances verront sans doute dans la démarche qu'Elle est déterminée à faire, une nouvelle preuve bien sensible de cet amour constant pour la paix qui dirige ses conseils et ses résolutions.

Le Roy sera disposé d'entrer en négociations sur les autres satisfactions qui lui sont légitimement dues et continuera de se prester, comme il a fait précédemment, à un accommodement équitable et solide sur les discutions qui regardent l'Amérique.

Mais si, contre toute espérance, le roy d'Angleterre se refuse à la requisition que le Roy lui fait, Sa Majesté regardera ce deni de justice comme la déclaration la plus authentique et comme un dessein formé par la cour de Londres de troubler le repos de l'Europe.

LOUIS.

A Versailles, le 21 décembre 1755.

1756 — 11 mars

ORDRE DU ROY

AU SUJET DU COMMANDEMENT DES TROUPES EN CANADA

De par le Roy :

Sa Majesté jugeant à propos de pourvoir à ce que le commandement des troupes de renfort qu'elle envoie en Canada et de celles qui y sont actuellement, sous les ordres du sieur marquis de Montcalm, ne puisse être contesté, s'il venoit à vaquer par l'absence, mort, maladie ou autre empêchement du dit sieur marquis de Montcalm, et que celui qui devra lui succéder soit désigné de manière à prévoir toute difficulté, elle a ordonné et ordonne qu'aux dits cas d'absence, mort, maladie ou autres empêchements quelconques du dit sieur marquis de Montcalm, le commandement des dites troupes sera dévolu au sieur chevalier de Lévis, brigadier d'infanterie, employé près des dites troupes, que Sa Majesté a commis, ordonné et établi, commet, ordonne et établit pour ordonner et enjoindre à tous et un chacun les officiers des dites troupes ou qui serviront près d'icelles, ce qu'ils auront à faire pour le bien du service de Sa Majesté, laquelle leur enjoint d'obéir et entendre au dit sieur chevalier de Lévis, tout ainsi qu'ils auroient fait au dit sieur marquis de Montcalm, à peine de désobéissance.

Fait à Versailles, le 11 mars 1756.

LOUIS.

M.-P. DE VOYER D'ARGENSON.

14 septembre 1759.

M. le marquis de Montcalm étant mort le 14 septembre, des blessures reçues à l'action du 13, M. le chevalier de Lévis ouvrit alors un paquet de la Cour, qu'il ne devait décacheter que dans cette circonstance, où il trouva l'ordre ci-dessus, pour prendre le commandement général des troupes, daté du 11 mars 1756.

1756 — 11 mars

LE ROY AU MARQUIS DE MONTCALM

LETTRE DE SERVICE POUR MM. DE LÉVIS, DE BOURLAMAQUE ET DE MONTREUIL.

Monsieur le marquis de Montcalm,

Désirant employer sous vos ordres, près celles de mes troupes que j'envoye en Canada et celles qui y sont actuellement, les sieurs chevaliers de Lévis, de Bourlamaque et de Montreuil; le premier en qualité de brigadier en mon infanterie; le second en celle de colonel, aussi en mon infanterie; et le troisième en celle d'aide-major général, je vous fais cette lettre pour vous dire que mon intention est que vous vous serviez des dits sieurs chevaliers de Lévis, de Bourlamaque et de Montreuil ès dites qualités, selon et ainsi que vous le jugerez convenable pour le bien de mon service. Et la présente n'étant pour autre fin, je prie Dieu qu'il vous ait, monsieur le marquis de Montcalm, en sa sainte garde.

Ecrit à Versailles, le 11 mars 1756.

LOUIS.

M. DE VOYER D'ARGENSON.

1756 — 14 mars

MEMOIRE DU ROY

POUR SERVIR D'INSTRUCTION AU SIEUR MARQUIS DE MONTCALM, MARÉCHAL DE CAMP

Sa Majesté ayant expliqué ses intentions au sieur marquis de Montcalm sur ce qui concerne le commandement, la police, la discipline et le service journalier des bataillons des troupes de terre qu'elle a fait passer l'année dernière en Canada et de ceux qu'elle doit y faire passer incessamment, il reste à lui faire savoir la conduite que Sa Majesté veut qu'il tienne relativement aux opérations auxquelles ce corps de troupes pourra être employé dans cette colonie.

Ces opérations doivent avoir pour principal objet la défense du Canada contre les entreprises des Anglois. Sa Majesté a donné ses ordres au Sieur de Vaudreuil, gouverneur général de la Nouvelle-France, sur l'usage qu'il doit faire de toutes les troupes et milices qui se trouveront dans son gouvernement, tant pour pourvoir à cette défense que pour les autres objets dont il pourra être question; et comme le sieur marquis de Montcalm ne peut exercer le commandement que Sa Majesté lui a confié que sous l'autorité de ce gouverneur auquel il doit être subordonné en tout, et que les dispositions qu'il pourra y avoir à faire, soit pour faire échouer les projets des Anglois, soit pour faire réussir ceux qui pourront être formés pour le bien du service de Sa Majesté et la gloire de ses armes, doivent dépendre des circonstances et être combinées avec toutes les forces de la colonie et avec la situation où elle pourra se trouver dans toutes les parties, le sieur marquis de Montcalm n'aura qu'à exécuter et à faire exécuter par les troupes qu'il aura sous son commandement tout ce qui lui sera ordonné par le gouverneur général; et c'est tout ce que Sa Majesté a à lui prescrire elle-même à cet égard.

Lorsqu'il s'agira de quelque opération de campagne, le gouverneur général sera le maître de les régler de son chef, sans aucun conseil de guerre et sans aucune sorte de communication préalable. Mais, soit qu'il assemble un conseil de guerre pour la concerter, soit qu'il se contente de conférer en particulier avec le sieur marquis de Montcalm, ou qu'il se décide de lui-même, dans tous les cas, le sieur de Montcalm se conformera aux ordres et instructions que ce gouverneur lui donnera, soit pour faire marcher les détachements, soit pour conduire lui-même quelque expédition. Il ne pourra rien changer à ce qui lui aura été prescrit qu'autant que le gouverneur général lui en aura laissé la liberté, ou dans les cas imprévus et urgents, en lui rendant compte sur le champ et des changements que les cas auront exigés et des motifs qui l'auront déterminé. Le gouverneur général pourra même envoyer de nouveaux ordres pendant le cours de l'expédition et, s'il le veut, se rendre sur les lieux pour prendre le commandement supérieur, et finir l'expédition ou en entreprendre d'autres.

En un mot, ce sera au gouverneur général à tout régler et à tout ordonner pour les opérations militaires. Le sieur marquis de Montcalm sera tenu de les exécuter telles qu'il les aura ordonnées. Il pourra cependant lui faire les représentations qui lui paroîtront convenables sur les projets dont l'exécution sera ordonnée. Mais si le gouverneur général croit avoir des raisons pour n'y pas déférer et pour persister dans les dispositions, le sieur marquis de Montcalm s'y conforma sans difficulté ni retardement.

Quoique, suivant les ordres que Sa Majesté a donnés au sieur de Vaudreuil, on doit en user avec le sieur marquis de Montcalm dans les places du Canada, comme il doit se pratiquer en France à l'égard des officiers généraux employés sur les frontières par lettres de service, conséquemment à ce qui est réglé par l'ordonnance de Sa Majesté du 25 juin 1750, aux titres de commandement, des partis et des honneurs, le sieur marquis de Montcalm ne pourra cependant, dans aucun cas, faire marcher aucune troupe des garnisons de ces places sans l'ordre du gouverneur général ou la permission des gouverneurs particuliers, et il sera tenu, ainsi que les autres commandants des troupes de terre, de les faire marcher en tel nombre et toutes les fois que les gouverneurs particuliers le jugeront à propos.

Le sieur marquis de Montcalm et les commandants des bataillons qui seront en garnison dans ces mêmes places doivent en user ainsi avec les gouverneurs, lieutenants du roi et majors de ces places, de même qu'il est réglé pour les états-majors des places en France par la même ordonnance du 25 juin 1750.

Supposé qu'il se présente des difficultés, soit sur l'exécution des ordres que Sa Majesté fait adresser aux sieurs de Vaudreuil et de Montcalm, soit sur les dispositions de l'ordonnance qu'elle a rendue pour régler le rang, la police et le service des troupes de terre et celles de la colonie, soit pour des choses qui n'auront pas été prévues, ce sera au sieur de Vaudreuil à les décider provisoirement, et le sieur de Montcalm exécutera et fera exécuter dans tous les cas les décisions qui seront ainsi rendues par ce gouverneur.

Le sieur marquis de Montcalm doit non seulement éviter avec soin tout ce qui pourroit occasionner la moindre altercation entre lui et le sieur de Vaudreuil, mais encore employer toute son attention à établir et à maintenir la bonne intelligence, qui est si nécessaire entre eux pour le succès des opérations, que le bien du service pourra exiger. Il doit être également attentif à mettre tout en usage pour que les troupes de terre vivent en bonne union avec les troupes de la colonie. Ces deux objets sont de la plus grande importance. Sa Majesté les a pareillement recommandés au sieur de Vaudreuil, et elle espère qu'ils seront remplis de part et d'autre à sa satisfaction.

Fait à Versailles, le 14 mars 1756.

LOUIS.

MACHAULT.

1757 — 16 octobre

CONGE TEMPORAIRE

AU LIEUTENANT LEBLANC, DU RÉGIMENT DE LA SARRE

Le Roy, sachant le besoin qu'a le Sieur Leblanc, lieutenant dans le régiment d'infanterie de la Sarre, d'aller vaquer à ses affaires, et voulant lui en donner le moyen, Sa Majesté lui a donné et donne congé pendant cinq mois et demi à commencer de ce jour.

Après lequel temps, elle veut et entend qu'il retourne à sa charge, et que cependant il soit passé, absent comme présent, aux montres et revues qui seront faites du dit bataillon, et payé de ses appointements en vertu de la présente.

Fait à Versailles, le 16 octobre 1757.

LOUIS.

R. DE VOYER.

1757 — 29 décembre

AMNISTIE

EN FAVEUR DES SOLDATS DÉSERTEURS

De par le Roy :

Sur ce qui a été représenté à Sa Majesté en faveur des soldats qui ont déserté des troupes des colonies françoises de l'Amérique, que ce n'est que par légèreté et faute d'expérience qu'ils se sont laissés entraîner dans ce mauvais parti, et qu'ils en sont d'autant plus repentants, qu'ils souffrent une misère extrême, soit dans les colonies étrangères où ils se sont retirés, soit aux colonies françoises même, où ils sont obligés de se tenir cachés dans des endroits écartés, en attendant que Sa Majesté veuille bien les faire ressentir des effets de sa clémence, Sa Majesté voulant bien leur en donner les moyens, quoique le crime dont ils se sont rendus coupables soit de l'espèce de ceux qui doivent être le moins pardonnés, elle a quitté, remis et pardonné, quitte, remet et pardonne le crime de désertion commis par les soldats des troupes qu'elle entretient dans les colonies et l'Amérique, soit qu'ils se soient retirés dans quelques quartiers des dites colonies, soit qu'ils en soient sortis pour passer dans les colonies étrangères ; défendant Sa Majesté à tous ses officiers et ses autres sujets, de les inquiéter pour raison du dit crime de désertion, à condition que, dans un an du jour de la publication de la présente ordonnance, ils se représenteront devant les gouverneurs et lieutenants généraux pour Sa Majesté aux dites colonies, pour être incorporés dans les troupes, et continuer d'y servir en leur qualité de soldats ; voulant et entendant Sa Majesté que ceux qui ne se présenteront pas dans le dit temps soient privés de la présente amnistie ; mande et ordonne Sa Majesté au sieur marquis de Vaudreuil, gouverneur et lieutenant général de la Nouvelle-France ; au sieur Bigot, intendant au dit pays, et autres officiers qu'il appartiendra de tenir la main à l'exécution de la présente ordonnance, qui sera lue, publiée et affichée partout où besoin sera.

Fait à Versailles, le 29 déc. 1757.

Signé : LOUIS.

Par monseigneur,

PEIRENNE DE MORAS.

Pour copie,

MONTCALM.

Je certifie que la présente ordonnance a été lue aux gardes de l'armée assemblée à cet effet le 30 octobre 1758, à Carillon [1].

CHEVALIER DE MONTREUIL.

---

1 — Ce certificat est autographe.

1759 — 10 février

LE ROY AU MARQUIS DE MONTCALM

LETTRE DE SERVICE POUR MM. DE BOURLAMAQUE, DE SÉNEZERGUES ET DE BOUGAINVILLE

Monsieur le marquis de Montcalm, désirant employer sous vos ordres, près celles de mes troupes qui sont en Canada, les sieurs de Bourlamaque et de Sénezergues, en qualité de brigadiers, et le sieur de Bougainville, en la charge de colonel dans mon infanterie, je vous fais cette lettre pour vous dire que mon intention est que vous vous serviez des dits Sieurs de Bourlamaque, de Sénezergues et de Bougainville, ès dites qualités, selon et ainsi que vous le jugerez convenable pour le bien de mon service. Et la présente n'étant pour autre fin, je prie Dieu qu'il vous ait, M. le marquis de Montcalm, en sa sainte garde.

Ecrit à Versailles, le 10 février 1759.

LOUIS.

LE MARÉCHAL DUC DE BELLE-ISLE.

1759 — 13 février

NOMINATION DU SIEUR NOLIN

AU POSTE DE LIEUTENANT RÉFORMÉ, AU RÉGIMENT DE LA SARRE

De par le Roy :

Sa Majesté ayant jugé à propos d'accorder une lieutenance réformée d'infanterie au sieur Nolin, et voulant lui donner le moyen d'en faire les fonctions, elle lui ordonne de se rendre incessamment au second bataillon, régiment d'infanterie de la Sarre, pour y servir en qualité de lieutenant réformé et d'y être dorénavant entretenu et payé de ses appointements en cette qualité, sur le pied de douze cents livres par an, à raison de cent livres par mois, en passant présent aux revues qui seront faites du dit bataillon.

Fait à Versailles, le 13 février 1759.

LOUIS.

LE MARÉCHAL DUC DE BELLE-ISLE.

1759 — 13 février

NOMINATION DU SIEUR CABANEL DE SERMET

COMME LIEUTENANT RÉFORMÉ, AU RÉGIMENT DE GUYENNE

De par le Roy :

Sa Majesté ayant jugé à propos d'accorder une lieutenance réformée d'infanterie au sieur Jean-Joseph de Cabanel de Sermet, et voulant lui donner moyen d'en faire les fonctions, elle lui ordonne de se rendre incessamment au second bataillon du régiment d'infanterie de Guyenne, pour y servir en qualité de lieutenant réformé et y être dorénavant entretenu et payé de ses appointements en cette qualité, sur le pied de douze cents livres par an, à raison de cent livres par mois, en passant présent aux revues qui seront faites du dit bataillon.

Fait à Versailles, le 13 février 1759.

LOUIS.

LE MARÉCHAL DUC DE BELLE-ISLE.

1759 — 17 février

LE ROY AU MARQUIS DE MONTCALM

LETTRES DE SERVICE POUR RECEVOIR DES CHEVALIERS DE SAINT-LOUIS

M. le marquis de Montcalm,

La satisfaction que j'ai des services des officiers dénommés dans l'état ci-joint, m'ayant convié à les associer à l'ordre militaire de Saint-Louis, je vous ai choisi et commis pour en mon nom, les recevoir et admettre à la dignité de chevalier du dit ordre, et je vous écris cette lettre pour vous dire que mon intention est que, conformément à l'instruction qui est ci-jointe, vous ayez à procéder à leur réception. Et la présente n'étant pour autre fin, je prie Dieu qu'il vous ait, M. le marquis de Montcalm, en sa sainte garde.

Ecrit à Versailles, le 17 février 1759.

BOYER.   LOUIS.

1760 — 12 février

LETTRE DU ROY

AU SIEUR DE LA MARTINIE

l'informant qu'il est nommé chevalier de Saint-Louis

M. Jean-Baptiste Boischâtel de La Martinie,

La satisfaction que j'ai de vos services m'ayant convié à vous associer à l'ordre militaire de Saint-Louis, je vous écris cette lettre pour vous dire que j'ai commis le sieur chevalier de Lévis, maréchal de camp en mes armées et chevalier du dit ordre, pour, en mon nom, vous recevoir et admettre à la dignité de chevalier de Saint-Louis, et mon intention est que vous vous adressiez à lui pour prêter en ses mains le serment que vous êtes tenu de faire en la dite qualité de chevalier du dit ordre et recevoir de lui l'accolade et la croix que vous devez dorénavant porter sur l'estomac, attaché d'un petit ruban couleur de feu, voulant qu'après cette réception faite, vous teniez rang entre les autres chevaliers du dit ordre et jouissiez des honneurs qui y sont attachés. Et la présente n'étant pour autre fin, je prie Dieu qu'il vous ait, M. Jean-Baptiste Boischâtel de La Martinie, en sa sainte garde.

Ecrit à Versailles, le 12 février 1760.

                          LOUIS.
BOYER.

1760 — 12 février

LETTRE DU ROY

AU CHEVALIER DE LÉVIS

l'informant qu'il le commet pour recevoir les chevaliers de Saint-Louis

M. le chevalier de Lévis,

La satisfaction que j'ai des services des officiers dénommés dans l'état ci-joint, m'ayant convié à les associer dans l'ordre militaire de Saint-Louis, je vous ai choisi et commis pour, en mon nom, les recevoir et admettre à la dignité de chevalier du dit ordre, et je vous écris cette lettre pour vous dire que mon intention est que, conformément à l'instruction qui est ci-jointe, vous ayez à procéder à leur réception. Et la présente n'étant pour autre fin, je prie Dieu qu'il vous ait, M. le chevalier de Lévis, en sa sainte garde.

Ecrit à Versailles, le 12 février 1760.

                          LOUIS.
BOYER.

INSTRUCTION

POUR RECEVOIR DES CHEVALIERS DE L'ORDRE MILITAIRE DE SAINT-LOUIS

Lorsque les officiers que M. le chevalier de Lévis, brigadier des armées du Roi, doit recevoir chevaliers du dit ordre, se seront rendus près de lui pour être reçus conformément aux ordres du Roi, il les fera mettre à genoux, et, découverts, ayant les mains jointes, et lui debout et couvert, il fera lire à haute voix la formule qui suit :

" Vous jurez sur la foi que vous devez à Dieu, votre Créateur, que vous vivrez et mourrez dans la religion catholique, apostolique et romaine ;

" Que vous serez fidèles au Roi, et ne vous départirez jamais de l'obéissance qui lui est due, et à ceux qui commandent sous ses ordres ;

"Que vous garderez, défendrez et soutiendrez de tout votre pouvoir, l'honneur, l'autorité et les droits de Sa Majesté et ceux de sa couronne, envers et contre tous ;

"Que vous ne quitterez jamais son service pour entrer dans celui d'un prince étranger sans la permission et agrément par écrit signé de Sa Majesté ;

"Que vous lui révélerez tout ce qui viendra à votre connoissance contre sa personne et contre son état, et garderez exactement les statuts et règlements de l'ordre de Saint-Louis, auquel Sa Majesté vous a agrégé et vous a honoré d'une place de chevalier en icelui ;

"Que vous vous comporterez en tout, comme un bon, sage, vertueux et vaillant chevalier est obligé de faire, ainsi que vous le jurez et promettez."

Le dit serment lu, et les chevaliers ayant promis de garder et observer ce qui y est contenu, M. le chevalier de Lévis tirera son épée du fourreau et leur en donnera un coup du plat sur chaque épaule, et les embrassant ensuite, leur dira ces mots : " Au nom de Sa Majesté et suivant le pouvoir qu'elle m'en a donné, de par Saint-Louis, je vous fais chevaliers." Et, à l'instant il leur remettra à chacun une croix du dit ordre, avec le ruban couleur de feu, pour être les dites croix attachées et portées dorénavant par les dits chevaliers sur l'estomac, comme font et sont obligés de faire les autres chevaliers du dit ordre. Ensuite de quoi ils se retireront, et M. le chevalier de Lévis informera Sa Majesté de ce qu'il aura fait en exécution de la présente, et marquera le jour qu'il aura procédé à la réception des dits chevaliers.

Fait à Versailles, le 12 mars 1756.

M. DE VOYER D'ARGENSON.

1761 — 22 mars

LETTRE DU ROY

AU CHEVALIER DE LÉVIS

M. le chevalier de Lévis,

La satisfaction que j'ai des services du sieur Louis Preyssac de Bonneau, capitaine dans le régiment d'infanterie de Guyenne, m'ayant convié à l'associer à l'ordre militaire de Saint-Louis, je vous ai choisi et commis pour, en mon nom, le recevoir et admettre à la dignité de chevalier du dit ordre, et je vous écris cette lettre pour vous dire que mon intention est que, conformément à l'instruction qui vous a été ci-devant adressée, vous ayez à procéder à sa réception. Et la présente n'étant pour autre fin, je prie Dieu qu'il vous ait, M. le chevalier de Lévis, en sa sainte garde.

Ecrit à Versailles, le 22 mars 1761.

LOUIS.

LE DUC DE CHOISEUL.

1644 — 6 mars

LETTRE DU CONSEIL D'ETAT

AU SUJET DU SIEUR DE LA TOUR

Fait au Conseil d'Etat du Roy, Sa Majesté y estant, la Reine Régente, sa mère, présente, tenu à Paris le 6e jour de mars 1644

Vu au conseil du Roy les charges et informations du 14e juillet mil six cent quarante, faites à la requête de Germain Dornet dit La Verdure, capitaine d'armes de Pemptegot, Isaac Pesseley et Guillaume Taham, tant en leurs noms que comme faisans et representans les autres habitans du port Royal, la Haive et Pemptegot, en la Nouvelle-France, et commis fondé de procuration d'iceulx, allencontre de Charles de St.-Etienne de La

Tour commis par sa Majesté pour commander en qualité de son lieutenant général aux pays d'Acadie, fort Louis, port de la Tour et lieux qui en dépendent en la Nouvelle-France, soubs l'autorité et la nomination du feu sieur Cardinal de Richelieu, vivant grand maistre, chef et surintendant de la navigation et commerce de France. Interrogatoires faits par le dit Chapon aux nommés Pierre Chabron, matelot, Pierre Bandi, Pierre Marquis, Michel de Nougaret (?) Robert Le Manseau, Moïse Gallot, autre matelot, et Damien Deverchau ? serviteurs du dit De la Tour du xbj. du dit mois et an ; autres information faites par addition de l'autorité du sieur D'aunay Charnizay à l'encontre du dit de la Tour du 17 ? du mois de Juillet au dit an ; et autres informations du xvi aoust 1641, sur la plainte de quelques particuliers habitans du Port-Royal, au dit Pays. Arrest du Conseil privé du Roy du xxi (?) febvrier 1642, par lequel est ordonné que le dit Charles de St-Etienne, sieur de la Tour, sera pris au corps et constitué prisonnier pour estre ramené et conduit en France pour estre ouy et respondre sur les faits et cas à luy imposés, et tous ses biens saisis et arrester, avec très expresses inhibitions et deffenses à toutes personnes d'obéir, ni rendre et prester aucune assistance au dit de la Tour sur peine de punition corporelle, selon l'exigence des cas, et enjoint au sieur D'aunay de faire exécuter le dit arrest et d'y donner main forte comme aussy de se saisir des forts et lieux occupés par le dit de la Tour et d'y establir personnes fidèles affectionnées au service de sa Majesté qui en puissent respondre ; commission adressée au dit sieur D'aunay pour l'exécution du dit arrest du dit jour, et autre arrest du dit conseil du dit jour portant decret de prise de corps à l'encontre du nommé Desjardins, commissionnaire du dit de la Tour, pour luy avoir envoyé des rafraichissements et moyens de subsister au dit païs d'Acadie, et autres défenses à tous maîstre de navires et toutes autres personnes, de quelque qualité et condition quelles soient, de porter, ny envoyer aucuns hommes, vivres, munitions, ny marchandise au dit de la Tour, ou par ses ordres et de ses complices et adhérans, sur peine de confiscation des navires et marchandises, où les dites choses seront trouvées ou se verifiera quelles aient été portées, d'amende et de punition corporelle selon l'exigence des cas, copies dont arrêt du dit Conseil du xxby (?) juillet 1643, portant que par les officiers de sa Majesté et l'admirauté estably à la Rochelle, il sera informé des contraventions aux dits arrests, tant contre le dit Desjardins que tous autres contrevenans, et que tous navires, équipages d'iceux, vivres, munitions et marchandises qui seront trouvés aller en faveur du dit de la Tour ou en revenir, seront pris, arrestés et mis en seure garde, pour en estre par les dits officiers de l'admirauté, ou par Sa Majesté, ordonné ainsi qui de raison, et autres informations du 1x (?) aoust 1643, faictes de l'autorité du dit sieur D'Aunay, par le dit Chapon, sur la plainte des habitans du Port-Royal, au dit pays d'Acadie, et du séminaire des Garçons et filles sauvagesses establi au dit lieu, et autres informations du xuy octobre au dit an faites par les lieutenant général et juge ordinaire de l'admirauté de Guyenne, establie en la ville de La Rochelle, et la requeste du dit sieur D'Aunay, le procureur du Roy de la dite admirauté joint, à l'encontre des dits de la Tour et Desjardins, Estienne Mouroy et autres sur la contravention, aussy arrests, autres informations faites par le juge de l'admirauté du xv du dit mois d'octobre, au dit an 1643, à la requeste et sur la plainte du dit de la Tour à l'encontre du dit sieur D'aunay, pour l'empeschement par luy fait à Estienne de Mouroy, capitaine de marine conduisant le navire le Saint-Clément, chargé de vivres et munitions nécessaires pour la subsistance du dit de la Tour et les François estans soubs sa charge, dans le port de la rivière Saint-Jean, suivant l'ordre du dit Mouron à luy baillé par le sieur Grand prieur de France, ensemble le rapport du dit Mouron par devant le juge de l'amiraulté du xuy du dit mois d'octobre au dit an. Copie de la nomination faite par le sieur Cardinal de Richelieu de la personne du dit sieur D'aunay pour commander au dit fort hors du port de la Tour et le long de la dite coste, pour le service de Sa Majesté, avec pouvoir d'establir soubs luy tels interests que bon luy semblera du xuy (?) febvrier 1641. Coppie de la dite commission de Sa Majesté au dit sieur D'aunay, en conséquence de la dite nomination, pour exercer, pour commander en qualité de lieutenant general de la dite Majesté au dit fort Louis, pour le service de Sa Majesté avec pouvoir d'establir soubs luy tels lieutenants que bon luy semblera du xxy. feb. 41. Coppie de la commission de Sa Majesté au dit sieur D'aunay, en conséquence de la nomination, pour exercer, pour commander en qualité de lieutenant général de la dite Majesté au dit fort Louis et le long de la dite coste du xx. Cry (?) du dit mois de febvrier, au dit an. Coppie de la lettre détachée de la dite Majesté (?) envoyée au sieur D'Aunay pour se saisir de la personne du dit de la Tour, sur le refus qu'il fera de s'embarquer et venir trouver la dite Majesté, du 13 febvrier 1641. Coppie de   de l'arest adressante au sieur de la Tour pour s'embarquer et venir trouver sa dite Majesté, pour l'informer de l'état du païs, du dit jour. attestation du nommé Lestang cy-devant lieutenant du dit de La Tour, des deportemens d'iceluy de la Tour au dit pays, du xciy (?) octobre au dit an 1643. Et la relation des pères capucins (effacé (sic) des violences et entreprises du dit de La Tour à l'encontre du sieur D'Aunay, rapports des chirurgiens qui ont pansé et medicamenté les gens du sieur D'aunay blessés) avec prière au Roy mettre quelque ordre au dit pays pour la conversion des sauvages. Articles et propositions du dit de la Tour envoyés au dit sieur D'aunay, à Jacques LeBœuf M^{tre} du navire, pour conduire le vaisseau appelé de Notre Dame. du port de soixante et dix tonneaux, au lieu (Menonne) par Ycelle du dernier octobre 1637, et avec commission du dit sieur D'aunay au sieur Morot, capitaine de la marine, pour commander la barque nommé le sieur Francois, et Ycelle conduire et mener le long de la coste d'Acadie, du cinq juin 1638. Certificat du 4 septembre dernier 1643 que le dit sieur de la Tour n'a pu s'embarquer pour aller en France, à cause de son indisposition et attestations des Recollets des violences exercées par le dit sieur D'aunay à l'encontre du dit sieur de la Tour des xb avril 1642 et xx Janvier 1644, escriptures et productions des parties et autres productions employées par le dit sieur De la Tour d'une Instance et cy-devant pendante au dit conseil, entre le dit sieur D'aunay à l'encontre de Marie d'Auvergne, veïve de feu Jacques Jamin, vivant, capitaine de marine, en laquelle le dit sieur de la Tour estoit partie Intervenante, ensemble les charges et informations et autres procédures ecrittes, faute par les juges de l'admirauté, pour raison de l'assassinat commis en la personne du dit Jamin, requeste du dit de la Tour et......attendu que les associés et directeurs de la compagnie de la Nouvelle-France ont interest que le païs ne tombe soubs le pouvoir de personnes qui ne leur soient agréables. Il soit ordonné que les dits directeurs et associés seront assignés au dit conseil pour assister en la dite Instance, autre requeste des pères Recollects de la province de Guyenne, à ce que le sieur D'Aunay soit condamné à les indamniser des pertes qu'ils ont souffertes en la Nouvelle-France, par les violences de touts les genres, par les dites parties et estre......et produit par iceux le sieur Barillon commissaire, les sieurs Lebret, Fauger, Dormesson, Monoy et Dalligre, ouy son rapport (de Barillon).

(Je lis en prière de la Reine Régente. (Ce doit être en présence.)

Le Roy estant en son conseil.

A ordonné et ordonne que dans trois mois après la signification du present arrest, le dit sieur de la Tour se représentera à la suite du conseil pour respondre sur les faits resultant des dites charges et informations, et à cette fin pour donner moyen au dit Latour de revenir, luy a permis et permet à la femme du dit Latour de luy envoyer un vaisseau avec vivres nécessaires pour la place......sans (?) aucune munition de guerre, en baillant bonne et suffisante caution de ramener surrement le dit Latour en france autrement et au défaut de ce......Il sera fourny au dit de la Tour un vaisseau pour venir en france, et des vivres necessaires, de deux mois en deux mois, pour la subsistance et autrement de ceux qui demeureront au fort de La Tour, dont il se remboursera sur les pelleteries provenant des traites, et pour la garde et seureté de la place, le dit de la Tour pourra y laisser telle personne que bon luy semblera pour y commander en son absence et jusques a ce que le dit De la Tour ayt obeit et se soit représenté. fait Sa Majesté Inhibition et défenses aux dits Desjardins, Moron, et à la femme du dit de la Tour, de passer és costes de l'Acadie, ny de sortir hors de france, à peine de la vie, ny a aucuns maistres de navires de les recevoirs en leurs vaisseaux, ny de mener ou envoyer aucuns vivres, munitions, ny marchandises au dit de la Tour, trafiquer avec luy, ny de rapporter du dit pays aucunes pelleteries appartenans au dit de la Tour, ses agens, ou par ses ordres soubs les mesmes peines de confiscation des dits navires et marchandises. Ordonne que tous navires, équipages, vivres et munitions qui se trouveront appartenir aux dits Desjardins Monon, et tous autres vaisseaux qui pourront aller au dit lieu de l'Acadie, en la faveur du dit de la Tour, seront arrestés aux ports, deffenses à tous gouverneurs et officiers de l'amirauté de les laisser sortir des ports, si ce nestoit le dit vaisseau pour ramener le dit de la Tour, après qu'il sera apparu de la caution baillé et en cas qu'il soit contrevenu au présent arrest, et que le dit de la Tour n'ayt obei et ne se soit représenté dans le temps porté par iceluy, enjoint Sa Majesté au sieur D'aunay de faire exécuter le dit arrest par toutes voyes, se saisir de la personne du dit de la Tour pour le faire conduire soubs bonne et seure garde en france, pourvoir à la seureté du fort du dit de la Tour, et y establir telle personne qu'il jugera fidèle et affectionnée au service de Sa Majesté, qui en puisse respondre — auquel cas très expresses inhibitions et défenses sont faites à ceux qui se trouveront dans le dit fort, pour tous autres, de vendre ou prester aucune assistance au dit de la Tour, ny d'obeir à autre qu'à D'aunay, à peine d'estre declarés rebelles et criminels de léze Majesté, et punis suivant la rigueur des ordonnances, lequel D'aunay sera aussi tenu les traiter favorablement et les assister de vivres et choses nécessaires, et sera le present arrest publié et affiché en tous lieux et endroicts où besoin sera, et foy ajoustée aux copies deuement collationnées (effacé) dont le dit D'aunay pourra avoir besoin.

Gaston — Seguier — Barillon — Daligre — Lebret — Fauger — Lefebvre d'Ormesson — J. de Juyé (?)

1656 — 15 mars

COMPAGNIE DE LA NOUVELLE-FRANCE

EXTRAIT DES REGISTRES DU CONSEIL D'ÉTAT

Sur la requête présentée au Roy en son Conseil par les directeurs et associez de la

Compagnie de la Nouvelle France : Contenant qu'après avoir despensé plus de quinze cent mille livres pour l'Establissement d'une colonie au dit pays, pour convertir les peuples sauvages à la Foy, et les réduire à une vie civile, soubs l'authorité de Sa Majesté, lorsqu'ils estoient en quelque espérance de se dédommager de quelque partie de cette despense si excessive, par le bénéfice de la traite qui estoit bien establie au dit pays, ils auroient esté obligez, à l'instante prière des dits habitans, de leur remettre la dite traite, et ainsi se dépouiller en leur faveur de toute l'utilité qu'ils pouvoient espérer de si grandes avances, en retenant seulement une rente seigneuriale et foncière d'un millier de castor par chacun an, suivant le traité fait entre eux pour raison de ce—

Depuis lequel délaissement, non seulement les dits associez n'auroient pas esté bien payés de la dite rente, en telle sorte qu'il leur est présentement deub trois années d'arrérage, mais comme le pays n'en auroit pas reçeu l'advantage et l'accroissement qu'on avoit fait proposer ; ce qui provient de ce qu'un conseil establyà Quebecq, à l'insçu des dits supplians, dispose à sa volonté des marchandises et du négoce d'icelle traite, sans aucune participation des habitans, ainsi qu'il paroissoit par la responce de Simon Dénis, leur procureur, syndic, à la sommation qui luy a esté faite en cette ville de Paris, de la part des dits associés, le 24 janvier dernier, en telle sorte que les habitans n'ont pas plus de liberté pour la dite traite qu'ils avoient avant qu'elle leur fut délaissée, et n'estant pas ainsi raisonnable que les dits associés soient ainsi frustés d'une rente qui leur couste si cher et d'une redevance qui leur appartient si légitimement : Requeroient qu'il plust à Sa Majesté ordonner que les dits habitans payeront incessamment, et au retour des premiers vaisseaux, les trois années d'arrérages de la dite rente due avec le courant, et outre qu'ils payeront tout ce qu'ils doivent d'ailleurs à la dite compagnie pour effets ou argent prestés, continueront à l'advenir le payement de la dite rente et en donneront bonne et suffisante caution en cette ville de Paris, autrement déclarés descheus du bénéfice de la dite traite, et permis à la dite compagnie d'y rentrer pour l'exercice, ou autrement en disposer ainsi qu'elle advisera bon estre, en vertu du présent arrest, et sans qu'il soit besoin d'aucun autre, et cependant pour faciliter d'avantage la dite traite et en empescher les abus, ordonne que par chacun an les dits habitans esliront dans une assemblée générale, à la pluralité des voix, quatre d'entre eux pour avoir l'entière direction et disposition de la dite traite, circonstance et dépendance, sans que le dit conseil en prit connoissance, si ce n'estoit pour examiner les comptes des receptes et despenses, ou pour terminer les contestations qui pourroient naistre pour raison de la dite traite. Comme aussi que le Procureur Fiscal de la dite compagnie sera admis au dict conseil et y aura entrée et voix délibérative, pour prendre garde à tout ce qui concernera l'interest d'icelle. Et pour obvier aux fraudes qui se pourront faire au payement du quart des castors et pelleteries qui doit estre porté aux magasins, pour satisfaire aux charges publiques, ordonner que les marchands et tous autres qui en apporteront, seront tenus de représenter les quittances du droit payé au dit magasin de Québec ou copies duement collationnées, signées et certifiées du dit procureur fiscal, lorsque leurs vaisseaux aborderont en France, par devant ceux qui seront commis et préposés pour cet effect par la dicte compagnie — Vu la dite requeste des supplians au dit Denis, qualifié syndic des dits habitans, avec sa responde. Ouys aussi aucuns des Pères Jésuites ayant soin des affaires de leur compagnie en la Nouvelle-France, venus exprès en l'assemblée des commissaires à ce deputés, pour prier que leurs pères qui sont au dit païs fussent dispenser à l'advenir d'entrer au dict conseil de Québecq, ainsi qu'ils y estoient obligés par le dernier règlement fait au conseil de Sa Majesté, afin qu'estant déschargés de ce soin, ils puissent vaquer avec plus de liberté à leurs missions et à la conversion des sauvages. Ouy le rapport des Sieurs de Lamoygnon et Lallement, conseillers du Roy en ses conseils, maistres des requestes ordinaires de son hostel, ensemble des Sieurs de la Marguerie et de Vertamont, conseillers ordinaires aux dits conseils, tous commissaires à ce députés, et tout considéré. Le Roy en son conseil a ordonné et ordonne que les dits habitans payeront aux dits associés de la Compagnie de la Nouvelle-France les trois années d'arrérages de la dite rente seigneuriale, dont est question, en trois années esgalement et consécutivement, avec le courant de la dite rente, à commencer en la présente année 1656, et continuant à l'advenir sans discontinuation. Autrement et à faute de ce faire sera fait droit sur la demande des dits associés aux fins de rentrer dans la traite par eux délaissée aux dits habitans, comme aussi payeront incessamment tout ce qu'il doivent d'ailleurs à la dite compagnie pour deniers ou effets prestés, et pour régler le dict payment et en donner les assurances à la dite compagnie, ensemble pour toutes les autres affaires du commun du dit pays, pourront les dits habitans députer un d'entre eux pour venir en France, au retour des premiers vaisseaux, lequel ne pourra estre arresté pour les debtes générales pendant le temps de son voyage et séjour, et pour obvier aux fraudes qui se peuvent faire au paiement du quart des castors et pelleteries qui doit estre porté au magasin, veut et ordonne Sa Majesté que les marchands et tous autres qui en apporteront seront tenus de représenter les quittances du droit payé au dit magasin, ou coppies d'icelles deuement collationnées, certifiées et signées du dit procureur fiscal, lorsqu'ils seront abordés en France, par devant ceux qui seront commis et préposés pour cet effet par la dite compagnie et par les habitans du dit pays, si bon leur semble, et à faute de ce faire et d'avoir payé le dit droit de quart, seront les marchandises confisquées.--Ordonne aussy Sa Majesté qu'il y aura deux clefs de la porte du dit magasin, l'une desquelles demeurera entre les mains du commis préposé par le dit conseil de Québec, en la manière accoustumée, et l'autre en celle d'un autre commis qui sera esleu tous les ans par le commun de tous les habitans du dit pays, lesquels pour cet effet seulement s'assembleront une fois l'année au dict Québec, en tel lieu qu'ils adviseront bon estre, par devant le premier des conseillers du dict conseil sur ce requis, dans lequel magasins le procureur fiscal de la dite compagnie pourra entrer toutefois et quant que bon luy semblera. Veut et entend sa dite Majesté que le dit procureur fiscal ait entrée et séance au dit conseil de Québec et qu'il lui soit donné copie des comptes qui seront rendus tous les ans en sa présence, de la recepte et despense, afin que les charges soient deuement acquittées, pour estre les dictes coppies par luy envoyées chaque année aux associés de la dicte compagnie, et ayant esgard à la requisition des dits Pères Jésuites, Sa Majesté les a deschargés et descharge d'assister au dit conseil jusqu'à ce qu'autrement en ait été par elle ordonné.

Fait au Conseil d'Estat du Roy tenu à Paris le 15ᵉ jour de Mars 1656, ainsi signé Bossuet, collationné et controllé.

L'arrest dont est copie cy-dessus a été par moy, huissier ès conseils du Roy, signifié au dit Denis, Syndic des habitans de la Nouvelle-France, en parlant à sa personne, à ce qu'il n'en ignore, le jour de mars 1656, signé.

Collationné à l'original par moy, conseiller secrétaire du Roy, maison et couronne de France et de ses finances.

DE LA TOUR.

1657 — 7 mars

ARRET DU CONSEIL D'ETAT

PORTANT RÈGLEMENT SUR LE COMMERCE ET TRAITE DE CANADA

Le Roy étant informé par les remontrances des directeurs de la Compagnie génerale de la Nouvelle-France, qu'encore que par affection envers les habitans du dit pays elle se soit privée en leur faveur du profit de la traite des pelleteries, la leur ayant délaissée sur leurs instantes prières aux conditions portées par les articles accordés et convenus pour cet effet, approuvés et ratifiés par Sa Majesté, néanmoins les dits habitans n'en ont pas tiré tous les avantages qu'ils en avoient espérés, et s'étant d'abord engagés à plusieurs dépenses pour le ménagement de la dite traite, dont ils n'avoient pas lors toute l'expérience requise, ils ont contracté plusieurs dettes qu'ils n'ont pu acquitter et même ont eu " peine a sub-
" venir aux charges publiques et nécessaires
" pour l'entretien de la colonie, particulière-
" ment depuis quelques années que la dite
" traite avec les sauvages a été indifférem-
" ment permise à tous les habitans, d'autant
" que les plus forts d'entr'eux s'attirant tout
" le négoce et le faisant à l'envi les uns des
" autres." Les moins accommodés dont le nombre est grand n'en ont tiré aucun profit quoi qu'en ait pu prétendre le sieur de Lauzon, gouverneur du dit pays. Et le prix des marchandises de traite à l'égard des sauvages est tellement avili que s'il n'y étoit pourvu, en remettant la traite dans les magasins de la communauté, au moins pour la plus grande partie, elle décherroit totalement en peu d'années, dont les habitans leur ont donné avis, offrant même de remettre la dite traite à la dite compagnie. Laquelle remise la dite compagnie n'a pas jugé à propos d'accepter connaissant par la suite les affaires du dit pays et les relations qui lui en sont faites d'année en autre, que dorénavant les habitans étant fort instruits de tous les moyens de faire valoir la dite traite, la seule cause qui les prive maintenant de l'effet et de l'utilité que le pays en doit retirer est que la communauté ne traite plus dans les magasins publics et que quelques particuliers attirent le bénéfice a eux seuls et troublent l'établissement du prix au commerce avec les sauvages, à quoi s'il plaisoit à Sa Majesté d'accorder un remède convenable pour le rétablissement des magasins publics, il en reviendroit un profit suffisant avec le quart qui se paie par les habitans, non seulement pour supporter les charges ordinaires, mais encore pour acquitter les dettes du pays.

Auxquelles remontrances et supplications de la dite compagnie Sa Majesté voulant pourvoir, a ordonné et ordonne que dorénavant, à commencer dès la présente année, toutes les marchandises propres pour la traite des pelleteries avec les sauvages qui seront envoyées dans le dit pays de la Nouvelle-France, seront portées dans les magasins publics et consignées par les marchands ou leurs facteurs entre les mains des commis des dits magasins qui seront élus par le conseil qui sera établi pour la dite traite, ainsi qu'il sera expliqué ci-après, défendant très expressément Sa Majesté à tous marchands, facteurs et autres qui feront porter les dites marchandises à traiter, d'en user autrement, à peine de confiscation d'icelles, revoquant à cette fin et annullant tous passeports qui peuvent avoir été délivrés pour porter au dit pays des marchandises en la présente année, sinon, à condition que ceux qui s'en voudront servir, se soumettront d'exécuter le présent règlement sans que pour raison de ce ils puissent prétendre à des dépens, dommages et intérêts.

2. Aussitôt que les navires seront arrivés au dit pays les marchands ou facteurs seront tenus de porter au conseil de la dite traite la facture des marchandises qu'ils auront apportées de france pour être fait un tarif de la valeur d'ycelles, avec les frais et profits, et ensuite les marchandises propre pour la traite seront portées dans les magasins publics de Québec, des Trois-Rivières et de Montréal, selon l'opportunité des lieux où la dite traite pourra être plus facile et avantageuse, ainsi qu'il sera jugé par le dit conseil, et quant aux autres marchandises, comme draperie, mercerie, linge, cuirs, souliers, liqueurs et autres qui ne sont de traite, elles demeureront en la disposition des marchands et facteurs pour les débiter aux habitans du dit pays, ainsi qu'il est accoutumé, faisant sa Majesté très expresses inhibitions et défenses aux habitans, marchands, facteurs, capitaines, matelots, passagers et à tous autres de traiter en quelque sorte et manière que ce soit, vin, ni eau-de-vie avec les sauvages, à peine de punition corporelle.

3. Le dit conseil fera distribuer aux habitans des marchandises de traite qui seront mises dans les dits magasins pendant un mois après l'arrivée d'icelle, jusques à la moitié de ce qui sera estimé en pouvoir être traité par chacune année, lesquelles marchandises seront payées par les dits habitans aux commis des dits magasins auparavant la délivrance d'icelles, ou sera par eux donné assurance du paiement auparavant le partement des vaisseaux pour revenir en france. Et au cas que la moitié des marchandises destinée aux dits habitans ne soit pas entièrement distribuée, faute d'avoir par eux payé comptant ou donné assurance du paiement de ce qu'ils auront pu prendre pendant le dit mois, la dite moitié leur pourra être distribuée pendant un autre mois, si le dit conseil le juge à propos, et le total de la dite moitié n'étant distribué dans le dit second mois, faute de paiement ou assurance, le restant demeurera au magasin sans que les dits habitans y puissent prétendre, et de ce qui aura été traité par les dits habitans, ils en paieront exactement le quart au profit du magasin, ainsi qu'il est accoutumé.

4. Le conseil de la dite traite sera composé du gouverneur du pays, d'un directeur qui sera triennaire, nommé par la dite compagnie, et de quatre conseillers, deux desquels seront élus par la communauté des habitans de de Québec, à la pluralité des voix, avec liberté de suffrages, et les deux autres le seront pareillement par les communautés des habitans des Trois-Rivières et de Montréal, chacune à son égard, lesquels quatre auront entrée, séance et voix délibérative pendant deux années consécutives, après lesquelles expirées, seront seulement changés deux du dit conseil, savoir un de Québec, et un des Trois-Rivières et de Montréal alternativement, et lorsque ceux des Trois-Rivières et de Montréal ne pourront assister au dit conseil, à Québec, ils prendront soigneusement garde, chacun dans le magasin de son habitation, que ce qui aura été ordonné et réglé au dit conseil soit ponctuellement exécuté.

5. Le procureur fiscal de la dite compagnie aura entrée et séance au dit conseil, et soin que le présent règlement soit exactement observé, et que les charges ordinaires soient payées annuellement.

6. Toutes les matières concernant la dite traite, circonstances et dépendances d'icelles, même pour ce qui peut être de l'emploie des

deniers provenant du quart et du profit de la traite qui sera faite dans les magasins, tant pour le paiement des charges ordinaires que pour les dépenses extraordinaires, ne seront délibérées et décidées que dans le dit conseil, à la pluralité des voix, avec liberté de suffrages, excepté pour les dépenses pressantes et inopinées auxquelles le dit sieur gouverneur pourra pourvoir sur le champ, et s'il arrive qu'il y ait partage d'avis entre les personnes qui composent le dit conseil, en ce cas, l'avis duquel sera le gouverneur prévaudra, sans néanmoins que le dit conseil puisse retrancher, ni diminuer des appointemens et charges réglés par les précédens réglemens, tant pour le gouverneur, communautés qu'autres personnes.

7. Il sera rendu compte au dit conseil par chacune année de la recepte et dépense qui aura été faite dans les dits magasins et délivré au procureur fiscal de la dite compagnie une copie signée de chacun compte qui y sera rendu auparavant le partement des vaisseaux, pour l'envoyer au secrétaire de la dite compagnie, et sera pareillement fait au dit conseil chacune année auparavant le partement des vaisseaux un projet de l'emploi des deniers revenans bons du dit quart et profit de la dite traite, lequel sera aussi délivré au dit procureur fiscal pour l'envoyer au secrétaire de la dite Compagnie afin qu'elle donne son avis et consentement sur la distribution et l'emploi des dit deniers, étant raisonnable que, puisqu'elle se prive volontairement du profit de la dite traite en faveur de la communauté des dits habitans, elle connoisse si les dits deniers seront employés selon son intention, pour le bien et avantage de la dite colonie.

8. Après les charges ordinaires et redevances seigneuriales payées, et les dépenses plus pressantes et nécessaires pour le bien du pays, le surplus des dits deniers revenants bons sera employé au paiement des dettes de la communauté des dits habitans, le tout par provision, jusques à ce qu'autrement par Sa Majesté ait été ordonné sur les avis qui lui en seront donnés par le sieur vicomte d'Argenson, gouverneur du pays, et sans préjudice des précédens règlemens que Sa Majesté ordonne être exécutés selon leur forme et teneur, en ce qui n'y est dérogé par............

Afin que personne n'en ignore, ordonne être publié et affiché par tout.........qu'aux copies d'icelui collationnées par...............et secrétaires, foi soit ajoutée comme à l'original—Fait au Conseil d'Etat du Roy tenu, Sa Majesté y étant, à Paris le 7ème jour de mars 1657.

———

1660 — 20 février

POUR LE SIEUR DE BECANCOURT

EXTRAIT DES REGISTRES DU CONSEIL PRIVÉ DU ROY

Sur la requête présentée au Roy en son conseil par René Robineau, sieur de Bécancourt, habitant de la Nouvelle-France, demeurant à Québec, et l'un des associés de la compagnie générale au dit pays, contenant que le conseil d'icelui pays ayant reconnu les fraudes qui se sont faites en la distribution des marchandises aux habitans, causées par la nécessité des marchands qui y negocient, lesquelles fraudes il leur a esté impossible d'empescher jusques à présent, non plus que la diversion du quart qui se perçoit sur les castors pour fournir aux dépenses et charges nécessaires; le dit conseil auroit le dix-huit octobre dernier donné pouvoir au suppliant de former en France une compagnie de marchands pour, à l'exclusion de tous autres, fournir les provisions et marchandises nécessaires au dit pays. En exécution de quoi, le suppliant auroit, sous le bon plaisir de Sa Majesté, traité avec Toussaint Guenet et compagnie, marchands de la ville de Rouen, le troisième du présent mois. Lequel traité le suppliant requeroit qu'il plut à Sa Majesté agréer et ordonner qu'il sera exécuté selon sa forme et teneur, et conformément a iceluy, que le dit Guenet et compagnie fournira seul, pendant quatre années, toutes marchandises, provisions et autres choses nécessaires au dit pays, sous les conditions contenues au dit traité, avec défenses à tous marchands, capitaines de navires et autres, de quelque qualité et condition qu'ils soient, d'aller ou envoyer, en toute l'étendue du fleuve St.-l aurent dépendant du gouvernement du dit pays, aucuns navires ou vaisseaux chargés de provisions et marchandises, ni d'en rapporter des marchandises de pelleteries, à peine d'amende et de confiscation d'icelles et des dits navires et vaisseaux dans lesquels il sera permis au dit Guenet et compagnie, ses facteurs et procureurs et commis, d'y faire telles visites que besoin sera, et à cette fin enjoindre au gouverneur du dit Quebec et tous autres de prester main forte et tenir la main à l'exécution de l'arrest qui interviendra. Vu la dite requeste communiquée de l'ordonnance du conseil aux directeurs de la Compagnie de la Nouvelle-France, ensemble les articles du dit traité, la réponse des dits directeurs que l'estat présent des colonies establies au dit pays ne pouvant encore souffrir le rétablissement de la traite des pelleteries, au profit commun de tous les habitans, dans les magasins publics, ainsy qu'elle a esté autrefois à cause des Invasions fréquentes de la nation des Iroquois, à laquelle on ne peut plus différer de déclarer une guerre ouverte pendant laquelle il seroit difficile de pourvoir aux ordres nécessaires et contenir les habitans sous un règlement exact, tel qu'il seroit besoin pour remettre le dit traité des pelleteries dans son ancienne forme avec un advantage égal à tous et profitable au bien commun du dit pays, la dite compagnie consent, sous le bon plaisir de Sa Majesté, l'exécution du dit traité pendant le temps porté par iceluy, se reservants les dits directeurs à présenter à S. M., au temps convenable, les moyens de restablir le commerce et la traite du dit pays avec plus d'utilité pour la conservation et accroissement des dites colonies, et sans que la dite compagnie et aux traités par elle faits avec les dits habitans. Vu aussi les articles du dit traité fait entre le suppliant et le dit Guenet, le troisième jour du présent moi, reconnu devant les notoires au châtelet de Paris...... Et ouy le rapport du sieur Boucherat, conseiller de S. M. en tous ses conseils, maîtres des requestes ordinaire de son hostel, commissaire à ce député, et tout considéré. — Le Roy en son Conseil ayant égard à la dite requête et au consentement des dit directeurs de la compagnie générale de la Nouvelle-France, a ordonné et ordonne que les articles du dit traité fait entre le dit suppliant et les dit Guenet et compagnie, le troisième du présent mois, seront exécutés selon leur forme et teneur, lesquels Sa Majesté a agréés, veut et entend qu'ils sortent leur plain et entier effet pendant les quatre années y contenues. Fait S. M. très expresses inhibitions et défenses à tous marchands, capitaines de navires et tous autres, de quelque qualité et condition qu'ils soient, d'envoyer dans l'estendue du fleuve Saint-Laurent dépendant du gouvernement de la Nouvelle-France, aucunes marchandises ou provisions aux habitans du dit pays, ny d'en rapporter aucunes pelleteries, directement ou indirectement, à peine de vingt mil livres d'amende, dépens, dommages et intérêts, confiscation des dites marchandises et provisions, navires et vaisseaux dans lesquels le dit Guenet et compagnie, leurs facteurs, procureurs et commis, pourront faire toutes visites nécessaires quand bon leur semblera, et a cette fin, enjoint Sa Majesté à tous gouverneurs des pays et terres de son obéissance, gouverneurs du dit pays, leurs lieutenans, juges, magistrats et autres officiers qu'il appartiendra, de tenir la main à l'exécution du présent arrest qui sera exécuté nonobstant oppositions, apellations ou autres empêchements quelconques.

Fait au conseil privé du Roy tenu à Paris le vingtième jour de février 1660. Signé Demons.

Louis par la grâce de Dieu Roy de France et de Navarre. Au premier des huissiers de nos conseils ou autre huissier ou sergent sur ce requis, nous mandons et commandons que l'arrest de notre conseil, dont l'extrait est cy-attaché, sous le contre scel de nostre chancellerie, cejourd'huy donné sur la requeste présentée par René Robineau, sieur de Bécancourt, habitant de la Nouvelle-France demeurant à Québec, et l'un des associés de la compagnie générale au dit pays ; de signifier aux y dénommés et a tous autres qu'il appartiendra, à ce qu'ils n'en prétendent cause d'ignorance, leur faisant de par nous les défenses y contenues sur les peines y portées par nostre dit arrest, et, au surplus, pour son entière exécution, faire tous exploits et autres actes requis et nécessaires, sans pour ce demander autre permission ny .... Enjoignons à tous gouverneurs du dit pays, leurs lieutenans, juges, magistrats et autres officiers qu'il appartiendra de tenir la main à l'exécution de notre dit arrest, lequel voulons estre exécuté nonobstant oppositions ou appellations et autres empêchements quelconques, et sera adjousté foy comme aux originaux aux copies du dit arrest et des présentes collationnés par l'un des âmes et féaux conseillers et secrétaires. Car tel est notre plaisir. — Donné à Paris, le 20ᵉ jour de février l'an de grâce mil six cent soixante et de nostre règne le dix-septième. Signé. Par le Roy en son conseil, Demons. Collationné par moy, conseiller escrétaire du roy, maison et couronne de France et de ses finances.

DUSNAY (illisible).

1675 — 13 mai

ARREST

QUI ACCEPTE LES OFFRES FAITES PAR ROBERT CAVELIER, SIEUR DE LA SALLE

A Compiègne, le 13 mai 1675.

Le Roy ayant fait examiner en son conseil les propositions faites par Robert Cavelier, sieur de la Salle, contenant que s'il plaisoit à Sa Majesté lui accorder en pur don et à ses hoirs, successeurs et ayans cause, le fort appelé Frontenac, situé en la Nouvelle-France, avec 4 lieues de pays adjacent, les îles nommées Ganounkesnot et Kaouonesgo, et les îlots adjacents, avec les droits de chasse et de pêche sur les dites terres et dans le lac appellé Ontario ou Frontenac, et rivières circonvoisines, le tout en droit de fief, seigneurie et justice, dont les appellations de juges resortiront par devant le lieutenant général de Québec, avec le gouvernement du dit fort de Frontenac, et des lettres de noblesse, il ferait passer au dit pays de la Nouvelle-France plusieurs effets qu'il a en ce royaume pour y élever et construire des habitations qui, dans la suite du temps, pourroient beaucoup contribuer à l'augmentation des colonies du dit pays, offre le dit de la Salle de rembourser la somme de dix mille livres, à laquelle monte la dépense qui a été faite pour construire le dit fort de Frontenac, d'entretenir le dit fort en bon état et la garnison nécessaire pour la défence d'icelui, laquelle ne pourra être moindre que celle du fort de Montréal, d'entretenir vingt hommes pendant neuf années pour le défrichement des terres qui lui seront concédées, et en attendant qu'il ait fait bâtir une Eglise, d'entretenir un prêtre ou religieux pour faire le service divin et administrer les sacremens, lesquels entretiens et autres choses le dit de la Salle fera seul, à ses frais et dépens, jusques à ce qu'il se soit établi au-dessus du Long-Sault nommé Garonouoy quelques particuliers avec de semblables concessions que celles qu'il demande, auquel cas ceux qui auront obtenu les dites concessions seront tenus de contribuer aux dits entretiens à proportion des terres qui leur seront concédés, et ouy le rapport du sieur Colbert, conseiller du Roy, et son Con¹ Royal et contrôlleur général des finances, Sa Majesté en son conseil a accepté et accepte les offres du dit de la Salle, en conséquence lui a accordé la propriété du dit fort appelé de Frontenac et quatre lieues de pays adjacent, à compter deux mille toises pour chacune lieue le long des lacs et rivières, et au-dessus et au-dessous du dit fort, et d'une demi-lieue ou mille toises au dedans des terres, les îles nommées Ganounkouesnot et Kaouonesgo, et les îles adjacentes, avec le droit de chasse et de pêche sur le dit lac Ontario et rivières circonvoisines, le tout en titre de fief, et en toute seigneurie et justice, à condition de faire passer incessamment en Canada tous les effets qu'il y a en ce Royaume qui ne peuvent être moins que de la somme de dix mille livres en argent ou effets, de rapporter certificat du sieur comte de Frontenac, lieutenant général pour Sa Majesté au dit pays, et rembourser la somme de dix mille livres pour la dépense faite pour la construction du dit fort, l'entretenir et le mettre en bon état de défense, payer et soudoyer la garnison nécessaire pour la garde et défense d'iceluy, laquelle sera au moins égale à celle de Montréal, comme aussi d'entretenir vingt hommes pendant deux ans pour le défrichement des terres, lesquels ne pourront être employés à autres usages pendant le dit temps, de faire bâtir une Eglise dans les six premières années de sa concession et, en attendant, d'entretenir un prêtre ou religieux pour administrer les sacrements, comme aussi d'y faire venir des sauvages, leur donner des habitations, et y former des villages, ensemble des François, auxquels il donnera part des dites terres à défricher, toutes lesquelles seront défrichées et mise en valeur dans le temps et espace de vingt années, à compter de la prochaine, 1676, autrement le dit temps passé, Sa Majesté pourra disposer des terres qui n'auront pas été défrichées et mises en valeur. Veut Sa Majesté que les appellations des justices qui seront établies par le dit de la Salle, dans l'étendue des dits pays concedés par Sa Majesté, resortissent par devant le lieutenant général de Québec, et à cette fin, veut Sa Majesté que toutes lettres de don et concessions sur ce nécessaires soient expédiées au dit de la Salle, ensemble celle du gouvernement du dit fort de Frontenac, et des lettres de noblesse pour lui et sa postérité.

1716 — 12 mai

ARRET

AU SUJET DE LETTRES DE CHANGE

Sur la requête présentée au Roi par les sieurs Neret et Gayot, contenant que par acte passé par devant Delambon et son confrère, notaires à Paris, le sept juin de l'année dernière, mil sept cent quinze, ils seroient obligés envers les sieurs Pascaud et Leclerc, marchands à la Rochelle, d'escompter à forfait toutes les lettres de change qui leur seraient remises du Canada sur les dits sieurs Neret et Gayot, provenant de la livraison des castors dont ils ont le commerce exclusif, qui leur seroit faite dans leur bureau de Québec pendant la dite année mil sept cent quinze, à raison de deux pour cent par mois, lequel escompte devoit commencer au mois de février dernier pour la somme de vingt mille livres, chaque mois, jusques au parfait paiement des dites lettres de change dont les dits sieurs Pascaud et Leclerc seroient porteurs, que les suppliants avoient fait cette convention pour la sûreté et le bon ordre du commerce du castor, mais que leurs agents en Canada ayant fait monter la recette de mil sept cent quinze à cent vingt milliers de castor sec, quoique par leur traité avec la colonie cette recette ne dût être par année que de quatre vingt milliers, ce qui a donné lieu à tirer sur eux pour une bien plus grande somme de lettres de change qu'ils ne devoient s'attendre et les a empêchés de pouvoir remplir l'engagement qu'ils avoient pris par le dit acte du sept juin mil sept cent quinze, ils auroient passé un nouvel acte le dix avril dernier avec le dit sieur Pascaud faisant tant pour lui que pour le dit sieur Leclerc, par lequel tous les castors reçus dans les bureaux de Canada, pendant la dite année mil sept cent quinze, et ceux qui y seront reçus pendant la présente année, mil sept cent seize, et l'année prochaine, mil sept cent dix sept, seront remis et adressés audit sieur Pascaud pour être par lui ou ses commis vendus tant dans les villes du Royaume que dans les pays étrangers et le produit employé au paiement des lettres de change tirées ou à tirer pendant les dites trois années. Lequel acte ils supplient Sa Majesté d'homologuer, à quoi ayant égard, vu le dit acte du sept juin mil sept cent quinze, celui du dix avril dernier.

Oui le rapport et tout considéré, le Roi étant en son conseil, de l'avis de Monsieur le duc d'Orléans, son oncle, régent, a homologué et homologue le dit act passé le dix avril dernier par devant Dusart et son confrère, notaires à Paris, entre les dits sieurs Neret et Gayot et le dit sieur Pascaud, faisant tant pour lui que pour le dit sieur Leclerc, veut et entend sa majesté que le dit acte dont copie collationnée demeurera annexée à la minute du présent arrêt, sera exécuté selon sa forme et teneur.

Fait au conseil d'Etat du Roi, Sa Majesté y étant, tenu à Paris le douze mai mil sept cent seize.

Signé : Phelypeaux.

1716 — 2 mars

LETTRE DU CONSEIL DE MARINE

ÉTABLISSEMENT DU DÉTROIT

Le détroit est un poste à l'entrée du lac Erié où les sauvages hurons sont établis et quelques Outaouis et Missisagués. Les Miamis vont commencer à ce poste. Le premier établissement a été fait il y a 30 ans sous le gouvernement de monsieur Denonville. Il fût abandonné à cause de la guerre des Iroquois et ensuite rétabli par M. de Callières. Le Roi le céda à la compagnie de la colonie pour y faire la traite, elle donnoit deux mille écus par an aux pauvres familles du Canada. Les affaires de cette compagnie qui n'avoit fait aucun fond, étant devenues mauvaises, ce poste fut donné par le Roi au sieur Delamotte-Cadillac, avec le commerce exclusif. Lorsque cet officier fut nommé au gouvernement de la Louisiane, ce poste fut accordé au sieur Delaforest, capitaine, lequel étant mort en 1714, M. de Vaudreuil eut ordre d'y envoyer le Sr. de Sabrevois, capitaine, qui y commande actuellement, MM. de Ramezay et

Begon, par leur lettre du 7 novembre 1715, marquent :

Que le dit sieur de Ramezay n'accordera aucun congé pour le Détroit parce qu'il sera nécessaire de faire partir des François avec des marchandises, à cause de la guerre des Renards, et qu'il a cependant donné des permissions pour six canots, sur la représentation que le sieur de Sabrevois lui a faite que sans ce secours ce poste se trouveroit abandonné, il donnera ordre aux 25 François qui sont montés dans ces canots de se joindre à M. de Louvigny et de suivre ses ordres.

Ils ajoutent que ce poste étant trop important pour le laisser sans défense, le sieur de Ramezay y enverra 10 soldats, y compris 5 qui y sont déjà, et qu'on leur fournira les mêmes secours qu'à ceux des Michilimakinac, et que par ce moyen le sieur de Sabrevois n'étant obligé à aucune dépense, il doit être content si le Roi veut bien lui accorder deux canots qui le mettront en état de subsister avec plus d'aisance qu'il ne faisoit à Montréal.

L'avis de M. de Vaudreuil est de mettre une garnison de 15 à 20 soldats dans ce poste qu'il est de l'intérêt et du bien de la colonie de maintenir pour établir la communication avec la Louisiane et pour empêcher les Anglois de s'y placer ; (En marge est écrit, le conseil approuve l'avis de M. de Vaudreuil) d'accorder au commandant de ce poste comme il l'a toujours eu, le commerce exclusif, seulement dans son poste, avec défense d'envoyer chez les nations et de l'obliger à faire porter ce qui sera nécessaire pour la garnison et d'y entretenir à ses dépens : un aumônier, un chirurgien et un interprete, afin qu'il n'en coûte rien au Roi (en marge est écrit, le conseil approuve l'avis de M. de Vaudreuil).

Par les lettres que M. de Vaudreuil a reçues du Canada on lui mande que le sieur de Sabrevois, quoique très galant homme, n'a pas le talent de se faire aimer des sauvages, ainsi il demande la permission d'y nommer un autre officier lorsqu'il sera en Canada.

(En marge est écrit : il faut que monsieur de Vaudreuil propose un autre officier et explique quelle nouvelle destination il croit qu'on doive donner au sieur de Sabrevois.)

M. Begon, par le duplicata de sa lettre du 12 novembre 1714, marque que par les concessions qui ont été données au détroit par le sieur Delamotte à des particuliers au nombre de plus de 60, qui sont conformes à celle dont il envoie copie, il paroit qu'il les a faites en conséquence du pouvoir qu'il a eu du Roi, par les dépêches en date des 14, 17 et 19 juin 1706, de concéder les terres du détroit de la manière qu'il le jugeroit à propos, et qu'il les a faites de la même manière que s'il avait été seigneur propriétaire incommutable du Détroit ; (en marge est écrit : le conseil souhaite voir ses dépêches avant de statuer sur cet article,) qu'il n'y a cependant point d'apparence que Sa Majesté ait eu intention de lui en accorder la propriété, auquel cas elle lui en auroit donné des lettres de concession qui auroient été enregistrées au conseil supérieur de Québec, ce qui n'a pas été fait, ainsi il est à présumer que par le pouvoir que sa Majesté lui a donné, Elle a voulu seulement le mettre en état de concéder des terres au nom de Sa Majesté, pour y établir des habitants, et, par conséquent, il ne devoit pas les avoir faites en son nom, où en tirer les rentes, à moins que Sa Majesté ne lui ait accordé la jouissance des dites rentes pendant le temps seulement qu'il y commanderoit et qu'il auroit le commerce du Détroit, ce qu'il ne sait pas, n'ayant vu aucun ordre de Sa Majesté à ce sujet.

Le sieur de Lamotte ne peut avoir eu le poste du Détroit que pour l'exploiter au lieu et place de la compagnie qui n'en avoit pas le domaine. Cela fait juger que les concessions du sieur de Lamotte ne doivent plus avoir lieu d'autant que ceux à qui elles ont été données ont été obligés de les abandonner par la crainte d'être tirés par les sauvages, et pour cette raison on ne doit y faire d'autres établissements que celui d'y entretenir une garnison pour maintenir les François et les Sauvages en bonne union.

Que ceux qui ont ces concessions ne prétendent pas s'en servir pour s'établir au détroit, mais seulement pour y porter des marchandises pour les traiter aux sauvages et en rapporter les pelleteries, ce qui est vouloir partager avec le commandant de ce poste le commerce que le Roi lui a accordé à l'exclusion de tous autres. Il ne lui paroit pas que les concessions qu'il a faites à deux de ses enfants doivent avoir plus d'effet que les autres.

L'avis de M. de Vaudreuil est que ces concessions ne doivent point avoir lieu.

Fait et arrêté par le conseil de marine tenu au Louvre le 28 Mars 1716.

Signé : L.-A. IE BOURBON.
LE MARÉCHAL D'ESTRÉES.

Par le conseil :

Signé : LA CHAPELLE.

1716 — 1er avril

LE CONSEIL DE MARINE

AU SUJET DES SAUVAGES ABENAKIS

Par les lettres de MM. de Ramezay et Begon on voit que les Anglois font tout ce qu'ils peuvent pour gagner les sauvages Abenakis. Il y a 3 villages de ces sauvages établis à l'Acadie, fort voisin des Anglois, qui vont faire chez eux la traite des pelleteries autant qu'ils peuvent.

Le bon marché que l'Anglois leur fait est un grand attrait pour eux. Ces sauvages ont des missionnaires qui les maintiennent autant qu'ils le peuvent dans nos intérêts, il est de conséquence de les y conserver, et ce sont les sauvages qui connoissent le mieux le Canada et la Nouvelle-Angleterre. Jusqu'à présent ils ont été très fidèles et ont rendu de bons services. Ils sont tous baptisés. Il y en a aussi deux missions établies dans la colonie de Canada, dont l'une à Saint-François et l'autre à Bécancourt.

M. Begon, 25 septembre 1715, marque : Que la mission de ces sauvages établie à la Rivière St-Jean, pays de l'Acadie, demande qu'on leur fasse bâtir une église.

Qu'il est persuadé, comme leur missionnaire, que ce seroit une forte raison pour les attacher à leur village, où tant qu'ils resteront, ils ne souffriront point que les Anglois s'établissent dans cette rivière, ni même à son embouchure, où ils avoient déjà fait une tentative. Il dit que les sauvages ont fait un fonds pour cette église, mais que pour exécuter le plan ci-joint, qui lui a été remis par leur missionnaire, il sera nécessaire d'une somme de 1200 livres, qu'on demande en deux ans.

La mission des Abenakis de Norankouen, pays de l'Acadie, demande aussi qu'on lui bâtisse une église, et les raisons sont pareilles que pour la première mission.

M. Begon propose d'accorder, à compte de la construction de ces deux églises qu'il lui parait de conséquence de faire, un fonds de 1200 livres. (en marge est écrit : approuve l'avis de M. de Vaudreuil, et donne le fonds nécessaire, signé : L. A. B. L. M. D., dont il rendra compte aussi bien que de ce qui sera nécessaire pour les achever.

M. le marquis de Vaudreuil estime qu'il est très nécessaire d'accorder à ces sauvages ce qu'ils demandent en cette occasion (en marge est écrit : approuvé l'avis de M. De Vaudreuil, et donner le fonds nécessaire.)

MM. de Ramezay et Begon, 7 novembre 1715,

marquent que le père Aubry, jésuite-missionnaire des Abenakis, les a informés que le nommé Athurnando, un des principaux chefs de cette nation, qui demeure depuis huit ans à S‍t-François, où M. de Vaudreuil et M. de Beauharnais l'avoient attiré avec tout son village au nombre de 60 guerriers, pour y rester au moins pendant le temps de la guerre, est revenu à St-François au mois d'août dernier de Pegouaki, lieu de son ancien village, où il a été à la chasse pendant l'hiver, et où il a commencé à semer au printemps dernier, et qu'il lui a dit que son dessein étoit d'aller parler à M. de Vaudreuil, qu'il croyoit de retour de France, pour lui demander, en exécution de la parole qu'il lui avoit donnée, la permission de rétablir son ancien village, la paix étant faite, et d'y mener avec lui les sauvages de St-François et de Bécancourt, qui voudront le suivre, espérant que quelques sauvages Loups d'Orange viendront se joindre à lui. Ce chef vouloit aussi demander que le père Aubry allât avec lui. Il vouloit parler au sieur de Ramezay en l'absence de M. de Vaudreuil, mais ayant appris qu'il étoit à Québec, pressé de s'en retourner, il a remis au retour de M. de Vaudreuil l'exécution de son dessein.

Comme il seroit très désavantageux que ce village se rétablit, parce que cela ne pourroit se faire sans diminuer le nombre des Abenakis qui sont établis dans la colonie, ils sont convenus avec le père Aubry que le sieur de Ramezay enverra incessamment un collier au chef des Abenakis pour lui représenter que par ce rétablissement il seroit exposé à la merci des Anglois au premier soupçon de guerre, n'étant qu'à environ deux ou trois journées des villes angloises, et la communication des chemins fort facile, et très difficile au contraire aux François, pour les aller secourir si l'Anglois entreprenoit quelque chose contre eux.

Que continuant à demeurer à St-François, il tirera de son ancienne terre les mêmes avantages que s'il rétablissoit son village, pouvant y aller à la chasse presque aussi facilement que s'il y demeuroit.

Qu'il lui seroit impossible d'y faire un village aussi nombreux qu'il étoit auparavant et qu'il devoit être, pour pouvoir s'y soutenir par lui-même, parce que plusieurs gens de son ancien village sont dispersés dans différentes missions, et qu'il en est mort un grand nombre.

En effet, la proposition de ce chef a fait impression sur l'esprit de quelques sauvages qui le suivroient s'il prenoit ce parti, ce qui seroit fâcheux parce que ces terres sont censées angloises de quelque manière que les limites soient réglées, l'expérience des sauvages de Narantcouak qui souffrent que les Anglois établissent des forts au bas de leur rivière, dont quelques-uns paroissent déjà gagnés par les Anglois, donne un juste sujet de craindre qu'il n'en arrive de même à ceux qui formeroient ce village de Pecouaki, aussi les dits sieurs de Ramezay et Begon commencent à arrêter le cours de ce dessein par le collier qu'on envoie à ce chef, et on espère de le gagner lorsqu'il sera à Québec, en lui faisant quelques présents.

Que le père Aubry croit qu'il seroit à propos de faire réunir les deux villages de ces sauvages de St-François et de Bécancourt au premier endroit qui est le poste le plus avantageux de la colonie par rapport aux Iroquois, en temps de guerre, et très convenable pour faire un établissement solide, y ayant une grande étendue de terre qui est bonne et propre pour les sauvages.

Que ces mêmes avantages ne ne se trouvent pas à Bécancourt, où les sauvages sont en très petit nombre et ne peuvent pas s'y soutenir longtemps sans y attirer les sauvages de St-François.

M. de Vaudreuil dit que quand il sera sur les lieux, il verra dans quelles dispositions sont les sauvages, qu'il fera ce qu'il pourra pour les retenir, et, s'ils s'opiniatrent à vouloir s'en aller à leur ancien village, il les laissera faire, parce qu'il n'est pas possible de pouvoir l'empêcher, mais auparavant de partir, il tirera parole d'eux pour qu'ils reviennent habiter leur village dans la colonie, en cas que la guerre recommence avec les Anglois.

En marge est écrit : Le conseil se rapporte à l'avis de M. de Vaudreuil.

Fait et arrêté par le conseil de marine tenu au Louvre le 1er avril 1716.

Signé : L.-A. DE BOURBON.
LE MARÉCHAL D'ESTRÉES.

Par le conseil :

Signé : LA CHAPELLE.

1716 — 28 avril

GUERRE

CONTRE LES RENARDS ET AMNISTIE POUR LES COUREURS DES BOIS.

Les sauvages Renards ont tué, en différentes occasions, les François, et mériteroient d'être punis de tous les coups qu'ils ont faits sur nous, cependant, comme la guerre ne convient point dans la colonie du Canada, et que celle qu'on fera à ces sauvages ne produira d'autre bien que celui de les obliger de rester en paix, le conseil estime qu'il convient de donner des ordres en Canada de faire la paix avec ces sauvages, cependant sans compromettre l'honneur de la nation, et en même temps d'agir comme si l'on se préparoit à la guerre, de rassembler pour cet effet les coureurs des bois à Michilimakinac, et d'y faire monter des habitants (en marge est écrit, accordé). Il a été accordé par le feu Roi une amnistie à ces coureurs des bois à condition de servir dans cette guerre si elle étoit résolue. Le conseil est d'avis de la renouveler.

Et comme il ne convient point au bien de la colonie qu'il reste à l'avenir des habitants dans les bois, et qu'il y monte sans permission le conseil estime qu'il est nécessaire d'ajouter le peine du fouet à celle des galères, imposée contre ces coureurs des bois par la déclaration de 1696.

D'attribuer la connoissance de leur désobéissance au gouverneur général, à l'intendant, au gouverneur particulier de la ville où s'instruira le procès, au lieutenant de Roi, au major, aux deux plus anciens capitaines et au procureur du Roi de la juridiction ordinaire, qui y fera fonction de procureur général, avec pouvoir de juger au nombre de sept.

Il parait nécessaire de tirer ces sortes d'affaires des juridictions ordinaires où elles trainent en longueur et d'où l'on ne peut espérer que peu de justice contre ces sortes de gens, à cause de leurs alliances ou de leur commerce avec ceux qui la rendent.

Le conseil estime aussi qu'il convient d'obliger les habitants qui monteront dans le bois de faire enregistrer leurs permissions au greffe de la juridiction de Montréal, et à leur retour, le certificat du commandant du poste où ils auront été.

Par ce moyen le procureur du roi sera instruit de tous ceux qui monteront dans les bois et qui en descendront, et pourra poursuivre ceux qui ne reviendront point.

Il parait, en outre, nécessaire au Conseil de défendre sous peine de mille livres d'amende et de confiscation des marchandises et pelleteries au retour ; aux marchands du Canada d'équiper de marchandises propres pour la traite aucunes personnes qui vont dans les bois, à moins qu'ils n'aient permission d'y monter, et d'en fournir sous pareille peine à ceux qui seront restés dans les bois sans permission.

Décision du Conseil de Régence : accordé.

Fait et arrêté par le Conseil de Marine tenu au Louvre le 28 avril 1716.

  Signé : L.-A. DE BOURBON.
    LE MARÉCHAL D'ESTRÉES.

Par le conseil :
  Signé : LA CHAPELLE.

1716 — 28 avril

CONGÉS

Les congés sont des permissions d'aller en traite avec les sauvages dans les bois qui après avoir été visés par l'Intendant étoient distribués autrefois au nombre de 25 par le gouverneur général aux pauvres familles du Canada.

L'abondance du castor qui fut causée par la quantité de François qui montoient en haut, en vertu de ces congés, ou sur d'autres prétextes jointes aux débauches de ces mêmes François avec les sauvages, déterminèrent le feu Roi de supprimer ces congés et de défendre, par une déclaration en 1696, à toutes personnes d'aller faire la traite dans les bois.

On représente depuis 6 ans au Canada la nécessité de rétablir ces congés pour pouvoir entretenir dans nos intérêts les sauvages d'en haut, qui, peu à peu, s'en détachent, et afin de donner de l'occupation à ceux des Canadiens qui n'ont d'autre profession que celle de courir les bois, et d'empêcher en même temps qu'il n'y en monte un aussi grand nombre qu'il y en a à présent, étant certain que ceux qui monteront avec ces permissions empêcheront ceux qui n'en auront point de faire la traite, et lorsqu'ils ne pourront point l'empêcher ils les dénonceront.

Ces raisons déterminèrent l'année dernière le feu Roi de permettre qu'il fut donné quinze congés pour aller en traite au Détroit ou Illinois, Michilimakinac et aux Scioux, s'il étoit jugé convenable, sans pouvoir sortir de ces postes, et aller en traite chez les autres nations pour empêcher et prévenir les désordres qui sont arrivés par le passé quand les François se sont répandus chez toutes les nations indifféremment.

Il fut ordonné en même temps que ces congés seroient vendus au profit de Sa Majesté.

M. le Marquis de Vaudreuil a représenté que 15 congés ne suffisoient pas pour fournir de marchandises aux nations d'en haut et a demandé qu'il lui fut permis, comme par le passé, de les distribuer aux pauvres familles du Canada qui y sont en très grand nombre.

Le Conseil de Marine qui a examiné tout ce qui s'est passé au sujet des congés, et ce qui a été écrit et représenté sur ce sujet, est d'avis, par rapport à la situation des affaires du pays, d'abroger, par une nouvelle déclaration, celle du 21 mai 1696, en conséquence de permettre qu'il soit donné par an 25 congés pour aller faire la traite avec les sauvages dans les postes qui seront marqués par ces permissions.

Que ces permissions ne seront plus vendues au profit du Roi et qu'à cet effet il soit fait très expresses inhibitions et défenses aux gouverneurs, commandants, intendants et autres, d'en recevoir aucune rétribution, sous quelque prétexte que ce soit.

Que ces permissions seront données aux pauvres familles que le gouverneur jugera en avoir le plus de besoin, qu'elles seront visées par l'intendant, que néanmoins s'il se trouve des familles à qui il y en ait eu d'accordées, et qui, par leur trop grande misère, ne seront point en état d'en faire usage par elles mêmes, ceux à qui elles auront été accordées pourront les vendre à des voyageurs de la nation, mais qu'ils ne le pourront faire sans l'agrément du gouverneur visé par l'intendant, lesquels enverront tous les ans au conseil un état signé d'eux, de ceux qui auront eu des congés et des voyageurs à qui ils auront été vendus.

Ceux qui seront employés à ces traites ne pourront porter que 4 pots d'eau-de-vie par homme pour leur usage, sans en pouvoir vendre aux sauvages.

Ils seront obligés de porter gratis les munitions que le gouverneur jugera à propos d'envoyer dans différents postes.

Nota. — Il paraîtroit nécessaire d'ordonner que ces congés seroient enrégistrés au greffe de la juridiction de Montréal, et d'obliger ceux qui monteroient de prendre des certificats des officiers des postes où ils auroient été, qu'ils seroient enregistrés au même greffe à leur retour, par ce moyen le procureur du Roi de la juridiction de Montréal, informé de ceux qui monteront avec congé, et qui reviendront, pourra poursuivre ceux qui resteront dans les bois ou qui sortiront de la colonie sans congé.

1716 — 5 mai

ENCEINTE DE MONTRÉAL

La ville de Montréal est entourée de pieux de cèdre qui sont fournis par les habitants de la ville, le Roi payant seulement la main-d'œuvre de cet ouvrage, et comme cette sorte d'enceinte est sujette à de grosses réparations, parce que tous les pieux deviennent absolument mauvais, et qu'il faut renouveler, le feu Roi ordonna en 1713, à messieurs de Vaudreuil et Begon, de faire faire cette enceinte de muraille, et d'en faire fournir la dépense aux habitants, l'état de ses finances ne lui permettant pas de les aider dans cette occasion.

Pour y parvenir on propose au Canada d'imposer pour cette dépense une somme de 6000 livres sur les habitants de Montréal, dont le tiers sera payé par messieurs du Séminaire qui sont Seigneurs censiers de la ville et de toute l'île de Montréal.

Le conseil, qui a examiné tout ce qui a été marqué sur ce sujet, est d'avis qu'il soit rendu un arrêt pour faire lever chaque année une imposition de 6000 livres, dont 2000 livres payées par le séminaire, et les 4000 livres restant par les habitants de Montréal, pour être employée à faire une clôture de maçonnerie à cette ville, au lieu de celle de pieux qui y est à présent, et que cette imposition soit continuée jusqu'au parachèvement des dits ouvrages, et qu'il assistera un député des habitants de Montréal, et un du séminaire, au marché et reddition de comptes qui seront faits des dits ouvrages.

En marge est écrit : approuvé l'arrêt proposé. Ajouter dans l'arrêt : conformément au plan qui sera arrêté.

1716 — 12 mai

MONNAIE DE CARTE

M. Begon n'a fait tirer l'année dernière des lettres de change, pour l'extinction des cartes, que pour la somme de 61 mille livres sur celle de 160 milles livres payables au mois de mars 1717 ; parceque les négociants n'ont pas voulu en prendre davantage à cause que celles de 1715 et 1716 n'avoient pas été acquittées.

Comme on a commencé d'acquitter partie des lettres de 1715 et que l'on a promis des fonds dans le courant de cette année pour le paiement total des dites lettres tirées sur 1715 et 1716 ; il est à croire qu'on en prendra volontiers à présent.

Savoir si le conseil souhaite donner ordre à M. Begon de faire tirer cette année pour 99 mille livres de lettres de change, restant des 160 mille livres payables en 1717, et pareillement pour la même somme payable en 1718, et s'il continuera successivement chaque année jusqu'à l'extinction des cartes, en observant de retirer le double de cette monnaie pour les dites lettres de change et de les faire brûler à mesure, suivant le premier projet.

Fait et arrêté par le conseil de marine tenu au Louvre le 12 mai 1716.

Signé : L.-A. DE BOURBON.
LE MARÉCHAL D'ESTRÉES.

Par le conseil :

Signé : LACHAPELLE.

En marge est écrit : Il n'a qu'à suivre les ordres qui ont été donnés sur cela, le conseil n'y voulant rien changer.

1716 — 12 mai
LE CONSEIL DE MARINE
AU SUJET D'UNE LETTRE DE L'ÉVÊQUE DE QUÉBEC

Représente que Messieurs de Mezeret et Glandelet, directeurs et supérieurs du séminaire, sont fort vieux, que le premier qui est seul capable de gouverner a plus de quatre-vingts ans.

Qu'il y a quelques raisons d'exclusion contre M. Glandelet qui, d'ailleurs, n'a d'attrait que pour les missions.

Qu'on pourra proposer M. Thibout, qui est actuellement en France, qui s'est acquitté des fonctions de curé avec assez de capacité, mais qu'il est fort haut sur la doctrine et la conduite, au sujet de quoi il a eu des affaires avec lui et avec les Jésuites pour la doctrine, et il croit qu'il est bon de le retenir encore un an en France et d'en demander un autre à messieurs du séminaire des missions étrangères à Paris.

Que M. de Montigny lui paroit convenir à tout le monde, ayant été autrefois en Canada où il a fait les fonctions de grand vicaire en son absence, qu'il est très propre pour conserver la paix entre les communautés.

Il prie qu'on n'envoie point M. Tremblay, ni autre de son caractère.

En marge est écrit :

Le conseil ayant ordonné de communiquer cela aux supérieurs des missions étrangères et avoir leur réponse.

Ces messieurs répondent :

Que M. de Mezeret étant, selon que M. l'Evêque de Québec le dit, capable de gouverner le séminaire, peut encore quelques années en être le supérieur, car, quoique fort âgé, il est de bonne constitution et est bien rétabli d'une grande maladie qu'il a eue.

Qu'on ne connoit en M. Glandelet nulle raison d'exclusion, qu'il a ce qu'il faut pour remplir dignement cette place et quelque attrait qu'il ait pour les missions de la campagne, dès qu'ils le nommeront supérieur suivant le droit qu'ils en ont, il quittera tout par vertu, pour s'attacher au séminaire.

Qu'ils ne pensent point encore à charger M. Thibout de cette supériorité, mais qu'étant curé de Québec en titre, et son séjour à Paris n'étant plus nécessaire, il est obligé en conscience de retourner à Québec faire ses fonctions, qu'au reste il n'est suspect ni dans sa doctrine, ni dans sa conduite, et il vivra toujours de manière avec les jésuites qu'il ne leur donnera nul juste sujet de plainte.

Que M. de Montigny est depuis près de deux ans à Rome, en qualité de procureur général de leurs missions orientales et occidentales, qu'il y fait fort bien, qu'il y est agréable au pape, qu'il y est estimé des cardinaux et qu'ainsi on ne peut prudemment l'en retirer pour l'envoyer dans sa mission particulière.

Qu'ils n'ont nul dessein de renvoyer en Canada M. Tremblay dont on est content en France.

En marge est écrit : Le conseil ne juge point à propos d'entrer dans tout ce détail, mander à l'évêque qu'il n'a qu'à se concerter avec messieurs des missions étrangères.

Fait et arrêté par le conseil de Marine tenu au Louvre le 12 mai 1716.

Signé : L.-A. DE BOURBON.

LE MARÉCHAL D'ESTRÉES.

Par le conseil

LA CHAPELLE.

1716 — 14 octobre

GUERRE DES RENARDS

Le détachement des sauvages du Sault St-Louis, envoyé par Monsieur de Ramezay, les Hurons du Détroit et un détachement des Poutoatamis, au désespoir de ce que les mesures prises pour attaquer les Renards en 1715 et le rendez-vous donné aux Nations du Nord à Chikagou, avaient manqué, allèrent au Rocher, un des villages des Illinois, croyant y trouver les deux fils de Monsieur de Ramezay et de Monsieur de Longueuil, qui étoient tous deux extraordinairement malades aux Oaskacias, de sorte que ne pouvant ni marcher ni écrire, le fils de Monsieur de Ramezay ordonna au nommé Bizaillon, qui étoit aux Illinois, d'engager le plus qu'il pourroit de sauvages de cette nation de se joindre à l'autre parti pour tous ensemble aller attaquer 70 cabanes de Maskoutins et Quikapous, alliés des Renards, qui étoient en chasse à une certaine rivière. Ils les joignirent effectivement le 20 novembre 1715 et après un combat très opiniâtre, ils les forcèrent sur un rocher escarpé où ils s'étoient retranchés, en tuèrent plus de 100 et emmenèrent 47 prisonniers, sans compter les femmes et les enfants.

Après cette défaite, nos sauvages pour couvrir leur marche descendirent en canot par la même rivière près de 25 lieues, mais, malgré cette précaution, ils furent joints la onzième journée par 400 hommes de l'élite des Renards, et quoique nos gens ne fussent qu'au nombre de 80 hommes, y en ayant 30 à la garde d'un réduit qu'ils faisoient tous les soirs où étoient les blessés et les prisonniers, ils se défendirent avec tant de vigueur depuis la pointe du jour jusqu'à trois heures après-midi, qu'ils forcèrent les ennemis à se retirer, après une perte très considérable ; nos gens ont eu sept de leurs têtes et vu des marques d'un très grand carnage dans la poursuite qu'ils en ont faite pendant quelques heures. Nos gens ont eu dans ces deux actions différentes 26 hommes de tués et 18 blessés de toutes nations ; ces deux actions différentes ont produit des effets très avantageux dans l'esprit de nos sauvages et leur ont remis le cœur et abattu celui des Renards.

M. de Ramezay a été informé que le chef des Quikapous est venu pour déclarer aux premiers François qu'il rencontreroit, que tant sa nation que celle des Mascoutins se jetoient entre les bras de M. de Vaudreuil, leur père, se déclarant ses esclaves pour les disperser dans quelle nation il jugeroit à propos, qu'au surplus si les Renards ne vouloient point entrer dans de pareils sentiments, ils les livreroient à la chaudière.

Le sieur Pachot, canadien, cadet dans les troupes, ci-devant interprète en langue huronne au détroit, fils de la D⁰ de La Forest, et le nommé Bizaillon, sont les deux seuls François qui se sont trouvés dans ces actions ; ils y ont parfaitement bien fait leur devoir et principalement le sieur Pachot qui s'est fort distingué et qui mérite que le conseil veuille bien y avoir quelqu'attention pour lui accorder une enseigne dans les troupes. (En marge est écrit : S. A. R. accorde au Sr. Pachot une enseigne dans les troupes de sa Majesté, au Canada).

M. de Louvigny partit de Montréal le 1er mai 1716 avec 225 François, 200 autres devant les joindre au Détroit et à Michillimakinak. Les munitions de guerre, les présents et les vivres nécessaires ont été menés par ces François à leurs dépens et sans qu'il en ait rien coûté au Roi.

Le sieur De Louvigny est revenu à Québec le 12 octobre après avoir forcé la nation orgueilleuse des Renards à demander la paix ; il les réduisit à cette nécessité après avoir ouvert la tranchée à 35 toises de leur fort. La première nuit il la poussa à 10 toises, la seconde 16, et enfin les ennemis, voyant qu'il s'attachoit au corps de la place pour le miner et les faire sauter, joint à deux pièces de canon et un mortier à grenade qui, jour et nuit, firent un grand feu ; ils se résolurent d'implorer la clémence des François, et on ne les écouta qu'après avoir pris l'avis et recueilli les sentiments de toutes les nations qui accompagnoient le sieur De Louvigny, qui leur proposa des articles si forts que toutes ces nations crurent qu'ils n'y consentiroient point.

Ces articles sont :

Qu'ils feront la paix avec toutes les nations qui dépendent du Roi et avec lesquelles les François commercent.

Qu'ils engageront par force ou amitié les Kikapous et les Mascoutins, leurs alliés, et nos ennemis, à faire la paix comme eux avec toutes les nations en général.

Qu'ils rendront ou feront rendre tous les prisonniers qu'ils ont de toutes les nations, ce qu'ils ont exécuté.

Qu'ils iront en guerre dans les pays éloignés pour faire des esclaves, afin de remplacer tous les morts qui avoient été tués dans le cours de la guerre.

Qu'ils chasseront pour payer les frais de l'armement fait pour cette guerre, et que pour assurance de l'exécution de tous ces articles, ils donneroient au sieur de Louvigny six chefs ou fils de chefs pour être menés au Marquis de Vaudreuil, afin d'être garants des conditions du traité, ce qui a été effectué, le dit sieur De Louvigny ayant amené avec lui à Québec ces otages.

Cette orgueilleuse nation qui faisoit trembler et désoloit tous les pays d'en haut, a été réduite à suivre toutes ces conditions, quoiqu'ils fussent 500 hommes de guerre et 3000 femmes qui se battent en désespérées dans ces occasions, et que leur fort fut fortifié par trois rangs de pieux avec un fossé d'un pied et demi ou de deux pieds par derrière pour soutenir l'assaut.

Cette nation a été poussée très vivement et les officiers qui y étoient ont donné des marques de leur vigilance et de leur activité, en travaillant aux tranchées comme le dernier des soldats pour donner l'exemple et exciter le petit nombre de ceux qui accompagnoient le sieur de Louvigny, qui n'étoit que 800 hommes, à presser une action qui étoit importante et dont le retardement auroit pu en causer la perte par la proximité des alliés des Renards, qu'ils avoient fait avertir et leur avoient demandé du secours.

Le sieur de Louvigny quoiqu'un peu incommodé de la vue, après un si long voyage, espère avant le départ des derniers vaisseaux être en état de faire une relation de ce qui s'est passé dans cette expédition qui est la première action de guerre qui se soit passée sous le règne du Roi, glorieuse aux armes de Sa Majesté et très utile pour la colonie.

M. De Louvigny marque la même chose et ajoute qu'il a de plus réuni les autres nations qui étoient divisées entr'elles, et a laissé tout le pays dans une entière paix.

Représente que ce voyage a été très long, très pénible, qu'il a porté les armes du Roi victorieuses à plus de 500 lieues, ce qui ne s'est pas exécuté sans beaucoup de fatigues et de dépenses, à laquelle il supplie le conseil de faire attention et de lui accorder telle gratification qu'il jugera à propos.

Il n'a fait aucun commerce et il a, au contraire, donné aux nations qui l'accompagnoient le peu de castor que les Renards lui avoient présenté, afin de leur marquer que ce n'étoit point l'intérêt qui faisoit faire cette démarche de guerre aux François. (en marge est écrit S. A. R. accorde au sieur de Louvigny une gratification de 3000 livres).

Fait et arrêté par le conseil de Marine, le 28 +6 1716.

L.-A. DE BOURBON,
LE MARÉCHAL D'ESTRÉES.

Par le conseil :

Signé : LACHAPELLE.

1716 — 7 novembre

ÉTABLISSEMENT PROPOSÉ A NIAGARA

MM. DE RAMEZAY ET BÉGON, A QUÉBEC, LE 7 NOVEMBRE 1716.

Ils marquent que M. de Longueuil (1) les a informé à son retour des Iroquois qu'il seroit nécessaire d'avoir un petit établissement au Nord de Niagara, sur le Lac Ontario, à environ

1.— M. de Longueuil est lieutenant du Roy à Montréal, fort accrédité parmi les Iroquois, où il est envoyé ordinairement tous les ans pour ménager cette nation.

100 lieues du Fort de Frontenac (1), d'où on pourroit y aller en 7 ou 8 jours en canot.

Que ce poste détourneroit les sauvages Missisaqués et Amicoués d'aller commercer avec les Iroquois à leur passage, lorsqu'ils viennent de la chasse qu'ils font aux environs du lac Érié.

Mais si ce poste est approuvé, il est nécessaire que la traite s'y fasse pour le compte du Roy.

Le sieur de Longueuil leur a proposé aussy de faire une barque pour faire le transport d'un poste à l'autre, et croit que ce seroit un moyen sûr de concilier les Iroquois et d'avoir la plus grande partie des pelleteries qui vont aux Anglois, dont on reçoit, au profit de Sa Majesté, un grand avantage.

Ce poste étably, on seroit en état d'empescher les coureurs de bois d'aller faire la traite dans le lac Ontario, en les pillant ou en les arrêtant, la traite qu'ils font étant très désavantageuse à celle qui se fait au fort Frontenac.

L'utilité de l'établissement de differens postes paroit par l'attention que les Anglois ont d'en faire dans tous les lieux où ils veulent étendre leur commerce.

NOTE.— M. le Marquis de Vaudreuil dit qu'il ne convient point d'établir ce poste sans que les Iroquois le demandent et que, quand il sera sur les lieux, il verra ce qu'il conviendra de faire sur ce sujet, et demande au conseil la liberté de faire cet établissement, si l'Iroquois le souhaite.

1 — C'est un fort de pierre qui est baty à l'entrée du Lac Ontario, du côté du Nord. Il fut abandonné pendant un temps et ensuite retably à la paix générale qui fut faite en 1703 par M. de Callières. L'Iroquois demanda qu'il fut toujours conservé, et qu'on y établit une traite de marchandises pour qu'ils y pussent trouver leurs nécessités, en allant et revenant de la chasse, ce qui leur fut promis ; la traitte s'y fait pour le compte du Roy.

Le Conseil approuve ce que propose M. de Vaudreuil et s'en remet à luy.

L. B.

Fait et arresté par le Conseil de Marine tenu au Louvre le 28e Mars 1716.

L.-A. DE BOURBON.
LE MARÉCHAL D'ESTRÉES.

Par le Conseil,
LACHAPELLE.

1716 — 14 décembre.

LE CONSEIL DE MARINE

AU SUJET DU CASTOR

Sur la requête présentée au Roi étant en son conseil par les sieurs Pascaud et Cadet, commis par Sa Majesté à la régie du commerce des castors du Canada, et les intéressés au traité du dit commerce, disant qu'il a plu à sa Majesté d'homologuer par ses arrêts des 14 mars 1714 et 12 mai 1716 les traités faits par les intéressés du dit commerce du castor avec les dits Pascaud et Cadet, par lesquels il est nomément stipulé que tous les castors, tant ceux qui sont en nature en France, que ceux qui seront reçus en Canada jusqu'à la fin de l'année prochaine, 1717, qui est la fin du dit traité, seront affectés par privilège au paiement des lettres de change, tirées de Canada pour le prix des castors livrés au Bureau de la compagnie, sans que les deniers provenant de la dite vente puissent être employés à aucun autre usage tel qu'il puisse être, que l'exécution de ses actes ayant rétabli la confiance des canadiens, ils ont continué de livrer leurs castors au bureau à Québec, ce qu'ils avoient commencé d'interrompre au préjudice de la Compagnie, de ses créanciers et de la chapellerie du Royaume, qu'il n'est plus question présentement que d'entretenir cet arrangement fondé sur les arrêts de sa Majesté, mais que les nommés Jean Jollin, marchand établi à la Rochelle, et Nicolas Devillier, marchand à Paris, se prétendant créanciers particuliers de Jean-Joseph Gayot, l'un des intéressés au commerce dont est question, ayant fait saisir les castors en nature à la Rochelle et les sommes dûes à la compagnie par les chapelliers de Paris, pour la sûreté des endossements à eux donnés par le dit Gayot, sur les billets du nommé Legendre, saisies empêchant le commerce du castor sans pouvoir produire aucune utilité aux saisissants, puisque les canadiens seroient préférés sur leur castors, s'ils entroient en instance contre les dits saisissants et qu'ils liassent avec eux une instance de préférence sur les choses saisies.

A ces causes requièrent les dits commis à la régie et intéressés au commerce du castor du Canada, qu'il plaise à sa Majesté faire mainlevée des saisies faites par les dits Jollin et Devillier, même de toutes celles faites ou à faire sur les castors en peau et en poil ou sur le prix d'iceux, si ce n'est pour lettres de change du Canada, valeur en castor. Les dites saisies tenant ès-mains de la régie sans aucune diminution des droits des saisissants contre leurs débiteurs qu'ils pourroient exercer dès à présent, ainsi qu'ils aviseroient bon être sur telles autres marchandises ou effets qu'ils trouveroient leur appartenir autres que les castors en peau et en poil et le prix de la vente d'iceux, et aux conditions portées par les dits arrêts d'homologation de rendre compte par les dits commis à la régie aux dits saisissants des effets de la dite compagnie, enfin du dit traité.

Vu la dite requête, les traités passés devant notaires à Paris les 6 janvier 1716 et 10 avril au dit an par les intéressés au commerce des castors de Canada et les nommés Cadet et Pascaud, admis à la régie du dit commerce, ensemble les arrêts du conseil qui ont homologué les dits traités en date des 14 mars 1714 et 12 mai 1716.

Et la saisie faite à la requête du nommé De Villier, le 20 janvier 1716, entre les mains du nommé Laubry, Mtre. chapelier à Paris, pour sûreté de la somme de 4500 livres a lui adjugée par sentence des conseils obtenue le 18 Xb 1715 contre le dit Jean-Joseph Gayot, en qualité d'intéressé en la Cie de St-Domingue.

Oui le rapport et tout considéré.

Le Roi étant en son conseil, de l'avis de M. le Duc d'Orléans, régent, a ordonné et ordonne que les traités et actes faits entre les intéressés au commerce des castors et les sieurs Pascaud et Cadet, et les arrêts du conseil des 14 mars 1714 et 12 mai 1716, seront exécutés selon leur forme et teneur ; ce faisant, sans s'arrêter aux saisies des nommés Jean Jollain, marchand établi à la Rochelle, et Nicolas Devilliers, marchand à Paris, créanciers particuliers du sieur Gayot, tant des castors qui se sont trouvés en nature à la Rochelle que des sommes dûes aux dits intéressés par les chapeliers de Paris, ni à toutes autres saisies faites ou à faire sur les dits castors, pour raison des dettes particulières des intéressés aux dits castors, que les deniers provenant de la vente des castors seront employés au paiement des lettres de change tirées ou à tirer pendant les années 1715, 1716, 1717, conformément aux dits traités.

La saisie des dits Jollain et Devilliers tenant entre les mains des dits Pascaud et Cadet, jusqu'à ce qu'ils aient rendu compte de leur régie, sauf aux dits Jollain et Devilliers à se pourvoir sur les biens particuliers du dit sieur Gayot et autres que les dits castors.

1717 — 26 janvier

LE CONSEIL DE MARINE

AU SUJET DE LETTRES DE NOBLESSE.

Messieurs de Vaudreuil et Begon, à Québec, le 12 novembre 1716, marquent que le sieur Senneville, capitaine en Canada, et son frère, leur ont représentés qu'ils se trouvent inquiétés en conséquence de l'édit du mois d'août 1715, qui supprime les lettres de noblesse accordées depuis le janvier 1689, moyennant finance, celles du feu sieur Le Bert, leur père, se trouvant du nombre.

M. le comte de Frontenac avoit demandé des lettres de noblesse pour lui, en considération des services importants qu'il avoit rendu en Canada depuis 40 ans qu'il y étoit établi, s'étant distingué dans toutes les guerres contre les Iroquois, et ses enfants, dont un fut tué en 1691 par les Anglois et Iroquois dans un détachement qu'il commandoit, elles lui furent promises et il les méritoit bien, ayant toujours vécu très honorablement et ayant fait beaucoup de bien de toute manière au pays, mais comme il étoit riche et qu'il fut informé que par l'édit du mois de mars 1696, le Roi accordoit des lettres de noblesse moyennant finance, il crut qu'il seroit plus avantageux à sa famille d'avoir des lettres de noblesse en payant 6000 livres pour le besoin de l'état, et que ce seroit une plus grande assurance qu'il n'y seroit point troublé, ni sa famille, que s'il les obtenoit gratuitement.

Le sieur de Senneville est un très bon officier, a beaucoup de crédit sur l'esprit des Iroquois, et M. de Vaudreuil s'en sert très utilement, son fils est enseigne après avoir été page de Madame la Dauphine, et servi dans les mousquetaires pendant environ 3 ans.

Il parait à Messieurs de Vaudreuil et Begon qu'ils sont dans le cas de ceux que Sa

Majesté excepte par l'édit du mois d'août 1715, qui réserve de la suppression qui y est ordonné ceux qui ont rendu des services importants à l'état, et qu'il y a de la justice que Sa Majesté y ait égard en les maintenant dans leur noblesse.

Fait et arrêté par le Conseil de Marine, le 26 janvier 1717.

    Signé :   L.-A. DE BOURBON.
                 LE MARÉCHAL D'ESTRÉES.

Par le conseil :
                 LACHAPELLE.

En marge est écrit : pour être porté à Monseigneur le duc d'Orléans, suivant le rapport de Messieurs de Vaudreuil et Begon, il parait convenable d'accorder les lettres de noblesse demandées par Monsieur de Senneville.

Décision de S. A. R.

Bon : expédier.

        Signé :   L.-A. B.

1717 — 16 février

LE CONSEIL DE MARINE
SUR LE RANG DES CAPITAINES

Monsieur de Vaudreuil marque que le corps des troupes entretenu en Canada ayant été formé en 1687, partie des officiers de ce corps furent tirés des troupes de terre, d'autres de la marine. On y fit entrer aussi quelques anciens officiers du régiment de Carignan qui s'étoient établis en ce pays.

Le Roi ordonna que les capitaines qui auroient servi dans les troupes de terre prendroient leur rang du jour de leur première commission de capitaine dans les dites troupes, que les anciens capitaines de Carignan le prendroient du jour de leur commission de capitaine dans le dit régiment, et ainsi des autres officiers.

Selon cette règle depuis si longtemps établie, le sieur de St.-Vincent, autrefois capitaine d'infanterie dans le régiment de Guiscard, par commission du 22 août 1695, et à présent capitaine d'une compagnie en Canada, par commission du mois de mai 1706, demande à prendre son rang du jour de la date de sa première commission, quoique depuis ce temps il ait été fait lieutenant à l'Acadie, et ensuite capitaine. Mais les autres officiers soutiennent qu'il ne doit prendre rang que du jour de sa dernière commission, prétendant qu'il a perdu celui de capitaine d'infanterie du régiment de Guiscard par la commission de lieutenant qu'il a accepté à l'Acadie.

Le conseil croit que le sieur de St-Vincent ne doit avoir rang que du jour de sa commission de capitaine à l'Acadie, parce qu'ayant été fait lieutenant après avoir été capitaine dans les troupes de terre, et ayant perdu, par conséquent, cette dignité de capitaine, il ne peut reprendre son ancienneté que du jour qu'il a été élevé du grade de lieutenant à celui de capitaine.

En marge est écrit :
Approuvé l'avis du conseil.

1717 — 23 février

LE CONSEIL DE MARINE
AU SUJET DE M. BRESLAY, MISSIONNAIRE

Il est chargé par ordre du Roi de la mission de St-.Louis, audessus de l'île de Montréal, composée des sauvages Nepissingues et Algonquins, qui ont toujours été très fidèles aux François et qui en ont donné de nouvelles preuves dans la victoire remportée sur les Renards.

Il a fait les avances pour l'établissement de cette mission, tant pour la construction de l'église que pour se loger et la garnison, et même pour les fortifications de ce poste et pour celles du fort Ste-Anne qui ont été commencées, le tout suivant les ordres de Sa Majesté et les lettres de M. de Pontchartrain par lesquelles il l'exhorte à bien fortifier ces lieux et lui promet que le Roi y aura égard.

Il fut encore obligé, il y a deux ans et demi, de mener à ses dépens de France en Canada, un ecclésiastique qui est fort goûté des sauvages et que le Roi leur accorda sur la demande qu'ils en avoient faite.

Il a employé à ses dépens le produit de la vente de sa charge de Gentilhomme servant de Sa Majesté, dont il étoit pourvu avant qu'il fût prêtre. Ce fonds seroit d'un grand secours à sa famille et surtout à ses sœurs qui sont dans une grande nécessité.

Il est à présent hors d'état de faire subsister cet ecclésiastique qui lui a succédé dans cette mission à laquelle il n'y a aucun revenu attaché, quoique tous les autres en ayent.

Il ne lui a été accordé, pour soutenir cette mission, qu'une pension de 400 livres qui ne lui a été payée que jusqu'à la mort du feu Roi, et partie en billet d'état, ainsi qu'une gratification de 500 livres que le feu Roi lui avoit aussi accordée.

On lui avoit fait espérer que cette gratification lui seroit continuée, et le feu Roi lui avoit promis une pension de 12 ou 1500 livres sur un bénéfice.

M. de Pontchartrain en avoit écrit au père LeTellier par ordre de Sa Majesté quelque temps avant sa mort.

Il représente qu'il faut au moins 800 livres à chaque missionnaire en Canada pour subsister.

Le conseil a ordonné d'éclaircir et vérifier tous ces faits et ces demandes.

Le sieur de Breslay a fait de la dépense pour la mission des Nepissiriniens, comme il l'expose, et a obtenu en différents temps des grâces du feu Roi dont il étoit fort connu, ayant été gentilhomme servant.

Il a eu, en 1705, la pension de 400 livres sur le trésor royal dont il parle, par l'édit des pensions elle lui sera continuée en son entier.

En 1713, il vint en France, demanda des ornements pour sa mission et représenta qu'étant sur l'âge, et aussi il ne pouvoit plus vaquer seul aux travaux de sa mission, qu'il étoit obligé d'emmener un ecclésiastique avec lui, et demanda pour son entretien 800 livres et pareille somme pour lui, n'ayant plus moyen de subsister par lui-même, ayant mangé tout ce qu'il avoit.

Il lui fut accordé, par ordonnance sur le trésor royal du 25 avril 1714, 500 livres par gratification, en considération de la dépense qu'il devoit faire pour l'achat des ornements qui manquoient à l'église de la mission des Nepissiriniens.

Et par un autre du même jour sur le trésor royal, pareille somme de 500 livres par gratification, en considération des dépenses qu'il avoit faites pour sa mission et de celles qu'il faisoit pour y mener un ecclésiastique.

Il fut écrit au Père Le Tellier, par ordre de Sa Majesté, pour proposer M. Breslay, dans le temps de la distribution des bénéfices, pour une pension de 12 ou 1500 livres, afin de lui donner moyen de subsister dans sa mission et d'y avoir un ecclésiastique.

Fait et arrêté par le conseil de marine, le 23 février 1717.

Signé : L.-A. DE BOURBON.
LE MARÉCHAL D'ESTRÉES.

Par le Conseil,
LA CHAPELLE.

En marge est écrit : Cet ecclésiastique étant utile dans cette mission, le conseil croit qu'outre la pension de 400 livres, on doit lui continuer aussi la gratification ordinaire de 500 livres.

L.-A. B.
Le maréchal d'Estrées.

Décision de S. A. R.

Approuvé, l'avis du conseil de Marine.

L.-A. B.
Le maréchal d'Estrées.

1717 — 23 février

LE CONSEIL DE MARINE

ÉTABLISSEMENT AU LABRADOR

Les nommés Gilles Lesdors et Pierre Barthélemy Hue, pêcheurs du département de Granville.

Supplient le conseil de leur permettre de s'établir à la grande Baie de la côte de Labrador, dans l'île de la Marmette, ou autres lieux circonvoisins et non habités, et d'y faire tout ce qui sera nécessaire pour y passer l'hiver et y sécher leur poisson, et d'y avoir les bateaux nécessaires pour leur pêche.

Cette côte n'est habitée que par le sieur de Courtemanche et par les sauvages auxquels leur pêche ne fera aucun tort.

OBSERVATION.

Sur ce que le sieur de Courtemanche marqua l'année dernière qu'il ne convenoit point de faire des établissements fixes pour la pêche à la côte de Labrador, à cause de la rareté du bois qui seroit consommé par ceux qui y hiverneroient, ce qui empêcheroit qu'on en trouvât par la suite pour les échafauds, et que les capitaines des vaisseaux pêcheurs demandoient qu'il n'y fut point accordé de concessions, le conseil lui marqua qu'il ne seroit donné aucune concession aux propriétaires des bâtiments.

En marge est écrit : Il faut leur proposer de s'établir à l'île royale, le conseil ne pouvant leur accorder d'établissement à la grande baie de la côte de Labrador.

Fait et arrêté par le conseil de marine, le 23 février 1717.

Signé : L.-A. de Bourbon.
Le maréchal d'Estrées.

Par le conseil :

Signé : Lachapelle.

1717 — 26 février

LE CONSEIL DE MARINE

AU SUJET D'UNE LETTRE DE MM. DE VAUDREUIL ET BEGON

Le sieur de La Durantaye, conseiller au conseil Supérieur de Québec, est mort. Ils proposent, pour remplir sa place, le sieur Dartigny qui fait depuis 1712, par ordre du Roi, les fonctions de lieutenant particulier de la prévôté de Québec. Son père a été le premier pourvu de cette charge par l'édit de création, et est mort premier conseiller supérieur.

Son frère est aussi mort conseiller. Il est homme de probité et capable de remplir cette place.

(En marge est écrit : Le conseil s'en remet à eux.)

La famille du feu sieur Dupont, conseiller, l'ayant fait interdire quelques mois avant sa mort, à cause de sa grande caducité qui le rend tout à fait incapable de gérer ses affaires, le sieur Chartier de Lotbinière, aussi conseiller, qui a épousé la petite fille du sieur Dupont, demanda alors à M. Begon une commission pour garder le scel du dit conseil,dont le sieur Dupont étoit chargé, ce que le dit sieur Begon lui accorda jusqu'à ce que le Roi y ait pourvu. M. Begon propose d'accorder un ordre au sieur de Lotbinière pour garder le dit scel, dont l'émolument n'est que de 60 livres, tout au plus, par an, et le seul que le dit sieur Lotbinière retire du conseil, n'ayant point de gages encore, c'est d'ailleurs un fort bon sujet.

En marge est écrit : approuvé.

Le sieur de Monseignat, contrôleur de la marine en Canada, qu'ils ont informé que le conseil ne vouloit lui accorder ni augmentation d'appointements, ni sa place de contrôleur pour son fils, leur a remis le placet et pièces ci-jointes, par lequel il expose qu'en considération de 14 années de service en qualité de secrétaire de feu M. le comte de Frontenac, il fut pourvu, le premier juin 1701, de la commission de contrôleur de la marine à Québec, à la place du sieur LeRoy de la Potterie, aux appointements de 1000 livres par an qui lui ont été payés jusques à la fin de 1702, que les commissaires et contrôleurs par commission ayant été supprimés et érigés en titre d'office, le dit sieur De Monseignat a continué les dites fonctions de contrôleur en conséquence des ordres du Roi du 10 juin 1703 et 28 juin 1706, et depuis ce temps là, il n'a été payé que sur le pied de 500 livres par an au lieu de 1000 livres. Il supplie le conseil de lui accorder une nouvelle commission de contrôleur, pareille à celle qu'il a eue en 1701, et de le rétablir sur l'état du Roi pour les 1000 livres d'appointements qu'il avoit alors. Il sert depuis 38 ans et mérite cette grâce qu'ils demandent pour lui.

NOTA.—Il a demandé l'année passée le rétablissement de ses appointements ce que le conseil lui a refusé, ne voulant point augmenter les dépenses ; à l'égard de la commission, il paroît qu'on pourroit lui en envoyer une nouvelle et le faire employer sous son nom sur l'état de la colonie pour les 500 livres qu'il reçoit sur le fonds des employés. A la suite est écrit : Approuvé l'apostille. Donner et expédier les ordres en conformité.

Madame la Marquise Dalogny les a priés de représenter au conseil que feu son mari, lorsqu'il s'embarqua en 1714 pour passer en France, fit des emprunts considérables pour être en état d'y faire la dépense nécessaire pour y rétablir sa santé et qu'elle est obligée de les payer.

Ils supplient d'y avoir égard et de lui accorder une pension en considération des bons services de feu M. Dalogny, cette grâce pourroit lui être faite sans augmentation de dépense, en lui donnant la pension de 600 livres que le feu sieur de La Durantaye avoit sur le Trésor Royal.

NOTA. — Ils ont demandé, l'année passée, une pension pour elle qui lui a été refusée. A la suite est écrit : Persister dans le même refus par les mêmes raisons de l'impossibilité où le Roi est de donner des pensions.

Il est revenu à M. de Vaudreuil que dans les changements du Règne on fait prêter dans les colonies un nouveau serment aux trois états. Il supplie de lui donner sur ce sujet les ordres que le conseil jugera à propos.

En marge est écrit : Il est absolument inutile de prêter un nouveau serment.

Les veuves des sieurs de Cabanac, Dumesny, Norey, Falaise, Livilliers, auxquels il a été accordé des pensions sur le trésor royal, en considération des services de ces officiers et du peu de bien qu'ils ont laissé, supplient le conseil d'avoir la bonté de leur faire conserver, ils assurent qu'elles en ont un grand besoin.

En marge est écrit : La veuve du sieur de Cabanac, major des Trois-Rivières, a de pension 1000 livres. La veuve du sieur Dumesny, major des troupes, 400 livres. La veuve de Sieur Falaise, major de l'Acadie et de l'île royale, 600 livres. La veuve du sieur Livilliers, capitaine, 500 livres.

A la suite est écrit : Tout cela est réglé par la déclaration nouvellement rendue au sujet des pensions.

Ils envoient le recensement de la colonie, par lequel il paraît qu'il y a, savoir :

Curés, prêtres et ecclésiastiques		68
Jésuites		31
Récollets		21
Religieuses de l'Hôtel-Dieu et sœurs converses		102
Religieuses ursulines		51
Religieuses de l'hôpital-général		12
Sœurs de la Congrégation		74
Familles. 3295.		
Hommes au-dessus de 50 ans ci	855	5521
Hommes au-dessous	2463	
Garçons au-dessus de 15 ans	2203	5880
Femmes et veuves	3340	
Garçons au-dessous de 15 ans	4856	
Filles au-dessus de 15 ans	2053	
Filles au-dessous de 15 ans	4761	
Sauvages domiciliés : Hommes au-dessus de 50 ans	118	
Hommes au-dessous de 50 ans	350	
Femmes et veuves	620	
Garçons au-dessus de 15 ans	144	
Garçons au-dessous de 15 ans	320	
Filles au-dessus de 15 ans	105	
Filles au-dessous de 15 ans	279	
Total des âmes		22,826
Séminaires et maisons religieuses		13
Eglises		83
Presbytères		56
Moulins à eau et à vent		81
Moulins à scie		10
Terres en valeur		57240 arpents
Prairies		7897 do
Blé françois		252804 minots
Blé d'Inde		11910 do
Pois		39074 do
Avoine et menues graines		41545 do
Lin		57550 livres
Chanvre		1232 do
Chevaux		3786
Bêtes à corne		18227
Cochons		14629
Moutons		7156
Armes à feu		4248

Il serait nécessaire d'envoyer dans les recrues deux ouvriers qui sussent faire de la brique et de la tuile, n'y ayant dans le pays que deux ou trois habitants qui se mêlent de faire de la brique et même peu entendus dans ce métier.

On a fait des essais de tuile parmi lesquels il a paru qu'il y a de la terre fort propre pour en faire, et si on avoit de bons ouvriers, plusieurs personnes en feroient couvrir les maisons, et, peu à peu, chacun en feroit de même pour se garantir des incendies для communs dans le pays qui se communiquent d'une maison à l'autre par la couverture qui n'étant que de bardeau, de bois de cèdre fort gommeux, brûle aussi facilement que de la paille. Toutes les maisons de la Nouvelle-Angleterre sont couvertes d'ardoises et de tuiles.

NOTA. — Le conseil a donné ordre à Rochefort d'engager des tuiliers dans les recrues.

Le sieur de St-Simon, conseiller au conseil supérieur, leur a offert de faire venir cette année à ses dépens un maître potier et un maître tuilier qu'il fera engager si le conseil veut envoyer ordre à Monsieur de Beauharnois de leur donner le passage gratis sur le vaisseau du Roi. Il mérite d'être aidé dans cet essai, indépendamment de ceux que le conseil fera passer. En marge est écrit : ordonner le passage pour deux.

Il seroit nécessaire aussi qu'il fut envoyé dans les recrues 5 ou 6 savoyards pour ramoner les cheminées, n'y ayant qu'un habitant et un soldat qui soit de cette profession qu'aucun canadien ne veut faire.

En marge est écrit : Bon si cela se peut, et qu'on en trouve qui veulent y aller en les enrôlant comme soldats.

A la suite on lit :

Fait et arrêté par le conseil de Marine, le 26 février 1717.

    Signé : L.-A. DE BOURBON.
             LE MARÉCHAL D'ESTRÉES.

Par le conseil :

    Signé : LACHAPELLE.

1717 — 26 février

LETTRES DE CHANGE

Il représente qu'il est d'une extrême conséquence pour le Canada que les lettres de change tirées sur M. Gaudion, trésorier général de la marine, soient payées à leur échéance, et, en attendant, acceptées par lui, afin que les propriétaires puissent s'en aider en les négociant ou en les escomptant, sans quoi cette colonie sera entièrement ruinée, parce que les besoins qu'elle avoit de faire des remises en France l'ont obligé de prendre de ces lettres, tant pour le mois de mars prochain que pour le mois de mars 1718 ; elle a déjà perdu moitié sur ces lettres, ayant fourni au trésorier de Québec le double de leur valeur en cartes, et si celles qui tombent au mois de mars prochain ne sont pas payées à leur échéance, et que les autres ne soient pas acceptées, les porteurs les garderont pour le compte des propriétaires auxquels ils n'enverront rien, et leur feront payer des demeures qui absorberont une bonne partie de ces lettres, ce qui ruinera entièrement le commerce de la colonie.

En marge est écrit : Il faut que M. Raudot en confère avec M. Gaudion, et qu'ensuite, il en rende compte par une observation jointe à cet extrait.

Fait et arrêté par le conseil de marine le 26 février 1717.

Signé : L.-A. DE BOURBON.
LE MARÉCHAL D'ESTRÉES.

Par le conseil :

Signé : LACHAPELLE.

1717 — 9 mars

LE CONSEIL DE MARINE

AU SUJET DES PRÊTRES DU CANADA QUI NE SONT PLUS EN ÉTAT DE SERVIR

Il a été employé jusqu'en l'année 1698, sur l'état des dépenses de Canada, une somme de 2000 livres sous le nom du supérieur du séminaire de Québec, pour l'entretien des prêtres qui ne sont plus en état de servir, et, depuis ce temps, pareille somme a été employée sous le nom de ce même supérieur sur l'état des charges payables par le fermier du domaine d'occident, jusqu'en l'année 1714, et elle a été payée à ce supérieur.

Elle lui fut disputée en 1692 par M. l'évêque de Québec, et cette contestation, aussi bien que plusieurs autres qui étoient faites à ce séminaire, fut réglée par un avis donné par feu M. l'archevêque de Paris et le père de la Chaise, qui fut accepté par M. l'évêque de Québec et le sieur Brizacier, au nom du séminaire, et dont le feu Roi ordonna l'exécution par arrêt et lettres patentes qui ont été enregistrés au conseil supérieur de Québec.

La demande de M. l'Evêque de Québec étoit que cette article de 2000 livres qui sont sur le nouvel état soient employées à l'entretien de 5 missionnaires, sur lequel nombre les invalides seront préférés.

La décision fut en ses termes.

Cet article rapporté au roi avec les raisons de part et d'autre, Sa Majesté a ordonné que conformément aux paroles contenues dans l'état nouveau, cette somme sera employée à l'entretien de tous les invalides missionnaires, et autres prêtres invalides, soit en plus grand nombre, soit en moindre nombre que cinq, et que les mauvaises années seront récompensées par les bonnes.

Les paroles de l'état nouveau sont : au supérieur du séminaire de Québec pour l'entretien des prêtres qui ne sont plus en état de servir, la somme de 2000 livres.

Quoique cette contestation parut être décidée entièrement, M. L'évêque de Québec la renouvela encore, avec plusieurs autres, l'année suivante, et, sur le rapport qui fut fait au Roi par feu M. l'archevêque de Paris et le père de la Chaise, de ce qui avoit été déjà décidé sur ce sujet, Sa Majesté ordonna en ces termes par un avis qui est seulement signé de ces deux commissaires.

M. de Québec aura seul la nomination des cinq à l'avenir, auquel nombre de cinq on réduit les invalides dont le séminaire seul sera chargé, sans qu'ils aient la liberté d'aller ailleurs, pour éviter les inconvénients, sans que le séminaire soit obligé de fournir aux frais des voyages que les dits prêtres voudroient faire.

Il est marqué sur cet avis par un nota qu'à l'égard des prêtres invalides, ils seront obligés, quand ils pourront, de dire leurs messes à la décharge du séminaire, si les ecclésiastiques viennent à mourir sans avoir disposé de leurs biens, ceux qu'ils auront dans ce pays là demeureront au séminaire, sauf et sans préjudice au droit des héritiers, si le séminaire est mécontent de quelques-uns des dits prêtres, il pourra les renvoyer avec sa pension de 400 livres au séminaire de Montréal, du consentement de M. l'évêque, avec l'agrément du dit séminaire.

En conformité de ces règlements et de l'emploi qui a été fait de cette somme de deux mille livres sous le nom du supérieur du séminaire de Québec, il a touché cette somme jusqu'en l'année 1714, temps auquel il fut seulement mis sur l'état.

Pour l'entretien des prêtres qui ne sont plus en état de servir, la somme de 2000 livres.

Ce qui a causé des contestations entre ce supérieur et l'évêque, lesquelles ils ont terminées pour les années échues, en partageant cette somme.

Le supérieur du séminaire se plaint de ce que sous prétexte d'une lettre du ministre, Monsieur l'évêque veut s'approprier cette somme, qu'il distribue aux prêtres qui servent dans les cures, ce qui est contraire aux intentions du Roi qui ne l'a accordée que pour les prêtres invalides.

Et il demande l'exécution des règlements ci-devant expliqués, et de toucher cette somme comme il a fait jusqu'en 1714.

M. l'évêque de Québec dit que si ce supérieur touche cette somme, qu'il a obtenue du Roi, en sortant de son service d'aumônier, les curés usés n'en profiteront point, ayant connu par expérience de 30 années d'épiscopat qu'il n'y a que deux seuls curés usés du diocèse qui, ayant voulu se retirer au séminaire, ce qu'ayant représenté au feu Roi il y a trois ans, Sa Majesté ordonna que cette somme seroit employée sous le nom des prêtres qui ne seroient pas en état de servir.

Il représente que la rareté des prêtres est si grande en Canada, que si on oblige les curés usés de sortir de leurs cures et d'entrer au séminaire pour jouir de la grâce du Roi, les plus grandes paroisses resteront vacantes et abandonnées, et qu'il seroit fort utile que ces prêtres y pussent rester pour aider leurs successeurs.

Il représente aussi que si le séminaire de Québec touche cette somme, celui de Montréal, qui fournit aussi des sujets pour les cures de cette colonie, s'en trouvera privé, n'étant pas naturel que ses ecclésiastiques qui deviendront invalides, aillent résider au séminaire de Québec.

M. le Marquis de Vaudreuil qui eut ordre, l'année dernière, de rende compte de cette affaire, marque qu'il ne convient pas que M. l'Evêque, ni le séminaire, aient la disposition de ce fonds, M. l'évêque parce qu'il le partagera toujours, comme il a fait jusqu'à présent, en petites portions qu'il destribuera indifféremment aux curés usés, et à ceux qui ne le sont pas, le séminaire, parce qu'il s'appropriera ce fonds, comme il a toujours fait, en sorte que les curés usés n'en pourront tirer aucun secours, à moins qu'il ne soient de cette communauté, ou qu'ils ne prennent le parti de s'y retirer.

Il ajoute qu'il est du bien public que ces 2000 livres soient partagées en 5 pensions de 400 livres chacune pour 5 curés qui en jouiront pendant leur vie, les recevront, et en donneront leur quittance, ils seront choisis et nommés par l'évêque, le gouverneur et l'intendant, en observant dans cette nomination que ceux qui prendront le parti de servir le public dans leurs paroisses soient préférés à ceux qui, se trouvant pourvus de quelques bénéfices dans la cathédrale, ou unis à quelque communauté, voudraient s'y retirer, parce que ces anciens curés, en restant dans leurs paroisses, y maintiendront le bon ordre qu'ils y auront établi, et arriveront à aider leurs successeur, et à les redresser lorsqu'ils feront des fautes.

Les curés usés demandent la même chose que ce que M. de Vaudreuil propose et qu'il leur soit permis de demeurer ou bon leur semblera.

Ils ajoutent que lorsqu'il ne se trouvera point le nombre de cinq curés usés, et qu'il restera un revenant bon sur ce fonds de 2000 livres, on ne peut en faire un meilleur emploi que de le donner au séminaire de Québec, pour lui aider à la dépense qu'il fait en recevant les curés qui viennent faire leur retraite annuelle.

En marge est écrit: Décision du conseil de régence.

M. l'évêque de Québec sera maître de la distribtion des 2000 livres portées sur l'état du domaine, pour l'entretien des prêtres et missionnaires invalides de la colonie, sans qu'il puisse employer ce fonds à aucune autre dépense quelle qu'elle puisse être, et à condition que les dites deux mille livres seront divisées en six pensions de 300 livres chacune et une de 200 livres; les curés usés et invalides qui voudront demeurer dans leurs cures, préférés aux autres, et sans obliger aucun prêtre, à qui cette pension sera accordée, de résider au séminaire de Québec, et quand il n'aura pas assez de curés usés ou de prêtres invalides pour consommer cette somme de deux mille livres, l'excédant restera entre les mains de monsieur l'évêque, pour être employé, l'année suivante, conformément à cette disposition.

1717—9 avril

LE CONSEIL DE MARINE

AU SUJET D'UNE LETTRE DE MM. DE VAUDREUIL ET BEGON, LE 12 9bre 1716.

Marquent que lors de l'établissement du conseil supérieur en Canada, il n'a point été crée de procureur pour y postuler. Les parties étoient reçues à y plaider elles-mêmes, comme elles le font encore, et pendant un fort longtemps il n'y a eu d'autres praticiens que les huissiers et les notaires, qui même étoient peu versés dans leur profession.

Tout s'y faisoit de bonne foi, sans s'attacher aux formalités des ordonnances, ni de la coutume; mais, depuis quelques années, plusieurs de ces huissiers et notaires se sont ingérés de travailler comme procureurs, d'entreprendre des procès, de donner conseil aux parties et de faire leurs écritures.

Pour se procurer plus d'affaires, ils s'ingèrent de rechercher les défauts de formalités qui se peuvent trouver dans les décrets ou dans les donations et les défauts d'ensaisinement des contrats d'acquisition, ou d'inféodation, pour pouvoir intenter des retraits soit lignagers soit féodaux.

Comme ces recherches sont très onéreuses dans une colonie, non seulement parce qu'elles troublent le repos des familles, les consomment en frais, mais encore parce qu'elles détournent les habitants de la culture des terres et les négociants de leur commerce, il seroit nécessaire, pour le repos des familles, que le Roi voulût bien rendre une déclaration par laquelle Sa Majesté valideroit tous les décrets, donations et acquisitions, jusques en l'année 1710 inclusivement, sans que qui que ce soit pût être reçu à les attaquer par les défauts de formalités qui pourroient s'y trouver, ni à intenter aucune action en retrait lignager, ni féodal, sous prétexte que le contrat d'acquisition n'auroit pas été ensaisiné, ni inféodé.

Fait et arrêté par le conseil de marine, le 9 avril 1717.

Signé,   L.-A. DE BOURBON.
LE MARÉCHAL D'ESTRÉES.
Par le conseil,
Signé :   LACHAPELLE.

En marge est écrit :

Le conseil n'approuve pas ce qu'ils proposent, à cause des conséquences, mais il faut que MM de Vaudreuil et Begon assistent aux conseils le plus souvent qu'ils pourront, pour empêcher les abus que ces huissiers et notaires veulent introduire.

L.-A. B.
LE MARÉCHAL D'ESTRÉES.

1717 — 12 avril
MONNAIE DE CARTES
HISTORIQUE DE CE QUI S'EST PASSÉ A CE SUJET

Le conseil de marine, avant que d'expliquer son avis sur ce qu'il y a à faire pour remédier aux inconvénients que l'introduction de la monnaie de cartes a produit en Canada, croit qu'il est à propos de rappeler tout ce qui s'est passé à ce sujet.

Il faut d'abord savoir que le feu Roi, par déclaration du 19 février 1670, ordonna une fabrication de menue monnoie d'argent et de cuivre, pour l'Amérique, de la valeur depuis 15^s jusqu'à 2 deniers.

La compagnie des Indes Occidentales qui subsistoit encore, elle a été révoquée par édit du mois de décembre 1674, obtint le 18 novembre 1672 un arrêt par lequel la valeur de cette monnoie fut augmentée d'un tiers en sus. Par le même arrêt il fut ordonné que toutes les espèces de monnoie de France qui passeroient en Amérique, y auroient pareillement cours pour le tiers en sus de leur valeur, et que les stipulations, contrats, achats et paiements y seroient faits en argent sur le même pied du tiers en sus.

Le motif de cet arrêt fut de faire rester en Amérique les espèces qui y passeroient de France. D'ailleurs, cet arrêt étoit très avantageux à la compagnie des Indes Occidentales. Elle payoit ses officiers avec cette monnoie sur le pied de l'augmentation. Elle achetoit les marchandises et denrées des habitants avec cette même monnoie, et elle trouvoit, dans l'un et l'autre cas, un bénéfice du tiers en sus. Elle ne faisoit pas un moindre profit sur les marchandises de France qu'elle vendoit en Amérique, parcequ'elle en augmentoit le prix à proportion de l'augmentation des espèces.

De là est venue la distinction des deux sortes de monnoie dans les colonies. On appelle l'une *monnoie de France*, en la prenant sur le pieds de la valeur qu'elle a en France. On appelle l'autre *monnoie du pays*, en la regardant sur le pied qu'elle a dans le pays. Suivant cette idée, une pièce de 10^s, monnoie de France, a cours en Canada pour

13ˢ 4ᵈ, un sol de 15ᵈ de France y a cours pour 20ᵈ, et les autres espèces à proportion.

Mais aujourd'hui cette augmentation de monnoie n'a rien de réel, et ne réside proprement que dans l'imagination, car il est certain que toutes les marchandises se vendent dans tous les pays suivant la proportion qu'il y a entre la monnoie avec laquelle elles sont achetées, et celle qu'on reçoit en les vendant. Et comme tout ce qui se porte en Canada s'achette en France, et que tous les retours s'y font, on suit dans tous les achats et ventes la proportion qu'il y a entre la différente valeur des espèces, suivant le cours qu'elles ont en France et en Canada, cela est si vrai que l'on aura en Canada pour 3 livres en monnoie de France ce qui y coûtera 4 livres en monnoie dite du pays.

On a cessé de connoître aux Iles de l'Amérique l'augmentation de la monnoie de France lorsque la compagnie des Indes Occidentales a cessé, et on n'y a plus parlé de la monnoie du pays, personne n'ayant intérêt de la soutenir.

Il n'en a pas été de même en Canada, où le castor et les équipements qu'on faisoit pour coureurs de bois, pour en aller faire la traite, ont donné lieu de continuer l'augmentation de cette monnoie.

Ces coureurs de bois sont des Canadiens qui vont dans les profondeurs des terres traiter le castor avec les sauvages. On leur avançoit dans la colonie une somme, monnoie du pays, qui leur étoit donnée en marchandises dont ils avoient besoin pour cette traite, et ils s'obligeoient de faire, à leur retour, le payment en castor de la même somme, monnoie de France. Par exemple, on donnoit à des coureurs de bois pour 3000 livres de marchandises, monnoie du pays, lesquelles ne valoient que 2250 livres, monnoie de France, et ils rendoient 3000 livres en castor, monnoie de France, ce qui donnoit un profit de 750 livres à celui qui équipoit, pour l'avance et les risques, pendant dix-huit mois ou deux ans que duroit ordinairement le voyage de ces coureurs de bois.

Quoique la traite du castor dans les bois ait cessée en partie, par la défense qu'il y a eue d'y aller, la distinction de la monnoie du pays et de celle de France a toujours continué, et subsiste encore aujourd'hui, de manière que la somme dont on convient dans les achats et ventes est censée du pays, à moins que l'on ne spécifie que c'est monnoie de France. Mais, outre que cette différence n'est à présent d'aucune utilité et qu'elle ne réside que dans l'imagination, comme on vient de l'expliquer, parceque les marchandises et effets se vendent en Canada plus cher d'un tiers en sus en monnoie dite du pays que s'ils étoient achetés en monnoie de France, le moyen qu'il paroît qu'on a voulu employer pour faire rester ces espèces dans les colonies, en y augmentant leur valeur, n'a pas eu l'effet qu'on s'étoit proposé, et on sait d'ailleurs par expérience que l'augmentation des espèces dans un pays n'est pas un moyen sûr pour les y faire rester.

C'est pourquoi le conseil proposera dans la suite de ce mémoire d'abroger cette différence de monnoie et d'ordonner que les espèces auront cours à l'avenir en Canada pour la même valeur qu'elles ont en France.

Mais auparavant il faut expliquer tout ce qui s'est passé à l'égard de la monnoie de carte, et le rapport qu'elle a avec les deux différentes valeurs de monnoie dont il vient d'être parlé.

Dans les premiers temps, le Roi envoyoit chaque année en Canada, sur un de ses vaisseaux, tous les fonds nécessaires pour les dépenses de l'année suivante. En sorte qu'il y avoit toujours chez le commis du trésorier général de la marine en Canada, des fonds suffisants pour payer les dépenses de l'année courante, jusqu'à l'arrivée du vaisseau qui apportoit de nouveau fonds.

Dans la suite, les fonds n'ayant pu être remis d'avance, on se contenta d'envoyer ceux de l'année courante, mais, comme le vaisseau qui les portoit n'arrivoit ordinairement en Canada qu'au mois de septembre ou d'octobre, et qu'alors presques toutes les dépenses de l'année étoient faites, M. de Champigny, qui y étoit intendant, fut obligé de faire de la monnoie de carte, pour satisfaire au courant des dépenses de l'année.

Les espèces de France ayant cours en Canada, ainsi qu'il a déjà été dit pour le tiers en sus de leur valeur, on a donné à la monnoie de carte la même valeur du tiers en sus, afin de lui conserver une juste proportion avec la monnoie dite du pays, ainsi une carte de 20 ^{s}, monnoie du pays, ne vaut que 15 ^{s}, monnoie de France, et les autres cartes de différentes valeurs à proportion.

Cette monnoie fut faite sur des cartes à jouer, coupées de différentes façons, suivant la différente valeur qu'on leur donna. La valeur étoit écrite sur chaque côté, de la main du commis du trésorier, et toutes les cartes étoient signées par le gouverneur général, par l'intendant et par le commis du trésorier. On y frappoit les armes du Roi et celles du gouverneur général et de l'intendant, on faisoit des procès-verbaux de la fabrication de ces cartes et, en même temps, le gouverneur général et l'intendant rendoient une ordonnance pour leur donner cours dans le pays. On a continué d'user de même à chaque fabrication de nouvelles cartes. On les donnoit au commis du trésorier pour lui tenir lieu des fonds qui auroient dû lui être remis de France, et il en donnoit son récépissé.

On en faisoit alors chaque année précisément pour la même somme qui devoit arriver de France par le vaisseau du Roi, et, à l'arrivée du vaisseau, l'intendant faisoit retirer exactement toute la monnoie qui avoit été faite au moyen des fonds qu'il recevoit et des lettres de change qu'il faisoit tirer sur les trésoriers généraux de la marine, pour la facilité du commerce. Toutes les cartes qu'on retiroit étoient rapportées par le commis du trésorier au gouverneur général, à l'intendant et au contrôleur de la marine, lesquels, après les avoir comptées et examinées, les faisoient brûler en leur présence et en dressoient un procès-verbal pour la décharge du commis du trésorier, à qui elles avoient été données pour fonds. Le même ordre s'adresse encore aujourd'hui pour les cartes qui sont brûlées.

Pour entendre ce que c'est que les lettres de change qu'on vient de dire que l'on tiroit sur les trésoriers généraux, il est à propos d'expliquer comment et pourquoi elles étoient données. Les officiers qui sont payés par le roi, ayant, de même que les habitants, moins besoin d'argent que des effets et marchandises qui leur sont nécessaires, aiment mieux être payés en France que dans la colonie.

Ils donnent leurs quittances d'appointement au commis du trésorier qui leur fournit des lettres de change sur le trésorier général, et ils les adressent à leurs correspondants en France, qui en reçoivent le paiement et leur envoient ensuite ce dont ils ont besoin. Ceux qui veulent faire remettre de l'argent en France le portent de même au commis du trésorier qui leur donne pareillement des lettres de change sur le trésorier général. Cet usage est établi pour la facilité du commerce.

Les intendants qui ont succédé à M. de Champigny ont continué de faire, chaque année, de la monnoie de carte pour satisfaire au courant des dépenses, et ils ont toujours retiré exactement toute celle qui étoit faite à l'arrivée du vaisseau qui apportoit les fonds de l'année.

Cela n'a causé aucun inconvénient jusqu'en 1709, que les fonds ont cessé d'être remis totalement, et les lettres de change d'être acquittées, ce qui a fait repasser en France le peu d'argent monnoyé qui pouvoit rester dans la colonie, si bien qu'on n'y a vu depuis ce temps que de la monnoie de carte.

Cette cessation d'envoi de fonds a donné lieu à la multiplication de cette monnaie, parce que, n'étant fait aucune remise de fonds pour la retirer, on a été obligé d'en fabriquer chaque année pour la somme qui auroit dû être envoyée de France.

Le montant en devint si considérable qu'on commença à douter dans le pays qu'elle fut jamais remboursée, ce qui la fit tomber dans un si grand discrédit, et augmenter à tel point le prix des marchandises, que le pays en souffrit infiniment et que le commerce en fut interrompu.

Cet inconvénient ayant fait faire prendre la résolution de l'éteindre entièrement, on supputa en 1714 qu'il y en avoit pour environ 1600000 livres, monnoie de France, et M. Begon, intendant en Canada, ayant marqué que les habitants se trouveroient heureux d'en être remboursés, en y perdant moitié, on détermina de retirer toute cette monnoie de carte sur le pied de la moitié de perte, à quoi les habitants consentoient, mais les 800000 livres qu'il falloit remettre étant une somme trop considérable pour en faire la remise en une seule fois, on résolut de la payer en cinq ans et de faire à cet effet chaque année un fond de 160000 livres en argent qui absorberoit pour 320000 livres de monnoie de carte. Les ordres furent donnés en conséquence et depuis il a été tiré sur le tresorier général pour 577,600 livres de lettres de change qui ont dû éteindre pour 1,155,380 livres de monnoie de carte, de sorte qu'il n'en devroit plus rester à présent que pour environ 450,000 livres.

NOTA : De ces 577600 livres de lettres de change, il en reste à payer pour 257690 livres, savoir : en mars 1717, pour 160000 livres, et en mars 1718, pour 97690 livres.

Mais les fonds de 1714 et de 1715 n'ayant pu être remis, on a été dans l'obligation, pour payer les dépenses de ces deux années, de conserver partie de la monnoie de carte qui auroit dû être brûlée, en sorte qu'il y en a encore actuellement pour environ 1,300,000 livres, monnoie de France, et elle est si décriée, que les habitants, dans leur propre commerce, ne la prennent au plus que pour la moitié de sa valeur.

Comme les mêmes raisons qui avoient fait prendre la résolutions de la supprimer subsistent plus que jamais, il est évident que le plus grand bien qu'on puisse faire à la colonie est de prendre des mesures pour en bannir à jamais cette espèce de monnoie.

On propose à cet effet de continuer à en retirer chaque année pour 160,000 livres sur le même pied de la moitié de perte, et pour empêcher qu'on en fasse de nouvelle, à l'avenir, il sera indispensablement nécessaire d'envoyer dorénavant les fonds par avance, suivant qu'il se pratiquoit avant l'introduction de cette sorte de monnoie.

Cependant, comme il n'est pas possible de faire un pareil envoi cette année, on sera obligé de fabriquer, pour la dernière fois, de la nouvelle monnoie de carte, pour la dépense d'une année, et d'envoyer en même temps le fonds en argent d'une autre année, au moyen de quoi ce qui sera fait de carte paiera les dépenses de l'année courante 1717, qui seront déjà dûes, pour la plus grande partie, à l'arrivée du vaisseau, et le fonds qu'on enverra en argent se trouvera porté d'avance, comme cela se faisoit autrefois, pour l'année 1718, ce qui se continuera dans la suite au moyen du même fonds qui sera porté tous les ans.

Les dépenses ordinaires de cette colonie sont de 315,000 livres payées sur les fonds de la marine et de 95000 livres sur la ferme du domaine d'occident, il n'est question ici que de ce qui est payé sur les fonds de la marine, parce que ceux assignés sur la ferme du domaine ont toujours été acquittés sur les lieux, chaque année, par le fermier, sans interruption.

On peut prendre deux partis à l'égard de la fabrication de la monnoie de carte qu'on propose de faire encore pour une année, l'un de la faire différente de celle qui existe actuellement, et d'ordonner que cette nouvelle monnoie aura cours en Canada pour la même valeur que la monnoie de France.

L'autre parti est de la faire semblable à celle qui existe à présent. Si l'on suit ce dernier parti, il faudra en ce cas faire fabriquer de cette monnoie pour une fois autant que la somme qui devroit être remise en argent pour la dépense d'une année, en sorte que la dépense d'une année étant de 315,000 livres, il faudra faire de la monnoie de carte pour 630,000 livres, parce que, comme le Roi ne remboursera toute la monnoie de carte que sur le pied de la moitié de sa valeur, il ne seroit pas juste de la donner en paiement pour sa valeur entière.

On a ci-devant fait observer qu'il est absolument nécessaire d'envoyer d'avance les fonds d'une année, suivant l'usage qui se pratiquoit autrefois, parce qu'il ne va qu'un vaisseau du Roi, chaque année, dans la colonie, où il faut que les officiers et soldats soient payés chaque mois, comme partout ailleurs, ce qui ne se peut, à moins que le vaisseau d'une année ne porte tous les fonds qu'il faut jusqu'à l'arrivée de celui qui doit aller l'année suivante.

Si on vouloit se dispenser d'envoyer les fonds d'avance, il n'y auroit d'autre moyen que celui de rétablir l'usage de faire de la monnoie de carte pour les dépenses d'une année, et de la retirer, comme on faisait par le passé, à l'arrivée des fonds, qui seroient portés par les vaisseaux du Roi, mais, quoique on ait dit que cela n'a produit aucun préjudice dans les commencements, on ne pourroit rétablir aujourd'hui cet usage sans beaucoup d'inconvénients, parce que cette monnoie étant décriée au point qu'elle l'est, les habitants du pays craindroient que si après la suppression on en fabriquoit encore de nouvelles, on en voulut rétablir un usage dont on est si mécontent, ainsi l'envoi des fonds par avance est le seul expédient qui puisse remédier à tous les inconvénients.

Il reste à établir un ordre pour faire acquitter tout le monde, y compris celle qu'on fera encore pour la dépense d'une année.

On a supputé que ce remboursement sur le pied de 160,000 livres par an durera jusqu'en 1724 inclusivement.

Comme il ne seroit pas juste qu'il dépendit de personne de faire payer les uns préférablement aux autres, il est à propos d'ordonner à l'intendant de faire un rôle exact de tous ceux qui lui remettront des cartes pour avoir des lettres de change. S'il ne lui en étoit remis que pour les 160,000 livres de lettres de change à tirer chaque année, il n'y auroit point de difficultés, mais comme vraisemblablement il lui en sera apporté les premières années pour des sommes beaucoup plus considérables, il faudra qu'il fasse tirer les lettres de change au sol la livre, c'est-à-dire qu'il fasse une juste répartition des lettres de change à proportion de ce que chacun lui aura remis en monnoie de carte, de sorte qu'en ne tirant que pour 160,000 livres de lettres de change par an, chacun y ait une part proportionnée au montant de la monnoie de carte qui aura été apportée à l'intendant.

Pour empêcher qu'on ne se serve des cartes qui auront été retirées chaque année au moyen des lettres de change qu'on tirera sur le trésorier général, il sera ordonné au gouverneur général et à l'intendant de brûler exactement, comme il s'est pratiqué par le passé, toutes les cartes pour lesquelles il aura été donné des lettres de change, et il sera aussi défendu au commis du trésorier en Canada, de payer à l'avenir autrement qu'en argent lorsqu'il aura une fois payé les dépenses de cette année avec la monnaie de carte qui doit être fait à cet effet.

A l'égard du fonds de 160,000 livres qu'il faudra chaque année, pour acquitter les lettres de change qui seront tirées jusqu'en 1724, il est à propos d'expliquer ce qui a été fait sur cela par le passé.

M. de Pontchartain et M. des Maretz jugèrent à propos de ne point faire tirer ces lettres sur les trésoriers généraux, chacun pour ce qu'ils devoient des années de leurs exercices, afin d'ôter de l'esprit des habitants que ces lettres pourroient avoir le même sort que celles qui avoient été tirées dans les derniers temps pour le courant des dépenses, lesquelles ils ont été obligés d'employer en rentes.

Ils convinrent de faire tirer ces lettres sur M. Gaudion seul, afin de persuader aux habitants que c'étoit une affaire nouvelle et qu'il seroit fait de nouveaux fonds pour cela. Ils convinrent effectivement d'en faire le fonds au trésor royal sur ce qui restoit dû à ce trésorier de ses exercices de 1710 et 1713. Il fut aussi convenu qu'il se chargeroit en recette extraordinaire au profit du Roi du bénéfice de la moitié de la valeur de la monnoie de carte et que les autres trésoriers lui fourniroient des récépissés comptables pour ce qui regarderoit leurs exercices.

En conséquence, les ordres furent donnés à Québec, et il a été tiré des lettres de change pour les années 1715, 1716, 1717, et partie de 1718.

Les fonds des deux premières années ont été faits et les lettres sont acquittées.

Il reste à faire ceux pour l'acquittement de celles de 1717 qui sont échues, et, dans la suite, il faudra continuer le fonds de 160000 livres par année jusqu'en 1724 inclusivement.

Il reste encore à examiner ce qu'il convient de faire par rapport à la valeur que la monnoie de carte a dans la colonie.

On a expliqué que cette monnoie a cours dans le pays pour son entière valeur pendant que le Roi ne la retire que sur le pied de la moitié de perte. Cette différente de la valeur des cartes ne peut produire aucune utilité parce que les négociants ne pouvant plus s'en servir pour faire leurs retours en France qu'à moitié de perte, augmentent le prix de leurs marchandises au moins de la moitié et, par une suite nécesaire, les habitants, leurs denrées et les ouvriers, leur travail à proportion.

Mais, bien que cette différence de la valeur des cartes soit d'aucune utilité, elle cause un grand désordre dans la colonie, parce que comme ces cartes y ont cours pour leur entière valeur, en vertu des ordonnances rendues par le gouverneur général et l'intendant, lors de leur fabrication, le créancier ne peut refuser de son débiteur le paiement de ce qui lui est dû en cette sorte de monnoie sur le pied de sa valeur entière, et comme souvent le débiteur l'a eue par son commerce pour la moitié de sa valeur, il trouve moyen de payer, avec la moitié de ce qu'il doit, son créancier qui ne devant rien à personne, ne peut s'en défaire qu'à moitié de perte.

Ceux qui ont des rentes dont le fonds leur est remboursé en cette sorte de monnoie, ceux qui ont fait des prêts et les autres créanciers de cette espèce, perdent aussi moitié sur les remboursements qu'on leur fait, ce qui donne lieu à beaucoup d'injustices et cause, en général, un grand dérangement dans le commerce. Il y a même actuellement des procès sur ces sortes de remboursements de rentes et de prêts faits, dont le conseil supérieur éloigne le jugement, voyant qu'il ne peut décider sans faire injustice.

Pour remédier à ce désordre, le seul expédient est de ne donner cours à cette monnoie que pour la moitié de sa valeur, comme le Roi ne la retire que sur ce pied-là et qu'elle ne vaut pas davantage dans le commerce, personne n'y sera lésé, à l'exception des débiteurs usuraires dont l'espèce vient d'être expliquée et dont la cause n'étant pas favorable, ne doit pas arrêter.

Sur tout ce qui est exposé par ce mémoire l'avis du conseil de marine est qu'il est nécessaire que le Roi rende une déclaration par laquelle il soit ordonné :

1º Qu'il ne sera plus fait de monnoie de carte en Canada que pour les dépenses de cette année courante seulement, et que, pour éteindre entièrement toute cette monnoie, Sa Majesté en remboursera, chaque année, pour 160,000 livres, dont il sera tiré des lettres de change sur le trésorier général de la marine, en la manière expliquée ci-dessus, lesquelles seront exactement acquittées à leur échéance.

2º Que jusqu'à l'entière extention de cette monnoie, elle n'aura plus cours dans le pays que pour la moitié de la valeur qu'elle y a actuellement, et que le commis du trésorier la recevra sur ce même pied pour les lettres de change pu'il fournira.

3º Pour abolir la monnoie imaginaire du pays, il sera ordonné par la même déclaration que les espèces de France qui ont cours dans les colonies sur le pied du tiers en sus de leur valeur, n'y auront plus cours que pour la même valeur qu'elles ont en France, et que toutes les stipulations, contrats, billets, achats et paiements s'y feront sur le pied de la valeur des espèces suivant le cours qu'elles ont en France.

En marge est écrit : Pour être porté au Conseil de Régence.

Signé : L.-A. B. L. M. D.

DÉCISION DU CONSEIL DE RÉGENCE.

Approuvé l'avis du conseil, et si on ne peut pas trouver des expédients pour payer présentement toutes les monnoies de carte en argent, on en fera encore pour payer les dépenses de l'année mil sept cent dix-sept, et les fonds d'une année seront aussi envoyés en argent qui serviront pour l'année suivante.

Signé : L.-A. B. L. M. D.

A la suite du dit mémoire est écrit :
Fait et arrêté par le conseil de marine le 12 avril 1717.

Signé :   L.-A. DE BOURBON.
           LE MARÉCHAL D'ESTRÉES.

Par le conseil,

Signé : LACHAPELLE.

1717 — 11 mai

LE CONSEIL DE MARINE

LETTRE DE NOBLESSE DE M. DE TONNANCOURT

Le sieur Godefroy de Tonnancourt, lieutenant général de la juridiction des Trois-Rivières, représente que son aïeul, Jean Godefroy, a travaillé un des premiers à former cette colonie et a dépensé beaucoup de bien, tant à défricher des terres qu'au service du Roi contre les Iroquois qui faisoient, pour lors, une cruelle guerre aux François, il étoit journellement aux mains avec ces sauvages, étant accompagné d'un de ses frères et de dix de ses enfants, dont cinq furent tués, et son frère brûlé par ces barbares ; Sa Majesté, en considération de ses services, lui accorda des lettres de noblesse en 1668, qui lui furent remises par M. Talon, intendant de Canada, ce qui se justifie par les lettres qu'il lui écrivit les 16 septembre et 10 novembre de la même année, mais ces lettres de noblesse étant adressées au parlement de Paris, ne purent être enregistrées au conseil supérieur du pays, et furent remises à M. Duchesneau, pour lors intendant, qui en envoya copie à M. Colbert.

Ce ministre répondit en 1677 qu'il avoit besoin de l'original pour le mettre sous le contre scél des lettres de changement d'adresse, cet original lui fut envoyé ; mais soit qu'il ait péri en chemin ou qu'il ait été égaré dans son bureau, il n'a jamais pû être retrouvé quelque diligence qu'on ait pu faire.

Il est hors de doute que M. Colbert savoit parfaitement que ces lettres avoient été accordées puisqu'il envoya l'année 1678 un ordre du roi (cet ordre n'est point rapporté) portant injonction au dit conseil supérieur de procéder à leur enregistrement nonobstant que l'adresse en fut faite au Parlement de Paris.

Cet ordre qui est au greffe du conseil n'a pu être exécuté, ces lettres étant perdues, cependant cela n'a pas empêché M. Duchesneau de rendre une ordonnance, le 8 juillet 1681, par laquelle il maintient le dit Godefroy dans son état d'anobli, et défend de l'inquiéter, à peine de 150 livres d'amende.

M. de Meulles, autre intendant de Canada, qui avoit ordre de faire rechercher les faux nobles, l'a pareillement maintenu par son ordonnance du 8 juin 1685. Il rapporte copie collationnée des lettres et ordonnances.

Il supplie le conseil de le faire jouir de ce titre et marque d'honneur, accordés à son aieül, en lui procurant la ratification et confirmation de ces lettres de noblesse.

Ce mémoire a été envoyé par MM. de Vaudreuil et Begon qui marquent qu'il y a de la justice que le conseil accorde des lettres qui maintiennent le sieur de Tonnancourt, et les descendants de son aieül, dans leur noblesse, le dit sieur de Tonnancourt étant un très bon sujet dont le père et le grand père ont toujours bien servi le Roi, et leur famille étant une des plus considérables du pays.

OBSERVATION

Ces lettres de noblesse ont été recherchées au depôt et n'y ont pas été trouvées, n'y ayant point de régistres de ce temps-là.

Comme M. de Lionne avoit la marine en 1668, on a recherché au bureau des affaires étrangères, on y trouve seulement sur un inventaire de pièces, qu'au mois de mars de la dite année, il a été expédié quatre lettres de noblesse pour gens de Canada dont les noms ne sont point marqués.

Il y a apparence que celles du susdit Godefroy étoient du nombre, cependant comme on ne retrouve point ses lettres, il ne paroit pas possible d'en accorder la confirmation.

Si le conseil veut avoir égard à la demande de cette famille, il sera nécessaire d'accorder de nouvelles lettres d'anoblissement aux descendants du dit Jean Godefroy.

En ce cas, il conviendroit d'écrire à MM. de Vaudreuil et Begon d'envoyer les noms de ses descendants, avec des mémoires des services qu'ils ont rendus, afin qu'on pût dresser ces lettres, et d'envoyer aussi copie collationnée de l'ordre du roi au conseil supérieur de Québec, de procéder à l'enregistrement des lettres de feu Jean Godefroy, nonobstant que l'adresse en fut faite au parlement de Paris, pièce que le sieur de Tonnancourt a citée et qui n'a point été remise.

En suite est écrit : Pour être porté à Monseigneur le Duc d'Orléans.

Décision de S. A. R.

Lui expédier des lettres de confirmation de noblesse, en énonçant que les premières ont été perdues.

Fait et arrêté par le conseil de marine tenu le 11 mai 1717.

Signé :   L.-A. DE BOURBON.
    LE MARÉCHAL D'ESTRÉES.

Par le Conseil,

Signé : LA CHAPELLE.

1717 — 18 juin
LE CONSEIL DE MARINE
AU SUJET DE PROCÉDURES JUDICIAIRES

Le sieur Collet, ayant représenté au Conseil qu'il croit du bien public de faire rassembler dans une ordonnance, toutes les dispositions qui doivent être observées, soit de l'ordonnance de 1667, soit du règlement de 1678, ou des édits de 1679 et 1685, et de retrancher les appointements pour abréger les procès, ayant offert de faire ce travail qui pourra servir pour toutes les colonies, le conseil a ordonné de savoir de lui si c'est en France ou en Canada qu'il compte faire ce travail, quel temps il compte y employer, quelle dépense ce seroit pour le Roi.

Le sieur Collet croit qu'il sera plus à propos qu'il fasse ce travail ici, pour éviter la quantité d'écriture qu'il seroit obligé de faire pour rendre raison de chaque article, ce qu'il fera aisément de bouche à celui que le Conseil voudra bien nommer pour examiner son ouvrage à mesure qu'il l'avancera. A l'égard de la dépense il demanderoit au Conseil une somme de 1000 livres pour pouvoir subsister ici, outre les appointements qu'il a, il compte que cet ouvrage sera fini bien avant le départ des vaisseaux de l'année prochaine.

Il y aura, outre cela, les frais de l'impression, il observe que si cette ordonnance est rendue générale pour toutes les colonies, il pourra se trouver des libraires qui en feront l'impression pour la débiter aux particuliers.

En marge est écrit: Le conseil ne juge pas à propos qu'il y travaille.

Il fera mieux de repasser en Canada où sa présence sera plus utile à la colonie.

Fait et arrêté par le Conseil de Marine le 18 juin 1717.

Signé: L.-A. DE BOURBON.
LE MARÉCHAL D'ESTRÉES.
Par le Conseil:
Signé: LACHAPELLE.

1717 — 26 juin
LE CONSEIL DE MARINE
EXTRAIT D'UNE LETTRE A M. DE VAUDREUIL

Monsieur,

Le Conseil a reçeu les lettres que vous avez écrites en octobre et 13 novembre de l'année dernière.

Il a aprouvé que vous ayez permis aux sieurs de la Morandière et de la Longueville, officiers destinés pour la Louisiane, d'emmener avec eux les hommes qui leur sont nécessaires pour les conduire à leur destination, et il est nécessaire que ces officiers s'y rendent cette année.

Le Conseil aprouve que vous viviez bien extérieurement avec les gouverneurs des colonies angloises, et vous recommande d'avoir toujours la même attention sur les pratiques que ces gouverneurs pourroient faire avec les Nations, afin de pouvoir empêcher ce qui seroit préjudiciable à l'intérêt de la colonie.

Il a vu avec plaisir que le sieur Hunter, gouverneur de la Nouvelle-York, est dans le sentiment de croire que le commerce des François et des Anglois ne soit pas utile aux deux nations, vous devez l'entretenir dans ces sentiments et l'engager à le défendre sévèrement dans son gouvernement, le conseil vous recommande d'y donner tous vos soins pour l'empêcher de votre côté, et le Roy veut que les François qui le feront, soient sévèrement punis, et que toutes les marchandises du cru et de fabrique étrangère, soient bruslées conformément à l'ordonnance qui a esté rendue l'année dernière. Le Conseil est satisfait de ce que vous avez renvoyé plusieurs Anglois venus à Montréal, avec passeport, et vous avez bien fait de les faire garder à vue pendant le peu de séjour qu'ils y ont fait, pour les empecher de s'aboucher, ny de commercer avec aucun François, ny sauvage.

Il vous recommande de continuer d'agir avec les mêmes précautions par rapport à ceux qui pourront venir par la suite, pour qu'ils se dégoûtent de ces tirages qui ne conviennent point au bien de la colonie, ny à l'avantage du royaume..............................

Vous verrez par le mémoire du roy que Sa Majesté est très contente de la manière dont cette guerre a esté finie. Elle vous recommande de faire tout ce qu'il faut pour que la paix soit durable et pour que toutes les nations d'en haut vivent en bonne intelligence. La guerre ne convient point dans une colonie, et on doit l'éviter autant qu'il est possible, à moins que l'on y soit absolument obligé..................................

Il y a lieu de croire, parce que vous marquez, que le fils de M. de Ramezay, et celui de M. de Longueuil, n'ont point été tués en revenant des Illinois, comme on l'a dit dans la colonie, et il y a apparence que les Kaskasias les auront livrés aux Anglois, le Conseil a trouvé bon que pour les retirer de leurs mains vous envoyiez à la Nouvelle-York, que vous en escriviez au gouverneur et à celuy de la Caroline, et en cas que vous ne puisiez les ravoir, et que vous appreniez qu'ils y soient, vous en donnerez avis au Conseil, afin qu'il puisse les faire réclamer en Angleterre..

1717 — 27 juillet

LE CONSEIL DE MARINE

POUR LE SIEUR DAUTEUIL

Le sieur Dauteuil, 13 juillet 1717, n'ayant point fixé les affaires qu'il a en France, il n'a pu profiter du passage qui lui avait été accordé pour retourner en Canada avec sept engagés.

En marge est écrit : A la bonne heure, le Conseil y consent. Comme il connoit parfaitement l'état de la colonie, et ce qui peut lui être de plus avantageux, il offre tout ce qu'il sait sur cela et d'en conférer avec telle personne que le Conseil voudra lui prescrire.

En marge est écrit : le Conseil n'a rien à lui communiquer.

Fait et arrêté par le Conseil de Marine le 27 juillet 1717.

Signé : L.-A. DE BOURBON. -
LE MARÉCHAL D'ESTRÉES.

Par le Conseil,

Signé : LACHAPELLE.

1717 — 3 août

LE CONSEIL DE MARINE

AU SUJET D'UNE MANUFACTURE DE CHAPEAUX

La Lande, maistre chapelier de Paris, propose d'établir en Canada une manufacture de chapeaux de pûr castor, laquelle seroit très avantageuse à la colonie par le commerce considérable qu'on feroit de ces chapeaux, tant pour la France que pour les pays étrangers, en payant à S. M. les droits qui seront réglés. Il supplie le conseil de lui accorder pour cet établissement un privilége exclusif pendant 12 années.

La liberté d'acheter en tels lieux qu'il voudra les peaux et les autres choses qui lui seront nécessaires.

Et la permission d'emmener, en une ou plusieurs fois, le nombre d'ouvriers qu'il jugera à propos, et de les engager pour les 12 années, avec défense à eux de quitter leur travail, en les payant, à peine d'être punis suivant que les juges des lieux l'ordonneront.

En marge est écrit : Néant. La compagnie

du Mississipi ayant le privilége exclusif du castor.

Fait et arrêté par le conseil de marine, le 3 août 1717.

Signé :   L.-A. DE BOURBON.
                LE MARÉCHAL D'ESTRÉES.

Par le conseil,

         Signé :   LACHAPELLE.

1717 — 18 août

LE CONSEIL DE MARINE

AU SUJET DE TERRAINS POUR M. DUCHESNAY

Le sieur Duchesnay représente que ses ancêtres ont le plus contribué à l'établissement de la Nouvelle-France, où ils se transportèrent aussitôt que la découverte en fut faite, et y portèrent des biens considérables.

Ils obtinrent, en cette considération, des terrains à titre noble qu'ils ont si bien établis, qu'ils sont d'un secours et d'un ornement considérable à la ville de Québec, mais comme leurs familles se sont augmentées, et que le suppliant se trouve l'aîné de onze enfants vivants, ces terrains qui ne peuvent être augmentés en circonférence, se trouvent trop petits, et il est obligé d'en demander d'autres pour les établir et les laisser pareillement à ses descendants.

En marge est écrit : Envoyer à MM. de Vaudreuil et Begon pour avoir leur avis ; néant absolument sur le titre noble.

Il s'est appliqué dès sa jeunesse à la navigation et à connaître le pays par ses différents voyages, il a contribué à la défense du Port-Royal de l'Acadie, la première fois qu'il fut attaqué par les Anglois, il y mena 60 canadiens à travers le bois et les neiges et y fut blessé.

Il a aussi employé ses connoissances pour le bien du Canada, par un commerce avantageux au pays, par la construction d'un moulin à scie et de plusieurs navires.

C'est dans les mêmes vues qu'il supplie le Conseil de lui accorder la concession en titre de fief, et avec les mêmes droits que les autres terres concedées à ses ancêtres, et à d'autres particuliers, de quelques petites îles situées au dehors de la rivière de St. Laurent, entre l'île de Terre-Neuve et l'île Royale, nommées îles de la Madeleine, île Brion, îles Ramées et îles aux oiseaux, avec leur dependances, sur lesquelles il pourra établir la chasse des renards, et une tuerie de vaches marines et de loups marins.

OBSERVATION.

Les iles que demande le sieur du Chesnay sont peu connues. Le sieur Aubert a été du Canada faire la tuerie des loups marins et des vaches marines aux îles de la de la Madeleine, on prétend qu'il y a une pêche de morue à l'île blanche, qui est la plus grande de ces îles, le terrain en est mauvais.

Les îles Brion et les îles Ramées sont très peu connues. Pour les îles aux oiseaux, il n'y a aucun bois dessus et elles sont blanches de plumes d'oiseaux, et toutes pleines de nids pendant l'été.

Il peut y avoir quelques pelleteries dans toutes ces îles. On ne croit pas qu'on puisse y faire d'autres établissements que pour la pêche et la chasse, en cela elles sont conformes au terrain qui se trouve au bas du fleuve St.-Laurent, où il y a deux concessions aux sieurs de Courtemanche et Constantin (Les brevets sont ci-joints) sans aucun titre et seulement à vie, et tant qu'on les fera valoir par les pêches et par la chasse.

Il demande aussi une terre dans le gouvernement de Montréal, située au nord de la grande rivière, au bout de la concession qui a été accordée à MM. du Séminaire de St-Sulpice, de dix lieux en montant le long de la dite grande rivière, sur dix lieues de profondeur, il projette d'y faire des établissements, exploitations et manufactures considérables. Il s'oblige de faire passer sur ces terrains, à ses frais, jusqu'à 200 hommes, dans l'espace de cinq années, et de leur faire les avances nécessaires en la manière ordinaire, pour leur établissement, et d'en rapporter certificat des gouverneur et intendant, au bout de ce terme, à peine d'être privé des dites concessions.

Il attend la réponse du Conseil suivant laquelle il pourra faire embarquer sur son navire, qu'il fait passer de St.-Malo à la Rochelle, les hommes et les choses nécessaires pour les établissements.

Fait et arrêté par le Conseil de marine le 18 août 1717.

 Signé : L.-A. DE BOURBON.
     LE MARÉCHAL D'ESTRÉES.
Par le Conseil,
  Signé : LACHAPELLE.

1717 — 7 décembre
LE CONSEIL DE MARINE
CHANGEMENT DE LA MISSION DU SAULT ST.-LOUIS

Extrait du mémoire du Roi à MM. de Vaudreuil et Begon, du 15 juin 1716.

Le sieur Begon a informé de la nécessité qu'il y avoit de changer le village des Sauvages de la mission du Sault St.-Louis, et de le transporter plus haut, parce que les terres où sont présentement ces sauvages, sont usées. Sa Majesté approuve ce changement, et à ordonné un fonds de 2000 livres à compte de la dépense qu'il conviendra de faire pour déserter deux arpents en carré et y faire une enceinte de pieux, avec un nouveau fort et une église, et elle charge le dit sieur de Vaudreuil de faire en sorte que cette somme suffise pour mettre en état tous ces ouvrages, en engageant les sauvages de contribuer par leurs travaux à la construction de ce fort. En marge est écrit : Le Conseil croit qu'il faut pas de nouvelles lettres de patentes accordés aux jésuites, conjointement avec les iroquois, les terres du Sault St. Louis, qu'ils viennent de quitter, celles où ils s'établissent de nouveau actuellement, la lieue et demie d'augmentation concédée par M. de Frontenac—(ou les point assujétir à la construction du fort) —(on croit qu'il conviendroit d'envoyer un fonds de 1000 livres pour bâtir le fort)—Décision de S. A. R. approuvé l'avis du Conseil et ne point accorder ces terres à perpétuité.

EXTRAIT DU MÉMOIRE DU ROI, DU 26 JUIN 1717.

Le procureur des Jésuites du Canada a exposé que les terres de cette mission leur ont été accordées, et à ses sauvages, il y a 40 ans, qu'ils ne les quittent que pour un temps, et que les missionnaires les feront cultiver pour subvenir à leurs besoins, et les aider à bâtir une église qui puisse contenir le grand nombre de sauvages de cette mission, et il a demandé la confirmation de ces terres, pour empêcher que les autres ne vinssent les occuper, comme ces religieux n'ont point représenté les titres de la première concession qui en a été faite, Sa Majesté n'a rien pu statuer à cet égard, et elle souhaite que les sieurs de Vaudreuil et Begon les envoyent et marquent en même temps leur avis.

Ils auront soin que le fonds de 2000 livres, ordonné pour la changement de cette mission, suffise pour cette dépense, à laquelle le sieur de Vaudreuil doit exciter les sauvages de contribuer de leur part.

Le 20 octobre 1717, MM. de Vaudreuil et Begon marquent qu'ils ont averti les jésuites que Sa Majesté souhaitoit que ces 2000 livres suffisent, et que les sauvages y contribuent de leur part.

Ils ont représenté que cette somme ne suffisoit pas à beaucoup près, pour la dépense à faire, tant pour la bâtisse de l'église et de leur maison, que pour le fort de pieux, et qu'ils sont déjà fort chargés par l'obligation où ils sont de fournir aux besoins des sauvages de cette mission, qui est composée de 8 à 9000 personnes, tout compris, le Roi ne leur donnant que 500 livres pour cette mission, ce qui est très peu de chose.

Ils ont déjà bâti leur maison dans un nouvel endroit qui a été choisi pour y transporter cette mission, le terrain destiné pour y faire le fort est défriché, et une partie des sauvages s'y sont déjà venus établir avec un missionnaire qui y réside, et ils comptent de faire les bois nécessaires pendant l'hiver, pour la batisse de l'église.

MM. de Vaudreuil et Begon estiment que si Sa Majesté n'est pas dans le dessein de rien donner de plus que la somme de 2000 livres pour cette batisse, et qui ne sont payées qu'en monnoie de cartes, il y auroit de la justice que pour indemniser les jésuites de la dépense qu'ils ont faite et de celle qu'ils auront à faire dans la suite, il plut à Sa Majesté de leur accorder à perpétuité les 2 lieues de front sur pareille profondeur qui leur ont été concédés au Sault St-Louis, suivant les lettres patentes du 29 juin 1680, à condition que lorque les Iroquois les abandonneront elles appartiendront toutes défrichées à Sa Majesté, ensemble un restant de terre d'une lieue et demie de longueur à prendre depuis la dite terre du Sault en montant vers la seigneurie de Chateaugué, sur deux lieues de profondeur, qui leur a été accordé aux mêmes conditions par concession de MM. de Frontenac et Duchesneau, du 31 Octobre 1680.

Il leur paroit qu'il y a d'autant plus de justice de leur accorder cette terre, avec l'augmentation, que depuis 37 ans qu'ils l'ont, ils n'en ont retiré aucun profit, et qu'après que le village sera transporté où il doit être placé, les jésuites ne pourront profiter des terres des sauvages qui comptent d'y retourner, après que les terres qu'ils quittent seront reposées et qu'ils ne pourront placer de François, dont le voisinage ne peut compatir avec les sauvages.

OBSERVATION.

Les Jésuites, par leur mémoire donné en 1715, ont demandé la confirmation de ces terres, exposent que les Sauvages ne les quittent que pour un temps, que les missionnaires les feront cultiver pour subvenir à leurs besoins et les aider à bâtir une église qui puisse contenir le grand nombre des sauvages de cette mission. Par les concessions de ces terres, elles doivent revenir au Roi toutes défrichées, quand ces sauvages les quitteront.

On ne peut point dire qu'ils les quittent à présent, puisqu'ils ne font que s'éloigner de l'endroit qu'ils ont cultivé, à cause que les terres sont usées, pour en habiter une autre au-dessus, voilà l'état des choses.

MM. Vaudreuil et Bégon proposent d'accorder à perpétuité ces terres aux Jésuites pour les indemniser des dépenses qu'ils ont faites pour cette mission, et de celles qu'ils auront à faire, et on proposeroit d'accorder seulement un arrêt ou un brevet par lequel il seroit dit que ces terres resteroient pour cette mission et que les missionnaires de ces sauvages pourront faire ensemencer les terres défrichées, pour les aider à bâtir l'église et fournir à leurs besoins.

Fait et arrêté par le Conseil de Marine, le 7 Décembre 1717.

Signé : L.-A. DE BOURBON.
LE MARÉCHAL D'ESTRÉES.

Par le Conseil,
Signé : LACHAPELLE.

1717 — 7 décembre

LE CONSEIL DE MARINE

AU SUJET D'UNE LETTRE DE MM. DE VAUDREUIL
ET BEGON, DU 20 OCTOBRE 1717.

Il y a été envoyé de l'eau-de-vie au fort Frontenac pour empêcher que les Sauvages n'y en apportent d'Orange, et elle y a été distribuée avec tant de précaution qu'elle y a produit tout le bon effet qu'on pouvoit désirer, sans qu'il y soit arrivé le moindre désordre.

Nota.—La traite se fait dans ce poste pour le compte du Roy, et il a été permis d'y traiter de l'eau-de-vie avec modération.

M. de Vaudreuil ménage les sauvages du continent de manière qu'il n'y a pas lieu de craindre qu'ils se séparent des intérêts de la colonie, et il est fort attentif sur toutes les démarches que font les Anglois pour pénétrer dans les endroits où ils n'ont pas encore porté leur commerce, s'il s'aperçoit qu'ils se mettent en état d'y faire quelque établissement, il ne manquera pas de s'y opposer par toute sorte de voyes, après en avoir néantmoins averty les gouverneurs anglois.

En conformité des ordres du Roy, ils ont obligé le sieur de Tonty, commandant et ayant l'exploitation du poste du détroit, d'y entretenir à ses dépens un aumonier, un chirurgien et un interprète, et d'y faire porter tout ce qui est nécessaire pour la garnison, et lui ont déclaré que Sa Majesté ne vouloit faire aucune dépense pour ce poste, M. de Vaudreuil lui a aussi défendu d'envoyer faire la traite chez les autres Nations.

Le dit sieur de Tonty l'a informé que le printemps dernier, lorsqu'il montoit au détroit, il rencontra près de Niagara 17 canots sauvages du détroit, qui alloient à Orange pour y porter leurs pelleteries, et en rapporter de l'eau-de-vie de canne de sucre, il en engagea une partie à retourner avec lui au détroit, tous ayant promis de leur donner les marchandises à meilleur marché que le passé, et l'autre partie à Montréal, en leur promettant que l'on leur feroit donner de l'eau-de-vie et les marchandises à bon marché.

Ces sauvages étant arrivez à Montréal, M. de Vaudreuil engagea les marchands à leur donner des marchandises à des prix dont ils ont été fort contens, et luy ayant déclaré que s'il ne leur permettoit pas d'emporter de l'eau-de-vie, ils en iroient chercher à Orange, il n'a pu se dispenser de leur permettre d'en emporter une petite quantité.

Le dit sieur de Tonty l'a aussy informé qu'il a été porté, cette année, au Détroit, plus de 200 pots d'eau-de-vie par un Iroquois et un Miamis, envoyé par les Anglois, et pareille quantité par un canot des sauvages du détroit qui a été à Orange, que le dit sieur de Tonty luy a représenté que pour empêcher la continuation de ce commerce il n'y a point d'autre moyen que celuy de luy permettre d'en faire porter au détroit pour être distribué avec la même précaution qu'on fait au fort Frontenac, M. de Vaudreuil assure que le dit sieur de Tonty en fera un très bon usage et que c'est l'unique moyen pour empêcher que les sauvages du détroit n'en aillent chercher chez les Anglois. (En marge est écrit : le conseil veut bien le permettre, en observant les mêmes précautions qu'au fort Frontenac.)

Nota.—Sur les représentations de M. de Vaudreuil, le conseil a accordé en 1716 la permission de porter de l'eau-de-vie au fort Frontenac, avec médiocrité, et, en 1717, il leur a été marqué de tenir la main qu'elle soit distribuée en petite quantité et avec précaution.

Il n'est pas permis d'en porter dans les autres postes. L'église de la mission Medoctée, à la rivière St.-Jean, est fort avancée par les soins du missionnaire et ce que ces sauvages y ont contribué de leur part, cependant comme ce missionnaire est entré dans des engagements au délà de la somme de 600 f. que le Roi a accordée en 1716, pour cette dépense, qui n'a été payée qu'en monnoie de carte, et de ce qu'il a pu avoir des sauvages, ils croient qu'il seroit à propos que Sa Majesté eut la bonté d'accorder encore un fonds de pareille somme de 600 f., pour mettre le missionnaire en état de finir entièrement cet édifice. (En marge est écrit : en faire une note pour y avoir égard quand on ordonnera des fonds.)

Cette mission mérite d'autant plus cette grâce que les sauvages qui la composent ont toujours trouvé moyen jusqu'à présent d'empêcher les Anglois de faire des sorties au bas de cette rivière, et d'y établir une seule habitation, quelque tentative qu'ils aient toujours fait.

Il seroit aussi nécessaire que Sa Majesté eût la bonté d'accorder une pareille somme de 600 f. pour l'église de la mission de Naurant-Souak, les sauvages de ces deux missions se sont si bien conduits dans le dernier pourparler qu'ils ont eu avec le gouverneur de Baston, lequel n'a rien oublié pour les détacher des François et pour les engager à souffrir que les Anglois établissent des forts, ce qu'il n'a jamais pu obtenir, les sauvages ayant tous refusé avec beaucoup de hauteur et de fermeté, ainsi qu'il paroit par la lettre que le père Rasle a écrit à M. de Vaudreuil, dont il envoie copie, ainsi il est du service du Roy de mettre en Etat ces missionnaires d'achever leur Eglise, le plus puissant motif d'empêcher les sauvages d'écouter les propositions des Anglois, étant celui de la prière. (En marge est écrit : et ci-joint en faire une note.)

Ils auront une attention particulière que les deux mille livres que le Roi accorde chaque année pour les présens à faire aux sauvages Abénakis des 3 missions de l'Acadie, leur soient distribués de manière que cette somme seule suffira pour les détacher entièrement des Anglois. (En marge est écrit : bon.)

La recrue de 150 hommes qui a été envoyée cette année, mettra M. de Vaudreuil en état d'accorder des congés à tous les soldats qui voudront s'établir, ce qui sera un très grand bien pour la colonie. (En marge est écrit : bon.)

Comme dans tous les postes qui sont établis dans les pays d'en haut, M. de Vaudreuil est obligé d'y faire monter les meilleurs soldats, la plupart de ceux qui restent dans les compagnies ne sont que des jeunes gens dont on ne peut tirer, dans le tems présent, que peu de service, il supplie d'envoyer l'année prochaine une recrue de 150 bons hommes pour former la tête de ces compagnies. (En marge est écrit : y avoir attention lorsqu'on ordonnera des recrues.)

Ils envoient la revue des 28 compagnies par laquelle il paroit qu'il y manque 101 hommes.

Ils envoient aussi le rôle de 10 soldats invalides qui sont dans le cas d'avoir la demi-solde et qui sont porteurs de leurs certificats de service et d'individualité, ils les ont fait embarquer sur les deux frégates du Roi pour passer en France. (En marge est écrit : en donner une note à M. Argoud.)

Ils ont fort à cœur de faciliter la sortie des farines dont le commerce hors la colonie est très avantageux, et ils ne l'arrêteront que lorsqu'ils auront des raisons essentielles de le faire. (En marge est écrit : bon.)

Ils ont permis d'en porter le printemps à l'Ile Royale sur les avis qu'ils auroient eu qu'il y auroit une disette, mais la récolte de cette année n'ayant pas été abondante, à cause de la grande sécheresse, ils en ont depuis défendu la sortie, et, comme le pays est présentement peu fourni de blé, ils croient qu'il conviendroit, jusqu'à ce qu'on ait eu une récolte abondante, que le Roi continuat d'envoyer des farines à l'Ile Royale. (En marge est écrit : approuvé.)

NOTA.—L'intention du Conseil n'a point été de fournir à la subsistance des troupes de l'Ile Royale par le moyen du Canada, où les farines depuis quelques années ont été plus chères qu'en France.

Ils ont écrit à MM. de Costebelle et Soubras d'engager les Haâns de l'Ile Royale, qui ont des établissements de pêche considérable, de faire venir leur farine de France, dans la crainte où ils sont d'être obligés, l'année prochaine, d'en défendre la sortie en Canada.

Fait et arrêté par le Conseil de Marine, le 7 décembre 1717.

Signé : L.-A. DE BOURDON.
LE MARÉCHAL D'ESTRÉES.
Par le Conseil,
Signé : LA CHAPELLE.

Depuis la décision au conseil du 7 décembre 1717, on a reçu une lettre de M. de Vaudreuil, du 20 octobre 1717, qui marque sur ce sujet : que dans la lettre commune, il y a un article touchant la demande que les Jésuites ont faite, pour que la terre du Sault St-Louis, qu'ils possèdent depuis 37 ans, leur soit concédée à perpétuité.

Ces pères leur ont représenté qu'il fondoient cette demande sur ce que depuis qu'ils la possèdent, ils ont fait de grandes dépenses pour l'entretien de 3 ou 4 missionnaires qui y ont toujours été, pour y attirer et y conserver les sauvages Iroquois, desquels ils ne reçoivent rien de ce que les curés ont accoutumé de recevoir de leurs paroisses, étant au contraire obligés de leur faire des charités qui excèdent de beaucoup les 500 livres employées sur l'état du Roi pour cette mission qui n'a d'autre revenu que celui-là, sans avoir retiré jusqu'à présent aucun profit de cette terre, et sans espérance d'en retirer à l'avenir, tandis que les sauvages sont sur une partie de cette concession, que d'ailleurs le transport qu'ils font à présent de leur mission les a encore engagés a de nouvelles dépenses pour leur logement particulier, et qu'ils n'ont pu faire sans s'endetter considérablement, quoique les bâtiments qui leur sont nécessaires, et l'enceinte de leur terrain particulier, ne soient pas encore finis ; comme ces dépenses sont excessives dans le temps où nous sommes, et qu'il connoit la vérité des faits qu'ils allèguent, il trouvoit qu'il y avoit de la justice à leur accorder leur demande, sans leur imposer de nouvelle charges ; mais M. Begon ne s'est pas trouvé de son sentiment et a prétendu que quand le Roi a ordonné un fonds de 2000 livres pour la dépense du changement de cette mission, Sa Majesté a eu l'intention de charger ces religieux, moyennant cette somme, de la bâtisse d'une église et de faire faire un fort, quoique cela ne paroisse point dans l'article concernant cette mission, qui est dans le mémoire du Roi du 15 juin 1716.

(NOTA.—L'article est à la tête du premier extrait de la lettre commune et n'impose point cette obligation aux missionnaires.)

Comme il ne trouve rien dans cet article qui puisse appuyer le sentiment de M. Begon, il n'y a pas lieu de croire que Sa Majesté ait voulu assujétir aux missionnaires à faire faire des ouvrages qui ne les regardent point, et qui les occuperoient de telle sorte qu'ils ne pourroient pas vaquer aux fonctions de leur ministère ; il a eu beau le représenter à M.

Begon, il n'en a pas eté moins ferme à soutenir son opinion, il a dressé à sa fantaisie l'article qui concerne cette mission de la lettre commune, et il l'a passé contre son sentiment pour éviter des contestations qui auroient pu altérer l'union qui est entr'eux. Mais les conditions que M. Begon propose pour que la concession demandée par ces pères leur soit accordée, lui paroissant trop onéreuses, il a cru devoir exposer en particulier son sentiment au Conseil. Il lui paroit donc que les Jésuites, ayant fait beaucoup de dépense et en faisant tous les jours, tant pour l'entretien de quatre religieux qui sont dans cette mission, et l'assistance qu'ils donnent actuellement aux pauvres sauvages, aux nouveaux nés du pays des Iroquois, aux veuves, aux vieillards et aux malades, que pour leur nouvel établissement qui est considérable, puisqu'ils y ont fait bâtir une maison de pierre, avec d'autres bâtiments, sur leur terrain particulier, qu'ils doivent clore d'une enceinte de muraille, sans que cette mission ait aucun fonds, et sans qu'ils tirent aucun profit de leur terre, vu qu'ils en puissent retirer de longtemps; ils doivent, pour toutes ces considérations, être gratifiés de cette concession à perpétuité, sans être tenus de faire la dépense du fort, laquelle il leur seroit impossible de soutenir, puisqu'il renfermera plus de 100 cabanes, ce qui prouve qu'il sera d'une grande étendue, et le fonds de 2000 livres ordonné pour cette dépense, et qui, payé en monnoie de cartes, ne vaut en Canada que 500 livres en argent, ne pouvant entrer en comparaison avec dépense.

Quant à ce qui a été proposé d'y faire contribuer les sauvages, il ne faut pas compter d'en retirer un grand secours, parce qu'ils n'aiment point le travail, et qu'ils ne s'occupent qu'à la guerre, à la chasse et à la pêche, faisant faire tous leurs travaux par leurs femmes qui sont assez occupées à cultiver leurs champs et à faire leur bois de chauffage;

aussi, ces missionnaires n'ont-ils employé que des François aux ouvrages qu'ils ont fait faire.

Si Sa Majesté continue dans la volonté de faire faire un fort à ce nouvel établissement, qui en a besoin, étant le poste le plus avancé, et les sauvages ayant rendu de grands services à la colonie et servant toujours fidèlement, il seroit nécessaire d'augmenter le fonds qui a été accordé. Quand il y aura un fort, les sauvages y seront tranquilles et ceux du pays des Iroquois qui auroient envie de s'y venir établir, y seront bien plus invités lorsqu'ils auront une retraite assurée.

J'espère que le Conseil fera une attention particulière à sa représentation.

Fait et arrêté par le Conseil de Marine le 14 décembre 1717.

Signé: L.-A. DE BOURBON.
LE MARÉCHAL D'ESTRÉES.

Par le Conseil,

Signé: LACHAPELLE.

1717 — 7 décembre

LE CONSEIL DE MARINE

AU SUJET DE LA DÉCOUVERTE DE LA MER DE L'OUEST

MM. de Vaudreuil et Bégon ayant écrit l'année dernière que la découverte de la Mer de l'Ouest seroit avantageuse à la Colonie, il fut approuvé que pour y parvenir, M. de Vaudreuil établit trois postes qu'il avoit proposé, et il fut marqué en même tems de faire faire ces établissements sans qu'ils en coutassent rien au Roi, attendu que le commerce devoit indemniser ceux qui les feroient, et d'envoyer un projet en détail de ce qu'il couteroit pour continuer cette découverte. Ils marquent en réponse que M. de Vaudreuil a fait partir au mois de Juillet dernier le sieur de la Noue, lieutenant, avec 8 canots pour suivre le projet de cette découverte.

Il lui a donné ordre de faire l'établissement du premier poste dans la Rivière du Kanastigoya, dans le Nord du lac Supérieur, après quoi il doit aller à Takamami88n, vers le lac des Christinaux, pour en faire un second et avoir, par le moyen des Sauvages, les connaissances nécessaires pour faire le troisième au lac des Assenipoëlles.

Ce voyage ne coûte rien au Roy parce que ceux qui le font se dédommageront de leurs dépenses sur la traite qu'ils feront, mais pour suivre cette découverte, il est absolument nécessaire que Sa Majesté en fasse la dépense, parce qu'il faut que les gens qui y seront employés abandonnent toute idée de commerce.

Ils estiment qu'il faudra 50 bons voyageurs, dont 24 occuperont les trois postes et les 26 autres pour faire la découverte du Lac des Assenipoëlles, à la Mer de l'Ouest.

Ils estiment les gages de ces hommes à chacun 300 francs par an et comptent que la dépense, tant en vivres, canots, qu'en marchandises pour présents, monteront à 29,023 f. 10^s

Il y aura à augmenter pour un supplément d'appointement de 600 francs à chacun des 6 officiers qui seront employés à cette découverte.................. 3,600 . 00.

Total. .... 32,623 f. 10^s

Comme il faudra environ 2 ans pour faire ce voyage, ils estiment que cette dépense pourra aller à cinquante mille francs.

(Pour être porté à Monseigneur le duc d'Orléans, 14 décembre 1717. En marge est écrit S. A. R. ordonne que l'on suive cette ...... que l'on établisse ces trois postes et qu'elle fera des fonds séparés pour cette dépense, mais qu'ils la réduiront le plus qu'il sera possible.

Le 20 septembre 1717.

1718 — 1er juin

LE CONSEIL DE MARINE

AU SUJET D'UNE LETTRE DU GOUVERNEUR LOVELACE, DE NEW-YORK, DU 18 NOVEMBRE 1668,

Du Père Lafitau, jésuite-missionnaire des Iroquois du Sault St-Louis ; et de la traite de l'eau-de-vie aux sauvages

La traite de l'eau-de-vie et autres liqueurs pareilles est tout à fait contraire au bien de la colonie et de l'Etat, par quatre raisons principales, dont la première est qu'elle intéresse le repos et les intérêts des sauvages.

Quand ces peuples sont ivres, ils entrent dans de telles fureurs qu'ils cassent et brisent tout dans leurs ménages, font des cris et des hurlements terribles, et cherchent comme des furieux leurs ennemis pour les poignarder ; leurs parents, leurs amis ne sont pas dans ces moments à couvert de leur rage, et ils se mangent le nez et les oreilles.

Le père Bruyas, ancien missionnaire, l'a assuré plusieurs fois, qu'il avoit comme plus de cent personnes venues pour s'établir au Sault St-Louis, dans l'espérance d'éviter la persécution de ces sortes d'ivrogneries ; mais que plusieurs s'en étoient retournés, voyant que la boisson et l'ivrognerie y étoit aussi commune et fréquente que chez eux.

Quoique les Sauvages aiment à boire, ils sont néanmoins fâchés de l'avoir fait, parce que dans leur ivresse, ils perdent tous ce qu'ils ont, à quoi ils ont un très grand regret quand ils sont revenus dans leur bon sens.

La désunion et la dissolution de leurs mariages s'en suit toujours de leurs ivrogneries, par le chagrin et le désespoir où se trouvent leurs femmes de se voir dépouillées par leurs maris ivres qui leur emportent tout pour boire, et frustées de la chasse qui leur appartient, et qui est enlevée à leurs maris avant qu'ils arrivent à leur village, par leurs créanciers.

Ces sauvages obérés de dettes et dépouillés par leurs créanciers, qui ne leur laissent pas même leurs fusils, sont obligés souvent d'abandonner le pays et d'aller aux Anglois, ne pouvant espérer de payer leurs dettes.

Ces peuples ont si bien reconnu le tort que leur faisoit cette traite, qu'ils ont demandé et demandent encore presque toutes les années aux gouverneurs qu'ils l'empêchent par leur autorité. La réponse que fit le gouverneur de Manhate à ce sujet, à un missionnaire qui avait été forcé de lui écrire par les anciens d'Agnié, en est une preuve certaine.

Copie de la lettre du gouverneur de Manhate

Père, par votre dernière, j'apprends votre complainte, laquelle est secondée par celle des anciens des capitaines Iroquois, comme il appert plus ouvertement par leur requête enclose dans la votre, qui est touchant la grande quantité de liqueurs que quelques-uns d'Albanie prennent la liberté de vendre aux Indiens ; en ce faisant que de grands désordres se sont commis par eux et est à craindre de davantage, si l'on y prévient. Pour réponse, vous saurez que j'ai pris tout le soin possible et y continuerai sous de très sures amendes, à restreindre et empêcher de fournir aux Indiens aucun excès, et je suis fort aise d'entendre que telles vertueuses cogitations procèdent des infidèles à la honte de plusieurs chrétiens ; mais cela doit être attribué à vos pieuses instructions, vous qui, étant bien versé en une étroite discipline, leur avez montré le chemin de mortification, tant par vos preceptes que pratiques.

Votre très humble et
très obéissant serviteur,
FRANÇOIS LOVELACE.

En date du fort Jacques,
18 novembre 1668.

La seconde qu'elle est contraire au bien des habitans qui, attirés par l'espoir du profit de cette traite, abandonnent leurs terres et leurs familles pour aller chez les nations sauvages, quelquefois même sans congé, ou plusieurs, se livrant à la débauche, vivent sans règle, scandalisent les sauvages, et après avoir consommé les marchandises qu'ils ont souvent prises à crédit, et se voyant hors d'état de les payer, s'établissent chez les sauvages et font banqueroute à leurs créanciers.

La troisième qu'elle est absolument opposé à l'intérêt des marchands qui, étant dans la nécessité de prêter aux sauvages de quoi s'équiper et aux habitans de quoi charger leurs canots pour aller chez les nations éloignées, devroient en recevoir directement des uns et des autres la pelleterie, et n'en retirent rien par le dérangement où les met toujours l'eau-de-vie, dont ils boivent à leur arrivée ou qu'ils ont bue par le passé, et qu'ils doivent encore et qu'on leur fait payer en marchandises qu'ils apportent.

Et la quatrième qu'elle est capable d'aliéner les sauvages de nous, 1° en ce que plusieurs de leur nations ont été presque entières détruites par l'eau-de-vie, et particulièrement la nation des Algonquins ; et, en second lieu, que les François fugitifs, n'osant plus retourner chez eux, entraînent les sauvages chez les Anglois pour les aider à en transporter les marchandises qu'ils y vont acheter et apprennent par là aux sauvages le chemin des Anglois.

Il espère que ces raisons engageront le conseil à donner des ordres si précis pour empêcher cette traite qui est presque le seul obstacle aux travaux des missionnaires, que MM. les gouverneurs seront obligés d'y tenir la main, et que personne n'osera les éluder comme on a fait par le passé.

Nª Il y a plusieurs mémoires et lettres envoyés au conseil à ce sujet par MM. de

Vaudreuil, Begon et Ramezay. Tous conviennent des inconvéniens de la traite de l'eau-de-vie, mais en même temps qu'elle est nécessaire; et M. de Vaudreuil, ayant marqué qu'il étoit indispensable de faire donner deux ou 3 pots d'eau-de-vie par homme aux sauvages du pays d'en haut qui viennent dans la colonie et même d'en faire traiter au fort Frontenac avec modération.

Sur quoi le conseil délibéra le 31 mars 1716 qu'il fallait laisser subsister les dépenses générales qui avoient été ci-devant faites, et cependant de permettre de porter de l'eau-de-vie avec médiocrité aux endroits proposés par M. de Vaudreuil, s'il juge à propos de renouveler ces dépenses, il le faut faire sans rien changer aux précédentes.

OBSERVATION.

Il y a apparence que la traite de l'eau-de-vie dont se plaint le père Lafitau est celle qui se fait dans les villes de la colonie qu'il paroît toujours nécessaires d'empêcher.

Fait et arrêté le 1ᵉʳ juin 1718.

L.-A. DE BOURBON.
LE MARÉCHAL D'ESTRÉES.

Par le conseil :

LACHAPELLE.

Mander à MM. de Vaudreuil et Begon qu'ils apprennent au conseil qu'outre les congés qui avoient été permis, il a été donné beaucoup d'autres permissions. Défendre de donner de ces sortes de permission sous quelques prétexte que ce puisse être. Donner encore pendant un an le nombre de congés réglé, après quoi déclarer qu'il n'en sera plus donné. Le porteur des congés en avertiront les sauvages afin que dans la suite les sauvages viennent leur apporter leurs marchandises. Défendre que, dans les congés qui seront pour cette dernière fois, il soit porté aucune eau-devie, pas même pour l'usage des voyageurs.

1718 — 25 janvier

CONSEIL SUR LES IROQUOIS

AU SUJET D'UNE LETTRE DE M. DE VAUDREUIL,
DU 24 OCTOBRE 1717.

CANADA.—Porter à Mgr. le Duc d'Orléans.—Décision de Son A. R., approuve sa conduite, faire, je pense, envoyer un présent aux nations Iroquoises. L.-A. B. Md.

Le conseil des sonnontouans s'étant assemblé, le sieur Joncaire, lieutenant, qu'il avait envoyé au mois de décembre dans ce canton Iroquois, leur déclara que, comme ils avoient demandé qu'on leur fit savoir le retour de M. de Vaudreuil dans la colonie, il l'avoit envoyé vers eux pour leur donner avis qu'il étoit à Québec et qu'il monteroit à Montréal au printemps, qu'il avoit chargé, en outre, le dit sieur de Joncaire de leur demander les prisonniers Illinois, qu'ils retenoient, après avoir frappé sur cette nation sans aucun sujet.

Qu'il vouloit bien oublier ce mauvais coup parce qu'on l'avoit assuré qu'il avoit été fait par méprise et qu'il étoit persuadé que cela n'arriveroit plus.

De les avertir que, comme il avoit appris qu'un grand nombre de leurs guerriers étoient partis pour aller du côté du Mississipy, et qu'il seroit fâcheux pour la nation, qu'ils frappassent sur les Illinois, il étoit nécessaire qu'ils envoyassent après ces guerriers pour leur faire savoir qu'ils ne devoient pas aller de ce côté là, et de tourner leur hache contre leurs ennemis ordinaires.

Les iroquois témoignèrent de la joie de son retour et du chagrin de ce qu'on avoit fait contre les Illinois, qu'ils assurèrent avoir été fait par méprise, que cela n'arriveroit plus et qu'ils défendroient à leurs guerriers d'approcher du pays de cette nation, ils remirent entre les mains du sieur de Joncaire deux femmes illinoises, qu'ils retenoient prisonnières et qui ont été renvoyées dans leur pays.

Peu de temps après, le parti de 300 guerriers qu'il craignoit devoir aller du côté des illinois, revint à Sonnontouan, parce que celui qui en étoit le chef étoit mort de la petite vérole, aussi bien que plusieurs autres.

Pendant l'hivernement du sieur de Jonquaire à Sonnontouan, il y courut un bruit qu'il l'avoit envoyé là pour les amuser, pendant qu'il faisoit des préparatifs pour les aller attaquer dans l'été.

D'un autre côté, certains Iroquois du Sault St-Louis, revenant d'Orange l'hiver dernier, informèrent M. de Ramzay que dans les entretiens qu'ils avoient eus à Orange avec quelques Flammands et avec les Aniez, ils avoient découvert qu'il se tramoit quelque entreprise contre la colonie, de la part des Iroquois du pays, et quelle éclateroit au mois de juin ; persuadé qu'il ne se feroit aucun mouvement par cette nation sans que le dit sieur de Joncaire en fut informé, et qu'il ne manqueroit pas de l'en avertir aussitôt qu'il en auroit connoissance, il ne s'inquiéta pas beaucoup de ces bruits, mais il chargea cependant les François, auxquels il avoit permis d'aller à la Nouvelle-York pour apprendre des nouvelles des fils de M. de Ramezay et de Longueuil, de s'intriguer pour découvrir si ce qu'on avoit rapporté avoit quelque fondement.

Les Iroquois Sonnontouans, beaucoup moins tranquilles, ne purent s'empêcher de faire connoitre leur inquiétude au sieur de Joncaire et de lui témoigner qu'ils craignoient qu'il ne fût chez eux comme un espion. Cet officier fit tout ce qu'il put pour les désabuser, mais quoique fort accrédité chez eux et même adopté, il ne put venir à bout de dissiper entièrement leur ombrage, car, dans le temps qu'il partit pour revenir à Montréal, ils envoyèrent avec lui un chef fort considéré pour savoir de lui s'il étoit vrai qu'il eut dessein de les aller attaquer, il satisfit cet envoyé qui s'en retourna fort content et l'assura que les cinq nations Iroquoises envoyeroient leurs chefs pour le complimenter sur son retour et pour pleurer la mort du feu Roi. En effet, ces chefs arrivèrent à Montréal le 3.7bre accompagnés de plusieurs autres de leur nation, au nombre de 40; le 7, ils firent la cérémonie de pleurer le Roi, et après leurs chants lugubres finis, l'orateur, qui étoit un des chefs du Conseil d'Onnontagué, lui rappela combien les cinq nations étoient touchées de cette mort, lui témoignèrent qu'ils avoient extrêmement à cœur de bien vivre avec lui, et le prièrent de permettre à M. de Longueuil, à son fils, aux sieurs de Joncaire et de la Chauvignerie, qu'ils ont adoptés, d'aller dans leurs villages, quand ils le souhaiteroient ou qu'ils seroient invités pour leur nation. Ils ajoutèrent qu'ils savoient bien qu'il y avoit des gens, (voulant parler des Anglois) à qui cela ne plaisoit, mais qu'il ne falloit pas s'en embarrasser, qu'ils étoient les maîtres de leur terre et qu'ils vouloient que leurs enfants en fussent aussi les maîtres et y allassent librement, lorsque M. de Vaudreuil leur permettroit.

L'orateur finit en lui disant, mon père, je viens de parler à un Roi qui est mort, maintenant je m'adresse au Roi régnant, comme celui qui est mort a eu beaucoup de bonté pour nous et nous a comblés de bienfaits, nous espérons que son successeur nous regardera comme ses enfants, nous vous prions de faire tenir ce collier à votre jeune Roi, qui est aussi le notre, et de lui envoyer, de la part des cinq nations Iroquoises; nous le supplions par ce collier d'avoir pour nous la même bonté que son prédécesseur a eue de nous prendre sous sa protection et de vouloir employer la force de son bras pour nous mettre à l'abri des entreprises qu'on pourroit faire contre nous, nous lui demandons la même grâce pour tous ceux du Sault St.-

Louis et du Saut au Recollet, pour les Abénakis, les Outaouais, les Nepissiriniens, et tous les autres qui nous appartiennent et qui sont nos frères.

Comme il leur a promis d'envoyer ce collier au Roi et de l'appuyer, et qu'il leur a fait espérer que Sa Majesté y feroit une réponse favorable, il l'adresse au Conseil, et il en attendra la réponse, afin de la leur faire savoir, il espère qu'on y joindra un présent convenable pour leur être fait de la part du Roi, ce qui paroit très nécessaire pour le bien du service, car on ne sauroit trop faire pour s'attacher ces nations.

Fait et arresté par le Conseil de Marine le 25 janvier 1718.

L.-A. DE BOURBON.
LE MARÉCHAL D'ESTRÉES.

Par le Conseil:
    Signé: LACHAPELLE.

1720.— 27 février

LA PECHE DES MARSOUINS

AVIS DU CONSEIL DE MARINE.—MM. PEIRE ET BOISHÉBERT.

Le feu sieur Peire, habitant de Canada, avoit obtenu le privilége de la pêche des marsouins, qui expira cette année, le sieur Peire, son frère, qui en a joui depuis, en a demandé la prolongation pour 20 années.

Le sieur De Boishébert, lieutenant des troupes, a demandé aussi ce même privilège, le tout a été renvoyé à MM. de Vaudreuil et Begon pour avoir leur avis sur ces demandes.

Le 26 8bre 1719, ils marquent en réponse que le dit sieur de Boishébert, qui demande que le privilège pour cette pêche, dans l'étendue de sa seigneurie, lui soit accordée à l'expiration de celui du sieur Peire, se fonde sur ce que le dit sieur Peire a renoncé à la succession de son frère, et que, cependant, il a joui du dit privilège, et sur ce que le feu sieur De la Bouteillerie, son père, a dépensé environ 50000 f. pour l'établissement de sa terre dont il ne retire que 900 f. de revenu, et aussi sur les services qu'il rend comme lieutenant des troupes.

Que la renonciation du sieur Peire à la succession de son frère fait juger que les pertes qu'il avoit faites pour l'établissement de cette pêche, montant suivant le compte arrêté entre lui et ses associés, le 9 7bre 1707, à 61116 f., sont véritables, et, en effet, comme il a été le premier qui l'a entreprise en Canada, ils sont informés qu'il y a été fait des dépenses considérables en achats de cordages, filets et autres ustensils de pêche, et ce n'est que depuis quelques années qu'il a connu qu'on pouvoit faire cette pêche sans filets, en faisant seulement un parc avec des perches.

Que la dépense du feu sieur De la Bouteillerie, père du sieur De Boishébert, n'a eu d'autre objet que l'établissement de sa terre, n'en ayant fait aucune qui ait rapport à la pêche dont il s'agit, elle n'est point dans le cas de celles dont le droit est accordé aux seigneurs, Sa Majesté s'étant réservé les poissons royaux.

Comme des 6 pêches que le sieur Peire a établis, il n'y en a que 2 dans la seigneurie du sieur De Boishébert, ils estiment qu'en considération des services de ce dernier, qui est bon officier, et des pertes et dépenses du sieur Peire, il convient de leur accorder le privilège de ces six pêches et des autres qu'ils pourront établir, pour en jouir conjointement et par moitié pendant 10 années, en remboursant par le sieur De Boishébert la moitié du prix des hangards, logements et ustensils de pêche qui se trouveront aux lieux où elles sont établis, suivant l'estimation qui en sera faite par des arbitres dont ils conviendront.

Le conseil croit qu'il convient de suivre l'avis de MM. De Vaudreuil et Bégon.

En marge est écrit : pour être porté à Monseigneur le Duc d'Orléans, et approuvé l'avis du Conseil, 27 février 1720.

1720 — 27 février

LETTRE DU CONSEIL DE MARINE

REQUÊTE DU SIEUR DE LA BOULARDERIE

demandant la permission d'établir une pêche sédentaire à l'île Nigamiche, projet d'ordre du roy à ce sujet

Le sieur de la Boularderie représente que Sa Majesté lui ayant accordé, l'année dernière, une concession à l'île Royale, il lui fut accordé, en même temps, un ordre portant permission d'occuper, dans le port d'Orléans, les grèves, terrains et échaffauds nécessaires pour la pêche, à condition qu'il auront dans le port 100 pêcheurs pour la faire.

Il a formé une compagnie puissante pour former ces deux établissements, l'un pour la culture des terres et l'autre pour la pêche, et a passé l'année dernière à l'île Royale.

Il a visité les terres à lui concédées qui lui ont paru bonnes, et il a été au port d'Orléans pour y reconnaître le terrain où il pourroit établir une pêche sédentaire.

Il a trouvé presque toutes les grèves de ce port, qui sont en petit nombre, concédées à des habitants, et ne pouvant s'y placer, il a été sur l'île de Nigamiche, qui est vis-à-vis ce port, où il a trouvé des grèves qui ne sont concédées à personne.

Il demande la permission d'y établir la pêche sédentaire qui lui étoit accordée dans le port d'Orléans, et il représente que sans cette pêche, il ne peut former son établissement pour la culture des terres, parce que les vaisseaux, par lesquels il enverra les ouvriers et habitants nécessaires, reviendroient, sans aucun retour, en France, ce qui ruineroit certainement la compagnie qu'il a formée.

Elle a déjà fait de la dépense pour envoyer visiter ces différentes endroits, et elle aime (?) mieux abandonner ce qui lui en coûte jusqu'à présent, que de continuer sans avoir des grèves pour établir une pêche sédentaire.

Le projet de l'ordre pour accorder un terrain au sieur de la Boularderie dans l'île de Nigamiche est ci-joint :

(En marge est écrit : Approuvé l'ordre du Roy proposé.)

Projet d'ordre du Roy qui permet au sieur De la Boularderie d'occuper dans l'île de Nigamiche, les grèves, terrains, échaffaux qui lui serons nécessaires pour la pêche de la morue.

De par le Roy :

Sa Majesté ayant écouté favorablement la demande que le sieur De la Boularderie, enseigne de ses vaisseaux, auquel elle a accordé une concession à l'île Royale, lui a faite de lui permettre d'occuper, dans le port d'Orléans, ci-devant Nigamiche, les grèves, terrains, échaffaux qui lui seront nécessaires pour la pêche de la morue, qu'il étoit dans le dessein d'établir dans le dit port avec cent pêcheurs ; Sa Majesté lui en auroit accordé la permission, mais le dit sieur De la Boularderie, ayant représenté que la plus grande partie des grèves du dit port, qui sont en petit nombre, étoit occupée par des habitants qui y font la pêche, et ayant supplié Sa Majesté de lui permettre d'occuper l'île de Nigamiche, qui se trouve à l'ouvert du dit port d'Orléans, la même quantité de grèves et terrains qu'il auroit occupés dans le port, Sa Majesté, de l'avis de M. le duc d'Orléans, Régent, a permis et permet au dit sieur De la Boularderie d'occuper dans la dite Ile de Nigamiche, les grèves, terrains, échaffaux qui lui seront nécessaires pour la dite pêche de la morue, à condition qu'il aura dans la dite île cent pêcheurs pour la faire, défend Sa Majesté à tous pêcheurs et autres de troubler, ni inquiéter le dit sieur De la Boularderie, mande et ordonne Sa Majesté à M. le Comte de Toulouse, amiral de France, au gouverneur et commissaire ordonnateur de l'Ile Royale, de tenir la main à l'exécution du présent ordre et à tous autres de s'y conformer.

Fait et arrêté au Conseil de Marine, le 27 février 1720.

  Signé: L.-A. DE BOURBON.
   LE MARÉCHAL D'ESTRÉES.

Par le Conseil:
  Signé: LA CHAPELLE.

1720 — mars

LE CONSEIL DE MARINE

Requête du sieur Benoit au sujet de la justice au Canada; des attributions du conseil souverain, et des prétentions des officiers. Mars 1720.

A Son Altesse Sérénissime Monseigneur le Comte de Toulouse, Amiral de France.

Monseigneur,

Mathieu-Benoit Collet, procureur général du roi au conseil supérieur de la Nouvelle-France, obligé par l'un des principaux devoirs de son ministère, de tenir la main à l'exécution des ordonnances, sans que nul respect humain puisse l'empêcher de s'acquitter de ce qu'il doit à cet égard au Roi et au public, persuadé que si par haine et vengeance, on entreprend de le détruire comme on l'en a menacé, Votre Altesse Sérénissime récompensera sa fidélité en l'honorant de sa protection, et ne le condamnera jamais sans l'entendre, représente très humblement à Votre Altesse Sérénissime que les ordonnances faites pour les troupes qui servent par terre dans le royaume, veulent que le connaissance des querelles et différents qui arrivent entre les officiers et soldats et les bourgeois ou habitants appartiennent aux juges ordinaires des lieux, sans que les officiers puissent en connaître, ni faire sortir de prison ceux qui auront été emprisonnés par l'autorité des juges ordinaires, sauf à eux de faire aux juges leur requisitions.

L'ordonnance de la marine du 15 avril 1689, contient la même disposition pour les troupes de la marine, elle a été donnée pour loi aux officiers des troupes que le Roi entretient dans toutes ses colonies.

Il y a de plus un réglement fait par Sa Majesté le 30 mai 1695, exprès pour la conduite, police et discipline des compagnies que Sa Majesté entretient dans le Canada, par l'article 12 duquel la même disposition est répétée, mot pour mot, en sorte que l'intention du législateur ne peut y être révoquée en doute. Néanmoins, toutes les fois qu'il survient quelque querelle ou différent entre les officiers des troupes et des bourgeois ou habitants, M. le gouverneur général, auquel les officiers, même ceux des milices, portent ordinairement leurs plaintes, quoique le plus souvent ils aient tort et aient été les agresseurs, fait mettre, de son autorité et sans forme ni figure de procès, en prison, les bourgeois ou habitants, ce qui leur cause un préjudice considérable et empêche qu'ils ne puissent obtenir justice, les juges n'osant pas leur permettre de faire informer du fait de crainte de s'attirer l'indignation de M. le gouverneur général qui regarderoit cette permission comme un attentat à son autorité.

Comme il paroit que le pouvoir du gouverneur général sur les bourgeois et habitants doit être borné à ce qui regarde le service du Roi, et qu'il ne peut faire emprisonner que ceux qui font quelque chose contre ce service, ou qui contreviennent aux ordres qu'il donne à ce sujet, et encore ceux qui seroient assez mal avisés pour manquer au respect qui est dû à sa personne.

Il supplie Votre Altesse Sérénissime d'avoir la bonté d'obtenir une explication de Sa Majesté sur l'autorité du gouverneur général à cet égard.

Signé : COLLET.

Au dos est écrit : le Conseil a du donner, sur pareille représentation, des ordres portant à M. De Vaudreuil, vérifier et en parler. Délibéré le 30 juillet 1720.

Signé : LACHAPELLE.

1720 — 16 mars

LE CONSEIL DE MARINE

Requête des Pères Jésuites.—Leur collége à Québec.—Leur entrepôt à Montréal pour les missionnaires.

Les Pères Jésuites de Canada représentent que le collège de Québec a fait et soutient depuis environ 30 ans, à ses frais, un petit établissement à Montréal, pour servir d'entrepôt aux missionnaires que le service du Roi et le bien spirituel de leurs sauvages y appellent continuellement; le collège de Québec n'est plus en état de soutenir cette dépense, ses revenus en France sont diminués de plus des trois quarts par les remboursements ordonnés par le Roi, tout son bien étant sujet à ces remboursements, il a déjà été obligé d'alliéner de ses fonds pour soutenir les Missions et ce petit établissement, si nécessaire même au service du Roi, il n'a pour le faire subsister qu'une petite gratification de 150 francs, ce qui les détermine à supplier de faire augmenter cette gratification, afin de les soulager un peu dans les frais qu'ils sont obligés de faire pour nourrir les missionnaires qui sont obligés de passer continuellement par cette ville, soit par ordre des gouverneurs, qui les y appellent très souvent, soit pour se rendre à leurs missions, y en ayant 4 à 5 à la fois qui se trouvent souvent obligés d'y demeurer des mois entiers, mille livres de gratification par an ne suffiroient pas à la moitié de la dépense.

On oblige en outre ce petit établissement à la taxe de la ville, pour les fortifications, ou l'on augmente même cette taxe qui monte presque aux deux tiers de leur gratification, quoique d'autres communautés en soient exemptes, ou payant une somme très modique.

On les menace même de leur couper un petit verger par la continuation des rues inutiles, ainsi que Catalogne, sous Ingénieur, qui a un plan de la ville, en peut rendre compte, c'est un terrain qu'ils ont acheté, dont ils payent des rentes au Seigneur, et que les fortifications qu'on va faire diminueront considérablement, étant prises sur toute sa longueur, et le petit verger le sera d'un tiers par un chemin de ronde qu'on prendra dedans.

Ils espèrent que le Conseil voudra bien avoir quelqu'égard à leurs représentations, en leur augmentant leur gratification, en faisant diminuer leur taxe et en empêchant que leur petit verger ne soit coupé.

En marge est écrit : vérifier et rapporter la justification de ce qu'ils avancent, et en parler à la première signature.

Fait et arrêté le 16 mars 1720.

Signé : L.-A. DE BOURBON.
LE MARÉCHAL D'ESTRÉES.

1720 — 23 avril

LE CONSEIL DE MARINE

Requête de MM. Gauthier, Nicolas, de Crès, et autres, demandant que le Comte de St-Pierre soit obligé de leur rendre les lettres patentes de concession des îles St-Jean et Miscou,

Les sieurs Gautier, Nicolet, De Crès, et autres, demandent que M. le Comte de St-Pierre soit obligé de leur rendre les lettres patentes de concession de l'île St-Jean et de celle de Miscou, aux offres qu'ils font de donner un intérêt de dix pour cent à M. le comte de St-Pierre, sans qu'il soit obligé de faire de fonds.

Les sieurs Gautier, Nicolas, et autres, prétendent qu'ils ont les premiers obtenu cette concession, qu'ils en ont même donné leur soumission au Conseil, et que le sieur Comte de St-Pierre n'est entré dans cette affaire que par la raison que ces particuliers, voulant avoir un homme de considération à leur tête, ils le prièrent de vouloir bien y entrer en lui offrant un intérêt de dix pour cent, gratis, ce qui seroit aisé à justifier, si M. le Comte de St-Pierre vouloit représenter le projet de société qui est entre ses mains, où le nom de M. De St-Pierre et les conditions qui le concernent sont écrits de sa main.

Ils prétendent de plus que ce sont eux qui ont fait expédier les lettres patentes et qui ont payé ce qu'il en a coûté, mais un de leurs associés, qui les a depuis abandonnés, a remis ces lettres à M. le Comte de St-Pierre, lequel, se voyant muni de ce titre, n'a plus voulu leur rendre de justice, ni tenir les engagements qu'il avoit pris avec eux.

M. le Comte de St-Pierre à répondu par un mémoire qu'il a donné au Conseil, que la concession lui a été accordée à lui seul, qu'il lui en a coûté plus de 600 francs pour l'expédition, qu'il n'a point de connoissance de la soumission que les sieurs Gautier ont présentée au Conseil, et qu'enfin il ne leur a jamais promis de les associer dans la concession, qu'il est vrai qu'ils lui ont fait des propositions d'y prendre intérêt, mais ne lui ayant pas convenues, il les a rejetées.

Par toutes ces raisons il demande qu'il soit imposé silence à ces parties et qu'il soit mis à couvert de leurs poursuites et chicanes, qui ne peuvent avoir pour fondement que leur avidité et leur mauvaise foi.

L'avis du Conseil est de mettre néant sur la requête des sieurs Gautier et autres.

(Ensuite est écrit : Approuvé l'avis du Conseil.)

CONSEIL

Les sieurs Gautier, Nicolas, de Crés, Imbaut et Gingaud, (?) représentent que Gautier, l'un deux, s'étant proposé de faire l'établissement des Iles St-Jean et de Miscou, présenta un placet à Son Altesse Royale pour en obtenir la concession, qu'ayant été renvoyé au Conseil de Marine, avec promesse de lui en accorder des lettres patentes, à condition qu'il feroit sa soumission au Conseil, avec un certain nombre de particuliers en état de faire tous les fonds nécessaires pour assurer cette entreprise.

Les suppliants s'unirent à lui avec le sieur Guillotin pour faire et remplir cette soumission, le 10 juillet dernier, mais ce particulier leur ayant persuadé que pour se maintenir dans cet établissement, il étoit absolument nécessaire d'avoir, à la tête de leur compagnie, une personne d'un rang distingué et proposé M. le Comte de St-Pierre, le même jour, ils délibérèrent entr'eux par un acte que l'on poursuivroit l'expédition de ces lettres patentes sous le nom de sieur comte de St-Pierre, et de lui donner gratis un intérêt de 10 pour cent dont il parut très satisfait, et promit alors aux suppliants de leur faire une déclaration et retrocession aussitôt après l'expédition de la concession, et c'est dans ces circonstances et sur sa parole d'honneur que les suppliants firent le 10 juillet 1719 leur soumission au conseil, avec le sieur Guillotin, qu'ils dressèrent ensuite un traité de société ou M. De St-Pierre fut employé pour un dixième et qu'ils lui présentèrent un modèle de la retrocession qu'il leur doit faire, qu'il apostilla et remplit de son nom, en telle sorte que les suppliants ne pouvant prévoir qu'il fut capable de les abuser, ont sollicité l'expédition de ces lettres patentes en son nom; les ont fait sceller, et après en avoir payé tous les frais, les ont confiées, au mois d'octobre, au sieur Guillotin, avec leur traité de société et l'acte de retrocession qu'il remit à M. De St. Pierre, lequel a d'abord cherché différents prétextes pour refuter sa déclaration, comme si c'étoit à lui seul que la concession eut été accordé, et quelques remontrances qu'ils lui aient faites ils n'ont pu réveiller sa bonne foi, ni l'engager à leur rendre ces lettres et concessions, ni à leur faire une déclaration.

Comme cette conduite cause des dommages et intérêts considérables aux suppliants, ils ont été obligés, après 4 mois d'attente, de lui faire une sommation le 14 février de se trouver le 15 chez Lefêvre, notaire, pour y déposer ces lettres patentes et y faire sa déclaration.

L'on ne peut raisonnablement penser que les suppliants fussent assez téméraires d'avancer tous ces faits s'ils n'étoient sincères et véritables, d'ailleurs il est de notoriété publique que le sieur Gautier a demandé cette concession, qu'elle lui a été accordée et que ce n'est qu'après la promesse qui lui en a été faite, que les suppliants se sont imprudemment livrés à M. le comte De St-Pierre le jour de leur soumission.

Enfin, si ces lettres patentes lui avoient été accordées à lui seul, comme il le publie, à quelle fin le conseil auroit-il exigé une sou-mission des suppliants, et pourquoi auroient été faits entr'eux des traités de société pour fournir les avances nécessaires à cet établissement, ainsi que cela s'est toujours pratiqué dans toutes les autres compagnies, et pourquoi auroient-ils dressé un projet de déclaration signé de Guillotin et des suppliants, si M. le comte de St-Pierre ne leur avoit donné sa parole d'honneur de la signer après l'avoir examinée et remplie de son nom; d'ailleurs il y a tant de témoins de la vérité de ces faits, qu'il est étonnant que M. de St-Pierre ose méconnoître les suppliants et se prévaloir de leurs facilités.

Toutes ces considérations sont si pressantes qu'ils espèrent qu'on obligera M. de St-Pierre de leur rendre les lettres patentes que Guillotin lui a remises avec le projet de déclaration et de société rempli de sa main et de son nom, aux offres qu'ils réitèrent de lui donner un intérêt de 10 pour cent gratis avec défense à lui de se prévaloir des dites lettres pour former quelqu'autre compagnie, à peine de cent mille écus de dommages et intérêts sans préjudices de leurs autres droits.

A ce placet est joint un mémoire signé du sieur Gautier qui contient qu'il avoit demandé la concession de Madragascar et donné plusieurs lumières à ce sujet, que la compagnie d'occident l'ayant prise, Son Altesse Royale pour l'indemniser des dépenses faites pendant plus de 20 mois de poursuites, lui promit, par la protection de M. le duc de Chaulme, la concession de l'île St-Jean.

Que Son Altesse sérénissime la lui promit aussi, à condition qu'un nombre de particuliers s'uniroient pour la sûreté de cette entreprise.

Que le sieur Guillotin ayant offert un présent à Mme de St-Pierre, elle écrivit et parla à S. A. S. en faveur de Gautier pour lui faire obtenir la concession sans former de société, ce que S. A. S. refusa.

Le reste du mémoire est la même chose expliquée dans le placet.

1720 — 23 avril

LE CONSEIL DE MARINE

Requête de MM. de St-Sulpice, et des ecclésiastiques du séminaire de St-Sulpice, établis à Montréal, relativement aux fortifications de Montréal.

Les ecclésiastiques du séminaire de St-Sulpice, établis à Montréal, représentent que l'imposition que le Roi a ordonnée sur les habitants de Montréal pour contribuer aux fortifications de la ville, a été faite avec si peu de proportion que depuis trois ans qu'elle se lève, on a exigé 2 mille francs par an du séminaire, ce qui fait le tiers du total de l'imposition générale, au lieu qu'ils n'en devroient pas payer la centime partie à proportion du nombre de tous ceux qui sont contribuables pour les biens qu'ils possèdent, qui y sont sujets; qu'à la vérité les suppliants, pour obéir aux ordres qu'on leur a dit avoir été donnés par le Roi, ont fait un effort pour payer jusqu'à la somme de 6 mille livres pour les 3 premières années de la dite imposition, sur ce qu'on leur faisoit espérer, d'année à autre, que Sa Majesté alloit faire un fonds pour ces fortifications et feroit cessé l'imposition, mais ayant appris qu'on se disposoit à continuer cette levée, laquelle pourroit subsister un grand nombre d'années sans qu'on voie la fin des dites fortifications, qui à peine sont commencées, les suppliants, qui sont engagés à faire des dépenses considérables pour le transport et l'établissement d'une mission des sauvages le long du lac des deux montagnes, à la tête de l'île de Montréal, pour le bien général et la sûreté de la colonie, supplient de les décharger de l'imposition de 2 mille livres par an, faite sur eux pour leur contribution aux dites fortifications, ou du moins de fixer leur quote-part à la somme de mille francs par an qui excédera encore de beaucoup la juste proportion qui doit être observée dans sa réparation et les décharges de ce qui se trouvera dû et imposé de la dite taxe de deux mille francs par an, audelà des trois premières années, qu'ils en ont déjà payé.

La ville de Montréal étoit enceinte de pieux qui étoient fournis par les habitants et étoient mis en place aux dépens du Roi, le renouvellement qu'il en falloit faire presque tous les ans, étant à charge aux habitants, fut résolu, en 1713, de faire l'enceinte de muraille pour la sûreté et pour la décharge de la fourniture des pieux, et il fut ordonné que la dépense en seroit faite par les habitants; M. De Ramezay, qui se trouva commandant dans la colonie à la fin de 1714 et en 1715, et M. Begon, envoyèrent leur avis sur l'imposition, et M. Vaudreuil, qui était ici, donna le sien, sur lesquels il fut rendu un arrêt le 5 mai 1716, qui ordonne qu'à commencer de la dite année 1716, il sera imposé, tous les ans, jusqu'a ce que l'enceinte soit achevée, une somme de 6 milles francs, dont 2 milles seront payés par le Séminaire de St-Sulpice, établi à Montréal, qui a des emplacements dans la dite ville, dont il est seigneur direct, aussi bien que de toute église de Montréal, et les 4 mille restant, par les autres communautés régulières ou séculières et les habitants de Montréal, à l'exception des officiers de guerre et autres employés qui n'y ont point de maison, cet arrêt ordonne que les rôles de la dite imposition soient faits par le juge, le procureur du roi et un député qui sera nommé par les habitants, approuvés par le gouverneur général et l'intendant, que les dits députés ensemble, un de la part du séminaire, seront présens au marché et reddition des comptes des dites ouvrages.

C'est en vertu de cet arrêt que l'imposition a été faite, le séminaire affecte de l'ignorer quoiqu'avant et après il y ait eu pleine connaissance, et le Conseil se souviendra des mouvements que M. l'abbé de St-Aubin se donna dans le temps pour l'empêcher.

Fait et arrêté, le 23 avril 1720.

Signé : L.-A. DE BOURBON.
LE MARÉCHAL D'ESTRÉES.

Par le Conseil :

Signé : LACHAPELLE.

(En marge est écrit : Le conseil ne juge pas qu'on puisse rien changer à ce qui a été fait.)

1720 — 23 avril

LE CONSEIL DE MARINE

Requête des supérieurs des hôpitaux du Canada, relativement à leurs rentes sur l'hôtel de ville, à Paris

Les supérieurs des hôpitaux de Canada, représentent que ces hôpitaux sont réduits dans une extrême nécessité, ils ne subsistent que par les aumônes qu'ils tirent de France, et ils seront entièrement détruits, si on leur ôte ou diminue celles que des personnes charitables leur avoient placées sur l'hôtel de ville de Paris, au denier 20, qui furent réduites en 1713, au denier 25, ils ne pourront subsister si ces rentes sont encore diminuées, ces hôpitaux sont cependant très nécessaires à la Colonie, supplient que ces rentes leur soient payées, comme par le passé, sans aucune diminution.

En marge est écrit : Pour être porté à M. le Duc d'Orléans, et : On ne sauroit rien faire de particulier pour eux ; ils seront traités comme ceux de France.

1720

LE CONSEIL DE MARINE

AU SUJET D'UNE LETTRE DE M. DE VAUDREUIL. — LE SIEUR DE SABREVOIS ET LE POSTE DU DÉTROIT

Sur ce qu'il rapporta en 1718 que le commandement du fort du Détroit avoit le privilège d'y faire le commerce, lui fut accordé en 1712 et qu'il partit en 1715 pour s'y rendre, suivant les ordres que lui en donna M. de Ramezay, que le projet de la guerre des Renards fut la cause ou le prétexte dont M. de Ramezay se servit pour l'empêcher de jouir de son privilege, d'y faire commerce en lui défendant de donner des permissions aux habitans du pays, d'y porter des marchandises suivant l'usage.

Il ne voulut pas même lui permettre de mener plus de deux canots avec lui, ce qui n'étoit pas capable de porter ce qui lui étoit nécessaire, et qu'enfin il n'a pu jouir du privilège d'y faire commerce pendant les deux années qu'il y a été, cependant il a été obligé d'entretenir à ses dépenses un interprète, à 800 livres par an, un aumônier, à 600 livres, et un chirurgien, à 150 livres, et de faire les réparations de ce fort.

Au bout de ce temps, il s'est trouvé relevé sans en savoir les raisons par un homme qui, ayant commandé autrefois dans ce fort, en avoit été rappelé à cause des plaintes faites contre lui.

Que n'ayant pu obtenir son remboursement en Canada des dépenses qu'il a faites au Détroit, où il a été obligé de faire pour le service pour plus de 4000 livres de présents aux sauvages, suivant l'état certifié, il supplie le Conseil de le faire payer des dépenses qu'il paroîtra qu'il a été obligé de faire pendant les deux années qu'il a commandé au Détroit.

Sur cette demande, le Conseil décida, le 18 janvier 1718, de renvoyer à M. de Vaudreuil en lui expliquant que le Roy ne doit rien payer sur cela et qu'il voit s'il est juste que le sieur de Tonty donne quelques dédommagements au sieur de Sabrevois, auquel cas qu'il tâche de le régler à l'amiable comme il le jugera pour le mieux.

M. de Vaudreuil répond par sa lettre du 15 8bre 1719.

Qu'il a examiné le mémoire contenant les prétentions du sieur de Sabrevois, pour le temps qu'il a commandé au Détroit, mais il n'y trouve rien pour raison de quoi le sieur de Tonty puisse être tenu de lui donner un dédommagement, la non jouissance du privilège du commerce exclusif du Détroit, pendant les années 1715 et 1716, alléguée par le sieur de Sabrevois, est un fait dont il n'a pu avoir aucune connaissance, étant en France en ce temps là, et pour lequel, supposé qu'il soit tel qu'il est exposé, il ne peut avoir rien à prétendre contre le sieur de Tonty, puisque ce dernier n'a pas contribué au trouble dont le dit sieur de Sabrevois se plaint, n'ayant passé au Détroit qu'en 1717, et que depuis qu'il jouit de ce privilége, il a fait toutes les dépenses dont le dit sieur de Sabrevois étoit chargé ; outre qu'il engagea le dit sieur de Tonty, dans le temps qu'il alloit partir pour le Détroit, au mois de mai 1717, de donner deux permissions pour deux canots que le procureur du dit sieur de Sabrevois y envoya, et qui eurent la liberté d'y faire leur commerce, quoiqu'il préjudicioit à celui du sieur de Tonty, moyennant 1800 livres de France, en monnaies de cartes, que ceux qui les exploitoient payèrent au dit sieur de Sabrevois, auquel le dit sieur de Tonty fut bien aise de faire cette gracieuseté, à sa sollicitation, à l'égard des réparations de la clôture du fort, il est certain ; il est convenu que le dit sieur de Sabrevois n'en a fait aucunes, puisque suivant le rapport de M. de Louvigny, ce fort étoit en très mauvais état quand il a passé en allant contre les Renard en 1716, et que le sieur de Tonty le trouva si délabré, en y allant en 1717, qu'il a été obligé de le refaire tout à neuf, la preuve du mauvais état de ce fort et que le sieur de Sabrevois n'y a jamais fait aucune dépense, se trouve dans un article de la lettre que le sieur de Sabrevois lui écrivit du Détroit le 8 avril 1717, et dont il envoie l'extrait, par lequel il paroit que ce n'est qu'en ce temps là qu'il se mit en devoir de faire réparer cette clôture, et que c'étoient les voyageurs qui fournissoient les pieux nécessaires pour cette réparation, dont il n'y en avoit que 150 de faits suivant son propre aveu, et qu'il n'a jamais compté qu'elle se fît à ses dépens.

Nota.—Suivant cet extrait, qui est ci-joint, le sieur de Sabrevois marque à M. de Vaudreuil qu'il y a une des courtines du fort qui ne vaut rien et que les pieux sont tous pourris, qu'il a fait assembler tous les voyageurs qui ont des maisons dans le fort, qui lui ont répondu qu'il n'avoit qu'à voir ce qu'il falloit de pieux à chacun et qu'ils les feroient trainer, que trois d'eux répondirent qu'ils n'en traineroient pas et que le commandant qui venoit en faire trainer, et qu'on lui a dit que ces trois hommes avoient sollicité les autres de n'en point fournir.

Qu'il a toujours fait trainer les pieux dans l'espérance que M. de Vaudreuil ordonnera au sieur de Tonty de faire payer ces trois hommes aussi bien que d'autres, qui a leur exemple n'ont voulu rien faire.

A l'égard des présents que le sieur de Sabrevois prétend avoir fait aux sauvages du Détroit, pour les engager à aller à la guerre contre les Renards, comme les deux officiers que M. de Ramezay envoya en 1715, chargés des présents pour inviter toutes les nations du sud à cette guerre, passèrent la même année au Détroit, et en firent à celles qui y sont établies, et que M. de Louvigny l'a assuré qu'il leur fit aussi en 1716, dans le temps qu'il passa pour aller à son expédition, dont il a un état certifié par le dit sieur de Sabrevois, il ne voit pas que ce dernier ait eu raison d'en faire de son côté, à l'occasion de cette guerre; qu'au reste s'il faut s'en rapporter à ce qui lui a été dit en public par les chefs Outavois du Saguinan et par ceux des Poutavatamis du Détroit, qui vinrent à Montréal en 1717, et dont il envoie les paroles, il s'en faut beaucoup que le dit sieur de Sabrevois n'ait été aussi libéral à l'égard des sauvages qu'il l'a voulu faire entendre au Conseil.

Il sera facile de connaître par les plaintes que lui firent alors ces sauvages, et dont il ne crût pas devoir informer le Conseil, pour épargner le dit sieur de Sabrevois, et par un second extrait de la lettre de cet officier du 8 avril 1717, combien il étoit peu capable de les gouverner avec les ménagements convenables pour ne les pas aliéner, et quelle foi on doit ajouter aux certificats qu'il a mandés ci-joints au mémoire qu'il a présenté au Conseil, ce qu'il y a de certain est que la plupart des habitans qui en ont signé un, étoient des gens contre lesquels le sieur de Sabrevois lui avoit fait de grandes plaintes, en plusieurs occasions, et qui, de leur côté, se plaignoient fort de lui en l'écrivant à leurs parents et à leurs amis, auxquels il mandoit que tout leur crime ne consistoit que dans le refus qu'ils faisoient de se soumettre aux vexations du dit sieur de Sabrevois, qui s'est raccommodé avec eux, quand il a été prêt de partir du Détroit, pour les engager à signer ce certificat.

NOTA.—Par les paroles des chefs des sauvages qui sont ci-jointes, il se plaignent beaucoup de la dûreté du sieur de Sabrevois, et de son avarice qui les avoit déterminés d'aller au nombre de 17 canots à Orange, lorsqu'ils rencontrèrent le sieur de Tonty qui les fit changer de dessin.

Par le second extrait de la lettre du sieur de Sabrevois, il marque qu'il a fait dire à un sauvage qui en avoit excité d'autres d'aller à Orange, que, s'il y retournoit, il lui feroit casser la tête, et qu'il lui tiendra parole.

Quoique par sa réponse aux paroles des sauvages, il convienne que c'est lui qui a envoyé au Détroit le sieur de Sabrevois, il n'a cependant eu aucune part à sa nomination au commandement de ce poste, M. de Pontchartrain, qui l'avait nommé, lui adressa l'ordre du Roy pour l'y envoyer, il s'y conforma, mais il se seroit fort gardé de le proposer, le connoissant pour un homme fort intéressé, il ne croit pas qu'il ait fait de gros profits au Détroit, mais il est certain qu'il n'y a pas perdu, puisque après avoir payé toutes les avances que les marchands lui avoient faites et ce qu'il pouvoit devoir à ceux qui étoient à ses gages, il s'on trouve avoir plus de 80 paquets de pelleterie de reste.

Le fort du Détroit fut achevé et mis dans sa perfection en 1718, et, suivant le rapport des voyageurs et des officiers qui en sont revenus, est le meilleur fort de palissades qu'il y ait en ce pays, comme le sieur de Tonty n'a rien épargné pour le rendre solide et s'y mettre à l'abri de toute insulte et qu'il lui coûte plus de   en argent de France, il estime qu'il y a de la justice que le Conseil accorde une gratification au sieur de Tonty.

Sur tout cela, le Conseil a décidé, le 5 mars 1720, ne rien accorder, ni au sieur de Sabrevois, ni au sieur de Tonty.

Depuis cette décision le sieur de Sabrevois a pris deux placets.

Par le premier, il convient que lorsque le sieur de Tonty partit de Montréal, pour l'aller relevé au Détroit, il lui fit présent des deux permissions dont parle M. de Vaudreuil, que son procureur vendit 1800 livres en carte, qui n'ont produit que 900 livres.

Il n'a point parlé de ce présent lors de ses demandes, c'est parce qu'il a cru que cela ne lui devoit point servir de remboursement.

Par le second, il supplie de le faire rembourser de dites dépenses montant 4779 livres, sur laquelle somme le Conseil a eu la bonté de lui faire donner, l'année dernière, 1000 livres à compte, lorsqu'on le débarqua malade, pour aider au rétablissement de sa santé, et lui donner moyen de vivre, les 3779 livres qui lui restent dûes le mettoient en état de payer ses dettes et de se pourvoir des choses nécessaires à sa famille.

1721 — janvier

LE CONSEIL DE MARINE

Approbation des mesures de MM. de Vaudreuil et Bégon au sujet des dispositions pour le Fort de Niagara

Envoyent un mémoire de l'établissement qui a été fait cette année à Niagara, qui est nécessaire tant pour empêcher les Anglois de s'introduire dans les pays d'en haut, que pour augmenter la traite du fort Frontenac.

Ce mémoire contient que ce poste est situé environ 4 lieues de l'entrée du Lac Erié, c'est le seul passage des sauvages qui viennent de tous les pays d'en haut par les lacs, le portage qu'on est obligé de faire par terre est de 4 lieues pendant lesquelles ils sont obligés de porter sur leur dos leurs canots et marchandises.

Les Anglois avoient proposé à un chef Iroquois établi à Niagara, d'y envoyer d'Orange, qui en est éloigné de 130 lieues, des chevaux pour servir au transport des marchandises, et d'y faire un établissement sédentaire, et lui avoient offert de partager avec lui les profits qu'ils y feroient.

Par ce moyen, les Anglois auroient pu s'attirer la plus grande partie des pelleteries qui descendent par les lacs des pays d'en haut, ils auroient pu y occuper non seulement les sauvages qui y montent et qui en reviennent, mais aussi les François, ils y ont un magasin bien fourni de marchandises de traite, et y ont fait jusqu'à présent et depuis plusieurs années, par le moyen des sauvages, une traite considérable de pelleteries en troc de marchandises et d'eau-de-vie de grains.

Cet établissement les auroient mis en état de traiter la plupart des pelleteries, tant des François, que des sauvages qui sont dans les pays d'en haut.

Le sieur Joncaire, connoissant l'importance de ce poste, par la quantité des marchandises qu'on pourroit y traiter, en y faisant un établissement sédentaire, y fit faire, par les sauvages, le printemps dernier, par ordre de MM. de Vaudreuil et Begon, une maison de pieux, à qui ils s'engagèrent volontiers, par le crédit qu'il a sur eux, étant fils adoptif des nations iroquoises.

Les Anglois en ayant eu avis ont fait tous leurs efforts pour faire démolir cette maison, et envoyèrent à cet effet le commandant d'Orange dans le village des Sonnontouans pour engager ces sauvages à s'y opposer, il envoya même un Anglois avec un Sauvage au sieur de la Corne, que M. Bégon y a établi pour la traite, pour lui dire de se retirer et qu'ils alloient démolir cette maison, La Corne leur répondit qu'il ne le souffriroit pas sans l'ordre du sieur de Joncaire, qui, en ayant été averti par un sauvage, alla trouver les Sonnontouans pour les empêcher de consentir à cette démolition; il y trouva beaucoup de difficulté parce qu'ils avoient été gagnés par les présens des Anglois. Cependant, il les fit changer de sentiments, et les a entièrement déterminés à soutenir cet établissement, en leur faisant connoitre l'avantage qu'ils en retireroient. Ainsi, quand les Anglois feroient de nouvelles tentatives, le sieur Joncaire se fait fort que les sauvages soutiendront cet établissement.

Cela a déterminé MM. de Vaudreuil et Begon d'y envoyer le dit sieur Joncaire avec des marchandises de traite, il est parti à la fin de septembre et doit y rester jusqu'au mois de juin prochain, personne n'est plus propre que lui pour commencer cet établissement qui rendra le commerce du fort de Frontenac plus considérable et plus utile qu'il n'a jamais été. C'est un très bon officier, interprète des cinq nations Iroquoises et qui sert le pays depuis 35 ans, tous les gouverneurs généraux l'ayant employé avec succès, il lui ont fait espérer que le conseil voudroit bien avoir égard aux services qu'il pourra rendre en cette occasion.

L'avis du conseil est d'approver le tout.

Approuvé.

1721 — 14 janvier

LE CONSEIL DE MARINE

Lettre de M. Begon. — La culture du chanvre. — Encouragements qu'il faudrait donner à cette culture.

M. Begon envoi un mémoire sur ce qu'il conviendroit de faire pour engager les habitants de s'attacher à la culture du chanvre.

Les moyens d'y parvenir seroient de suivre ce qui s'est pratiqué dans les colonies angloises de Boston et de la Nouvelle-York, lorsqu'on a voulu les engager à faire des chanvres et du goudron.

On l'a assuré que tous les chanvres étoient reçus aux magasins du roi d'Angleterre et payés aux habitants jusqu'à 100 livres le quintal, et que, lorsqu'on a été dans l'usage d'en faire, le prix à diminué peu à peu, de sorte qu'ils les fournissent à présent à aussi bon marché qu'on les vend en Norvége et en Suède.

Il en a été de même du goudron qui se vendoit dans le commencement 50 livres le quintal et qui est à présent réduit au prix qu'il se vend dans le Nord.

Par ce moyen, les habitants de ces colonies angloises se sont tellement attachés à faire du chanvre et du goudron, que, quoique il se construise tous les ans environ 150 bâtiments de mer, ils n'ont besoin ni de cordage, ni de goudron d'ailleurs, et ils en envoient même en Angleterre.

Si les chanvres étoient reçus en Canada dans les magasins du Roi et payés à un haut prix dans le commencement, tous les habitants s'attacheroient à en cultiver, et lorsqu'ils seroient dans cet usage, ils continueroient nonobstant la diminution du prix, mais cette culture ne peut se faire que lorsqu'il y aura des nègres.

Il a cru ne pouvoir mieux exciter les habitans à commencer cette culture qu'en écrivant une lettre circulaire à tous les curés pour informer les habitants qu'il fera payer le chanvre qui sera fourni dans les magasins du Roi, à Québec, à Montréal et à Trois-Rivières, à raison de 60 livres le quintal. Cette offre qui est nécessaire pour les y engager, n'est point un objet pour le Roi, parce qu'il n'y a pas dans la colonie de graine pour semer un arpent de terre, ainsi il en seroit fourni au plus quatre quintaux qui, à raison de 60 livres, ne feroient que 240 livres.

Il a depuis été informé par les curés du gouvernement de Montréal que les habitants sont dans la disposition de semer du chanvre lorsqu'ils en auront de la graine, il en demande 30 barriques, lui paroissant que cette quantité pourra être distribuée.

Le Conseil croit que, quoique le prix de 60 livres paroisse excessif, il ne faut pas se plaindre par rapport à l'utilité de l'établissement de cette Colonie, on pourra diminuer le prix à proportion du progrès de cet établissement, le Conseil croit aussi qu'il faut envoyer de Rochefort les graines qui sont demandées.

Ensuite est ecrit : Bon.

1721 — 4 mars

LE CONSEIL DE MARINE

Au sujet des Jésuites missionnaires.—Leur entrepôt à Montréal.

Le Jésuites missionnaires de la Nouvelle-France ayant représenté, l'année dernière, que le collège de Québec a fait et soutient depuis 30 ans, à ses frais, un établissement à Montréal, pour servir d'entrepôt aux missionnaires, que n'étant plus en état de le soutenir par la diminution de ses revenus, ils demandoient que la gratification annuelle de 150 livres, qu'ils ont pour cet établissement, fut augmentée, et que la somme à laquelle ils sont taxés pour l'enceinte de Montréal fût modérée.

Il en fut écrit à MM. de Vaudreuil et Begon pour avoir leur avis. Ils répondent que cet établissement leur est nécessaire parce que Montréal est le passage des missionnaires qui montent dans les pays d'en haut, et qui en reviennent, qu'en cette considération on leur a fait payer tous les ans à Québec cette gratification de 150 livres.

Que le nombre des religieux occupés à ces missions est de 45 et de 22 domestiques, dont la dépense est considérable.

Que pour les aider à y subvenir, ils croient qu'il conviendroit de leur accorder 500 livres de gratification annuelle au lieu de 150 livres, pour cet établissement.

Et qu'à l'égard de la modération de la taxe pour l'enceinte de Montréal, leur demande ne mérite point d'attention, attendu que l'imposition a été faite à proportion du terrain que les particuliers y possèdent.

Le Conseil croit qu'il faut suivre l'avis de MM. de Vaudreuil et Begon.

En marge est écrit : Approuvé.

1721 — 18 mars

LE CONSEIL DE MARINE

La veuve du sieur Laforest. — Le fort Frontenac.

La Dame de la Forest, 1721, représente que quoiqu'il ait été décidé que le fort de Frontenac et l'île de la Forêt appartiennent au Roi, elle espère néanmoins que le Conseil voudra bien écouter les justes prétentions du feu sieur de la Forest sur le fort de Frontenac, non seulement parce qu'il est subrogé aux droits du feu sieur de la Salle, mais encore par le prêt d'argent qu'il lui a fait en 1684, de 5200 livres et 7170 livres que le sieur Cavelier, frère du dit sieur de la Salle, prêt de dernier de dit sieur de la Forest (sic), en 1688, en passant au bas du Mississipi, aux Illinois, par le voyage qu'il vouloit faire en France, et de celle de 8000 livres, dues par le feu sieur de Tonty, et de plusieurs autres sommes, c'est même du premier prêt fait au dit sieur de la Salle par le dit sieur de la Forest, que le fort de Frontenac a été bâti, et il n'y a qu'à prendre lecture du billet qui est entre les mains de M. le rapporteur, pour voir la qualité du prêt. Pour l'île de la Forest, il n'y a eu que les défenses réitérées des gouverneurs d'habiter les terres au-dessus de Montréal, ou qui approchoient des ennemis de l'Etat, qui l'ont empêché de l'habiter, quoiqu'elle ait, c'est toutes ses prétentions, au sieur Cavelier de la Forest (sic). Elle a cependant conservé à ses enfans leur droit et surtout à son fils qui est le seul qui lui reste à établir, elle a la preuve de ce qu'elle avance, n'ayant jamais fait aucune démarche contre l'équité, surtout en ce qui regarde les enfants du sieur Pachot, son premier mari.

(En marge est écrit : rien à changer à la décision du Conseil.)

Elle se plaint de ce que le sieur Rigoville, son gendre, enseigne depuis vingt-cinq ans dans les troupes de la marine, et fils d'un capitaine de Canada, mort major des Trois-Rivières, a été oublié dans la dernière promotion, et qu'à son préjudice beaucoup de ces cadets ont été avancés, elle s'en prend au malheur qu'elle a eu de déplaire à MM. de Vaudreuil et Raudot, et surtout M. de Vaudreuil qui veut du mal à toute sa famille.

(En marge est écrit : rien à répondre sur cet article.)

Elle supplie le conseil de lui accorder un congé pour son fils pour venir en France vaquer à ses affaires, M. de Vaudreuil lui ayant refusé la permission d'y venir, elle souhaiteroit lui envoyer un Suisse qu'elle a à son service pour l'accompagner en venant, et elle demande son passage pour l'aller et retour.

(En marge est écrit : C'est M. de Vaudreuil, à qui le Conseil laisse le choix des officiers qui doivent passer en France, suivant le nombre permis. Néant sur le passage.)

Elle ajoute que la dame de St-Martin, sa sœur, éprouve aussi les ressentiments de M. de Vaudreuil, et elle rapporte une lettre que la dite dame de St-Martin lui écrit, contenant que M. de Vaudreuil l'accuse faussement d'avoir écrit en cour contre lui, que c'est la raison pour laquelle il refuse le congé du sieur de St-Martin et celui du fils de la dame de la Forest, qu'elle seroit passé en France, sans le défaut d'argent, pour faire connoître à S. A. S., la tyrannie que M. de Vaudreuil exerce continuellement sur leur famille, jusqu'à vouloir leur ôter une maison qu'il avoit louée, pour la donner au sieur D'Egly, il a même écrit contre la fille de la dame de St-Martin, pour empêcher un mariage qu'on lui proposoit.

(En marge est écrit : rien à répondre sur cet article.)

Fait et arrêté le 18 mars 1721.

Signé : L.-A. DE BOURBON.

Par le Conseil,

Signé : LA CHAPELLE.

1721 — 24 mars

LE CONSEIL DE MARINE

Au sujet d'une lettre de l'évêque de Québec, relativement aux congés.—Nécessité de les rétablir. — Familles pauvres. — Coureurs des bois. — Hôpital général de Québec.

Sur la révocation des congés qui étoient accordés aux pauvres et plus considérables familles du pays, il représente qu'elles ne peuvent se soutenir sans ce secours, n'y ayant personne dans le pays en état de faire du bien aux autres, l'Evêque, auquel seul ces familles s'adressent, ne peut les soulager à cause de son petit revenu et qu'il est chargé de l'hôpital général de Québec et de l'Hôtel Dieu des Trois-Rivières qui ne se soutiennent que par ses bienfaits.

En marge est écrit : rapporter les raisons qui ont déterminé à défendre de donner des congés.

Supplie de rétablir ces congés ou au moins une partie pour le soulagement et charité absolument nécessaire.

S'ils ont été révoqués sous prétexte qu'ils étoient mal distribués ou pour empêcher qu'il ne monte trop de monde dans le pays d'en haut, il assure de la fausseté du premier, les familles auxquelles ils ont été distribués, en ayant véritablement besoin, M. de Vaudreuil, consentant de ne distribuer ceux qui seront accordé que de concert avec l'évêque et l'intendant.

A l'égard du second, l'expérience du passé leur ayant fait connaitre que lorsqu'on n'accorde pas aux Canadiens la permission de monter dans le pays d'en haut par congé, ils y vont en plus grande foule sans congé.

Pour soutenir les religieuses qui desservent l'hôpital général de Québec, qui ont perdu toutes leurs rentes, il a acheté une terre dont il supplie le conseil de lui faire accorder l'indemnité par la compagnie des Indes et de lui faire accorder aussi l'amortissement.

En marge est écrit : En parle à la signature et rendre compte des raisons que peut avoir l'Evêque de Québec.

Il remercie de la gratification annuelle de 1000 livres accordée à cet hôpital, il a exécuté d'avance les intentions du conseil d'y recevoir les vieux soldats invalides, M. de Vaudreuil a donné un ordre pour y en mettre 5 qu'il a fait recevoir, en mettant dehors quelques pauvres, parce que l'hôpital était plein.

En marge est écrit : Approuvé.

Les religieuses administratrices de cet hôpital, pour profiter de la grâce que le conseil leur a faite, en leur accordant une partie des défrichements qu'elles feront faire dans la terre des pauvres, et à leur profit, vont incessamment faire travailler à défricher une partie des dites terres.

En marge est écrit : Approuvé.

Fait et arrêté le 24 mars 1721.

Signé : L.-A. DE BOURBON.

Par le conseil :

Signé, LACHAPELLE.

1721 — 24 mars

LE CONSEIL DE MARINE

Au sujet d'une réclame de MM. les ecclésiastiques du séminaire du St-Sulpice, relativement à la taxe des fortifications. — Diminutions de leurs revenus. — Missions du Sault aux Récolets transportées sur la terre du lac des Deux-Montagnes.

Les ecclésiastiques du séminaire de St-Sulpice, établis à Montréal, représentent qu'ayant été taxés à 2000 livres par an, pour leur cote-part de la somme de 6000 livres, imposée en 1716 sur les habitans de l'île de Montréal et des environs, pour la clôture de la dite ville, ils se sont efforcés de payer cette taxe quoiqu'exhorbitante durant les trois premières années, en représentant néanmoins au gouverneur général et à l'intendant qu'il leur étoit absolument impossible d'en continuer le paiement et de fournir en même temps aux autres dépenses indispensables qu'ils se sont obligés de faire pour l'entretien d'un nombre considérable de prêtres missionnaires dont ils sont chargés en Canada, et il leur seroit facile de justifier qu'indépendamment de cette taxe, ils ne pourroient même, à beaucoup près, fournir à toutes ces dépenses qu'ils font pour le bien de la religion et de la colonie, sans les secours qu'ils tirent des biens de patrimoine de plusieurs d'entre eux, et surtout de la pension de 6000 livres qu'ils ont sur l'état des charges à payer par le domaine d'occident, pour contribuer aux frais des missions et à la subsistance des enfans des sauvages, ce qu'ils peuvent encore beaucoup moins à présent par la diminution extraordinaire des revenus qu'avoient en France tant le dit Séminaire que les particuliers qui y travaillent. C'est ce qui les obligea de demander, l'année dernière, à être déchargés de la dite taxe de 2000 livres qu'ils avoient cru avoir obtenu parce qu'ils apprirent que le Roi destinoit des fonds considérables pour cette clôture, ils ont cependant été avertis qu'on prétendoit non seulement continuer à lever la même imposition, mais encore les contraindre au paiement des arrérages des deux dernières années, quoique pendant icelles, on n'ait point travaillé aux dites fortifications, et que même une partie des matériaux qui y étoient destinés ont été employés à d'autres ouvrages.

Ils supplient qu'en cas que le Roy ne juge pas à propos de faire cesser l'imposition générale de 6000 livres par an sur les habitans, S. M. ait la bonté de réduire et modérer la taxe et cote-part du Séminaire à une somme modique et proportionnée aux taxes des autres contribuables, tant pour l'avenir, que pour les deux dernières années qui restent à payer.

Qu'ils ne pourront être contraints au paiement d'une année de leur taxe, qu'après que l'imposition de l'année qui aura précédé, aura été payée par tous les autres contribuables, et lors seulement qu'on travaillera effectivement aux dites fortifications, autrement il arrivera que les habitants ne payant point leur cote-part, les ouvrages se feroient presque des seuls deniers du séminaire, dont la taxe deviendroit en quelque façon perpétuelle, par le grand nombre d'années qu'il faudroit employer à cet ouvrage avec un si petit secours.

NOTA.—La taxe de 6000 livres par an pour la clôture de la ville de Montréal, a été faite par arrêt du 5 mai 1716, le même arrêt a réglé que le séminaire de St. Sulpice payeroit pour sa cote-part 2000 livres, et tout cela fut convenu alors avec MM. du Séminaire.

MM. de Vaudreuil et Begon ayant écrit le 26 octobre 1720, qu'ils devoient 2000 livres pour 1719, et pareille somme pour 1720 ; ils ont demandé si le Conseil approuveroit que la retenue en fut faite sur la gratification de 6000 livres qu'ils ont sur l'Etat du domaine, sur quoi le Conseil a décidé, le 15 février dernier, qu'il faut sans difficulté en faire la retenue sur la gratification annuelle de 6000 livres.

L'effort qu'ils ont fait de payer les trois premières années de la taxe de 2000 livres, joint misère et rareté d'argent en Canada, les a mis hors d'état d'entreprendre la dépense du transport de la mission des sauvages du Sault aux Récolets sur la terre du lac des deux Montagnes, et d'y faire construire l'église et le fort que le Séminaire est chargé de faire à ses frais dans l'espace de 7 années, quoiqu'on reconnaisse de plus en plus l'utilité et les avantages de ce transport pour le bien de la religion, l'augmentation et la sûreté de la colonie.

Ils supplient de leur donner communication des plans de cette église et du fort envoyés par MM. de Vaudreuil et Begon.

NOTA.—Sur la demande faite par le séminaire, le changement de cette mission ayant été résolu en 1716, il fut ordonné à MM. de Vaudreuil et Begon de placer ces sauvages moyennant que la dépense de ce changement se feroit par le séminaire qui en seroit dédommagé par les terres que ces sauvages occupoient alors et dont il pourroit disposer.

Il leur fut ordonné de concéder au séminaire, pour placer cette mission, trois lieues de terrain en carré joignant les terres concédées à M. du Guay et en remontant dans les lacs des deux Montagnes, et un demi lieue de terrain, sur trois lieues de profondeur, pour les missionnaires, à condition que quand ces terres seroient abandonnées par ces sauvages, elle reviendroient à Sa Majesté.

M. de Vaudreuil marqua en réponse que le supérieure du séminaire de Montréal lui a représenté que le changement de cette mission coûteroit plus de 20 mille livres, parcequ'outre la maison des ecclésiastiques, il falloit y bâtir une église et un fort de pierre, et qu'ils ne pourroient jamais être dédommagé de ces dépenses que par la propriété de cette terre et seigneurie, à perpétuité, et qu'il lui paraissoit de la justice de leur accorder cette grâce, le changement de cette mission étant très avantageux à la colonie, parce qu'il mettra à couvert des courses des autres sauvages le côté du nord qui n'étoit point défendu, cette affaire ayant été portée à M. le Régent, le 4 février 1717, S. A. R. décida qu'il falloit accorder à ce séminaire cette concession a perpétuité en seigneurie à condition qu'il bâtiroit de pierre l'église et le fort, suivant les plans qui lui en seront remis et approuvés par MM. de Vaudreuil et Begon, et que les dits bâtiments seronts finis dans l'espace de deux ans.

En conséquence le brevet de concession fut expédié par MM. de Vaudreuil et Begon, le 17 8bre 1717, et confirmé par le Roi, le 27 avril 1718, à condition de faire faire l'église et le fort de pierre en sept ans.

Ils ont appris que dans le dessein de les chagriner on leur demandoit de justifier du titre en vertu duquel ils reçoivent la pension de 6000 livres employée annuellement sur l'état des charges, quoiqu'on ne puisse pas ignorer que le seul titre est les états du Roi sur lesquels on leur a payé cette pension depuis un grand nombre d'années.

Supplient d'ordonner qu'ils seront déchargés de justifier des titres qu'on leur demande à ce sujet.

Nª Ces ecclésiastiques doivent expliquer qui leur demande ce titre, ce ne peut être qu'une menace de MM. de Vaudreuil et Bégon, parcequ'ils ne payent point l'imposition pour la clôture de Montréal.

Cette somme est employée sur l'état du domaine de cette manière.

Au supérieur du séminaire de St-Sulpice, établi à Montréal, pour la subsistance des enfans des sauvages, six mille livres.

On sait qu'ils font beaucoup de charités aux sauvages et même aux François de l'Ile de Montréal, qu'il leur en coûte pour les missionnaires qu'ils entretiennent. C'est à quoi ils appliquent cette somme ; M. De Bellemont, qui est supérieur du séminaire et qui a au moins 7 à 8 milles livres de rente en France, y joint aussi tout son revenu pour employer un aumonier.

On croit qu'ils peuvent fort bien payer la somme de 2000 livres.

Fait et arrêté, le 24 mars 1721.

Signé: L.-A. DE BOURBON.

Par le Conseil :

Signé : LACHAPELLE.

En marge est écrit : Il n'est pas possible de les décharger de la taxe de deux milles livres convenue avec eux quand l'arrêt qui en ordonne la levée fut expédié, ils ne doivent point craindre de supporter seul la charge attendu, les ordres positifs que l'on donne de faire payer exactement les autres, s'il y a eu quelques années où l'on n'ait point travaillé, cela peut venir ou du défaut de paiement de leur part ou de ce qu'on a amassé des matériaux avant que de commencer l'ouvrage. Il faut leur remettre le plan du fort qu'ils demandent et qu'ils sont obligés de construire aux termes de leur concession, à l'égard de la demande qui leur est faite de rapporter les titres en vertu desquels ils jouissent de la gratification, le Conseil n'en a point eu connaissance. Il ne faudra leur retenir sur leur gratification que 2000 livres pour l'année courante et 1000 livres à compte des arrérages échus.

Donné avis de cette décision à MM. de Vaudreuil et Begon.

1721 — 24 mai

LE CONSEIL DE MARINE

Au sujet d'une lettre des Missionnaires du Sault St-Louis. — Le Commandant militaire de cette place, et la garnison.

Les Missionnaires du Sault Saint-Louis demandent que l'ordre du Roi expédié en 1720, pour établir le sieur de Contrecœur commandant au Sault St-Louis, soit revoqué.

Ils représentent qu'en 1720, M. De Ramezay, gouverneur de Montréal, obtint un ordre pour faire établir un commandant dans la mission du Sault St-Louis, et y fit nommer le sieur De Contrecœur, parent de son épouse. M. De Vaudreuil a suspendu l'exécution de cet ordre, sur les représentations des missionnaires, jusqu'à ce que le Conseil fût plus amplement informé.

N° Il n'y a point eu ordre d'y mettre un commandant, il faut que ce soit M. De Ramezay qui ait obtenu cette place de M. De Vaudreuil pour le sieur De Contrecœur.

Raisons des Missionnaires.

1° C'est pour ainsi dire une nouveauté, la cour n'y en ayant jamais nommé d'officier, et elle a peut être ignoré qu'il y en eût eu.

2° Cet établissement est contraire aux intérêts du Roi, en ce qu'on sera obligé d'y bâtir une maison pour l'officier et un corps de garde pour les soldats, et d'y entretenir une garnison sans aucune utilité que celle du commandant.

3° Il est contraire au bien du service, car il arrivera, ainsi que cela s'est pratiqué par le passé, lorsqu'il y a eu garnison au Sault, que l'officier, à qui ces soldats sont inutiles, n'en retenant qu'un seul pour son service particulier, donnera aux autres des permissions de travailler, d'autant plus volontiers qu'il gagnera leur prêt, et les soldats étant répandus chez les habitans, oublient l'exercice militaire et sont quelque fois un an sans se représenter.

4° Il est contraire aux biens des Sauvages, on a toujours expérimenté que la présence des Européens a été un scandale pour les sauvages, car quoique le gouverneur général leur ait toujours donné pour officier une personne au choix des missionnaires, cependant il est arrivé souvent que les soldats oisifs et les officiers mêmes débauchent les sauvages, et d'autres portent de l'eau-de-vie aux sauvages, d'où il est arrivé souvent de grands désordres; on est d'ailleurs exposé à des querelles continuelles entre les soldats et les sauvages, et à des discussions entre l'officier et les sauvages, au sujet de leur commerce qui, n'étant par toujours selon les lois de l'équité, commet les missionnaires avec les uns et les autres.

Cet établissement ne peut être fondé sur la nécessité d'y établir une garnison, puisque 7 ou 8 soldats qu'on y peut envoyer, n'ont jamais été capables ni de contenir un village de plus de 200 guerriers, ni de les défendre contre les surprises des ennemis, et bien loin qu'on ait été en état, dans les dernières guerres des Iroquois, de mettre une garnison capable de défendre le Sault, on a été obligé de faire venir à Montréal, qui n'en est qu'à 3 lieues, tous les sauvages de cette mission, pour défendre la ville.

L'origine d'une garnison au Sault n'a eu ci-devant d'autre motif que la demande que firent quelques missionnaires de 2 ou 3 soldats qui hivernissent dans leur mission pour aider à éteindre le feu en cas qu'il prit au village pendant que les sauvages étoient à la chasse, n'y restant que quelques vieilles femmes qui seroient hors d'état de l'éteindre.

Cette demande leur fût accordée et peu après on leur fit agréer un officier, mais les missionnaires ne tardèrent point longtemps à se répentir d'une grâce qui leur servent (sic) onéreuse.

Les autres missions de Lorette, du Sault

au Récollet, de Bécancourt et de St. François, ont prévu ces inconvénients et n'en ont jamais eus quoiqu'elles fussent dans le cas d'en avoir plutôt que le Sault St-Louis, étant éloigné des villes.

Le vrai motif qui a porté M. De Ramezay à faire accorder ce commandement à son parent a été de le gratifier et de lui faciliter un commerce avec les sauvages qui puisse l'enrichir.

Il a cependant pu prétexter deux choses, la première qu'il est bien aise d'être averti de ce qui se passe en ce quartier par un homme de confiance, les missionnaires répondent à cela que cette raison est égale pour toutes les autres missions où il n'y en a point, d'ailleurs les Jésuites de tout temps ont été très attentifs à avertir de tout; un officier n'a servi jusqu'à présent qu'à entretenir la défiance, souvent pour se rendre nécessaire, et faute d'entendre la langue, il a donné de faux avis et on a rejeté sur les Jésuites les fautes qu'il avoit faites lui-même; ce qui n'a abouti qu'à les discréditer parmi les sauvages. Enfin le gouverneur de Montréal peut indépendamment des Jésuites et de l'officier même savoir des sauvages, et leur faire savoir tout ce qu'il veut; il n'y a tous les jours que trop de sauvages ivres à Montréal et il fait appeler quand il le juge à propos les anciens sauvages qui ne refusent point d'obéir à ses ordres.

La 2e est qu'une garnison est nécessaire au Sault pour empêcher le commerce d'Orange.

Ils répondent à cela que l'officier et les soldats, bien loin de l'empêcher, l'ont favorisé, et quelques-uns l'ont fait eux-mêmes.

Depuis qu'il n'y a point de garnison au Sault, la mission n'a été que mieux, et le service du Roi n'en a point souffert.

Lorsqu'en temps de guerre on aura lieu d'appréhender une irruption, on pourra, comme autrefois, envoyer une garnison forte, dont les officiers seront logés chez les missionnaires et les soldats bariqués ou dispersés dans les cabanes, mais ces cas-là ne sont plus à craindre et ne peuvent fonder de nécessité d'établir une garnison fixe en pleine paix dans un lieu où elle est inutile et encore plus nuisible.

Fait et arrêté le 24 mai 1721.

Signé: L.-A. De Bourbon.

Par le Conseil,

Signé: La Chapelle.

(En marge est écrit: envoyer à MM. de Vaudreuil et Begon, en marquant qu'il paroît inutile de tenir une garnison en cet endroit, et qu'ainsi il faut cesser à moins qu'ils ne la jugent absolument nécessaire, le Conseil s'en remettant à M. de Vaudreuil.)

1721 — 8 juin

LE CONSEIL DE MARINE

Au sujet d'une lettre de MM. de St-Sulpice, de Paris, appuyant la réclamation de leurs confrères de Montréal, — Taxe des fortifications.

Les ecclésiastiques du Séminaire de St-Sulpice, à Paris, marquent qu'ils n'ont aucune idée qu'ils soient convenus que leur séminaire de Montréal paieroit 2000 livres par an pour l'imposition des fortifications de cette ville, ils savent au contraire que cette taxe ne fut réglée que sur des avis donnés par des personnes de Canada qui n'avoient point en vue les intérêts du séminaire qui a toujours réclamé contre cette taxe exhorbitante, laquelle ils ne pourront payer, comme le Conseil l'a réglé, sans retrancher une partie des autres dépenses qu'ils faisoient pour le bien de la Religion et de la colonie du Canada.

Nota. — Avant de rendre l'arrêt qui règle cette imposition, il fût communiqué à Messieurs du Séminaire.

Au surplus le Conseil a réglé qu'il seroit exécuté et qu'il seroit retenu sur la pension qu'il reçoivent du Domaine les 4000 livres qu'ils doivent pour les années 1719 et 1720, en 4 années, à raison de 1000 livres par an, c'est de quoi le Conseil les a informé, quand au plan du fort et de l'église qu'ils doivent faire construire au bord du lac des deux Montagnes et que le Conseil leur a fait communiquer, ils en ont fait faire une copie qu'ils envoient en Canada pour exciter les ecclésiastiques qui y sont de commencer l'ouvrage ou de marquer leurs raisons et reflexions pour le différer ou changer, afin d'en rendre compte au Conseil.

Fait et arrêté, le 8 juin 1721.

Signé : L.-A. DE BOURBON.

Par le Conseil :

Signé : DE LACHAPELLE.

En marge est écrit : cette lettre ne demande point une réponse.

1721 — 19 octobre.

LE CONSEIL DE MARINE

Délibérations du Conseil, au sujet d'une lettre de MM. de Vaudreuil et Bégon.—Districts des paroisses.—Dots des religieux.—Hôpital général pour les fous.—Soldats invalides.—Maîtres d'écoles.—Turcq de Castleveyre.—Eau-de-vie.—Sault St.-Louis.—Troupes.—Concessions.—Commerce des grains.—Sarrazin.—Rats musqués.—Etablissements.—Niagara.—Rivalité angloise.

Les sieurs de Vaudreuil et Bégon ont reçu le mémoire du Roi du 8 juin dernier, que le Conseil leur a fait l'honneur de leur envoyer.

Ils continuent de vivre en bonne intelligence et tout disposés l'un et l'autre de se conformer aux intentions de Sa Majesté, en évitant tout ce qui pourroit altérer l'union qui leur est recommandée.

Ils sont dans les mêmes sentiments à l'égard de M. l'Evêque qu'ils préviendront, en tout ce qui dépendra d'eux, et auront une attention particulière à seconder le zèle des ecclésiastiques, en réprimant les desordres et les scandales.

Ils ont envoyé le sieur Collet, Procureur général du Conseil supérieur de cette ville, en qualité de commissaire dans les paroisses de cette Colonie, et sur les procès-verbaux qu'il a dressés de la commodité ou incommodité, ils ont réglé, conjointement avec M. l'Evêque les districts de ces paroisses, ils ont l'honneur d'envoyer à Sa Majesté ce règlement avec copie des procès-verbaux du dit sieur Collet qui a fait ce travail avec un ordre et une attention qui nous fait espérer que Sa Majesté, qui a ordonné cette dépense, aura la bonté de le traiter favorablement sur ce sujet, il a employé deux mois à cette tournée, accompagné d'un greffier ; (En marge est écrit : Proposer à M. le Régent de rendre un arrêt pour homologuer ce réglement en son entier, le Conseil croit qu'il faut donner 1200 livres de gratification et 900 livres au Greffier.)

Nous croyons qu'il seroit nécessaire que ce règlement fut confirmé par un arrêt ou ordre de Sa Majesté, pour prévenir les difficultés qui pourroient naître dans la suite sur son exécution.

Ils ont informé M. l'Evêque de l'intention de Sa Majesté sur les stipulations de dots qui seront faites pour la réception des dix religieuses de l'hôpital général de cette ville, dont cette communauté a été augmentée, et tiendront exactement la main à ce que ces stipulations, tant pour la réception des religieuses de ces communautés que pour celles des religieuses des autres communautés de cette Colonie, leur soient communiquées et par eux visées avant leur profession, ils en ont aussi informé les autres communautés, afin qu'elles s'y conforment. (En marge est écrit : Porter à Mgr. le Régent, Le Conseil croit qu'il faut régler ces dots au moins à 5000 livres).

Ils feront faire, l'année prochaine, un bâtiment à l'hôpital général de cette ville, pour retirer les fous, ils envoyèrent ci-joint le plan et état estimatif faits par le sieur Chaussegros, montant à la somme de 2200^l.

Suivant ce plan, il y aura quatre loges voûtées, comme dans le bâtiment qu'a fait faire M. l'Evêque pour y retirer les folles.

La sommes de 1000^l employée sur l'Etat des charges de la présente année, sera payée à compte de cet ouvrage à l'entrepreneur, sur les certificats du sieur Chaussegros.

Les sieurs De Vaudreuil et Begon supplient Sa Majesté d'ordonner un fonds de 1200^l pour achever cet ouvrage. (Porter tout cet article à Mgr le Régent, avec la lettre originale de M. l'Evêque de Québec, le Conseil croit que supposé qu'il n'y ait point d'arrangement pris pour secourir les hôpitaux, comme il est très important de soutenir celui de Québec, on peut accorder l'augmentation de 1000^l demandée par M. l'Evêque, à condition que la première année, il en sera obligé d'y recevoir les insensés de chaque sexe.)

M. l'Evêque leur a représenté que la somme de^l 1000 que Sa Majesté a bien voulu accorder l'année dernière à l'hôpital général de cette ville, étant destinée par l'état de cette année pour la dépense du logement qui se doit faire pour y retirer les fous, les pauvres et la communauté se trouvent privés de ces secours, qu'il en ont plus de besoin que par le passé, à cause des pertes qu'ils ont souffertes par les diminutions des rentes qu'ils avoient en France. Ils supplient Sa Majesté, en cette considération, d'avoir la bonté d'augmenter cette gratification de pareille somme de 1000^l et qu'il plaise à Sa Majesté ordonner que sur ces 2000 livres, il soit destiné 1500 livres pour les pauvres et 500 livres pour la communauté des religieuses.

Si Sa Majesté veut bien accorder cette augmentation, en considération de l'utilité de cette maison et des dépenses considérables que M. l'Evêque a faites pour la fonder et l'établir, on pourroit prendre, l'année prochaine, sur ces 2000 livres, les 1200 livres nécessaires pour ce bâtiment, et sur les 800 livres restant, destiner 600 livres pour les pauvres et 200 livres pour la communauté des Religieuses.

La demi-solde a été payée à l'hôpital général de cette ville pour les invalides qui y ont été reçus, et ceux qui voudront se retirer à l'hôpital général de Montréal, en y laissant leur demi-solde, auront cette liberté, suivant les intentions de Sa Majesté.

(En marge est écrit : cela suffit, qu'ils continuent d'y tenir la main.)

Les religieuses de l'hôpital général de cette ville ayant demandé qu'il fut fait une délibération des administrateurs sur le défrichement qui leur est permis de faire sur la terre des Ilets, ils ont envoyé sur les lieux deux administrateurs avec un arpenteur pour examiner les terres qui sont en valeur et celles qui restent à défricher, après quoi il a été fait la délibération dont copie est ci-jointe par laquelle ils ont réglé que les religieuses n'auroient la propriété que du tiers du nombre d'arpents qu'elles feroient défricher, au lieu de la moitié qui leur est accordée par l'arrêt qui leur permet de faire ce défrichement à leurs frais, et que les deux tiers resteroient aux pauvres, à quoi les religieuses ont consenti sur ce qu'une partie de ces terres, sur lesquelles on prend depuis longtemps du bois de chauffage, peuvent être mises en en valeur en peu de frais. (En marge est écrit : Porter, avec les représentations de M. l'Evêque, à M. le Régent.)

Nous envoyons aussi le plan et l'arpentage de ces terres.

Ils continueront de tenir la main à ce que le nombre de maîtres d'école que la communauté de l'hôpital général de Montréal doit entretenir, soit toujours complet.

Toute la dépense de l'entretien et subsistance des maîtres d'école, distribuée dans les paroisses étant à la charge des habitants, (En marge est écrit : Rapporter la demande du feu sieur Charron, en ce que fut ordonné alors, en parler la 1ere fois) par ce que le sieur Turcq, supérieur de cet hôpital, ne croit pas devoir contribuer sur les 3000 livres accordées pour ces maîtres d'école, disant en avoir besoin pour ceux qui restent dans cet hôpital, il seroit nécessaire que cette somme fut employée en deux articles sur l'état des charges dont 1500 livres pour les dépenses de cet hôpital et pareille somme pour l'entretien de six maîtres d'école, dans les paroisses, à raison pour chacun de 250 livres qui leur seroit payé sur leur quittance et les certificats des curés des paroisses où ils auroient servi. C'est ce qu'on peut demander de moins au sieur Turcq, puisque sur l'état des charges ces 3000 livres sont employées pour l'entretien de six maîtres d'école au moins dans le Canada. (En marge est écrit : il est bon de donner cet arrêt en interprétation).

Nous continuons de représenter à Sa Majesté que les ecclésiastiques du Séminaire des missions étrangères, méritent par leur zèle et l'éducation qu'ils donnent aux jeunes gens de cette colonie, qu'ils y élèvent, les grâces que Sa Majesté veut bien leur faire espérer.

Le sieur de Vaudreuil a envoyé, l'automne dernier et cette année, à la première navigation, aux commandants des postes de Michilimakinak et Détroit, des ordres si précis de ne souffrir, sous aucun prétexte, la traite de l'eau-de-vie, qu'il croit avoir fait de sa part tout ce qui a dépendu de lui, (et leur recommander de tenir très sévèrement la main à l'exécution.) (En marge est écrit : Il n'y a qu'à approuver cet article).

Le sieur De Beaujeu, commandant à Michilimakinak, qui en est de retour ici depuis peu de jours, a informé les sieurs de Vaudreuil et Begon de l'attention qu'il a eue à tenir sévèrement la main à l'exécution de ces défenses ; et leur a dit avoir fait des visites exactes dans toutes les maisons des François qui étoient dans ce poste, et avoir fait rompre tous les barils et vider tous les flacons remplis d'eau-de-vie qui s'y sont trouvés, sans considération ni exception de personne.

Le sieur De Tonty, commandant au Détroit, qui en est aussi de retour ici depuis quelque temps, les a assurés qu'il n'y en avoit point été traité cette année, et que même, dans un conseil qu'il a tenu avec les Sauvages domiciliés en ce poste, il leur a déclaré qu'il ne leur en seroit plus traité a l'avenir, sur quoi ils lui ont dit qu'ils en iroient chercher à Orange.

Le sieur Begon continuera d'avoir toute l'attention qui lui est ordonnée pour faire châtier sûrement tous ceux qui seront tombés en contravention sur ces défenses, suivant les avis qui lui en seront donnés et condamnera, en conformité de l'ordonnance du 24 mai 1679, à une amende de 100 francs pour la première fois, de 300 livres pour la seconde, et de punition corporelle pour la troisième, ceux qui porteront ou feront porter de l'eau-de-vie dans les villages des Sauvages.

Ils envoient l'état estimatif, certifié par le sieur Chaussegros, de la dépense à faire pour le fort de pieux de la mission du Sault St-Louis, avec les logements de l'officier qui y commandera, et d'un corps de garde pour les soldats, montant à la somme de 4181 livres. (En marge est écrit: approuvé, donner les ordres nécessaires pour la remise du fonds.)

Les deux milles livres employées l'année dernière et celle-ci sur l'état des dépenses de cette colonie seront payées à compte sur les certificats du sieur Chaussegros.

Ils supplient Sa Majesté d'ordonner les 2181 livres restant pour achever ces ouvrages

Ils ont informé la veuve et les enfants du feu sieur de la Martinière, premier conseiller au Conseil Supérieur de cette ville, de la gratification de 200¹ que Sa Majesté a eu la bonté de leur continuer, les sieurs de Vaudreuil et Begon supplient Sa Majesté de vouloir bien leur faire la même grâce pour l'avenir, en ayant un extrême besoin. (En marge est écrit : expédier à l'ordinaire.)

Ils ont aussi donné avis au sieur De Longueuil, gouverneur des Trois-Rivières, de la gratification de 200 livres, que Sa Majesté à bien voulu lui continuer, en considération de ce que les Iroquois sont reçus chez lui à Montréal, ce qui se fait à présent, en son absence, par son fils, capitaine de compagnie. (En marge est écrit : Expédier à l'ordinaire.)

Le sieur Begon fera délivrer à l'Hôtel-Dieu de Montréal, les neufs chaudières qui font partie de la confiscation prononcée par l'arrêt du 2 juin 1720, conformément au mémoire de Sa Majesté du même jour.

La récolte de cette année n'est pas encore entièrement finie dans le gouvernement de cette ville, elle l'est dans celui de Montréal, et toutes les apparences sont qu'elle sera dans cette colonie encore plus abondante que celle de l'année dernière, qui a produit un commerce considérable de farine pour les Iles de l'Amérique et l'île Royale, ils espèrerent que ce commerce augmentera encore l'année prochaine, et ils auront attention de ne pas laisser assez dégarnir la colonie pour qu'elle en puisse souffrir.

Le sieur De Vaudreuil a fait incorporer dans les compagnies les soldats de la nouvelle recrue qui sont arrivés cette année. Ils continuera de ne donner de congé qu'à ceux qui se marient pour se faire habitants. (En marge est écrit : Approuvé.)

La principale raison de ce que les compagnies ne sont pas complètes, nonobstant les recrues qui ont été envoyées depuis son retour de France, est le grand nombre de ceux qui se sont établis dans le pays, à quoi il n'a pu s'opposer, l'intention de Sa Majesté étant qu'il soit donné des congés aux soldats qui se marient, il y avoit aussi dans les compagnies plusieurs vieux soldats qui servoient depuis 25 ou 30 ans, à qui il n'a pu refuser le congé. (En marge est écrit : donner les ordres nécessaires pour les recrues.)

Ils enverront, par une lettre particulière, l'état des soldats qui sont dans le cas de la demi-solde, suivant la modèle qui leur a été envoyé l'année dernière.

Le sieur Sarrazin est toujours fort attaché à ses fonctions de médecin, et aux observations que l'Academie des sciences lui demande, il lui enverra cette année la description anatomique du Rat musqué, nous l'avons enformé que l'ordonnance de la gratification annuelle de 500¹ que Sa Majesté veut bien lui accorder à été expédiée. (En marge est écrit : Expédier l'ordonnance à l'ordinaire.)

Ils ont remis au sieur Peire et de Boishébert le privilège exclusif, a eux accordé par Sa Majesté pour la pêche des marsouins, saumons, harengs, et autres poissons, après l'avoir fait enregistrer au Conseil Supérieur de ce pays, et se conformeront aux intentions de Sa Majesté sur les nouvelles pêches qu'ils voudront établir. (En marge est écrit : Approuvé.)

Ils ont informé les dits sieurs de Boishébert et Peire de la gratification de 400¹ que Sa Majesté à bien voulu lui accorder en commun, ils supplient Sa Majesté de leur faire la même grâce pour l'année prochaine, afin de les exciter à augmenter ces pêches autant qu'ils pourront, et rendront compte, par les derniers vaisseaux, du succès des pêches à marsouins, où on en prend jusqu'à la fin décembre.

Le sieur De Vaudreuil se conformera à ce qui lui est ordonné sur les visites que le sieur

De Louvigny devoit faire dans les pays d'en haut.

Ils ont fait avertir par le Sieur Collet, dans la tournée qu'il y a faite l'hiver dernier dans cette colonie, ceux qui ont des concessions qui ne sont pas établies, de travailler sans retardement à les mettre en valeur, faute de quoi elles sont reunies au domaine, conformement aux arrêts du 6. Juillet 1711. Ces établissements ne peuvent se faire que peu à peu et autant que les familles se multiplieront ; il n'y a pas aussi lieu de douter que ceux qui ont des concessions ne les établissent autant qu'ils pourront, celles qui ne le sont pas ne leur produisant aucun revenu. (En marge est écrit : qu'ils continuent d'exécuter les ordres qui leur ont été donnés a cet égard.)

Le sieur de Vaudreuil n'a point donné, cette année, de permission d'aller à Orange, aux sauvages, aucun ne lui en ayant demandé.

Le sieur de Sabrevois, commandant de Chambly, lui a dit avoir eu une attention particulière à s'informer de ceux qui y ont été, cette année, et qui en sont revenus, et n'avoir eu connaissance que de neuf canots d'Abénakis, qui ont passé à Chambly, au commencement du mois dernier, et de trois canots d'Iroquois, qui y ont été par le portage St-Jean, sans avoir passé à Chambly, que dans chaque canot abénakis, il n'y avoit que deux à trois paquets de castor, que ce nombre de paquets n'est pas suffisant pour les arrêter sous prétexte qu'ils peuvent appartenir à des François, ce qui pourroit nous les aliéner.

Qu'il n'a point connoissance qu'il soit revenu d'Orange aucun canot chargé de marchandises, ce qui prouve de l'exactitude avec laquelle les Anglois font à présent garder les postes qu'ils ont établis auprès d'Orange, pour empêcher le commerce des habitants d'Orange avec ceux de cette colonie.

Les sieurs de Vaudreuil et Begon sont informés que la vue des Anglois dans ces défenses est de s'attirer le commerce des sauvages des pays d'en haut, et de diminuer celui qu'ils font avec les François, par ce qu'on ne peut se dispenser dans la traite que l'on fait avec les sauvages de leur fournir des écarlatines et drap bleu, et qu'on ne peut en avoir à présent que de la Nouvelle-Angleterre, sur quoi il n'y a pas d'autre expédient que celui d'accorder aux marchands de France des passe-ports pour en faire venir d'Angleterre, dans les ports où ils font des armements pour cette colonie, en cas qu'on ne puisse pas en avoir de la manufacture des sieurs Gely, de Montpellier, qui seroient d'un aussi bon débit avec les sauvages que celles des fabriques angloises, en observant de faire faire les lisières comme celles d'Angleterre. (En marge est écrit : Porter à M. le Régent, le Conseil croit qu'on peut accorder la permission demandée.)

La vue des Anglois est aussi d'empêcher que les François de cette Colonie ne tirent de chez eux des chaudières, par l'entremise des sauvages, parce qu'ils peuvent en faire la traite avec les sauvages plus avantageusement que les François, les chaudières étant une fois à meilleur marché à Orange qu'elles ne sont en France, ce qui, joint à la passion des sauvages pour l'eau-de-vie, donne lieu de craindre que les Anglois ne les attirent chez eux de plus en plus.

Le sieur De Vaudreuil a refusé absolument aux Sauvages qui sont descendus à Montréal, la permission d'acheter de l'eau-de-vie, pour s'en retourner, et continuera d'un user de même. (En marge est écrit : il suffit d'approuver cet article.

Le sieur Begon a aussi fait poursuivre, par les officiers de la juridiction de Montréal, le nommé Poitras, qu'a été condamné à 50 livres d'amende pour en avoir vendu un demi—

LE CONSEIL DE MARINE ET MM. DE VAUDREUIL ET BEGON 177

sentier à un Sauvage, et n'a été élargi de prison qu'après le payement de cette somme.

Le sieur De Vaudreuil, ayant eu avis, au mois de mars dernier, par des Sauvages et deux François, que les Anglois d'Orange se disposoient d'aller au printemps dernier, au nombre de deux cents hommes, pour démolir la maison qui y est établie pour la traite de Sa Majesté et y faire un fort, et qu'ils avoient engagé quatre des cinq nations Iroquoises de les favoriser dans cette entreprise, écrivit au colonel Pitre Schulle, commandant à Orange et dans la Nouvelle-York, en l'absence du gouverneur général, pour s'éclaircir de la vérité de cet avis, et lui représenter que ce poste, appartenant de tout temps aux François, cette entreprise seroit une infraction directe au traité de paix d'Utrecht.

Le sieur Pitre Schulle lui a fait réponse que le sieur Burnet, gouverneur général de la Nouvelle Yorck, y étant nouvellement arrivé, il lui avoit envoyé cette lettre, à laquelle le dit sieur Burnet a répondu le 11 juillet dernier, ce qui a donné occasion au sieur De Vaudreuil de lui écrire fort au long le 24 du mois suivant. Ils envoient joint copie de ces deux lettres.

Cet avis leur a paru si intéressant à la conservation des pays d'en haut, qu'ils ont déterminé de faire partir, le 20 d'avril dernier, le sieur De Longueuil, gouverneur des Trois-Rivières, pour aller chez les cinq nations Iroquoises, afin de découvrir la vérité de cette prétendue entreprise, et faire changer de sentiment, s'il reconnaissoit qu'elle fût véritable, ceux qui fussent dans le dessein d'y entrer avec les Anglois, suivant l'instruction dont copie est ici-jointe.

Cette précaution, avec quelques présents qu'il leur a envoyés, ont paru absolument nécessaires, n'ayant pas d'apparence que les Anglois soient jamais en état de rien entreprendre sur le poste de Niagara, ni sur ceux des pays d'en haut, lorsqu'ils ne sont pas soutenus par les Iroquois. Le sieur de Longueuil a été d'abord, suivant les ordres, à Niagara, où le sieur Joncaire, lieutenant de compagnie, a hiverné, pour s'informer de lui des pratiques des Anglois chez ces nations, le dit sieur de Joncaire lui a dit, à son arrivée, que les Aniés, Oneyous, Onontagués, et Goyogoins, avoient été gagnés par les pressantes sollicitations du sieur Pitre Schulle, et les présents considérables qu'il leur avoit faits pour se joindre à lui dans cette entreprise, que Théganissorin, chef des Onontagués, en ayant été faire la proposition aux Sonontouins, les plus nombreux des cinq nations, ces derniers l'avoient rejetée avec menace d'aller eux-mêmes faire la guerre aux Anglois, en seroient partis pour venir à Niagara, qu'après plusieurs conseils chez les Sonontouins, où le dit sieur de Joncaire avoit été présent, ils avoient envoyé des députés aux quatre autres nations, ce qui les auroit ralentis sur la proposition du dit sieur Pitre Schulle, le dit sieur de Longueuil étant allé ensuite à Onontagué, où ces nations se sont assemblées, les ont entièrement déterminées à ne point prendre parti pour les Anglois dans l'entreprise que le sieur Pitre Schulle leur avait proposée. Les dits sieurs de Longueuil et de Joncaire ont servi fort utilement en cette circonstance par le crédit qu'ils ont sur l'esprit de ces nations, et il n'y a pas lieu de craindre que les Anglois fassent une nouvelle tentative sur ce poste, tant que ces sauvages continueront d'être dans la disposition où ils sont.

Ils rendent compte, par une lettre particulière, de ce qui a rapport aux Abénakis des 3 missions de l'Acadie.

Ils ont informé le sieur de Varennes de la Verandrie que l'intention de Sa Majesté est qu'il ait la liberté d'établir la concession faite à feu son père, gouverneur des Trois Rivières.

Ils ont aussi informé la veuve du sieur d'Argenteuil que Sa Majesté veut bien lui faire expédier un brevet de confirmation de la concession de la terre et île de Carion, faite au feu sieur Daillebout d'Argenteuil, son beau-père, le 7 juin 1680, lorsqu'elle en aura remis l'acte de concession, et qu'en attendant, elle peut recommencer à établir cette terre.

Ils ont remis au sieur Andre, lieutenant général de la Prévôté de cette ville, le brevet de la concession que Sa Majesté lui à accordée à la côte du Labrador, pour y faire un établissement de pêche de loups marins.

Ils lui ont dit que Sa Majesté lui permet de s'associer avec le sieur Deresy, marchand de cette ville, qui doit tenir feu et lieu à cette concession.

Signé : Vaudreuil et Begon.

Après est écrit : Porter à M. le Régent. Il paraît qu'il n'y a qu'à approuver la conduite de M. de Vaudreuil, et de tâcher de bien vivre avec les Anglois, en soutenant cependant les intérêts du Roi.

Délibéré le 19 X^{bre} 1721.

Signé : De la Chapelle.

1721 — 2 décembre

LE CONSEIL DE MARINE

Délibérations du Conseil au sujet d'une lettre de MM. Vaudreuil et Begon.— Manière de composer l'Alkermès.

Nous avons reçu cette année la lettre que le Conseil nous a fait l'honneur de nous écrire, le 25 octobre de l'année dernière, avec un imprimé qui contient la manière de composer l'Alkermès ou l'Aurifique de Glauber.

Le sieur Sarrasin, à qui nous en avons donné une copie, nous a dit qu'il travailleroit incessamment à en faire, et qu'un frère jésuite, qui est ici, lui a aussi promis d'y travailler, mais que n'étant pas assuré qu'ils puissent, l'un ou l'autre, réussir dans cette composition, il seroit nécessaire d'en faire venir, l'année prochaine, au moins une livre, ce remède lui paroissant très utile.

En marge est écrit : approuvé l'envoi d'une livre.

Le sieur Begon en demandera cette année une livre de l'hôpital de Rochefort à M. de Beauharnois dont il fera faire la distribution au prix coûtant à ceux qui en auront besoin dans toute l'étendue de cette colonie, suivant les avis du dit sieur Sarrasin.

Signé : Vaudreuil et Begon.

En marge est écrit : Approuvé, le 2 décembre 1721.

Signé : LaChapelle.

1721 — 17 décembre

LE CONSEIL DE MARINE

Au sujet d'une lettre de M. Chaussegros de Léry.—Bâtiments publiés aux Trois-Rivières, et à Montréal. — Nécessité de couvrir les magasins du Roi en ardoises.—Le corps de garde et magasins du Roi, à Montréal, compris dans l'incendie, ont été rétablis.

Les bâtiments des prisons, cachots, et salle d'audience, logement du concierge des Trois-Rivières, avec le logement du concierge et salle d'audience de Montréal, sont finis, les 16951 livres 16^s 8^d, que M. l'Intendant s'étoit servi pour payer le prêt des soldats, on en paie les ouvrages des bâtiments ci-dessus. Le corps de garde et magasins du Roi de Montréal ont été compris dans l'incendie, je les ai fait rétablir. Les 8000 livres que le conseil a fait remettre cette année seront employées à payer le rétablissement de ces bâtiments et aux réparations des autres.

Les 5000 livres sur l'état des charges de cette année, avec les 3000 livres retenues sur la gratification annuelle de MM. du séminaire St-Sulpice, seront employées, l'année prochaine, à achever les ouvrages que j'avois commencés en 1717, à l'enceinte de Montréal.

J'ai remis à M. l'Intendant un état des ardoises nécessaires pour couvrir les magasins du Roi, de Québec et de Montréal, ne l'étant que de bardeaux, par ce moyen les effets de Sa Majesté seront en sûreté. Il est nécessaire aussi de couvrir avec de l'ardoise les autres bâtiments qui lui appartiennent, il arrive dans ce pays que lorsqu'une maison est en feu, on ne peut pas garantir celles qui sont auprès à cause qu'elles sont couvertes en planches ou en bardeaux.

Je supplie le conseil de nous envoyer les ardoises que j'ai l'honneur de demander. Si le vaisseau du Roi nous apportoit le double de ce qui est mentionné dans le mémoire, nous achèverions de couvrir les bâtiments que le Roi a dans Québec.

Les couvertures en ardoises durent longtemps et les réparations ne sont pas grandes, au lieu qu'une couverture en bardeaux, il faut la changer souvent et réparer de même.

Signé : CHAUSSEGROS DE LÉRY.

En marge est écrit : attendre des nouvelles de M. Begon sur ce sujet.

Délibéré, le 17 décembre 1721.

1721 — 23 décembre

LE CONSEIL DE MARINE

Au sujet d'une lettre de M. de Vaudreuil.—Mariage des officiers. — Missionnaires. — Nouveaux coups des Renards.—Etablissement de la rivière St-Joseph, etc.

J'ai reçu la lettre que le Conseil m'a fait l'honneur de m'écrire le 14 juin dernier.

J'espère que M. l'Evêque de Québec fera attention à la forte recommandation que le Conseil lui a faite, cette année, de ne pas marier à l'avenir aucuns officiers, ni soldats, sans la permission de Sa Majesté, ou la mienne, et qu'il n'aura plus la même facilité qu'il a eue jusqu'à présent à donner dispenses de bancs pour ces mariages.

(En marge est écrit : Rassembler les ordonnances, tant pour les troupes de terre que pour celles des colonies et de la marine, sur les mariages des officiers et soldats, et en faire un extrait séparé pour le premier Conseil.)

J'ai l'honneur de remercier très humblement le Conseil de ce qu'il a bien voulu engager Monseigneur le Régent, à faire grâce à ma considération au sieur de Lantagnac, mon neveu. Cet officier est à présent à l'île Royale et le sieur Dufiguier qui doit prendre sa place dans les troupes de ce pays, est arrivé à Québec depuis deux jours.

Le Procureur des Jésuites de la Nouvelle-France, n'a fait passer cette année en ce pays, qu'un missionnaire, qui a d'abord été mis à la mission du Sault St-Louis, à la place du père de Lauzon, qu'on a fait venir à Québec pour tenir l'école d'hydrographie, le père Lebrun qui la tenoit auparavant, étant mort l'été dernier; ainsi, la nécessité d'avoir des missionnaires jésuites subsiste toujours, et elle devient d'autant plus grande, que celui qui est à présent à la Rivière St-Joseph, est destiné pour retourner le printemps à Missilimakinac, afin d'y prendre la place du père Marest, qui s'y trouve seul, et qui, n'étant plus en état par son âge avancé et ses infirmités continuelles, de prendre soin des missions outaouises, dont il est supérieur, doit revenir l'année prochaine à Québec, pour y demeurer. C'est ce qui m'oblige de supplier le Conseil de vouloir bien faire en sorte que ce procureur fasse passer l'année prochaine en

Canada, le plus de missionnaires qu'il se pourra. En marge est écrit : « Communiquer cet article au procureur des jésuites. »

« Les Renards, bien loin de se mettre en devoir de faire satisfaction aux Miamis, continuent toujours à faire de mauvais coups. Ils ont poignardé, le printemps de l'année dernière, un François de ceux qui avalent hyverné parmi les Kikapous. Ils ont eu eux mêmes le soin d'en informer le sieur de La Morandière dans une assemblée de toutes les nations de la Baye tenue au mois d'aoust de la même année, à l'occasion de quelques Sakkis qui ont voulu parler à ces nations et danser le Calumet avec elles, et en faisant cet aveu, ils ont prié le dit sieur de La Morandière par un collier et un Calumet de leur dire « s'il falloit qu'ils fissent là-dessus » mais cet officier leur ayant fait entendre qu'il ne voyoit point d'autre moyen de garantir leurs villages et sauver la vie à leurs femmes et à leurs enfants que de la remettre entre les mains le meurtrier pour luy faire casser la teste, étant juste qu'il mourût puisqu'il avoit tué, ils ont pris le party de se retirer sans luy faire aucune réponse, s'étant contentés de partant de la baye de dire aux Sakis que ce qu'on leur demandoit est impossible, et alléguant pour raison de cette impossibilité que le meurtrier, ayant grand nombre de parents, tous gens considérés, il faudroit que la moitié de leur village périt, si on en vouloit venir à l'exécution, ce qui selon le sieur La Morandière, est une mauvaise excuse dont ils ont été bien aise de se servir pour couvrir leur mauvaise volonté.

« J'oubliais que dans cette même assemblée les Renards ont appris aux Sauteurs que leurs jeunes gens ont tué un Sauteur à la chasse. Ils ont aussi depuis ce temps là au commencement du mois d'octobre suivant, enlevé deux Poutouatamis de la Rivière St-Joseph qui étoient à la chasse près de Chicagou, sans autres explications à l'égard de cette action contre les Poutouatamis qu'il leur étoit arrivé les Kikapous et les Mascoutins qui s'étoient joints ensemble pour les enlever dans le temps que les Renards en passèrent campagne, le mois de mai 1724, avoient aÿant pu obtenir que le Chat ait dit à les Ouyanualé, chef Poutouatamis fort considéré et délibéré, fait suivre le neveu du chef à souhait que les deux prisonniers ne sont remis à la Rivière St-Joseph avant le mois de décembre dernier.

« Les actes d'hostilité de la part des Renards contre les Poutouatamis est tellement animé les derniers qu'ils ont pris le parti à présent de se venger en faveur de Montmidy qui commande à la Rivière St-Joseph, a vu arrêter les différents partis de cette nation qui l'ont voulu exécuter en campagne contre les Renards. Il leur a bien fait connoître les inconvénients qu'il pouvoit y avoir de s'y présenter isolement en leur faisant entendre qu'il falloit, avant de rien entreprendre, qu'ils fussent informés de leurs intentions à cet égard. Sur quoy pour mettre fin aux continuelles importunités des sauvages à ce sujet, il leur a donné ordre à chefs et à officiers qui commandent dans les postes de ne plus retenir ceux qui voudront faire la guerre aux Renards et de leur déclarer que je leur abandonne cette nation en leur conseillant de n'y pas aller par petits partis, mais plutôt de se joindre ensemble pour en faire un qui soit capable de les détruire entièrement, leur offrant les munitions qu'ils auront besoin pour cela. »

En marge est écrit : « À l'observation, Porter aussi cet article à Monseigneur le Régent, y joindre une carte du Canada où toutes ces nations soient marquées. »

Le sieur de Montmidy, petit officier, qui est resté commandant à la Rivière St-Joseph, depuis la mort du sieur Deschailles, capitaine, est parti de ce poste l'année dernière pour la donné avis que la lettre qu'il avait écrite le 16 septembre précédent, à la rivière Saint-Joseph, aux chefs Mascoutins, Miamis, ainsi qu'à Pouvaitanis, de ce poste, leur est parvenue ; qu'à partie de ces quatre villages éloignés du Pepikokia, qu'il y a vers la mi-mars dernier, il y a eu un conseil général d'ordre de tous les points de chasse où étaient les Sauvages Miamis sur la rivière le Cèpe ou Rivière à Charles, au-dessous du Dominique, René Pemeingouini, dans la Mascoutins, avec Père Nuel, chef, étaient arrivés au poste Miami, ayant pris la résolution de rechercher de rentrer dans les anciens habitudes de l'esprit français, et de se rendre aussitôt que les Potowatomis, Kikapous et Mascoutins qui étaient chez les Pianguichias, leur chef de voyageurs, seraient de retour aux pays de Montréal, où a eu lieu faire entendre que le plus nécessaire et le plus avantageux pour eux, le plus considéré des chefs de leur nation a dit au nommé La Robe Blanche, le grand chef des Kikapous, qu'il ne pouvoit le faire désemparer Montréal sans lui parler. Comme il est important de ménager cette bonne disposition des Kikapous et des Mascoutins qui se retirent à la Rivière Saint-Joseph pour s'y établir, j'ai mandé pour d'en là M. d'Anché en l'y envoyant l'ordre précis à ces deux chefs et de ne faire aucune difficulté de recevoir ces deux nations dans son poste d'où qu'elles se présenteront, pour y satisfaire leur demande, pour que les Potowatomis, les Miamis qui sont établis ce pays là, y reviendront de se rétablir, sans qu'il y ait en cela aucun inconvénient pour eux.

Signé : LA CHAPELLE.

Je vois sur les mêmes lettres ci-dessus que depuis la désertion faite d'un établissement dans ce poste depuis un an, en impaye aucune difficulté mise, ils sont restés dans leur ancien village, qu'ils craignent que le Roi fait dépenser de 22000 livres que le Roi fait dépenser pour le voyage fait en ce pays-là, et derniers pour les engager à l'abandonner, ne s'en ressent pas de l'abandonnement.

informé, par sa lettre du 7 aôut dernier, que les Sauvages ont fait assemblée de cabanes à un village voisin du sien, où trois Français, un nommé Landreville, le nommé Saint-Blain et un résidant avec sa vigne, laboure, dans le temps qui s'emploient le serai payés dans le village, alléguant pour raison qu'ils refusent de savoir quitter ce district ou bien s'il y avait toujours désiré qu'il y vienne s'il s'y veut établir ; que l'autorité de ces peuples, s'il l'avait tenté, étant très incomplète, s'y serait mieux la tête éclatée ; Pour cela le député des païens serait toujours exposé à ces entreprises ; on le rassure de ce qu'ils ont voulu être admis, injonçant à la fourée de ne point ruiner les habitants de ce poste livres, mais M. Begon présenté chacun à 100 livres ; mais M. Begon présenté chacun là acquis un peu de disposition au service du fer, de sujet à tâtons, de moyen qu'on avait trouvé puis plus près la première du village en étable de y veuille. Tant les beauté-prix de la ville où on a pris nous des étape legaux, à le donnant chaque place d'évêque, le seigneur a du Bouton de Québec est agnissant à tous le temps toujours cependant, à la n'entame qu'appelle cet une parmi le Mouriami la rivière Saint-Joseph, qu'ai tant à savoir, les chefs sauvages Pemiquiaquis auront thés, avait donné sur à un été. un très grand conséquence de ne pas abandonner les deux nations, que je lui ai cité, là plus l'autre M. Sieur de Saubuisson, capitaine pour le Roi, établira un poste chez les Miamis, y fit mander aux habitants de ce de les Oyatamoxi. Il ferait se résidence aux Miamis, soit à l'assemblement qu'il y aurait pour empêcher l'effet des pratiques des Anglois qui sortent toujours au moyen de quelques friponnes qui leur présentant toute en ce qu'ils voudraient, ou qu'il sera en compteur en lisière, sous prétexte de leur visiter ces alliés, auxquels autant dès ces émissaires des Anglois, cette impôt sur de tout les villages. Le sieur Tessier ou tout ce temps que le sieur Debauff nous serait cédé en route à cet effet qu'on aux canots de Mission pouvait en vouant qui fut préparés à Québec, son sentiment et fera Remarquer puis quand il aurait la paix à qui sauvage, s'en plaça vouée de manière à avoir l'ascendant qui lui paraît nécessaire sur l'esprit de ces peuples. (En marge :) Approuvé ainsi que lui marque Monseigneur et l'avis de M. de Vaudreuil propose aussi à M...

Il m'a chargé pour me disposer à en avoir le...

J'ai eu soin d'informer le sieur de la Tour de Lozelière, qu'il continuera de servir en Canada, et j'ai l'honneur de renvoyer ci-joint l'ordre du Roi qui me fût envoyé l'année dernière et par lequel cet officier étoit destiné à aller servir à l'Ile Royale.

J'avois compté d'avoir l'honneur d'envoyer cette année au Conseil l'état qu'il m'a demandé dès l'année dernière de la distribution des présents qui se font aux sauvages du Canada et de l'Acadie, et pour lesquels le Roi fait annuellement un fonds de 22,000 livres, mais M. Begon m'a mis dans l'impossibilité d'y satisfaire, ne m'ayant point fait remettre cet état qu'il devoit faire dresser par un dépouillement des registres tenus par les gardes magasins du Roi à Québec, à Montréal et aux Trois-Rivières, car comme je n'ai point accoutumé de tenir de mon côté aucun état de ce que je fais donner aux sauvages sur ce fonds, me contentant de donner pour cela mes billets ou rescriptions par lesquels je prie Monsieur l'Intendant, quand je suis à Québec, ou l'ordonnateur, quand je suis à Montréal, de faire délivrer aux sauvages ce qu'il convient de leur donner.

Il est absolument nécessaire d'avoir recours aux registres des magasins pour pouvoir faire l'état que le conseil me demande, au reste, quand j'en ferois tenir un de ce que je leur fais donner, je ne pourrois point l'envoyer tel qu'il doit être parceque la dépense qu'on fait pour eux à Montréal, quand je n'y suis pas, et aux Trois-Rivières, où je ne fais point de séjour, se fait sur les billets ou rescriptions des gouverneurs de ces deux villes, ou des officiers-majors qui y commandent en leur absence, et qu'à Québec, non seulement M. Begon ordonne seul ce qu'il y a à donner aux Sauvages, quand je n'y suis pas, mais encore leur fait donner, de son côté, sans ma participation dans le temps que j'y suis.

Il m'avoit promis l'automne dernier de faire travailler à cet état pendant l'hiver, lui en ayant parlé à la fin de janvier, comme j'étois sur le point de partir pour aller à Montréal, il m'assura qu'on alloit y travailler et qu'il avoit écrit sur cela aux gardes magasins des Trois-Rivières et de Montréal.

Cependant, quand je fus à Montréal, le garde magasin me dit qu'il n'avoit point reçu d'ordre là-dessus, et que les registres dont il avoit besoin pour cela étoient à Québec, je le mandai à M. Begon qui me marqua qu'ayant tous les registres, le sieur Pilon, écrivain au magasin du Roi à Québec, travailloit à en faire le dépouillement, il m'assura encore, au mois de juin dernier, quand je vins de Montréal à Québec, pour les affaires des Abénakis, que cet ouvrage se faisoit et qu'il seroit prêt quand je reviendrois l'automne à Montréal.

Cependant, quand il a été question de l'avoir, M. Bégon m'a dit qu'il ne pouvoit le donner qu'en gros.

J'espère que le Conseil sera persuadé par le détail que je viens de faire, qu'il ne tient pas à moi que l'état de la distribution des présents ne soit envoyé cette année, tel qu'il me l'a demandé et qu'il est nécessaire qu'il donne des ordres de bonne heure l'année prochaine à M. Bégon, pour que le dépouillement que le sieur Pilon a dû me faire me soit remis pour le vérifier sur mes rescriptions qui doivent m'être rapportées.

En marge est écrit : Bon,—donner en conséquence à M. Bégon les ordres nécessaires, Délibéré le 23 décembre 1721.

Signé : LA CHAPELLE.

Pour ne plus tomber dans cet inconvénient et être en état, à l'avenir, d'envoyer chaque année au Conseil l'état de la distribution des présents qui se font aux sauvages sur le fonds de 22000 livres que le Roi fait pour eux, je prendrai la précaution de tenir, de mon côté, à commencer du premier janvier prochain, un état des présents, que j'ordonnerai pour les sauvages. Je donnerai ordre aux gouverneurs particuliers de Montréal et des Trois-Rivières, et aux officiers majors qui y commanderont en leur absence, de tenir chacun à leur côté un état de ce qu'ils seront obligés de faire donner aux sauvages, et quand je partirai de Québec pour aller à Montréal, je chargerai M. de Louvigny, lieutenant du Roi, de tenir un état de ceux qu'il aura à faire à Québec en mon absence, pour m'être par lui remis, lorsque je serai de retour l'automne, et avec cette précaution, je serai en état d'envoyer, en 1723, l'état de la distribution des présents qui auront été faits aux sauvages en 1722.

Je continuerai d'avoir une très grande exactitude à exécuter les ordres qui m'ont été donnés pour la défense des congés et de l'eau-de-vie, et je ne me relâcherai jamais sur cela. J'ai l'honneur d'assurer le Conseil que je n'ai aucune complaisance pour qui que ce soit dans les congés que je donne aux soldats, et que je n'en accorde qu'à ceux qui s'établissent dans le pays ; aux invalides et ceux qui, étant hors d'état de faire aucun service par des maladies habituelles, dont ils ne peuvent guérir en ce pays, demandent à passer en France, sans se soucier d'être mis à la demi-solde, ce qui est une épargne pour le Roi.

Le sieur de la Valterie n'a pas manqué d'exécuter les ordres que je lui avais donnés l'année dernière d'aller faire des excuses au sieur Brouagne et il me paroit, selon la lettre que ce dernier m'a écrite, cette année, et selon ce que le sieur de la Valterie, à son retour de la côte de Labrador, m'a dit qu'ils ont vécu depuis ce temps-là en bonne intelligence.

Je donnerai mes soins et les avis nécessaires au sieur de la Valterie, qui est ici jusqu'au printemps prochain, pour qu'il n'arrive point d'altercations entre eux.

Signé : VAUDREUIL.

1721—23 décembre
LE CONSEIL DE MARINE

Délibérations du Conseil, au sujet d'une lettre de l'évêque de Québec. — Gouvernement des couvents. — Destruction proposée de l'hôpital de Montréal.— Hôpital de Québec.

Quoiqu'il n'ose plus parler du rétablissement des congés qui étoient destinés pour le soutien des pauvres familles, après la réponse que le conseil lui a faite à ce sujet, il doit cependant assurer que ce n'est pas tant à l'occasion des congés que des permissions que les abus ont été introduits, surtout sur la traite de l'eau-de-vie, que toute l'autorité du Roi aura bien de la peine à empêcher. Il supplie le conseil de lui permettre de s'expliquer sur un article affligeant pour lui et auquel il ne trouve point de remède, depuit huit ans qu'il est de retour dans son diocèse, que l'amour de la paix lui a fait garder sous silence et pour ne point donner occasion à des mécontentements. Il profite cependant de celle qui se présente et il espère de la sagesse du conseil qu'il donnera des ordres à M. De Vaudreuil de ne pas se servir de son autorité temporelle pour entrer sans permission de l'évêque et faire entrer dans les couvents de Religieuses toutes sortes de personnes. S'il ne le faisoit qu'au retour de ses voyages de France ou dans des cas extraordinaires, il le souffriroit sans peine et lui offriroit de l'y accompagner, mais en tout temps, avec toutes sortes de personnes, et sans croire avoir besoin de permission de l'évêque, sans se soucier de l'excommunication majeure portée par le Concile de Trente, contre ceux qui entrent dans les monastères sans raison et sans permission, aucun des gouverneurs qui ont précédé M. De Vaudreuil depuis plus de 36 ans qu'il est évêque n'a prétendu et regardé ces entrées comme une suite de leur dignité, et comment le pourroit elle être puisque les Rois même n'y entrent point, sans en avoir

permission par des bulles expresses émanées du Saint Siège. Il a été 10 à 12 ans aumonier du feu Roi, et il ne l'a vu entrer que deux [illisible à cause de la surimpression] ménagements de sagesse et de prudence, et M. de Vaudreuil y entre et veut entrer [passage illisible en raison de la surimpression du texte renversé]
de l'eau-de-vie, que j'ai vue s'établir
[passage largement illisible]

laisser jusques à ce qu'on eût fait faire ce qui leur étoit nécessaire pour vivre et faire vivre leurs pauvres.

On a menacé le supérieur de prison, ce n'est pas ainsi que des religieuses doivent entre dans une maison d'emprunt. Il y auroit des voies plus douces pour accommoder deux communautés ensemble. Si on lui avoit laissé conduire, tout auroit été plus doucement mais elles ont mieux aimé s'appuyer sur mon absence pour lui tenir tête dans ce qu'il leur a été récemment écrit par cette même M. de Vaudreuil, que c'est à lui, en qualité de gouverneur général, de gouverner temporellement, il doit laisser à l'Evêque le soin de gouverner les couvents et les communautés religieuses et ecclésiastiques, spirituellement qu'il ne doit pas entrer dans les couvents, si ce n'est dans des cas extraordinaires, avec la permission de l'Eglise, qu'il ne doit pas perdre de vue les censures que le Concile de Trente lance contre ceux qui entrent sans permission. Il a cependant quelque temps gardé le silence, mais ces réflexions par Madame de Vaudreuil, mais la voyant marcher devant d'un pas dame qui peut être à lui-même ne refuse... Il a osé lui faire ces réflexions vivement par la voix du Conseil.

En marge est écrit: Ecrire à M. de Vaudreuil de s'abstenir d'entrer dans les couvents de religieuses, ainsi que M. l'Evêque le demande.

Le sieur Brousague et il me paroit, selon du cadastier m'a s'agit, cette année, et selon ce que le sieur de la Valterie, à son retour de l'été de Labrador, m'a dit qu'ils ont vécu depuis ce temps-là en bonne intelligence.

M. et Madame de Vaudreuil lui ayant donné mes soins et les 18 pièces... parlé plusieurs fois et très fortement du dessein du sieur de la Valterie, qui est ci-devant sur le sieur de la Valterie, qui est ici juré, sain s'ils avoient de faire tomber la maison de l'hôpital général de Montréal, faite par feu M. Charron, et fondée par plusieurs personnes... donne... les rentes dont il est du nombre, et y ayant donné 15 à 20000 livres en différent temps, et ne les ayant pas pu dissuader du dessein d'en écrire au Conseil, il a cru devoir prendre les devants pour précautionner le Conseil sur les mauvais services qu'on voudroit rendre à cet hôpital, qui mérite d'être conservé, et par le bien qu'il fait au diocèse et par la bonne foi qu'il faut garder au fondateur, qui a sacrifié tout son bien pour cet établissement.

Si on venoit à le détruire pour des raisons qui lui sont inconnues, il supplie le Conseil de faire rechercher les premières lettres patentes qu'il demanda au feu Roi pour cette maison, comme pour une aide de l'hôpital général de Québec, et qui ne furent accordées que dans cette vue, ainsi, si toute la charge des pauvres invalides doit tomber sur cet hôpital général de Québec, le petit revenu de l'hôpital général de Montréal, qui ne lui a été donné par lui et par les autres qui ont donné des rentes à cette intention, devroit plutôt être donné à l'hôpital général de Québec qu'à toute autre œuvre.

Si on venoit à bout de faire tomber cet hôpital, on ne manqueroit pas de demander que les 3000 livres de gratification qui lui ont été données, ou partie, fussent appliquées à des œuvres qu'on voudroit favoriser, il n'y en a point de plus importante et de plus nécessaire au diocèse que celle de l'hôpital général de Québec, surtout si on veut le charger de fous dont le nombre augmente considérablement.

Au surplus, il supplie le Conseil de faire attention que si on mettoit les Religieuses de Montréal dans l'hôpital général de cette ville, qui est dehors, et par conséquent, ne pouvant y être défendues, surtout pendant la nuit, pourroient être enlevées avec les pauvres par les Iroquois, à la première guerre.

Il a cru devoir mettre ses réflexions devant les yeux du Conseil.

En égard des représentations relativement à l'hôpital Charron, est écrit : Attendu ce que M. de Vaudreuil en écrira, et se souvenir alors de cette représentation.

Signé, L.-A. B.

La place de grand chantre, première dignité de la cathédrale de Québec, est vacante par la mort de Louis Meseret, le Roy s'étoit réservé la nomination de cette dignité, il présente à Sa Majesté Joseph de la Colombière, grand archidiacre de la même église, et conseiller clerc au Conseil supérieur de Québec, qui, selon la vue de tout le nombre, est non seulement digne de remplir cette place, mais encore celle de doyen lorsqu'elle vaquera.

En marge est écrit : Proposer à Monseigneur le Régent, le sujet présenté par Monseigneur l'Evêque.

Décision de Son Altesse Royale : Accordé au sieur Joseph de la Colombière.

Signé, L.-A. B.

Fait et arrêté le 23 décembre 1721.

Signé, L.-A. DE BOURBON.

Par le Conseil,

Signé, DE LA CHAPELLE.

1722 — 19 janvier

LE CONSEIL DE MARINE

Délibérations au sujet d'une lettre de MM. de Begon et Vaudreuil. — Commerce de la colonie. — Importations et exportations. — Anes.

Nous avons reçu la lettre que le Conseil nous a fait l'honneur de nous écrire le 14 juin dernier.

Nous envoyons l'état des marchandises de cette Colonie avec les prix qu'elles ont été vendues. (En marge est écrit : Porter à M. le Régent, l'état de ce qui est sorti de la Colonie.)

Nous enverrons, par le dernier vaisseau, l'état de celles qui seront sorties, elles n'y seroient pas toutes comprises s'il étoit envoyé plustôt.

Il n'est possible de faire un état exact des marchandises d'Europe qui sont apportées ici, pour en connaître les quantités et les qualités; il seroit nécessaire à faire la vérification à leur entrée, ce qui n'est pas praticable en ce pays là par le peu de temps que les bâtiments ont pour se décharger et recharger.

Les états des quantités et qualités des marchandises qui seront envoyés de France en cette Colonie doivent être dans les bureaux des fermes des ports désignés par l'édit de 1717, parce que les négociants et les capitaines des navires sont tenus, suivant cet édit, d'y déclarer les marchandises qu'ils chargent pour les colonies, et d'en prendre des acquits à caution, et qu'avant l'embarquement, elles sont vérifiées par les commis des mêmes bureaux par quantités, qualités, poids et mesures. (En marge est écrit: à l'observation, l'expliquer à M. Begon pour qu'il y ait attention, l'année prochaine.)

Le sieur Begon a fait payer à la Dame Veuve et héritiers du feu sieur Petit, les 1017 livres 15 sous, que le Conseil a bien voulu lui accorder pour les dédommager des cartes qui se sont trouvées fausses dans le grand nombre de celles que le feu sieur Petit a retirées, nous avons l'honneur d'en remercier le Conseil.

Nous avons aussi celui de le remercier des 800 livres d'appointements qu'il a fait employer sur l'état des charges, pour le chirurgien de l'Hôtel-Dieu de cette ville, au lieu de 400 livres, afin d'y avoir un qui soit habile, dont on ne peut se passer.

M. de Beauharnais a écrit au sieur Begon, qu'il n'a pu trouver un chirurgien convenable, n'ayant reçu les ordres du Conseil assez à temps, mais qu'il en enverra un l'année prochaine.

Il lui mande aussi qu'il n'envoie point cette année les quatre bêtes asines que le Conseil lui avoit ordonné d'acheter, et qu'il croit nécessaire d'en remettre l'achat à l'hiver prochain, pour les avoir facilement, et a bon marché, au quel cas, il sera obligé de les garder à Rochefort jusqu'au départ du vaisseau du Roi.

Le sieur Sarrazin nous a encore représenté la nécessité d'en faire venir, et qu'elles fussent d'un bel ordre, parce qu'on retireroit un double avantage, l'un pour les malades, et l'autre pour fournir cette colonie de mulets qui y seroient d'un grand secours, ce pays étant fort montagneux, et qu'ils coûteroient moins à nourrir que des chevaux.

Nous croyons que la dépense de cet achat, qui ne se fait qu'une seule fois, pour cette colonie, ne doit pas être ménagée.

Signé: BEGON ET VAUDREUIL.

Ci-joint est l'état des marchandises et denrées de cette colonie qui en sont sorties cette années suivant les déclarations des chargeurs faites au bureau du domaine d'occident.

Signé: BEGON.

(En suite est écrit: il faut en envoyer des meilleurs à quelques prix que ce soit.

Délibéré, le 19 janvier 1722.

Signé: LACHAPELLE.

1722 — 19 janvier
LE CONSEIL DE MARINE

Délibérations au sujet d'une lettre de MM. Begon et de Vaudreuil.—Religieuses hospitalières de Montréal.—Hôpital général de Québec.—Lettres de Noblesse.—Crevier.

Nous avons l'honneur d'envoyer au Conseil un placet des religieuses hospitalières de Montréal, dont la maison a été entièrement consumée par l'incendie arrivé le 19 juin dernier, qui a commencé par cette maison et a détruit presque la moitié de celles qui étoient dans cette ville.

La nécessité de leur procurer un logement, en attendant que cet hôpital fut rebâti, tant pour elles que pour y recevoir les soldats malades, nous a engagés, de concert avec M. l'évêque, de les placer à l'hôpital général, les frères hospitaliers leur ont cédé tout le logement qui leur étoit nécessaire et se sont retirés dans une aile de ce bâtiment qui n'a point de communication avec celui qu'elles occupent. Nous croyons que ce logement doit leur être continué jusqu'à ce qu'elles soient en état de retourner dans leur maison.

M. de Chaussegros croit que la plus grande partie des murailles serviront, et que ce bâtiment pourroit être promptement rétabli.

Nous avons l'honneur de représenter au Conseil que la perte qu'elles ont faite par les bâtiments et les effets qui y ont été brûlés est très grande, et qu'elles ne sont pas par elles-mêmes en état de la réparer; nous supplions le Conseil de leur accorder une gratification annuelle de trois mille livres, jusqu'à ce qu'elles soient entièrement rétablies.

Nous avons l'honneur d'envoyer au Conseil le placet de la veuve du sieur Clérin, lieutenant des troupes et aide major à Montréal, qui est chargé de quatre enfants et qui n'avoit pour tout bien qu'une maison qui a été brûlée, avec tout ses meubles, ce qui l'a réduit à une extrême misère, nous avons l'honneur d'assurer le Conseil, que le feu sieur Clérin étoit un des plus anciens et meilleurs officiers de cette colonie, et de supplier le Conseil de lui accorder une pension. (En marge est écrit : Porter à Monseigneur le Régent.)

Nous envoyons un placet de la veuve du sieur Legardeur, capitaine des troupes, qui demanda que le conseil ait la bonté de leur faire la remise de cinq cents livres, que le commis du trésorier a payé de trop à feu son mari, suivant sa quittance, dont la veuve du sieur Petit lui demande le remboursement, ce qu'elle expose sur le peu de bien que le dit sieur Legardeur lui a laissé, et la grande famille qu'elle a, est véritable. Nous supplions le conseil d'avoir égard à ce qu'elle n'a point de pension et de lui accorder en cette considération et des services du feu sieur Legardeur la remise qu'elle demande. (En marge est écrit : Porter à Mgr le Régent. Le conseil croit qu'on peut accorder cette grâce par forme de gratification.)

Nous envoyons aussi un placet du sieur De Rizy, négociant, de cette ville, qui supplie le conseil de lui accorder des lettres de naturalité pour sa femme qui est Angloise, qu'il a épousée en 1704, les faits qu'il expose sont véritables, et nous supplions le conseil de vouloir bien lui accorder cette grâce. (En marge est écrit : Porter à Mgr le Régent, cela paroit sans difficulté.)

Nous envoyons au conseil un placet de la veuve du sieur Crévier, propriétaire de la seigneurie de St-François, qui représente que M. De Frontenac avoit fait espérer à son mari des lettres de noblesse, en considération des dépenses qu'il avoit faites pour l'établissement de cette seigneurie, ce qui n'a pas eu lieu, M. De Frontenac étant mort peu de temps après que le dit sieur Crévier, père, ayant été pris depuis par les Iroquois, est décédé chez eux, après y avoir beaucoup souffert, que le sieur Descheneaux, frère du dit sieur Crévier, a été tué dans un parti contre les Anglois, que feu son mari à commencé à servir dans les troupes dès l'âge de 14 ans jusqu'à sa mort, et que son fils aîné sert aussi dans les troupes en qualité de cadet depuis huit ans.

Elle représente aussi que la mission des Sauvages Abénakis, qui est établie sur sa seigneurie, en occupe une lieue d'étendue, ce qui l'empêche d'en tirer les rentes que lui produiroient les concessions qu'elle feroit, si elle en pouvoit jouir et qu'elle n'a point reçu les profits des lots et ventes d'une île dépendante de cette seigneurie, que le Roi a achetée par décret pour ces sauvages de cette mission.

Elle rapporte les certificats ci-joints de MM. De Ramezay et De Longueuil, pour justifier les faits qu'elle expose.

Comme le dit sieur Crévier, père de son mari, vivait noblement, du temps du feu M. De Frontenac, que son mari et ses enfants ont continué de servir, nous supplions en cette considération le conseil de lui accorder des lettres de noblesse.

A l'égard de la non jouissance des terres de sa Seigneurie qui sont occupées par les Sauvages, il lui seroit avantageux, comme elle l'expose, qu'ils n'y fussent point, mais comme elles ont été prises par convention faite avec le sieur Crévier, pour l'indemniser, il auroit la permission d'avoir une maison près de la mission des Sauvages, et de leur vendre du pain à l'exclusion des autres François, et qu'elle en a joui jusqu'à présent, conjointement avec le sieur Hertel, qui a cédé aux Sauvages de cette mission des terres sur les mêmes pieds, nous croyons qu'il n'y a pas lieu de lui accorder ce qu'elle demande.

Signé, VAUDREUIL ET BEGON.

En marge est écrit : Porter à Mgr le Régent, le Roi ne voit point de raison particulière pour accorder ces lettres.

Délibéré le 19 janvier 1722.

Signé, DE LACHAPELLE.

1722 — 21 janvier

LE CONSEIL DE MARINE

Délibérations au sujet d'une lettre de MM. de Vaudreuil et Begon.—Moulins et bateaux devant Québec.—Lanoullier.

Nous avons l'honneur d'envoyer au Conseil un placet du sieur Lanoullier, commis de MM. les trésoriers généraux de la Marine en ce pays-ci, par lequel il demande la permission de faire construire des moulins et des bateaux devant cette ville, suivant un modèle qu'il a fait venir de Paris ; qu'il nous a fait voir, et qui nous a paru fort bien exécuté.

M. Chaussegros, qui l'a examiné, est persuadé que ces moulins peuvent être faits ici avec succès, comme il paroit par son certificat joint au placet.

Nous croyons qu'il convient d'accorder au sieur Lanoullier le privilège qu'il demande pour en jouir pendant dix années, les nouveaux établissements étant toujours avantageux dans une colonie, quand même ceux qui les font, n'y réussiroient pas comme ils l'espèrent.

Signé : VAUDREUIL ET BEGON.

En marge est écrit : porter à Mgr le Régent. Le conseil croit qu'on peut lui accorder le privilége pendant 10 ans.

Délibéré, le 21 janvier 1722.

Signé : DE LACHAPELLE.

1722 — 21 janvier

LE CONSEIL DE MARINE

Délibérations du Conseil, au sujet d'une lettre de M. de Vaudreuil. — Traite de l'eau-de-vie. — Témoignage des Sauvages en justice. — Incendie de Montréal. — Marché de cette ville. — Place d'armes, à Montréal.

J'ai l'honneur d'envoyer au Conseil une lettre ci-jointe, que M. De la Chassagne, lieutenant du Roi à Montréal, m'a écrite le 16 octobre dernier, par laquelle le Conseil pourra connaître qu'il ne dépend pas de moi d'empêcher qu'on ne vende de l'eau-de-vie aux Sauvages, ni de faire punir ceux qui leur en distribuent, j'ai communiqué, le 2 de ce mois, la lettre de cet officier à M. Begon, et lui ai représenté qu'il était nécessaire d'admettre le témoignage des Sauvages en justice, si on vouloit venir à bout de faire cesser la traite de l'eau-de-vie dans les villes de la colonie, surtout à Montréal où elles se fait impunément ; je lui ai même rappelé ce qui nous a été marqué sur ce sujet, dans le mémoire du Roi du 19 mars 1714, dont je joins ici un extrait ; mais tout ce que j'ai pu lui dire là-dessus a été inutile, et rien ne l'a pu engager à consentir que le témoignage des Sauvages soit reçu en justice contre ceux qui leur distribuent de l'eau-de-vie ; il ne paroit pas cependant qu'il y ait d'autre moyen pour faire cesser ces distributions pernicieuses, ceux qui s'en mêlent, les faisant toujours en cachette et plus souvent la nuit que le jour, sans qu'il y ait d'autres témoins que les sauvages, au reste, je ne vois pas qu'il puisse y avoir aucun inconvénient à se servir de ce moyen avec prudence, n'y ayant point d'exemple que les Sauvages aient accusé ceux qui ne leur ont pas donné de l'eau-de-vie. (En marge est écrit : donner copie de cet article et de tous les ordres donnés sur les boissons, à M. Granville, pour examiner et faire rapport de tout au Conseil.)

L'incendie de Montréal, qui est arrivé au mois de juin dernier, pendant le voyage que j'ai fait à Québec, ayant rendu désert tout le quartier de la place d'armes, où le marché se tenoit auparavant, et où il n'étoit resté que les masures et les débris des maisons brûlées, je trouvai, lorsque j'y fus, un endroit où il a continué de se tenir, pendant le reste du séjour que j'ai fait à Montréal, sans que personne y ait trouvé à redire.

Comme j'avais remarqué depuis longtemps qu'il ne convenoit pas que le marché fut dans la place d'armes, ne l'ayant jamais vu tenir dans celles des villes de guerre en France, je donnai ordre à M. de Ramezay de tenir la main à ce qu'il n'y fut pas remis, et je m'expliquai là-dessus en public.

Malgré tout cela, le sieur Bouät, le lieutenant général de la juridiction de Montréal, entreprit, dès le premier jour de marché, après mon départ, de l'y remettre, de son autorité et sans en parler à M. De Ramezay, pour cet effet, il obligea les gens de la Compagnie de s'y rendre, quoiqu'ils fussent déjà dans l'endroit où il se tenoit depuis l'incendie, mais M. De Ramezay, qui fut d'abord averti de ce changement, ne manqua pas de les y faire revenir, en exécution de l'ordre verbal que je lui avais donné.

Le sieur Bouät étant venu ensuite à Québec et ne voulant pas avoir le démenti en cette affaire, s'est adressé pour cela à M. Begon qui, à mon insçu, à rendu une ordonnance pour que le marché se tienne dans la place d'armes, quoique dans le quartier où elle est, il n'y ait encore que trois ou quatre maisons rétablies, le restant n'étant que des masures.

Comme ce ne fut qu'hier que M. Begon m'apprit qu'il avoit rendu cette ordonnance, je n'ai pu m'empêcher de lui témoigner ma peine de ce qu'il l'avoit fait sans m'en parler, estimant que, dans une affaire de cette espèce, il ne devoit avoir rien fait que de concert avec moi, puisqu'il s'agissoit en cela du militaire, par rapport à la place d'armes. Je lui ai expliqué aussi les inconvénients que je trouve à faire servir cette place pour le marché ; mais il m'a répondu que c'étoit une affaire de police, qui étoit de son district, et que, d'ailleurs, il ne vouloit pas toucher à l'ordonnance de M. Roudot, sur laquelle il s'étoit fondé, pour rendre la sienne. J'ai admiré en cela sa délicatesse, d'autant plus qu'il n'en a pas eu autant dans les jugements du procès que des habitants de la Rivière Lonel ont intenté mal à propos aux sieurs de Boishebert et Peire pour la pêche des marsouins, je lui ai enfin proposé d'écrire conjointement avec moi au Conseil sur l'affaire du marché ; il a refusé de le faire ; ainsi, j'ai l'honneur, par cette lettre particulière, de rendre compte de cette affaire, afin que le Conseil, après avoir examiné les inconvéniens que je trouve à faire servir la place d'armes pour y tenir le marché, ait la bonté d'ordonner là-dessus, ce qu'il jugera à propos.

Ces inconvéniens sont : 1º que s'il arrivoit une émeute le jour que le marché se tient, cette place, étant alors fort embarassée par le grand nombre de gens et les charettes qui s'y rencontrent, les mutins pourroient facilement surprendre le corps de garde et s'en saisir. 2º que s'il étoit nécessaire de faire prendre les armes aux troupes un jour de marché, elles ne pourroient pas s'assembler dans la place, où bien le marché ne s'y tiendroit pas ce jour-là, et enfin que les majors étant chargés par les ordonnances militaires de faire toujours tenir libres la place d'armes, il seroit impossible au major de Montréal d'observer cette règle dès que la place d'armes y servira pour le marché.

Au reste, il y a d'autres places dans la ville de Montréal où la police peut placer le marché sans qu'il soit absolument nécessaire de se servir pour cela de la place d'armes.

Signé, VAUDREUIL.

En marge est écrit : le conseil ne voit pas que les raisons qu'il rapporte sur le changement de lieu du marché méritent d'égard, ainsi, il faut le laisser dans le lieu où il est et où il a été établi par l'ordonnance de M. Roudot.

Délibéré le 21 janvier 1722.

Signé, DE LA CHAPELLE.

1722 — 21 janvier

LE CONSEIL DE MARINE

Au sujet d'une lettre de M. de Ramezay.—Incendie de l'hôpital de Montréal. — Hôpital Charron. — Plaintes contre les hospitaliers.

J'ai l'honneur d'informer le Conseil que le feu prit le 19 juin, à l'hôpital de cette ville, lequel, à cause de la hauteur de l'église et du clocher, se communiqua aux maisons voisines, ce qui a causé un très grand incendie pour ce lieu-ci, ayant eu cent trente-huit maisons de brûlées, à cheminées, sans comprendre les magasins et autres bâtimens. Si je n'avois fait abattre avec les crochets le comble d'une maison, ce qui donna lieu de les éteindre, nous aurions tous couru risque d'être enveloppés dans ce malheur qui cause la perte de plus d'un million aux marchands et bourgeois de cette ville. Comme la plus grande partie ont sauvé leurs marchandises, ils se proposent de se rétablir incessamment, et de faire construire de plus belles maisons que celles qu'ils avoient, il n'y a que cinq ou six personnes qui ne pourront se relever de cette perte, dont les veuves de deux officiers des feu Puygibau et Elévive sont du nombre, qui ne pourront se rebâtir sans le secours du Conseil, les

Religieuses hospitalières y ont perdu tous leurs meubles et linge, le sieur Benoit, qui remplit dignement les fonctions de chirurgien major a aussi perdu tous ses outils, on eut même bien de la peine à sauver une religieuse malade qui était à l'infirmerie, M. le marquis de Vaudreuil, M. l'Evêque et M. l'Intendant ont fait loger ces religieuses à l'hôpital général du feu sieur Charron, où elles ont trouvé, en y faisant quelque dépense, de quoi se loger, et une salle pour les malades, mais les frères hospitaliers ont bien de la peine à les y recevoir, je crois être obligé d'informer le Conseil qu'ils ne remplissent aucunement leurs devoirs, ni pour l'instruction des enfants, ni pour soigner les onze vieillards qui sont dans cet hôpital, qu'ils font souffrir de manière que, sans des femmes charitables de cette ville qui en ont pris soin, ils seroient sans doute morts de misère. Ils n'instruisent pas non plus les enfants, n'ayant point de sujets capables pour cela. Ils sont néanmoins sept frères dans cette communauté, dont il n'y en a que deux des anciens, dont l'un est en mission à la Pointe-aux-Trembles, les autres ne font rien que de consommer le bien des pauvres. Ce sont gens que feu M. Charron avoit ramassé, dont il ne connaissoit ni la science, ni les mœurs, et qu'il auroit peut-être formé s'il avoit vécu, mais comme il n'y a dans cette communauté aucune personne de tête capable de la gouverner, chacun y fait ce qu'il peut et dissipe mal à propos ce qu'ils en manuient ou ce qu'ils peuvent soustraire des effets de cette communauté, je m'y suis transporté plusieurs fois avec M. de Bellemon, le Supérieur du Séminaire de Montréal, et de M. de Gondalie, Grand Vicaire de M. l'Evêque, pour tâcher de les réunir et entrer dans leurs devoirs. Il y en a trois de ceux que M. Charron avoit amenés qui ont quitté cette communauté, ceux qui restent ne valent guère mieux. Il n'y a que deux de ces nouveaux venus qui sont actuellement dans les paroisses, lesquels y subsistent sans avoir part aux mille écus que le Conseil leur a fait accorder par Sa Majesté. On m'a assuré qu'ils sont dans le dessein d'en mettre encore quelques-uns dans les paroisses, Il seroit à souhaiter qu'ils y fussent tous.

Comme les Religieuses de l'hôpital sont d'une grande utilité à cette Colonie, par le grand soin qu'elles ont des soldats et des habitants, lorsqu'ils sont malades, que sans un grand secours, elles sont hors d'Etat de se pouvoir rétablir.

Si la mauvaise conjoncture où est la France, ne permet pas au Conseil d'obtenir de Sa Majesté la gratification qui seroit nécessaire pour cela, s'il avoit agréable de donner les ordres que les religieuses restassent à cet hôpital en les assujettissant à prendre soin des vieillards et des infirmes qui y sont actuellement et de ceux qui s'y retireront par la suite, en leur demande les fonds qui sont destinés par feu M. Charron, pour leur subsistance, les pauvres seroient mieux traités qu'ils ne sont par les frères qui en ont la direction actuellement.

Signé : DE RAMEZAY.

A Montréal, le 4 octobre 1721.

En marge est écrit : Porter à Monseigneur le Régent.

Le Conseil croit qu'il seroit de la Charité du Roi de donner, pendant 3 ans, 2000 livres par an pour le rétablissement de la maison de ces religieuses, et d'ordonner qu'au bout de trois années, elles seront obligées de sortir de la maison qu'elles occupent actuellement, et qui ne leur appartient pas, pour retourner chez elles et laisser subsister l'hôpital, suivant son établissement.

Délibéré le 21 janvier 1722.

Signé : DE LA CHAPELLE.

1722 — 24 mai

LE CONSEIL DE MARINE

Délibération au sujet d'une lettre de MM. Begon et de Vaudreuil.—Population.—Pêche aux marsouins.

Nous avons l'honneur d'envoyer au Conseil la liste des soldats de cette colonie qui sont dans le cas de la demi-solde, avec les certificats de service et d'invalidité, suivant le modèle que le Conseil en a envoyé. (En marge est écrit : Attendre qu'elle arrive.)

Le sieur Begon envoie aussi le recensement de cette colonie, qui est plus étendu que ceux des années précédentes, et l'état des pêches à marsouins de cette colonie.

  Signé : VAUDREUIL ET BEGON.

(En marge est écrit : Porter un extrait à M. le Régent.)

Délibéré le 24 mai 1722.

   Signé : LA CHAPELLE.

1722 — 1er juin

LE CONSEIL DE MARINE

Arrêt au sujet de 400 livres à être payées à Madeleine Bouchette, sage-femme.

Madeleine Bouchette, qui vous remettra cette dépêche, passe cette année en Canada, pour y faire la profession de sage-femme, aux appointements de 400 francs par an, sur l'état des charges de la colonie, à commencer du premier janvier, comme elle ne peut être employée sur l'état de cette année, attendu qu'il est fait, le conseil souhaite que vous lui payiez la somme de 400 livres, pour les appointements de cette année, sur les fonds que vous devez remettre dans la colonie où vous enverrez sa quittance pour comptant à votre commis, auquel elle sera remboursée par le directeur du Domaine à Québec, suivant l'ordre que le conseil en donnera à M. Begon.

Vous prendrez caution de la Dame Madeleine Bouchette pour le restant de ses appointements, qui resteront à échoir du jour que vous la paierez.

  (Signé) : L.-A. DE BOURBON.

Collationné—Signé : DESELLE.

1722 — 6 juillet

LE CONSEIL DE MARINE

DÉLIBÉRATION AU SUJET DES CRIÉES DES BANCS D'ÉGLISE

Monseigneur l'évêque de Québec s'étant plaint d'un arrêt rendu par le conseil supérieur de Québec, le 7 juillet 1721, et ayant observé que ce conseil avoit, par son arrêt du 2 mai 1718, conservé le droit des églises en ordonnant que les bancs seroient criés après la mort des possesseurs, et que les enfants en auroient la préférence, mais le procureur général du dit conseil, fâché qu'un de ses amis en eut été privé par le moyen de ses criées, résolut de faire les remontrances énoncées dans l'arrêt dont il se plaint.

2º Que lors de l'arrêt du 2 mai 1718, MM. de Vaudreuil, Bégon et lui étoient présents, et que dans celui du 7 juillet 1721, le procureur général a pris son temps qu'ils étoient tous trois à Montréal.

3º Que les églises des villes et de la campagne, n'ayant pour tout revenu que celui des bancs, si on leur diminue, elles n'auront point de quoi faire les réparations nécessaires aux couvertures et autres endroits qui périssent tous les jours, que bien loin d'avoir de quoi acheter des cierges, qui ne sont plus en usage dans les églises de la campagne, elles n'auront pas même de quoi avoir des chandelles pour l'office divin.

Il demande que les églises du Canada jouissent du revenu des bancs et du droit de les faire crier après la mort de ceux qui les possèdent, en donnant la préférence aux veuves et enfans, à l'effet de quoi ils demandent au nom des églises la cassation de cet arrêt.

Le conseil ordonna de communiquer à M. Chevalier pour savoir quel est l'usage à Paris, et son avis sur cet arrêt.

Réponse de M. Chevalier du 12 juin 1722.

Il est dit qu'il est d'avis qu'encore que toutes les places que les fidèles occupent dans les églises, pour assister au service divin, dussent être libres, et non sujettes à quelque espèce de rétribution, l'usage, ou plutôt le besoin des églises, a introduit les concessions de bancs et les places distinguées, même de sépulture et de chapelle, et a autorisé les gratifications à ce sujet.

La règle que l'on pratique à Paris est, à la vérité, que les concessions des bancs s'y fassent par les marguilliers en charge, sans publication et sans enchère, et il est encore vrai que la veuve jouit du banc concédé à son mari tant qu'elle demeure en viduité, et dans la paroisse, les enfans du même succèdent à la concession faite à leur père, lorsqu'ils continuent d'habiter dans la paroisse.

Mais plusieurs concessions sont nécessaires pour produire cet effet.

1° Il faut un acte qui continue cette transmission à la veuve et aux enfans, sans quoi le droit est personnel et cesse avec la personne qui en jouit.

2° Outre la somme payée pour la première concession, et qui est plus ou moins forte, selon l'étendue, la situation et la commodité de la place concédée, le possesseur paye annuellement une redevance à la fabrique, et lorsque le banc passe à la veuve, ou aux enfants, ils payent encore une somme qui est ordinairement fixée par l'acte de concession et continuent toujours la redevance annuelle.

Enfin pour éviter toute idée de succession perpétuelle, ce droit ne passe point aux petits enfants, il s'éteint au premier dégré, à quoi il faut ajouter que dans les concessions qui se font ensuite, les parents ne sont pas admis à la préférence.

C'est en général l'usage des principales paroisses de Paris.

Quant aux usages de la province, ils sont différents, et outre qu'il faut avec concession par écrit, qu'elle fasse mention de la transmission du droit aux enfants, moyennant une nouvelle rétribution, sans quoi leur droit seroit éteint, il est certain qu'on publie les bancs à concéder et qu'on y admet les enchères, cela est plus nécessaire parce que les fabriques sont pauvres et que ce secours leur procure de quoi à fournir à l'entretien des églises.

Il ose avancer que ce dernier usage seroit plus juste et plus convenable dans un pays où il n'y a point de décernateurs obligés de fournir les besoins des églises, où tout roule sur la libéralité des fidèles, et où les revenus des fabriques ne peuvent presque consister que dans ces sortes de casuels, l'émulation des concessions de bancs échauffe la libéralité. Les fabriques de Paris et des grandes villes ont des fonds et des droits plus solides et plus sûrs que celles du Canada.

Par un mémoire séparé, il marque : qu'il ne croit pas devoir donner son avis au sujet de l'arrêt de 1721, autrement que par sa consultation.

Parce qu'en premier lieu, il faudroit voir l'arrêt de 1718, en connaître la forme, les motifs et les dispositions.

En second lieu, il faudroit s'informer plus

particulièrement des usages observés dans le pays.

Il conviendroit peut-être de faire un règlement général, et pour cela, il seroit nécessaire que la matière fut plus éclaircie.

Il ne laisse pas d'être fort extraordinaire que l'on casse, sur simple requête du procureur général, un arrêt contradictoire rendu trois ans auparavant, sans entendre aucune partie.

Nota.—Il a été écrit à MM. de Vaudreuil et Begon d'envoyer copie de l'arrêt du 2 mai 1718, avec un mémoire instructif des usages observés dans le pays, avec leur avis.

Fait et arrêté le 6 juillet.

Signé : L.-A. de Bourbon.

Par le Conseil.

Signé : De la Chapelle.

(En marge est écrit : garder pour mémoire jusqu'à ce qu'on ait eu une réponse de Canada.)

1664 — 15 novembre

LETTRE DE M. DE LYONNE

A M. DE TRACY

C'est un plan général de conduite, que lui donne le ministre au nom du Roi. M. de Lyonne (Hugues), ministre des affaires étrangères, était alors chargé du département de la Marine, depuis 1662.

1er *Extrait* :—" La première chose dont je dois vous entretenir, est que, comme le Roi prend lui-même connaissance de toutes ses affaires, c'est à lui qu'il faut s'adresser directement pour lui en rendre compte et recevoir ses ordres. Il sera bon que vous l'observiez, s'il vous plait, à l'avenir, car, quoique je l'informe de toutes choses qui me sont écrites, ceux qui ont des postes de confiance, comme vous, ont intérêt de s'établir une maxime d'avoir leur principale relation avec Sa Majesté, la correspondance qu'ils tiennent avec les personnes qui ont l'honneur d'entrer dans ses conseils, n'étant qu'une suite et une dépendance de la première."

Après avoir complimenté M. de Tracy, sur la bonne direction qu'il donne aux affaires de la colonie, le ministre l'instruit des droits de la compagnie des Indes Occidentales, établie cette année par un édit. L'invite ensuite à veiller à ce qu'on ne bâtisse pas les maisons si écartées, pour la sûreté des habitants, lui recommande encore de tâcher de n'avoir pas de querelles avec les R. P. Jésuites, ce qui a été la cause pour laquelle le gouvernement a été retiré à MM. d'Avaugour et de Mézy. Mais tout en les ménageant, qu'il prenne garde de les laisser rien entreprendre sur l'autorité qui lui a été commise par le Roi, ainsi que contre les intérêts de Sa Majesté. Ici se place le second Extrait :

" Avant que de passer plus avant, il est bon que je vous fasse observer que M. de Petrée et les Pères Jésuites ont défendu, sous peine d'excommunication, à tous les habitants du Canada, de donner des boissons aux sauvages, parce que s'enivrant jusques à l'excès, et ainsi se privant de l'usage de la raison, tomboient en péché mortel, cette défense est si exactement observée qu'aucun François n'osoit donner un verre d'eau-de-vie à un Algonquin ou à un Huron. Cela a sans doute un bon principe, mais qui est fort ruineux au commerce, parce que les sauvages aimant passionnément ces boissons, au lieu de venir faire leurs trafics de pelleterie avec nous, le vont faire avec les Hollandais qui leur fournissent des eaux-de-vie, ce qui est même désavantageux à la Religion, ayant de quoi contenter leurs sens, ils se laissent catéchiser par les ministres Hollandais qui les instruisent dans l'hérésie. Le dit sieur Evêque de Pétrée et les Pères Jésuites, sans faire réflexion que la prudence et même la charité chrétienne désire que l'on ferme les yeux à un mal pour en éviter un plus grand, ou pour recueillir un bien plus important que le mal, ne reviennent pas de leurs premières opinions."

A la fin du mémoire, percent quelques pointes de rivalité entre les François et les Anglois concernant les Iles de l'Amérique.

1666 — 5 avril

LETTRE DE COLBERT

A M. TALON, INTENDANT DE LA NOUVELLE-FRANCE

Monsieur,

J'ai reçu vos deux dépêches des 4 octobre et 12 novembre de l'année dernière, avec tous les mémoires qui y étoient joints, ensemble les réponses à vos instructions, et après en avoir fait la lecture entière au Roi, et que Sa Majesté a fait les réflexions nécessaires sur tous vos raisonnements, elle m'a commandé de vous expliquer ses intentions sur toutes les affaires du Canada, en la manière qui suit :

Le Roi ne peut convenir de tout le raisonnement que vous faites sur les moyens de former du Canada un grand et puissant état, y trouvant divers obstacles qui ne sauroient être surmontés que par un très long espace de temps, parce que quand même il n'auroit pas d'autre affaire et qu'il pourroit employer, et son application et sa puissance, à celle-là, il ne seroit pas de la prudence de dépeupler son royaume, comme il faudroit faire, pour peupler le Canada ; outre cette considération qui vous paraîtra essentielle, il y en a encore une autre à faire qui est que, si Sa Majesté y faisoit passer un plus grand nombre d'hommes que celui que le pays, qui est à présent défriché, pourroit nourrir, il est certain que s'ils ne périssoient tous d'abord, au moins souffriroient-ils de grandes extrémités, qui les

réduisant en des langueurs continuelles, ils s'affaibliroient petit à petit, et qu'outre les incommodités qu'ils endureroient eux-mêmes, ils emporteroient aux anciens habitans, qui, sans cette augmentation de colons, vivroient de leur travail et de la culture de leurs terres ; vous connoîtrez assez par ce discours, que le véritable moyen de fortifier cette colonie est d'y faire règner la justice, d'y établir un bonne police, de bien conserver les habitants, de leur procurer la paix, le repos et l'abondance, et de les aguerrir contre toutes sortes d'ennemis, parce que toutes ces choses, qui sont les bases et les fondemens de tous les établissemens, étant bien observés, le pays se peuplera insensiblement, et avec la succession d'un temps raisonnable, pourra devenir fort considérable, d'autant plus qu'à proportion que Sa Majesté aura plus ou moins d'affaires au-dedans de son royaume, elle lu donnera les assistances qui seront en son pouvoir.

Vous devez toujours avoir dans l'esprit le plan que je vous fais en peu de mots, qui est conforme à ce qui est plus au long contenu dans vos instructions, et aux entretiens que j'ai eu ici avec vous, et ne vous en départir jamais, parce qu'il est notoirement impossible que toutes ces pensées de former de grands et puissants Etats, puissent réussir, si l'on a des peuples inutiles à faire passer dans les lieux où l'on veut les établir.

L'autre raisonnement que vous faites sur l'abandonnement que le Roi a fait du pays à la Compagnie des Indes Occidentales, et les inconvéniens que vous en appréhendez, peut être aussi combattu par une raison qui est capable, elle seule, de détruire toutes les autres que vous apportez au contraire, c'est que nous avons vu, par expérience, que cette colonie n'est tombée dans l'état languissant où elle a été jusques ici, que parce que l'ancienne compagnie étoit trop foible, et parce que cette même compagnie l'a ensuite abandonnée entre les mains des habitants, et si vous étudiez bien ce qui s'est passé sur ce fait-là, vous demeurerez d'accord que ces deux causes ont produit la désertion des anciens colons, et empêché que d'autres ne s'y soient allés établir, comme ils auroient faits assurément, si une compagnie puissante comme celle-ci les avoit soutenus.

Il est constant que vous aurez trouvé de grandes difficultés dans les commencemens et par l'inexpérience, et peut-être par l'avidité des agens et commis de la compagnie ; mais vous en serez bientôt sorti par les remèdes que la compagnie même y aura apportés et par les soins qu'elle prendra de revoquer ceux de ses agens et commis qui auront quelque emportement, pour en substituer d'autres plus modérés en leur place.

Ce n'est pas dans ces seules précautions que le Roi veut borner les moyens de faire subsister les habitans du Canada, Sa Majesté a fait condescendre la compagnie à se relâcher en leur faveur de la traite avec les sauvages, quoiqu'elle pût le prétendre aux termes de sa concession, et qu'il auroit été même plus avantageux de la lui laisser, parce qu'il est à craindre que par le moyen de la traite, les habitans ne demeurent une bonne partie de l'année dans l'oisiveté, au lieu que s'ils n'avoient pas la liberté de la faire, ils seroient nécessités de s'appliquer à bien cultiver leurs terres.

Tout ce que vous alleguez pour faire connaître qu'il seroit plus avantageux de laisser le commerce en la disposition de tous les habitans, que de le renfermer ès-mains de la seule compagnie, étant particulièrement fondé sur la mauvaise administration des agens et commis, il sembleroit que les précautions que l'on prendra à l'avenir d'en faire de bons choix suffiroient pour vous persuader du contraire ; mais pour vous donner lieu d'en juger encore avec plus de certitude, la compagnie, sur les instances que je lui en ai faites, en a accordé la liberté, pour cette année, indistinctement à toutes sortes de personnes, quoiqu'il soit fort à craindre que ces particuliers n'enverront de France que les marchandises et denrées sur lesquelles ils trouveront du bénéfice et laisseront manquer le pays de celles qui lui seront peut-être les plus nécessaires, outre que par ce moyen, les castors, étant en différentes mains, il est certain que le débit s'en fera à vil prix.

Quant à la jouissance du droit du quart sur les castors, et du dixième sur les orignaux, dont la compagnie a été mise en possession, le Roi lui ayant concédé le Canada, ainsi que tous les autres pays de sa concession, en toute seigneurie et propriété, ne s'en étant réservé que la souveraineté, Sa Majesté n'a pas lieu de former aucune prétention sur ces deux droits, non pas même sur les mines qui ne peuvent regarder que la compagnie ou la communauté du pays, comme les ayant établis sur elle, pour satisfaire aux charges dont elle étoit tenue en vertu du traité fait avec l'ancienne compagnie de la Nouvelle-France.

Vous observerez de plus que la dite compagnie de la Nouvelle-France, aux droits de laquelle celle des Indes Occidentales a été subrogée, avoit à elle seule la traite des pelleteries moyennant laquelle elle payoit les charges du pays comme il lui plaisoit et que les habitans, ne pouvant s'obstenir de faire la traite, la communauté des dits habitans en traita avec elle qui la leur céda aux conditions qu'ils seroient obligés d'acquitter toutes les charges et de lui donner annuellement un millier de castors, livré en France, ou une somme dont l'ont convint pour le payement desquelles charges et de cette redevance annuelle la communauté imposa le droit du quart sur les castors et deux sols pour livre sur les orignaux, à payer en espèces, de sorte que la compagnie des Indes Occidentales ayant les droits de l'ancienne compagnie de la Nouvelle-France, peut prétendre légitimement de faire seule la traite des pelleteries, ou du moins, en exécutant la cession qui en a été faite aux habitans, prétendre la redevance annuelle d'un millier de castors.

Sur quoi il échéoit néanmoins à considérer que, comme par les nouveaux établissemens qui sont faits, et par l'augmentation du nombre des colons, la traite augmentera aussi de valeur, il est juste que non seulement elle acquitte avec régularité les charges ordinaires, mais qu'elle supplée de quelque chose aux extraordinaires, convenant déjà de faire un fonds annuel de deux mille livres pour subvenir aux parties inopinées, et même que si le Roi forme quelque entreprise dans laquelle son propre avantage et celui du pays se rencontrent également, de fournir aux frais qu'il sera nécessaire de faire.

La même raison qui fait conserver à la compagnie le droit du quart sur les castors qui est, qu'ayant remis la traite aux habitans, qui étoit le droit seigneurial, ce droit de traite lui en doit tenir lieu à présent, vous obligera à vous déterminer sur l'incertitude où vous étiez de faire toutes les inféodations au nom de la compagnie et de procéder à la confection du Papier Terrier, sur la requête de son agent général.

Les divers essais qui ont été faits par les soins des directeurs de la même compagnie, des marcassites extraits des mines, que vous avez envoyés ici, n'ayant produit rien de certain, et l'épreuve du sable n'ayant pas aussi réussi, parcequ'il étoit en trop petite quantité, ils ne laissent pas de vous envoyer le fondeur Allemand qui était repassé en France avec les outils nécessaires pour faire toutes sortes d'essais sur les lieux et particulièrement de la mine de Gaspé.

Le Roi a approuvé que vous ayez fait poser ses armes aux extrémités de l'étendue du Canada et que vous vous prépariez en même temps de dresser aussi des procès-verbaux de prise de possession, parce que c'est toujours étendre sa souveraineté, ne doutant pas que vous n'ayez en cette occasion foit reflexion avec M. de Tracy et les autres officiers qu'il vaudroit mieux se restraindre à une espace de terre que la colonie sera elle-même en état de maintenir, que d'en embrasser une trop vaste quantité dont peut être on seroit un jour obligé d'abandonner une partie, avec quelque diminution de la réputation de Sa Majesté et de cette couronne.

Puisque toutes les choses nécessaires à la vie viennent en Canada avec la même facilité qu'en France et que d'aucunes, comme le blé, y rendent même beaucoup plus, il est à souhaiter que les habitans du pays profitent d'une si heureuse disposition pour leur subsistence, en cultivant toutes leurs terres et augmentant leur défrichements, les resserrant près des habitations et ne les faisant que de proche en proche ; les moyens d'y établir des manufactures consiste plutôt dans leur industrie et leur travail que dans les secours que le Roi y peut donner, qui dans la conjoncture présente où Sa Majesté s'est engagée à soutenir une grande guerre contre les Anglais, qu'aucun de ces prédécesseurs n'avoit pas encore attaqués par mer, les forces de cette nation ayant toujours paru formidables sur cet élément, à toutes les autres, ne seroit pas aussi considérables que si elle étoit dans une parfaite tranquillité au dehors, comme elle est au dedans de ses états, de sorte qu'il vous faut reduire et compter principalement sur ce que vous pourrez faire pour les denrées et les matières que le pays fournit maintenant avec assez d'abondance, comme en empechant de tuer les agneaux, par un arrêt du conseil souverain, ou par une ordonnance émanée de vous seul, et même les femelles de chaque espèce d'animaux, pour les multiplier en moins de temps, parce qu'il est certain que quand le Canada sera rempli d'une grande quantité de bêtes à laine et à cornes, on pourra, par le moyen de leur dépouille et de leur peau, manufacturer des draps et autres étoffes et des cuirs que l'on convertira en divers usages, à la commodité et à l'avantage des habitans.

Les blés étant souvent à vil prix en Canada, on pourra ensemencer une partie des nouveaux défrichemens, en chanvre, et, au bout de quelques années, y établir une manufacture de toiles qui par la qualité du chanvre deviendra peut être aussi florissante que celle de la Basse-Bretagne, et comme c'est un point auquel le Roi vous a recommandé par vos instructions de vous appliquer fortement, je ne fais point de doute que vous n'ayez à présent disposé les habitans à y préparer quelques-unes de leur terres.

L'espérance que vous me donnez que l'on trouvera des bois en très grande quantité, propres à la construction des vaisseaux, a fort réjoui le Roi, et pour en pouvoir faire un fondement assuré, Sa Majesté ordonne à M. Colbert de Ferron, de faire passer en Canada deux ou trois charpentiers pour bien reconnaître la qualité du bois, et si l'on y rencontrera en abondance, pour chaque membre et partie d'un navire, parce que sur leur relation, ou Sa Majesté pourroit bien faire bâtir pour son compte dans le pays, ou au moins fera tailler et préparer le plus grand nombre de ces membres et pièces qu'il sera possible pour les apporter dans ses ateliers de marine en France, pour les employer au bâtiment de ses vaisseaux, je vous dirai de plus à ce sujet qu'il me semble qu'en faisant une grande quantité de merrain en Canada l'habitant y trouverait bien son compte, parce que le Roi faisant réserver tous les bois propres à la construction des vaisseaux qui sont dans son royaume, sans permettre que l'on en fasse du merrain, les parties sont obligés d'en aller chercher en Norvége et partout le Nord, d'où le transport est pour le moins aussi long et aussi difficile qu'il seroit du Canada, et ou, sans doute, ils l'achètent bien plus chèrement qu'ils ne feroient dans cette colonie.

En faisant du merrain le pays en tirera un double avantage, l'un que l'on augmentera les defrichemens, et l'autre que l'on fera du profit d'une chose dont jusqu'ici on ne s'étoit pas avisé d'en recueillir, ainsi je suis persuadé que vous ne sauriez mieux employer vos soins, pour l'utilité des habitans, qu'en les excitant et les encourageant à ce travail, dont le gain étant sûr et prochain, leur doit être beaucoup plus agréable que les autres desquels ils n'ont sur le champ qu'une espérance tardive et reculée.

Vous savez que l'établissement des lettres de maîtrise a été fait dans l'esprit d'exclure tous les mauvais ouvrages et de donner simplement le cours aux bons, et sur ce principe je crois que dans une colonie qui est encore naissante, comme le Canada, il s'agit plutôt d'y attirer toutes sortes d'ouvriers indistinctement que de s'attacher dans les commencemens à ne recevoir que ceux qui réussissent dans chaque art, ce n'est pas que votre proposition ne soit bonne dans un sens qui est que, quand vous en aurez ci-après nombre suffisant de chaque métier, vous ne puissiez conférer ces lettres de concert avec les officiers du conseil souverain et les principaux habitans du pays, car il importe que ces sortes de choses se fassent toujours, autant qu'il est possible, avec l'agrément et le consentement universel du pays.

Il seroit bien difficile de vous envoyer un si grand nombre de brebis que celui que vous me marquez, parce qu'en outre la difficulté du trajet, il faudroit fréter divers vaisseaux pour leur transport seulement, et vous trouverez bon que je vous dise, sur cette proposition, que les Espagnols, dans les conquêtes qu'ils ont faites des empires du Mexique et du Pérou et des autres pays qu'ils possèdent dans l'Amérique, se sont contentés de porter, dans les divers flottes qu'ils y ont fait passer de l'Europe, quelques animaux des espèces qui multiplient avec plus de facilité, lesquels, par le grand soin qu'ils ont eu de conserver, et la succession de quelque temps, y sont devenus aussi communs que dans les lieux d'où ils avoient été transportés, de sorte que le véritable moyen de faire multiplier les brebis, les bêtes à cornes et autres animaux domestiques, c'est d'empêcher de tuer les femelles et même une bonne partie des mâles, jusqu'à ce que chaque espèce, s'étant tort multiplié, on puisse le permettre.

On apportera toutes les précautions qui seront possibles dans le choix des nouveaux colons qui vous seront ci-après envoyés et particulièrement dans celui des filles, mais il ne faut guère espérer, tant que la guerre d'Angleterre durera, de le pouvoir faire en Normandie, parce que la Manche étant occupée par les forces maritimes du Roi de cette nation et par celles des Hollandais, il n'y auroit pas apparemment beaucoup de sûreté pour le voyage.

J'attendrai le procès-verbal que vous me faites espérer, concernant les particuliers qui prétendent être créanciers de la communauté du Canada, afin d'en faire mon rapport au Roi, et cependant, j'avertirai MM. les commissaires du conseil qui ont été nommés pour faire cette liquidation, de ne se charger d'aucune requête de leur part, que par ordre de Sa Majesté, ne doutant pas qu'en me l'envoyant vous n'y joigniez un rôle exact de tous les habitans de la colonie, étant une chose essentielle qui fera connaître clairement au Roi la force du pays, et lui donnera le moyen de mieux juger la résistance qu'il pourroit faire, en cas de nécessité, ou ce qu'il pourroit entreprendre dans l'occasion.

Pour augmenter la colonie, dans l'esprit avec lequel vous travaillez à réduire les habitations qui sont éparses en corps de paroisses, il me semble que sans s'attendre à faire capital sur les nouveaux colons que l'on peut envoyer de France, il n'y auroit rien qui y contribuât d'avantage, que de tâcher à civiliser les Algonquins, les Hurons et les autres sauvages qui ont embrassé le christianisme et les disposer à se venir établir en communauté avec les François, pous y vivre avec eux, et élever leurs enfants dans nos mœurs et dans nos coutumes.

Je suis surpris de l'erreur qui s'est trouvé dans les munitions de guerre et de bouche, et dans les vivres qui ont été envoyés par les soins de M. Colbert de Ferron, vu l'exactitude qu'il apporte en toutes choses ; mais comme il ne sauroit y avoir guère de remède en celles de cette nature, je me contente de lui écrire d'examiner par qui elles ont été embarquées, et si l'on y auroit manqué de bonne foi, et de se mieux précautionner à l'égard de ce qui vous sera envoyé ci-après. J'ai fait payer au sieur de Lamotte, la somme de treize mille cinq cents livres, suivant une lettre particulière dont il étoit porteur, sur le fonds qui a été fait pour la subsistance des troupes qui sont en Canada, jusqu'à la fin de l'année courante, dont vous trouverez un mémoire ci-joint, pour vous servir d'éclaircissement sur cette matière.

Le Roi a été très aise de voir dans les dépêches de M. de Tracy, et par les vôtres, que la plupart des soldats qui composent les quatre compagnies qui ont d'abord passé en Amérique, sous le commandement du dit sieur de Tracy, et le régiment de Carignan-Salières, témoignent beaucoup de disposition de s'habituer dans le pays, pour peu qu'on les aide à s'y établir, car Sa Majesté le juge si important au bien de son service et de cette colonie, qu'elle désireroit qu'ils demeurassent tous en Canada.

Le Roi a fait le fonds pour les appointemens de M. de Tracy, pour les vivres, et ceux de M. de Courcelles, jusqu'à la fin de cette année, et de plus il a accordé douze cents écus au sieur chevalier de Chaumont, qui sert d'aide-de-camp; douze cents livres au sieur Berthier, capitaine au régiment de Sallières, et autant à votre secrétaire, et de plus, a fait une gratification considérale au sieur de Tracy, en considération de la perte qu'il a faite d'une barque chargée de vivres et denrées qu'il faisoit venir de France qui a fait naufrage dans la rivière St-Laurent.

Sa Majesté écrit à M. de Tracy dans le sens que vous avez estimé nécessaire, afin de l'obliger de demeurer en Canada jusqu'à l'année prochaine, à moins que sa santé ne le lui puisse permettre, et, au surplus, est fort contente d'apprendre, et par lui et par vous, que M. l'évêque de Pétrée et les Pères Jésuites n'ont pour but de leur dessein que l'avancement du Christianisme dans le pays, de maintenir les habitans dans la pureté de la foi et des mœurs, et de bien élever les enfans dans la crainte de Dieu, en leur inspirant l'envie de travailler et de fuir l'oisiveté, elle a jugé aussi que vous avez fait prudemment d'ensevelir la faute de feu sieur de Mézy avec sa mémoire, en vous réservant de faire faire justice aux parties auxquels il sera demeuré redevable de quelque chose, avec un légitime fondement, sur les effets qu'il peut y avoir laissé par sa mort, et je dois vous assurer que la précaution que vous prenez pour me faire connaître que vous ne ferez aucun commerce pour votre compte, est fort inutile, parce qu'elle est bien persuadée que vous n'envisagez dans votre emploi que l'augmentation de la colonie et les moyens de lui plaire, et que vous n'êtes pas allé en Canada dans la vue et la pensée de profiter des occasions qui seroient en votre pouvoir, pour y ménager quelques légers intérêts qui vous fussent personnels.

Je suis, Monsieur,

Votre très humble et très

affectionné serviteur,

COLBERT.

Versailles, 5 avril 1666.

1667 — 6 avril

EXTRAITS

D'UN MÉMOIRE SIGNÉ DE COLBERT, SUR L'ÉTABLISSEMENT DE LA COLONIE, ADRESSÉ A M. TALON.

A Saint-Germain en Laye.

1º Le Roi ordonne une nouvelle guerre contre les Iroquois pour les effrayer si on ne peut les détruire.

La satisfaction du Roi est entière sur les soins que vous avez pris pour faire fournir les choses nécessaires aux troupes, afin de les bien faire agir dans les expéditions différentes qu'elles ont faites contre les Iroquois, du succès desquelles Sa Majesté a été bien aise d'être informée. Mais comme l'effet des armes du Roi contre eux, quoique considérable, n'est pas suffisant pour assurer la colonie contre leurs invasions, n'étant pas détruits, et étant d'ailleurs à craindre qu'ils ne reviennent avec plus de férocité que jamais, faire leurs massacres accoutumés dans les habitations éparses et qui ne peuvent être secourues par leur éloignement, Sa Majesté s'attend que vous engagerez, et par vos conseils et par tous les moyens que vous aurez en main, M. de Courcelles à faire une nouvelle entreprise sur eux pendant l'été prochain, soit pour les détruire entièrement, s'il est possible, soit au moins pour augmenter la terreur qu'ils ont des forces de Sa Majesté, et les mettre moins en état de troubler le pays, quelque envie qu'ils en puissent avoir.

2° Du traité fait avec les Iroquois et de la conduite à tenir avec eux.

J'ai vu le traité que vous avez fait avec M. de Tracy et de Courcelles, avec quelques-unes de ces nations Iroquoises qui, n'ayant point de liaisons et s'étant détachées de celles qu'elles avoient avec les Aniez, sont venues volontairement demander la paix et se soumettre à l'obéissance du Roi, ayant fort bien remarqué que vous avez eu principalement en vue d'acquérir une possession contre les prétentions présentes, ou de l'avenir, des nations de l'Europe. Aussi, Sa Majesté y a donné son entière approbation.

Comme la plupart de ces peuples sont proprement des sauvages, n'ayant quasi rien d'humain que la figure de l'homme, je crois que, quand ils s'aviseront d'envoyer ci-après des ambassadeurs, il ne faudra constituer le Roi ni ses principaux officiers, ni le pays, qu'à une très légère dépense, étant certain que pour les tenir en bride il importe de les traiter haut la main, la considération qu'on a pu avoir pour eux ayant contribué à les rendre plus insolents.

Quant au produit de la ferme du droit qui se lève sur les castors, et du dixième des orignaux, je comprends bien que par l'action des troupes et l'occasion de la guerre que l'on a portée jusques aux habitations des Iroquois, il vous a été impossible de vous dispenser de le consommer entièrement, mais comme il est bien juste que la compagnie qui fait beaucoup de frais pour soutenir la Nouvelle-France, tire quelque avantage de la concession que le Roi lui en a faite, il est de conséquence, et c'est l'intention de Sa Majesté, que vous reduisiez ci-après toute la dépense qui s'est jusqu'ici prise sur cette ferme, à la somme de trente six mille livres par chacun an, sans vous arrêter au règlement qui a été ci-devant fait par le sieur du Pont Gaudais, hors des nécessités pressantes et indispensables, comme dans la rencontre d'une nouvelle entreprise pour la destruction des Iroquois, bien entendu que vous prendrez grand soin d'en faire faire l'emploi avec une exacte économie, d'autant plus qu'avant cette concession ces charges du pays qui étoient prises sur le même fonds ne montoient pas à vingt mille francs, et depuis la concession, à vingt mille livres, étant la seule utilité que cette compagnie peut tirer de la colonie pour compenser tous les frais différens qu'elle est obligée de faire.

3° Fortifications de Québec et de la colonie.

Il est de grande importance, pour la sûreté de la colonie, d'aviser aux expédiens qui peuvent être pratiqués pour mettre, principalement le fort de Québec, en état de défense, en y faisant une fortification régulière, et le garnissant d'une bonne artillerie et de toutes sortes de munitions de guerre, en sorte que non seulement il ne puisse être insulté, mais même qu'il puisse faire un rigoureuse défense, quand même les nations de l'Europe les plus aguerries y feroient un siège formel. On doit aussi avoir la même application à l'égard des autres forts nouvellement bâtis, et penser toujours aux moyens de les rendre meilleurs ; et comme ce seroit un très grand avantage pour la conservation du pays, si l'on pouvoit y faire faire de la poudre, faites rechercher si l'on n'y trouvera pas de selpêtre.

4° Recommande de façonner les sauvages établis auprès de nous, à nos mœurs et à notre langage.

Je vous avoue que j'ai jugé comme vous que l'on s'est fort peu soucié jusques ici de la police et de la vie civile en la Nouvelle-France, envers les Algonquins et les Hurons, qui sont, il y a longtems, soumis à la domination du Roi, en faisant peu d'efforts pour les détacher de leurs coutumes sauvages et les obliger à prendre les nôtres, et surtout à s'instruire dans notre langue, au lieu que pour avoir quelque commerce avec eux, nos François ont été nécessités d'attirer ces peuples, surtout ceux qui ont embrassé le christianisme, dans le voisinage de nos habitations, et s'il se peut les y mêler, afin que par la succession du tems, n'ayant qu'une même loi et un même maître, ils ne fassent plus ainsi qu'un même peuple et un même sang.

Votre très humble et

très affectionné serviteur,

COLBERT.

1669—15 mai

LETTRE DE COLBERT

A M. DE COURCELLES

Monsieur,

Vous apprendrez, par le retour du dit sieur Talon, que Sa Majesté a rendu la liberté du commerce au dit pays, (Canada), en sorte qu'à présent il pourra recevoir avec plus de facilité des vivres et denrées qui lui seront nécessaires, mais aussi est-il nécessaire que vous excitiez les habitants à chercher des marchandises qui puissent *convier* les François à leur porter les dites vivres et denrées, pour les prendre en échange. Et cela est d'autant plus nécessaire qu'y ayant à présent une très grande quantité de pelleteries dans le royaume, s'ils n'avoient d'autres marchandises à donner par échange, peut être que les François se dégoûteroient bientôt de leur porter leurs besoins.

Pour ce qui concerne M. Boutteroüe, comme Sa Majesté a résolu de renvoyer M. Talon et qu'il vous porte lui-même cette dépêche, je n'ai rien à vous dire sur son sujet, mais peut-être qu'avec le temps vous auriez reconnu en lui de meilleures qualités que vous n'avez fait en si peu de temps que vous l'aviez pratiqué lors de la datte de vos lettres, au moins vous puis-je assurer que c'est un homme qui est ici en très bonne estime et qui auroit, avec le temps, dignement rempli les fonctions de son emploi, et quoique je suis persuadé qu'il n'ait pas été avec le temps si absolument dépendant de M. l'Evêque et des PP. Jésuites, je crois néanmoins qu'il est fort à estimer d'avoir eu de l'estime et de la déférence pour eux.

Vous verrez que la résolution que vous avez prise de paraître quelques fois à Montréal, est bien conforme aux intentions de Sa Majesté, mais elle désire que vous portiez plus loin cette pensée, c'est-à-dire, que vous paraissiez, s'il est possible, jusque dans le pays des Iroquois, avec toutes les forces que vous pourrez rassembler de deux ans en deux ans, ou plus souvent, si vous l'estimez à propos, étant certain qu'il faut établir dans l'esprit de ces nations une grande opinion de la nôtre, pour les contenir dans leur devoir, et cette grande opinion ne pourra jamais être jamais assez fortement établi jusques à ce qu'ils ayent vu 3 ou 4 et peut-être 5 ou 6 fois toutes les forces françoises dans leur pays, et quand cette réputation sera une fois bien établie, non seulement les habitans de cette colonie en recevront les avantages de ne pouvoir jamais être troublés, dans leur travail et leur commerce, mais même que ces avantages étant connus dans le royaume conviront un nombre considérable de François d'y passer tous les ans, en sorte que ce pays se peuplera et s'augmentera sans aucune peine.

Quoique vous deviez apprendre par M. Talon tout ce que le Roi fait pour le dit pays, cette année, je ne laisserai pas de vous dire en trois mots que Sa Majesté a employé plus de 200ᵐ livres pour toutes les choses qu'elle a estimé nécessaires d'y faire, qu'il passe cent cinquante filles pour y être mariées, six compagnies effectives de cinquante hommes chacune, avec plus de trente officiers ou gentilhommes, pour s'y établir tous, et plus de 200 autres personnes qui passent pareillement dans cette vue. Vous voyez bien qu'un effort si considérable marque bien l'estime que Sa Majesté fait de ce pays-là, et qu'elle considèrera bien les services qui lui seront rendus pour l'augmenter.

M. Talon a ordre du Roi de témoigner à M. l'Evêque de Petrée et à l'abbé de Queylus, qu'ils ne peuvent rien faire qui lui soit plus agréable que de continuer à travailler, comme ils ont commencé, à l'instruction des enfants des sauvages, et à les civiliser, pour les rendre capables de se joindre aux François, et sous l'obéissance de ceux qui ont l'autorité légitime de Sa Majesté, et j'estime qu'en cela même vous pouvez beaucoup contribuer par vos soins.

Sur le sujet de la trop grande autorité que vous trouvez que l'Evêque de Pétrée et les Jésuites, ou pour mieux dire, ces derniers sous le nom du premier, se donnent, je dois vous dire qu'il est nécessaire que vous agissiez avec beaucoup de prudence et de circonspection sur cette matière, vu qu'elle est de telle nature que lorsque le pays augmentera en habitans, assurément l'autorité royale surmontera l'ecclésiastique et reprendra la véritable étendue qu'elle doit avoir. En attendant, vous pouvez toujours empêcher adroitement, sans qu'il paroisse ni rupture entre vous, ni partialité de votre part, les trop grandes entreprises qu'ils pourroient faire, sur quoi vous pourrez consulter M. Talon et agir de concert avec lui.

1670 — 9 avril

LETTRE DE COLBERT

A M. DE COURCELLES

A St-Germain, le 9 avril 1670.

J'ai reçu les lettres que vous m'avez écrites le 10 juillet, 1er septembre et 11 novembre de l'année dernière.

Sa Majesté a été bien aise d'apprendre par vos lettres que les Iroquois ont continué de prendre avec nous le parti de la paix et du commerce, et de quitter toutes les pensées de la guerre; votre application à maintenir les peuples dans le maniement des armes et des exercices, et même à leur faire faire quelques fois des voyages au dedans du pays, contribuera assurément beaucoup à appeler toutes ces nations dans l'obéissance du Roi, et, par conséquent, à fortifier la colonie et lui donner les moyens de se multiplier, c'est à quoi Sa Majesté désire que vous donniez toute votre application.

Sa Majesté m'ordonne de vous dire en peu de mots que vous devez vous employer toujours à maintenir les peuples en paix et les garantir de toutes les violences des ennemis, les porter au travail et à la culture des terres, et encore plus au commerce de mer, par tous les moyens que vous estimiez les meilleurs, tenir soigneusement la main que la justice leur soit bien administrée, en sorte que chacune conserve son bien et que les foibles ne soient point opprimés par les puissans.

Que vous preniez grand soin de les porter tous au mariage de bonne heure, afin que, par la multiplication des enfans, la colonie se puisse multiplier d'elle-même.

Que vous les portiez aussi, avec grand soin, aux pêcheries et au commerce de mer, et que vous assistiez de toute l'autorité que le Roi vous a commise, les recherches que le dit sieur Talon doit faire des mines de fer et de cuivre, ensemble des bois nécessaires pour la construction des vaisseaux de Sa Majesté, et tous les autres établissemens qui vont à l'avantage du pays, dont je ne vous expliquerai pas davantage le détail, me remettant à ce que le dit sieur Talon vous en dira.

1671 — février

EXTRAITS D'UNE LETTRE DE COLBERT

A M. TALON.

Le Roi a entièrement approuvé la proposition que vous faites de lier une bonne et étroite correspondance avec les Anglois de Baston, et d'entrer même en quelque commerce avec eux, pour les choses qui vous seront mutuellement nécessaires, mais à l'égard des pêches qu'ils feront à la vue des terres de l'obéissance du Roi, Sa Majesté désire qu'il leur soit fait le même traitement que ses sujets reçoivent d'eux en pareille occasion, et cette conduite doit être observée aussi bien dans la traite qu'ils peuvent faire avec les sauvages des environs de Pentagouet que dans celle que les sujets du Roi pourront faire avec les sauvages des environs de Baston, c'est-à-dire qu'il est nécessaire que vous établissiez un traitement réciproque entre les deux nations.

La résolution que vous avez prise d'envoyer le sieur de la Salle du côté du sud, et le sieur de St-Lusson du côté de nord, pour découvrir le passage de la Mer du Sud, est fort bonne ; mais la principale chose à laquele vous devez vous appliquer dans ces sortes de découvertes est de faire rechercher la mine de cuivre, ce qui seroit un moyen assuré pour pour attirer plusieurs François de l'ancienne dans la Nouvelle-France, si une fois cette mine auroit été trouvée et que l'utilité en fut sensible.

1671 — 11 mars

EXTRAITS D'UNE LETTRE DE COLBERT

A M. DE COURCELLES.

A Paris, le 11 mars 1671.

Monsieur,

Puisque vous ne trouvez pas à propos de faire le voyage dans le pays des Iroquois, dont le Roi s'étoit remis à vous, et qu'il n'y a rien qui vous y oblige, vous pouvez vous en dispenser. Mais Sa Majesté estime qu'il n'y a rien de si important au repos de ses sujets de la Nouvelle-France, que de tenir toujours en crainte toutes les nations sauvages qui le pourroient troubler, étant certain qu'il n'y aura que l'appréhension qu'ils concevront d'une punition sévère, qui les puisse empêcher de faire quelque irruption à la paix que Sa Majesté leur a accordée.

Quant à la proposition que vous faites d'envoyer quelques compagnies d'ici pour se porter à l'entrée du Lac Ontario, et empêcher les courses que les Iroquois pourroient faire sur les autres nations sauvages qui sont sous la protection du Roi, Sa Majesté n'a pas estimé que cela fut nécessaire pour le bien de son service, mais elle se remet néanmoins à vous et à M. Talon d'examiner ce qui y sera de plus convenable, étant bien persuadé que vous exécuterez avec votre fermeté ordinaire la résolution que vous prendrez de concert.

Il ne se peut rien 'e plus avantageux pour le bien de cette coloni que de tenir soigneusement la main à ce que les habitans s'exercent dans les temps qui leur sont les plus commodes, au maniement des armes, et Sa Majesté m'ordonne de vous dire sur ce sujet, qu'il n'est pas moins important à son service de faire des revues de tems en tems, des dits habitans, et de les porter, par la distribution de quelques prix, à cet exercise, que de les exciter au défrichement et à la culture de la terre, et à entreprendre de construire des vaisseaux pour profiter des avantages du commerce maritime.

1672—4 juin.

EXTRAIT D'UNE LETTRE DE COLBERT

A M. TALON

A Saint Germain, 4 juin 1672.

Monsieur,

Le Roy a vu avant son départ toutes les lettres et mémoires qui ont esté apportéz par votre secrétaire, sur lesquels Sa Majesté m'a ordonné de vous faire sçavoir ses intentions, etc., etc., etc.

Comme après l'augmentation de la colonie du Canada, il n'y a rien de plus important pour ce païs-là et pour le service de Sa Majesté, que la descouverte du passage dans la mer du Sud, Sa Majesté veut que vous assuriez une bonne récompense à ceux qui feront cette découverte, mais il semble qu'elle peut estre difficile aux habitans de ce païs-là, vu qu'elle ne se peut faire qu'avec des vaisseaux et qu'il y en a un fort petit nombre.

A l'égard des mines de cuivre, de plomb, de fer, charbon de terre, goudron, et toute sorte de manufactures, comme vous estes bien informé des intentions de Sa Majesté sur l'advantage de ce païs-là, et qu'il n'y a rien qui puisse estre plus profitable aux habitans, elle se remet entièrement à vous sur tout ce qui est à faire pour la descouverte des mines, et pour l'établissement de toute sorte de manufactures.

Sa Majesté ne veut pas que l'on y sème du tabac, d'autant que cela n'apporteroit aucun advantage au païs, qui a beaucoup plus besoin de tout ce qui peut porter les habitans au commerce et à la navigation, aux pêches sédentaires et aux manufactures, et la culture de cette herbe seroit préjudiciable aux Isles de l'Amérique.

Sa Majesté veut toujours que vous travailliez à la multiplication des bestiaux, et, pour cet effect, jusques à ce qu'il y en ait une quantité suffisante, elle veut que le Conseil souverain en empêche par ses arrests la consommation. Elle a esté bien aise d'apprendre qu'il y ayt eu 700 enfans baptisés, l'année dernière, et mesme de l'advis que M. L'Evêque de Pétrée luy a donné, qu'il y en auroit 1100 cette année, mais elle auroit désiré d'estre informé du nombre de mariages qui se sont faits pendant la dite année dernière, des garçons et filles nés dans le pays.

Il ne faut pas s'étonner si le commerce des pelleteries a diminué les années dernières, vu que tout commerce, de quelque nature qu'il puisse estre, à ses augmentations et ses diminutions causées par divers accidens, mais il arrive toujours qu'après qu'un commerce est diminué considérablement pendant quelques années, il reprend force les suivantes, et c'est ce qu'il faut laisser à l'industrie et aux nécessités des hommes, d'autant plus que si le Canada se trouvoit privé de ce commerce, les habitans seroient portés à s'appliquer aux pêches sédentaires et autres, à la recherche des mines, et aux manufactures qui leur produiroient beaucoup plus d'avantages.

Sa Majesté fera reflexion particulière sur la proposition de faire fabriquer une monnoye par " pour les dits païs du Canada, et comme il l'estime bonne et avantageuse aux dits païs, elle donnera ses ordres pour la faire fabriquer, et pour en envoyer l'année prochaine.

Sa Majesté envoye les appointements des ouvriers de marine entretenus en Canada.

Elle désire que vous mettiez promptement le vaisseau qui a esté commencé, en état d'estre mis en mer, et elle seroit bien aise que vous vous en puissiez servir pour repasser en France avec M. de Courcelles.

Comme vous voyez que rien n'est plus advantageux à ces pais que le commerce de mer, Sa Majesté veut que vous vous serviez de tous les moyens qui sont en votre pouvoir, et de toute vostre industrie, pour porter les habitants à continuer à bastir des vaisseaux et à porter eux-mêmes leurs marchandises dans les Isles françoises de l'Amérique.

A l'égard des François qui repassent en France tous les ans, Sa Majesté estime que c'est un désordre considérable, auquel il faut tâcher de remédier, et pour cet effet elle écrit à M. de Frontenac pour luy défendre de permettre à aucun François de repasser en ce Royaume, si ceux qui luy demanderont cette permission n'ont femme et enfans, et un établissement considérable en ce pais-là, Sa Majesté se remettant toutefois à sa prudence d'user de cet ordre, ainsi qu'il l'estimera à propos de le faire, pour le bien et l'avantage de cette colonie, estant important que les François ne croyent pas estre retenus par force aux dits pais, parce que cela empêcheroit peut-être un grand nombre d'y passer, et n'estant pas à propos d'avoir recours à la force que lorsque tous les autres moyens manquent, etc.

Après avoir répondu à tous les points de vos depesches, suivant l'ordre que le Roy m'en a donné, il ne me reste qu'à vous asseurer que je suis.

1673 — 13 juin

EXTRAITS D'UNE LETTRE DE COLBERT

A M. DE FRONTENAC.

A Paris, 13 juin 1673.

Monsieur,

A l'égard des Iroquois, comme la colonie est fort nombreuse, Sa Majesté ne doute pas que vous les conteniez facilement dans leur devoir et dans les termes de l'obéissance qu'ils ont juré et promise à Sa Majesté, mais vous ne devez pas vous attendre que Sa Majesty puisse vous envoyer des troupes d'ici, vu qu'elle n'a pas jugé que cela fut nécessaire, et qu'elle désire que vous exécutiez ponctuellement ce qui est contenu dans votre instruction, pour aguerrir les habitans de ce pays-là, en les rangeant sous des compagnies et leur faisant faire l'exercice le plus souvent qu'il se pourra, en sorte que vous puissiez vous en servir dans toutes les occasion ou vous pourrez en avoir besoin.

L'assemblée et la division que vous avez faite de tous les habitans du pays en trois ordres ou Etats, pour leur faire prêter le serment de fidélité, pouvoit produire un bon effet dans ce moment-là, mais il est bon que vous observiez que, comme vous devez toujours suivre dans le gouvernement et la conduite de ce pays-là, les formes qui se pratiquent ici, et que nos Rois ont estimé du bien de leur service depuis longtemps de ne point assembler les Etats Généraux de leur Royaume, pour peut-être anéantir insensiblement cette forme ancienne, vous ne devez aussi donner que très rarement, et pour mieux dire, jamais, cette forme au corps des habitans du dit pays, et il faudra même avec un peu de temps, et lorsque la Colonie sera encore plus forte qu'elle n'est, supprimer insensiblement le syndic qui présente des requêtes au nom de tous les habitans, étant bon que chacun parle pour soi, et que personne ne parle pour tous, etc.

Le Provincial des Récollets a fait partir depuis huit jours deux Religieux pour se rendre dans leur couvent de Canada, qui doivent s'embarquer. Et pour en augmenter toujours le nombre je fais dire aujourd'hui au même Provincial, qu'il en fasse partir deux autres, des plus forts, pour s'y rendre, et je tiendrai la main à ce que l'on en fasse passer tous les ans quelqu'un, afin de pouvoir balancer par ce moyen la trop grande autorité que les Jésuites se sont donnés en ce pays-là.

1674 — 17 mai

EXTRAIT D'UNE LETTRE DE COLBERT

A M. DE FRONTENAC

Monsieur,

Vostre principale application doit être à augmenter le nombre des habitans de ce pays-là, sur quoi Sa Majesté a été surprise de voir, par les tables que vous m'avez envoyées, qu'il n'y a que 6705 hommes, femmes ou enfans, dans toute l'étendue du Canada, sur quoi elle est persuadée que celui qui a fait ces tables, par vos ordres, s'est trompé considérablement, vu qu'il y a plus de dix ans qu'il y avoit plus d'habitans qu'elles n'en contiennent; les années prochaines, Sa Majesté veut que vous vous appliquiez à faire faire ces tables plus véritables afin qu'elle puisse être mieux informé du nombre des habitans de cette colonie.

Sa Majesté veut de plus que vous continuez à vous appliquer à les aguerrir en les accoutumant toujours au maniement des armes, et les divisant par compagnies, ainsi qu'il est porté par l'instruction qu'elle vous fit donner avant votre départ.

Sur la demande que les jésuites vous font de continuer leurs missions dans les pays éloignés, Sa Majesté estime qu'il seroit beaucoup plus avantageux pour le bien de la religion et pour celui de son service, de s'appliquer à ce qui est proche, et en même temps qu'ils convertiront les sauvages, les attirer dans une société civile, à quitter leur forme de vie avec laquelle ils ne peuvent jamais devenir bons chrétiens, Sa Majesté n'estime pas toutefois que ces bons Pères doivent estres gehennez (gênés) dans leurs fonctions. Elle désire seulement que vous leur fassiez connoître et que vous les excitiez doucement à ce qui est en cela des sentiments de Sa Majesté.

Vous connoistrez facilement, par ce que je viens de vous dire, et encore plus par l'état des affaires de l'Europe, que je vous ai expliqué au commencement de cette lettre, que l'intention de Sa Majesté n'est pas que vous fassiez des grands voyages en remontant le fleuve St-Laurent, ni même qu'à l'avenir les habitans s'étendent autant qu'ils ont fait par le passé, au contraire, elle veut que vous travailliez incessamment et pendant tout le temps que vous demeurez en ce pays-là, à les resserrer et à les assembler, et en composer des villes et des villages, pour les mettre avec d'autant plus de facilité en état de se bien défendre, en sorte que quand même l'état des affaires de l'Europe seroit changé par une bonne et heureuse paix à la gloire et à la satisfaction de Sa Majesté, Elle estime bien plus convenable au bien de son service de vous appliquer à bien faire défricher et bien habiter les endroits les plus fertiles, les plus proches des côtes de la Mer et de la communication avec la France, que non pas de pousser au loin des découvertes au dedans des terres des pays si éloignés qu'ils ne peuvent jamais être habités n'y possédés par des François.

Cette règle générale peut avoir ses exceptions en deux cas, l'un, si les pays dont vous prendriez possession sont nécessaires au commerce et aux traites des François, et s'ils pouvoient être découverts et possédés par quelqu'autre nation qui peut troubler le commerce et les traites des François, mais comme il n'y en a point de cette qualité, Sa Majesté estime toujours que vous pouvez et devriez laisser les sauvages dans leur liberté de vous apporter leurs pelleteries, sans vous mettre en peine de les aller chercher si loin.

L'autre cas est que les pays que vous découvriez vous pussent approcher de la France par la communication avec quelque Mer, qui fust plus méridienne que l'entrée du Fleuve de St-Laurent, comme seroit L'Acadie.

La raison est que vous connaissez parfaitement que ce qu'il y a de plus mauvais dans le Canada, est l'entrée de cette rivière qui étant fort septentrionale ne permet pas aux vaisseaux d'y entrer, que quatre, cinq ou six mois dans l'année, etc.

Sa Majesté veut aussi que vous continuez à exciter les Jésuites, les Récollets, le Séminaire de Montréal, de prendre de jeunes sauvages pour les nourrir, les instruire à la Foi et les rendre sociables avec les François.

Elle veut aussi que vous teniez la main à ce que le vaisseau qui a été commencé soit achevé le plutôt qu'il se pourra et soit mis en état de pouvoir être chargé pour être envoyé en France, et elle veut que l'exemple de ce bâtiment vous serve pour porter les habitants à en faire bâtir quelque autre pour leur propre commerce.

A l'égard du sieur de Villeray, Sa Majesté a toujours reconnu que c'étoit celui de tous les habitants du Canada qui étoit le plus accommodé, et qui s'appliquoit le plus au commerce, et même qui avoit déjà des vaisseaux en mer, qui avoient donné commencement au commerce avec les Isles de L'Amérique. Et comme Sa Majesté vous a toujours fait connoître qu'il y avait rien de plus important et de plus nécessaire que ces sortes d'établissemens, aussi ceux qui s'y portent devroient assurément avoir le plus de part en votre confidence et en vos bonnes grâces, afin que par le favorable traitement qu'ils recevroient de vous, ils fussent conviés à augmenter ce commerce et que leur exemple excitoit les autres à s'y porter. C'est assurément l'ordre et la règle que vous devriez tenir, et quoique vous trouviez quelques défauts en ces sortes de gens, il faut les dissimuler et les souffrir, parceque le bien qu'ils peuvent faire excède infiniment le mal, et puisque la compagnie avoit donné au dit Villeray la commission de recevoir les droits de dix pour cent, vous ne pouviez et ne deviez pas donner cette recepte à un autre, sous prétexte que le dit Villeray est attaché aux Jésuites.

1674 — 17 mai

EXTRAITS D'UNE LETTRE DE COLBERT

AU COMTE DE FRONTENAC

Sa Majesté a donné ordre au Provincial des Récollectz d'y en envoyer encore quatre. Pour M. l'Evesque de Petrée et les Jésuites, Elles s'en remet à ce qu'elle vous a expliqué de ses intentions avant vostre départ.

1675 — 15 mai.

EXTRAIT D'UNE LETTRE DE COLBERT

A M. DE FRONTENAC

A St.-Germain en Laye.

Monsieur,

Je commencerai la réponse à la lettre que vous m'avez écrite le 14 novembre dernier en vous avertissant que à l'avenir il est nécessaire que vous écriviez directement au Roi, et non pas à moi, ainsi que vous faites, et que vous rendiez compte exact et en détail à Sa Majesté, non seulement de tout ce qui se passe dans la Nouvelle-France ; mais même de tout ce que vous estimerez nécessaire d'y faire pour le bien de son service, en ce qui concerne la guerre, la justice, la police et l'augmentation de la Colonie, et vous recevrez en réponse des lettres et ordres de Sa Majesté.

Je vous dirai de plus, qu'étant lieutenant général des armées du Roi, et commandant en chef dans un pays, vous ne devez point me traiter de *Monseigneur*, mais seulement de *Monsieur*, ce que j'ai omis jusques à présent de vous faire savoir.

Vous ne pouvez rien faire qui puisse être plus agréable à Sa Majesté que de travailler continuellement à l'augmentation des dits habitans, ce que vous vous procurerez facilement en vous appliquant à les maintenir en paix avec les Iroquois et autres nations sauvages du dit pays.

Le poste que vous avez pris au Lac Ontario, produira sans doute cet effet, et Sa Majesté a été fort aise d'apprendre que les Iroquois vous ayent remis huit de leurs enfans pour les ostages de la paix qu'ils veulent entretenir, et qu'il soit descendu l'année dernière, à Montréal, plus de huit cents sauvages. Elle est bien persuadée qu'en leur faisant un bon traitement, et leur faisant connoître qu'elle fera punir sévèrement ceux qui contreviendront à la paix qu'elle leur a accordée, non seulement ils seront disposés à s'habituer avec ses sujets, mais même ils augmenteront la traite des pelleteries qui est le seul moyen de fortifier et enrichir la Colonie.

Sa Majesté s'assure aussi que l'exemple que vous donnez aux Jésuites et au Séminaire de Montréal, en vous chargeant de quelques petits sauvages, les conduira à en élever et à les instruire de nos mœurs et des principes du christianisme, et Sa Majesté m'ordonne de vous dire sur ce point qu'il est bon d'exciter ces ecclésiastiques à se charger volontairement de ces petits sauvages, mais qu'il n'est pas praticable de les y contraindre.

1677 — 28 avril

EXTRAIT D'UNE LETTRE DE COLBERT,

A M. DUCHESNEAU

Refus fait à Joliet de s'établir aux Illinois.

Sa Majesté ne veut point accorder au sieur Joliet la permission qu'il demande de s'aller establir avec vingt hommes dans le pays des Islinois. Il faut multiplier les habitans du Canada avant que de penser à d'autres terres, et c'est ce que vous devez avoir pour maxime à l'égard des nouvelles découvertes qui sont faites.

1682 — 12 novembre

EXTRAITS, PAR COLBERT,

DU RÉSUMÉ DES LETTRES DE M. DE LA BARRE.

Commandement des armes. — Pouvoirs des gouverneurs. — Troupes et fortifications.

Il croit que les Iroquois n'attendent que l'occasion d'attaquer les François après qu'ils auront défait nos alliés, contre lesquels ils marchent.

Avec un peu d'aide il croit en venir à bout.

Travaille à la préparation de vivres, et fortifié du secours qu'il demande, il marchera dans leur pays avec douze cents habitans au printems 1684, et y attirera tous les sauvages leurs ennemis pour les détruire.

Ils sont 2600 soldats aguerris, mais un peu de canon lui donnera un grand avantage.

S'ils voient qu'on lui envoie des secours, il croit qu'ils feront la paix.

Les Nepisseriniens lui ont demandé du secours contre la fureur des Iroquois qui marchent contre les Hurons, et un lieu de retraite, ce qu'il leur a accordé, après quoi ils sont arrivés trois cents à Montréal.

Il faut quelques fonds pour faire bâtir un magasin au débarquement, pour mettre les ustencils de guerre que l'on fera passer plus loin.

Le sieur de Frontenac travailloit à son arrivée à empêcher la guerre avec les Iroquois, ainsi que l'on verra par les mémoires qu'il envoie avec le double d'une délibération des principaux du pays.

Les Hollandais leur ont donné des fusils à moitié meilleur marché que les nôtres, et de la poudre et du plomb de même.

Ils sont à présent plus de 2500 guerriers.

Il faut les compter 1400 en marche.

Il ne peut aller contre eux avec un petit corps ni avec un grand, sans un magasin de vivres.

En a ordonné un de blé à Québec et à Montréal qui ne coûtera rien au Roi.

Il fait saler des porcs, sur quoi il y aura de la perte.

Fera tirer 150 fusils de magasin pour aider à payer ces salaisons.

Ne peut tirer 600 ou 1000 hommes du pays sans diminuer la culture des terres de moitié et voir la famine, mais songe à l'amas de blés.

Demande avec empressement 200 engagés pour réparer ce mal, 4 compagnies de marine, les commissions en blanc pour garnir les têtes et escorter les convois du fonds pour un magasin de vivres et pour bâtir deux barques et deux chaloupes.

Propose d'équiper un vaisseau ou une flûte pour apporter des hommes et d'en donner le commandement à M. de Hombourg, fils du feu procureur général, bon navigateur, auquel on pourroit donner un brevet de capitaine de brulôt ou de frégate avec deux cents hommes entretenus, et trois barques, sur les lacs de Frontenac et Erié, on tiendra les Iroquois de si près qu'on rompra toute leur chasse ou on les obligera de quitter leurs postes et de craindre les alliés.

Il faut qu'il ait ce secours à la fin d'août.

Demande aussi les armes et munitions contenues au mémoire qu'il envoie, sans quoi le pays est perdu.

A envoyé un canot exprès aux Iroquois pour leur faire savoir son arrivée avec des présens pour les obliger de le venir trouver à Montréal.

Ce canot coûtera 400 francs.

Ne doute pas que les dits Iroquois n'attaquent les François au printemps.

Supplie d'envoyer promptement les secours possibles.

A besoin d'un interprète des langues sauvages.

Propose Vieuxpont qui est en Canada et de lui donner l'entretien de capitaine réformé.

A dépêché une barque exprès pour avertir qu'il ne peut éviter la guerre avec les Iroquois et qu'il faut qu'il les attaque l'année prochaine en cas qu'ils ne le fassent pas eux-mêmes, cette année.

Les Onnontagués avoient promis d'avertir les 4 autres nations de mettre la hache bas contre nos alliés, mais il a eu avis, par un envoyé exprès, qu'ils avoient changé de sentimens et qu'ils avoient marché sept à huit cents contre les Kiskapous, Hurons, Outawas et Miamis.

Les Onnontagués qui avoient promis de le venir trouver au mois de juin avec les députés des cinq nations ne se souvenoient quasi plus de leur parole disant qu'ils tâcheroient de venir à la mi-juillet avec les députés des Aniez et Onneious ne croyant pas pouvoir ammener ceux des Sounantouans et Goyogouins.

A eu avis que les Sonnontouans se disposoient a attaquer les François, sur la fin de l'été avec les Goyogouins poussés par les Anglois qui veulent couper entièrement le commerce des Outawas. Mais le sieur Lemoyne alloit de sa part vers eux pour tâcher de détourner cet orage.

Les Anglois ont débauché une grosse troupe de François déserteurs dont ils se servent pour aller en leur nom découvrir le chemin des canots et commencer la traite avec ces peuples.

Si ces déserteurs retombent entre ses mains, il les fera passer par le conseil de guerre.

Il venoit de visiter tous les postes avancés pour les mettre en état de défense et rassurer le pays qui est fort alarmé.

Il envoyoit le sieur d'Orvilliers au Fort de Frontenac avec quelques soldats outre ceux qu'il avoit déjà envoyés.

Si les Sonnontouans attaquent les premiers les François, ils mettront le pays à deux doigts de sa ruine.

Il se fera quelque dépense pour faire monter de la farine, du canon et de la poudre pour garnir les postes.

Il faut absolument attaquer les dits Sonnontouans qui sont au nombre de 2000, ou abandonner le pays.

Outre les 200 hommes ci-dessus, il en demande encore quatre cents et quelques officiers d'expérience, braves et sages.

L'on met sur les chantiers la barque qu'il fait faire au Fort Frontenac.

Il fait faire des canots d'écorce de toutes parts.

Prie d'envoyer, avec les troupes, des lards, des habits pour les soldats et des couvertures pour chacun d'eux.

Demande aussi des fonds.

Le pays du haut de la rivière est bon et s'il le maintient l'on sera satisfait de cette colonie.

Propose d'écrire à M. le Duc d'York sur ce que les villes de Manatte et d'Orange secourent et excitent davantage les Iroquois contre les François.

Propose d'accorder quelque titre au sieur d'Orvilliers.

Le sieur de Barillon envoie l'extrait d'une lettre du sieur de la Barre qui se plaint que les Anglois fournissent des armes aux Iroquois ennemis des François, avec la réponse que le sieur Tankuni y a fait.

FINANCES ET COMMERCE.

La colonie bornée par les Anglois qui ne visent qu'à enlever le commerce et le poste d'Orange leur en donne les moyens.

Ils ont vendu quantité de marchandises à perte aux Iroquois.

Ce lieu et le fort de Manatte, quoique de la domination des Anglois, sont peuplés par les Hollandais qui donnent aux sauvages à meilleur marché ce dont ils ont besoin que nous et prennent les castors pour leur valeur entière.

Ils disent que ce n'étoit pas un commerce que les François faisoient avec eux, mais une volerie.

Le premier dessein des Iroquois a été d'enlever le commerce en détruisant nos alliés et ceux qui nous débitent les castors.

Ils ont commencé, l'année passée, contre L'Illinois, contre lequel retourne celle-ci, et veulent détruire toutes les nations qui habitent la baie des Puans.

Enlever les Kiskapous qui occupent Missilimakinak, ôter toute communication avec les pays du Sud-Ouest et priver les François de la moitié et plus de leur commerce.

Les Outawas, saisis de frayeur, ont avec les Miamis député au sieur de Frontenac, ainsi que l'on verra par les actes qu'il envoie.

On a tiré du castor que par les congés, et il n'y a eu que les Kiskapous qui en aient apporté cette année.

Quant à la Baie d'Hudson, la compagnie de la vieille Angleterre a poussé quelques petites habitations le long d'une rivière qui sort du lac Supérieur.

Empêchera la continuation de ce désordre.

Il faut donner des congés à gens sûrs de ce côté-là.

Perrot a fait quelque commerce qui a donné de la jalousie.

Les congés empêcheront les Anglois de détourner le castor des mains des François.

Ne fait pas grand cas de la découverte que la Salle a faite de l'embouchure de la rivière de Mississipi, et ce que l'on en dit ne paroît pas de grande utilité et est accompagné de beaucoup de mensonges.

N'a point l'esprit de découverte, mais de faire valoir celle qui est faite, d'empêcher que les Anglois ne ruinent le commerce et de soumettre les Iroquois.

Commandement des armes, pouvoirs des gouverneurs, troupes et fortifications.

Les Iroquois veulent faire la guerre aux Ilinois, et ont envoyé un ambassadeur au sieur de Frontenac, lui assurer qu'ils désiroient maintenir la paix avec les François, mais ce n'est qu'un espoir.

Il sera facile à ces premiers de détruire successivement tous ceux qui pourront s'opposer au dessein qu'ils ont de se rendre maîtres de l'Amérique septentrionale, et obliger les François de quitter la Colonie par le secours des Anglois et Hollandois.

Nécessité de se mettre en état de lui résister et d'empêcher qu'ils n'attaquent les Ilinois, sans quoi la ferme du castor périroit.

En faisant bâtir quelques petits forts du côté des Iroquois, on pourroit empêcher que les sauvages ne portassent leur castor à Baston et à Orange.

En conformité de M. de la Barre, sur la guerre à faire aux Iroquois, demande 1000 fusils à bon marché, et autant d'épées pour les donner aux habitans au même prix de France.

FINANCE ET COMMERCE

On pourroit se servir de la maison nommée des Ilets, pour en faire une manufacture, où les filles sauvages pourroient apprendre à vivre à la façon des villageoises de France, au lieu qu'aux Ursulines, elles n'apprennent qu'à prier Dieu et parler françois.

Elles insinueroient à leurs maris cette manière de vie qui pourroit les porter à se nourrir et entretenir.

En les mariant, on leur donneroit une vache, un cochon, du bled et un peu de grains de chanvre dont ils pourroient subsister.

On ne laisseroit pas de leur apprendre à
On ne laisseroit pas de leur apprendre à lire, écrire et leur créance.

Demande ce que l'on veut faire pour ceux qui ont plus de douze enfants.

M. l'Evêque de Québec, 12 novembre.

Il est important de ne point donner d'atteinte à l'édit qui défend aux Huguenots de s'établir en Canada et surtout de ne les point souffrir en Acadie.

1684 — 23 mars

MÉMOIRE

DE CE QUI A ÉTÉ ACCORDÉ AU SIEUR DE LA SALLE

Le sieur de La Salle demande :

1⁰ Un bon vaisseau de trente pièces de canon ; attendu que le voyage est long, il faut qu'il soit bon voilier, que l'artillerie en soit bonne ;

Toute l'autorité au sieur de La Salle ;

Dit qu'il suffiroit d'un bon officier subalterne ou deux avec deux bons pilotes pour ramener le vaisseau.

" Le *Joly*, de trente pièces, pourra estre

navigué par soixante matelots, capitaine Pingault, capitaine de frégate."

2° La nourriture et les gages des officiers et matelots du vaisseau pendant le voyage qu'on suppose de six mois.

" Le Roy donnera la solde ordinaire."

3° De quoi lever cent hommes aux despens du Roy et leurs gages pour un an, à raison de 120 livres chacun, la levée et les gages montant à 12,000 livres.

" Accordé 10,000 livres à raison de 100 livres chacun."

4° Les appointements de quatre capitaines, quatre lieutenans, et quatre sous-lieutenans, ou de deux de chacun de ces officiers pour un an.

" Qu'il examine à Rochefort avec l'intendant ceux qui sont les meilleurs."

5° Leur nourriture pendant le voyage et l'expédition, qu'on suppose de six mois.

" On donnera de quoi les nourrir six mois; savoir si c'est du biscuit ou de la farine."

6° Les gages d'autres cent hommes pendant six mois à raison de 100 livres par an, 5,000 livres.

" Le Roy veut donner un vaisseau de six vingts hommes d'équipage."

7° La nourriture de ces deux cents hommes pendant six mois, à raison de huit sols par jour, à cause des rafraichissemens dont ils peuvent avoir besoin, 14,400 livres.

" S'il y a un vaisseau, le Roy nourrira deux cens soixante hommes."

8° 20,000 livres de poudre à fusil, à 7 sols la livre, 7,000 livres.

" En escrire à Rochefort; 100,000 livres de poudre de chasse."

9° 30,000 livres de balles de calibre de mousquet.

10° 600 fusils.

" 400, scavoir : 50 au port et 350 au magasin."

11° 150 épées et autant de sabres.

12° 12 pièces de canon pour les deux forteresses, savoir : huit de 10 à 12 livres de balles, qui pourroient estre de fer, et quatre de quatre livres de fonte pour les pouvoir faire suivre.

13° Deux cents boulets pour chaque pièce de canon, de la poudre à proportion, six petards des plus petits. Trois ou quatre cens grenades, vingt-cinq pertuisanes et autant de hallebardes.

14° Cent paires de pistolets à cinq livres la paire.

15° 600 livres de fer plat et carré et 2,000 livres de fer en verge, à 100 livres le millier, 800 livres.

16° 600 livres d'acier, à 40 sols le cent, 240 livres.

17° Une forge et son équipage, 300 livres.

18° Pour 5 à 600 livres d'outils de charpentiers, menuisiers, charrons, armuriers, massons et cordiers.

19° 400 livres pesant de fer ouvré, employé en pinces, masses de fer, coings, à 20 sols le cent, 80 livres.

20° Pour 500 livres de haches, pelles, hoyaux, pics, besches et autres outils, 500 livres.

21° Deux coffres de chirurgiens, 600 livres.

22° Une barque de 40 à 50 tonneaux, gréée ou en bottes avec ses agrès, 1,200 livres.

23° Rafraichissements pour les malades, 500 livres.

24° Deux chapelles et les ornements nécessaires.

25° La nourriture et l'entretien de quatre missionnaires.

" Observer que tout ce qui est compris depuis le dixième article jusqu'à la fin se prend dans les magasins du Roy;

" Que les armes, la poudre, le plomb seront

payez par les sauvages. Ainsi, il n'y a que la nourriture des hommes qui pourra aller à 35ᵐ. ou 40ᵐ."

1684 — 10 avril

EXTRAIT D'UNE LETTRE DE M. DE SEIGNELAY

A M. DE LA BARRE

Mauvaise administration de ce gouverneur.—Avide de l'autorité, plus encore de gain.—Reproches du Roi et du ministre.

À Versailles, le 10 avril 1684.

Je ne puis assez vous dire à quel point Sa Majesté a été surprise de la conduite que vous avez tenue à l'égard d'un habitant qui avoit voulu passer chez les Anglois, que vous vouliez faire pendre de votre autorité et qui, s'étant sauvé, a été pendu en effigie à Montréal. Elle n'a pu comprendre qu'un homme comme vous, qui connoissez les lois du Royaume, ait voulu se donner un pouvoir de vie et de mort dans des faits non militaires, et sur lesquels Sa Majesté n'a point encore prononcé. Et quoiqu'Elle vous envoie une ordonnance portant que les habitans qui voudront déserter et qui ne seront point domiciliés, seront jugés par le conseil de guerre où l'Intendant devra toujours assister, Elle veut que vous examiniez encore avec lui cette matière, parce qu'il est à craindre que la contrainte n'augmente parmi les habitans l'envie de passer chez les Anglois et Hollandais où ils auront plus de liberté.

2º On ne sauroit s'imaginer ce que vous avez prétendu lorsque, de votre autorité, sans appeler l'Intendant, et sans porter l'affaire au Conseil Souverain, vous avez fait rendre au nommé Guillin un bâtiment pris par les nommés Radisson et des Grozeliers, et en vérité, vous devez éviter que ces sortes de procédures dans lesquelles il n'y a point de raisons, paroissent devant les yeux de Sa Majesté. Vous avez même fait en cela une chose dont les Anglois sauront bien se prévaloir, puisque vous avez fait rendre, en vertu de votre ordonnance, un vaisseau qui, dans la règle, devoit être regardé comme forban, n'ayant point de commission, et les Anglois ne manqueront pas de dire que vous avez si bien reconnu que le vaisseau étoit muni des expéditions nécessaires, que vous l'avez fait rendre au propriétaire et prétendront par ce moyen faire connaître qu'ils ont pris une possession légitime de la rivière de Nelson, avant que les dits Radisson et des Grozeliers y eussent été.

1684 — 10 avril

EXTRAIT D'UNE LETTRE DE M. DE SEIGNELAY

A M. DE MEULLES.

À Versailles, le 10 avril 1684.

Je lui (à M. de la Barre) écris pareillement que Sa Majesté n'a point approuvé la conduite qu'il a tenue à l'égard d'un habitant qui auroit voulu passer chez les Anglois, qu'il vouloit faire pendre de son autorité, et qui, s'étant sauvé, a été pendu en effigie, à Montréal, n'ayant pas pouvoir de vie et de mort sur des faits non militaires et sur lesquels elle n'a point encore prononcé. Et quoique Sa Majesté vous envoye une ordonnance portant que les habitans qui voudront déserter, et qui ne seront point domiciliés, seront jugés par le conseil de guerre, où vous assisterez toujours, Elle veut que vous examiniez encore, avec le dit sieur de la Barre, cette matière, parce qu'il est à craindre que la contrainte n'augmente parmi les habitans l'envie de passer chez les Anglois et Hollandois, chez qui ils troveront plus de liberté.

Vous trouverez aussi cy-joint un édit pour la punition des François qui se retireront à Manatte et Orange, et autres lieux appartenant aux Anglois et Hollandois, que vous ferez enregistrer au Conseil Souverain, après l'avoir communiqué à M. de la Barre.

1684 — 10 avril

EXTRAIT D'UNE LETTRE DE M. DE SEIGNELAY

A M. DE MEULLES.

A Versailles, le 10 avril 1684.

1° Vous ne sauriez trop exciter MM. du Séminaire de Montréal à s'appliquer à augmenter l'établissement des villages des sauvages qui sont aux environs de leurs habitations. Sa Majesté continue de leur accorder la gratification de mille livres qu'elle leur donne tous les ans.

Elle a accordé aussi 500 livres pour les sauvagesses de Montréal, à la Montagne ; elle ne veut pas qu'elles soient mises aux Ursulines, et elle a donné ordre pour faire passer trois femmes pour leur apprendre à tricoter et trois autres pour leur apprendre à filer et à faire de la dentelle, afin de pouvoir introduire ces manufactures dans le pays qui seront avantageuses à la colonie.

La colonie de la Nouvelle-France ayant besoin de se fortifier et augmenter par la paix et par les facilités et avantages que les habitans trouveront dans leur commerce et la culture de leurs terres, Sa Majesté écrit à M. de la Barre que son intention n'est pas de faire la guerre, s'il peut s'en dispenser ; cependant, comme dans un pays si éloigné que le Canada, il pourroit arriver des conjonctures qui obligeroient à la faire, elle donne pouvoir au dit sieur de la Barre de la commencer, pourvu qu'il se trouve certainement en état de la terminer avec avantage dans une année de temps.

A l'égard de la dépense qu'il faudroit faire pour cette guerre, l'intention de Sa Majesté est qu'elle soit extrêmement ménagée, et elle a trouvé même que celle qui a été faite l'année passée par le dit sieur de la Barre est faite entièrement contre les formes, puisque c'est par vos ordres que doivent passer ces dépenses pour lesquelles cependant vous ne devez point apporter de difficultés quand le gouverneur les demande dans l'intérêt du service de Sa Majesté.

Elle veut bien accorder, pour les dépenses à faire pendant cette année, et jusques à l'expédition des vaisseaux de l'année prochaine, une somme de 15,000 livres. Appliquez vous soigneusement à les menager, et envoyez moi un compte exact des dépenses que vous ferez, et toutes pièces pour les justifier.

2° Elle a accordé le gouvernement de Montréal au sieur de Callières, et comme il a servi longtemps dans l'infanterie et qu'il est intelligent, il pourra soulager M. de la Barre en cas qu'il fallut faire la guerre aux Iroquois.

3° Je vous recommande d'avoir un soin particulier de l'entretenement des dits soldats, d'en faire de fréquentes revues, de tenir la main à ce que les capitaines leur fasse faire soigneusement l'exercise et de m'informer ponctuellement tant de leur conduite que de celle de leurs lieutenans.

Sa Majesté ne veut pas qu'il soit passé, ni aux uns ni aux autres, aucun valet dans les compagnies.

4° Vous êtes mal fondé dans la prétention de faire des ordonnances pour obliger les habitans d'avoir des armes chez eux, et quand le dit sieur de la Barre a bien voulu que vous signassiez avec lui l'ordonnance qu'il a donnée à cet égard, il a eu une déférence pour vous qu'il n'étoit point obligé d'avoir, puisque cette ordonnance est une dependance de sa fonction principale qui regarde la défense du pays et le commandement des armes, et la vôtre à cet égard doit être de faire exécuter ses ordonnances et de condamner à l'amende ceux qui y manqueroient.

5° Sa Majesté a été informé que le dit sieur de la Barre s'est mis en possession du Fort de Frontenac, qui appartient en propre au sieur de la Salle, et que les hommes et bestiaux qui lui appartiennent en ont été chassés, en sorte que les terres qui en dépendent, sont demeurées incultes, et quoiqu'il n'y ait guères d'apparence que ces avis soient bien fondés, s'il y avoit en cela quelque chose de véritable, j'écris au sieur de la Barre que Sa Majesté veut qu'il s'applique à réparer le tort qu'il auroit fait au dit sieur de la Salle, et pour cet effet qu'il fasse remettre tous les effets qui lui appartiennent, au sieur de la Forest, qui repasse par ordre de Sa Majesté au dit pays ; ne manquez pas de lui donner toute l'assistance dont il aura besoin pour maintenir l'établissement que le dit de la Salle a fait au dit Fort.

A l'égard des murailles que vous proposez pour faire bâtir la Tour, Sa Majesté n'estime pas que cette dépense soit nécessaire.

6° Vous trouverez ci-jointes trois ordonnances ; la première, portant défenses à tous marchands et habitants de la Nouvelle-France de transporter aucuns originaux, castors et autres pelleteries chez les étrangers.

La seconde, pour défendre aux étrangers de faire aucun commerce des dites pelleteries au dit pays, et pour obliger les François qui iront négocier, de prendre des passeports et de donner caution de leur retour dans les ports du Royaume.

Et la troisième, pour obliger ceux qui traiteront des pelleteries dans la Baie d'Hudson, Ile Percée, et autres lieux de la Nouvelle-France, à l'exception de l'Acadie, de les porter à Québec, pour leur être payées et le quart retenu par les fermiers, ainsi qu'il est accoutumé, à l'exécution desquelles il est bien important que vous teniez aussi soigneusement la main.

Vous trouverez ci-joint un édit pour la punition des François qui se retireront à Manatte, Orange et aux lieux appartenant aux Anglois, Hollandois, que vous ferez enregistrer au Conseil Souverain, après l'avoir communiqué à M. de la Barre.

1684 — 14 avril

LE MARQUIS DE SEIGNELAY

AU SIEUR DUMONT.

A Versailles, le 14 avril 1684.

Le Roy ayant accordé au sieur de LaSalle le vaisseau *le Joly*, pour passer en Canada, avec deux cents hommes, dont cent seront levez à ses despens et cent autres aux despens de Sa Majesté, elle veut que vous fassiez préparer incessamment ce vaisseau, qui pourra estre navigué par soixante ou soixante-dix matelots, attendu le nombre d'ouvriers ou soldats qui seront employez aux grosses manœuvres. Sa Majesté a nommé le sieur Pingault pour commander ce vaisseau sous les ordres et de concert avec M. de LaSalle, qui se rendra incessamment à Rochefort. Ne manquez pas de choisir parmi les anciens gardes de la marine huit des plus sages et qui ont la meilleure réputation de courage, pour s'embarquer sur ce vaisseau.

Vous trouverés cy-joints copie de l'ordre qui a esté donné au munitionnaire général des armées navales, de fournir pour six mois de vivres aux hommes qui seront embarquez sur ce vaisseau, et au trésorier de fournir le fonds nécessaire pour la levée des soixante-dix matelots.

Vous trouverez aussy cy-joint un estat des marchandises et munitions qui doivent estre embarquées sur ce vaisseau. Ne manqués pas de les préparer et de me faire sçavoir si le tout est à présent dans les magasins de Rochefort.

1684 — 17 juin

EXTRAIT D'UNE LETTRE DE M. DE SEIGNELAY

AU SIEUR ARNOUL.

A Versailles, le 17 juin 1684.

Le Roy a reçu, avec les lettres du sieur Arnoul, des 11 et 30 may et 5 juin 1684.
....

Et l'estat des personnes pour lesquelles le sieur de La Salle demande la table dans le vaisseau le *Joly*.

Il faut qu'il presse le sieur de La Salle de partir le plus promptement qu'il se pourra, et, sur ce qu'il représente qu'il n'a de vivres que pour six mois et qu'ils ne peuvent suffire, Sa Majesté veut que le dit sieur Arnoul en fasse fournir pour neuf mois par le munitionnaire général des armées navales ; et comme son intention n'est pas d'augmenter le nombre des bastiments, au lieu de porter des denrées pour les rations que l'on a constumé de donner aux matelots, elle estime qu'il vaut mieux des farines et des eaux-de-vie, qui sont de peu d'encombrement et qui ne laisseront pas que de pouvoir servir à la subsistance des équipages au moins pour les trois derniers mois.

Sa Majesté veut qu'il fasse fournir par le dit munitionnaire deux rations pour chacun des P. Récollect, pareille quantité pour les volontaires et autant pour le commis et secrétaire. Ainsi, il n'y aura que deux capitaines, trois lieutenans et le sieur Minet qui mangeront avec le sieur de Beaujeu. Il doit luy dire qu'il ne se mette point en peine et que Sa Majesté donnera une gratification extraordinaire à son retour pour les frais qu'il aura faits pour cela.

Elle est fort surprise de l'extrême retardement qui a esté apporté aux levées de soldats qu'il a eu ordre de faire. Il doit les faire achever promptement, surtout finir celles qui regardent le sieur de LaSalle et le Canada, et ensuite il pourra continuer celles qui sont pour le port.

La proposition qu'il fait de faire servir d'engagez pour le Canada ceux qui se trouveront trop petits, est bonne, et il doit tenir la main à ce qu'elle soit exécutée.

1684 — 17 juin

LE MARQUIS DE SEIGNELAY

AU SIEUR DE BEAUJEU.

Versailles, le 17 juin 1684.

J'ay veu par vostre lettre du 30 may ce que vous m'escrivez au sujet du commandement. Il faut que vous n'ayez pas bien compris les ordres que je vous ay donnez, n'y ayant aucun rapport de ce qui vous regarde avec ce qui se doit passer à terre, et vous ne devez point vous estonner de ce que le sieur de La Salle ayt le commandement de tout ce qui se doit faire en ce voyage, et principalement de ce qui regarde la terre, puisque c'est luy qui a fait la descouverte et qu'il est accoustumé avec les sauvages du pays. Ce commandement ne doit vous faire aucune peine, puisqu'il ne diminue en rien la considération que le Roy a pour vos services ; et, au contraire, c'est un moyen pour l'augmenter d'un nouveau mérite auprès de Sa Majesté pourveu que vous vous mettiez dans la teste d'apporter toutes les facilitez qui dépendront de vous *et de n'avoir aucun chagrin sur ce qui regarde le commandement, parcequ'autrement il n'y auroit rien qui peust faire eschouer si certainement cette entreprise.*

A l'esgard du sieur Tonty, c'est la mesme chose que ce qui regarde le dit sieur de La Salle, et il n'y a que la necessité du service qui oblige de l'employer, et pour ce qui est du commandement à terre, vous n'y devez pas penser, parceque vous ne devez jamais quitter vostre vaisseau.

1684 — 17 juin

LE MARQUIS DE SEIGNELAY

AU SIEUR DE LA SALLE.

A Versailles, le 17 juin 1684.

Pour response à la lettre que vous m'avez escrite le 30 du mois passé, je suis estonné que vous ayez esté si longtemps à vous rendre à Rochefort. Il est bien important que vous vous mettiez en estat de partir promptement pour l'exécution des choses dont je suis convenu avec vous.

Je donne ordre au sieur Arnoul de faire fournir par le munitionnaire général des armées navales pour neuf mois de vivres à l'équipage du vaisseau *le Joly*; et comme le Roy ne veut point augmenter les deux bastimens, au lieu de la ration que l'on a coutume de donner aux matelots, Sa Majesté veut que le dit sieur Arnoul fasse embarquer des farines et eaux-de-vie, qui sont des choses de peu d'encombrement et qui ne laisseront pas de servir à la subsistance des équipages au moins pendant les trois derniers mois.

A l'esgard des hommes dont vous avez besoin pour l'entreprise dont vous estes chargé, c'est à vous de faire vos diligences pour en avoir le nombre nécessaire ; surtout il faut que vous vous mettiez en estat de partir incessamment.

1684 — 23 juin

LE MARQUIS DE SEIGNELAY

AU SIEUR ARNOUL.

A Versailles, le 23 juin 1684.

Le Roy a reçu, avec les lettres du sieur Arnoul, des 11 et 13 juin 1684 :

... L'état des rations nécessaires pour l'armement du *Joly*.

Sa Majesté attend avec impatience des nouvelles du départ de ce vaisseau, estant important qu'il mette promptement à la voile.

Elle trouve que les ordres qu'elle a donnez sur ce sujet n'ont pas esté exécutez avec la diligence nécessaire, principalement ce qui regarde la levée des soldats, qu'on luy escrit n'estre que *des enfans ou des gens peu propres à servir*.

A l'esgard des 5000 livres restant des 10 promis au sieur de La Salle, il peut assurer les marchands et ceux avec qui il traitera qu'ils seront payez au commencement de l'année 1685.

Il verra, par la copie de l'ordre qui a esté donné le 23 mars dernier au munitionnaire général des armées navales, le nombre de rations qu'il doit fournir pour la subsistance de l'équipage du dit vaisseau, et, par la lettre qu'elle luy a escrit le dernier ordinaire, le sieur Arnoul a eu ordre d'en faire fournir pour neuf mois. Il doit tenir la main à ce que cela soit ponctuellement exécuté, et, outre cette quantité de vivres, Sa Majesté veut qu'il en fasse fournir pour trois mois, outre les six que le dit munitionnaire devoit livrer aux cent soldats que le dit sieur de La Salle a fait lever en son particulier ; surtout elle luy recommande de faire partir ce vaisseau le plus promptement possible.

1684 — 30 juin
LE MARQUIS DE SEIGNELAY
AU SIEUR ARNOUL.

A Versailles, le 30 juin 1684.

Le Roy a reçu, avec la lettre du sieur Arnoul, du 20 juin 1684......

Sa Majesté ne doute point que le vaisseau *le Joly* ne soit prest de mettre à la voile à présent, et comme elle apprend qu'il a fourny tous les vivres qui estoient nécessaires pour le départ de ce vaisseau, il a prévenu seulement ce qui luy a esté ordonné sur ce sujet par ses dernières lettres.

Sa Majesté a appris avec peine que les soldats qui ont esté levez pour le sieur de La Salle estoient fort mauvais et peu en estat de servir. Il doit bien prendre garde que ceux qui sont destinez pour le Canada ne soient de mesme, et comme ils doivent estre employez dans un service difficile, dans lequel il faut des gens vigoureux et hardis, il est à craindre que le service de Sa Majesté reçoive beaucoup de préjudice du mauvais choix qui en a esté fait. Cependant, il doit faire sçavoir s'il n'y auroit point de tromperie dans la levée que l'on fait de ces soldats, et si on leur explique, suivant les ordres qui ont cy-devant esté donnez, les lieux pour lesquels ils sont destinez.

1684 — 31 juillet
LETTRE DU MARQUIS DE SEIGNELAY
A M. BARILLON, AMBASSADEUR A LONDRES.

Versailles, le 31 juillet 1684.

Monsieur,

Le Roy a été informé que M. de la Barre, Gouverneur et Lieutenant Général pour le Roy, en la Nouvelle France, a été obligé de déclarer la guerre aux Iroquois, et comme il n'y a rien qui pust empescher de terminer promptement cette guerre à l'advantage de la Colonie Françoise que les secours d'hommes, d'armes et de munitions qui pourroit être donnés à ces Sauvages par le commandant Anglois à Baston, le Roy m'ordonne de vous écrire que son intention est que vous fassiez des instances à M. le Duc d'York pour obtenir des défenses précises à ce Gouverneur de donner aucuns secours à ces Sauvages, mais au contraire d'agir de concert et avec une entière correspondance avec le dit sieur de la Barre dans tout ce qui sera du commun advantage des deux nations.

Il sera bon que vous retiriez un duplicata de ces ordres, afin que je puisse l'envoyer par un vaisseau qui doit partir incessamment de la Rochelle.

Je suis, etc., etc.

1684 — 13 et 14 novembre
LE MARQUIS DE SEIGNELAY
EXTRAITS DU RÉSUMÉ DES LETTRES DE CANADA.

M. de la Barre,

Envoie un procès-verbal de ce qui s'est passé dans le voyage fait contre les Iroquois.

N'a point voulu engager les choses qu'à coup sûr.

S'est servi de l'avantage de sa marche pour faire une paix qu'il croit durable.

On ne peut réduire les Iroquois, si le Roi d'Angleterre n'envoie des ordres précis à ses gouverneurs de la Nouvelle-York de ne les point secourir, ni recevoir, ou si le Roi n'ordonne de porter la guerre dans son pays.

Cette guerre ne peut se terminer qu'en plusieurs années, les Anglois ayant un corps très grand de troupes et de sauvages et non de milice.

Le gouverneur Anglois a offert aux Sonnontouans 400 chevaux et 400 fantassins.

A fait planter les armes du duc d'Yorck dans les bourgs.

A défendu d'entrer en aucune conférence avec lui, LaBarre.

Cela a servi à presser les Sauvages de conclure.

Il prétend aussi que tout le pays de la rivière de Saint-Laurent au sud, sud-ouest, appartint à son maître.

Comprend en cela tout le pays des Iroquois, celui des Lacs Ontario, Erié, Huron et Michigan.

La colonie a besoin de repos pour retirer les pelleteries retenues par la guerre chez les Outawas.

Pour entreprendre la guerre il faut amasser beaucoup de vivres au Fort de Frontenac et bien du tems pour les y porter.

N'estime point qu'on y puisse penser pour l'année 1685.

A résolu de monter au dit fort ce printems, d'aller par le Lac Ontario reconnaître les Iroquois et disposer toutes choses pour l'exécution des ordres que le Roi enverra.

Pour faire la guerre avec succès il faut décider ce qui regarde les Anglois, envoyer de bons soldats et des officiers expérimentés.

Sur les présens des Iroquois. Ils ont été achetés et faits en présence de l'Intendant et il a suivi en cela l'usage qui est que celui qui passe pour chef fasse manuellement ces présens.

Est peu satisfait des levées faites à Rochefort.—2° *Fort de Frontenac.*

N'a point dépouillé de la Salle du Fort de Frontenac. Sur son placet et à sa prière il y a mis un sergent de la garnison de Québec qui a fait inventaire de tout.

Le dit fort étoit alors tout ouvert et a été rendu à la Forêt en bon état avec deux redoutes revêtues et trois courtines, deux barques qui ont coûté 10 mille livres et grand nombre de bestiaux.

Envoie pour le prouver un acte écrit par un jésuite de la mission du Sault.

Si la découverte du dit LaSalle réussit, le Canada et la ferme du Castor seront ruinés avant trois ans.

Le chevalier de Baugy a bien défendu le fort St-Louis des Illinois, doit le remettre à Tonty et revenir à Quebeck sans traitter.

Les Iroquois ont levé le siège après avoir perdu beaucoup de monde.

1685 — 18 février

LE MARQUIS DE SEIGNELAY

EXTRAITS DU RÉSUMÉ DES LETTRES REÇUES DU CANADA

A Versailles, le 18 février 1685.

A M. de la Barre,

Le Roi ayant nommé M. de Denonville en sa place, Sa Majesté veut qu'il s'embarque pour revenir en France.

Au sieur de Meules,

Je lui donne avis du choix du sieur de Denonville qui est un officier très estimé.

Que Sa Majesté a beaucoup de confiance en lui.

Qu'il y a beaucoup lieu d'espérer qu'il remettra les affaires que le sieur de la Barre a comme abandonnées dans la paix honteuse qu'il vient de faire.

Que l'abandon des Illinois a fort déplu à Majesté, et c'est ce qui l'a déterminé à rappeler le dit sieur de la Barre.

Le dit Denonville connaitra par lui-même l'état des affaires et il aura pouvoir de confirmer la paix ou de faire la guerre, suivant qu'il l'estimera convenable au service de Sa Majesté et au bien du pays. Elle veut que le dit DeMeule se fasse une application principale de l'informer exactement de tout ce qui peut être bon pour la Colonie.

Je lui fais remarquer le tort qu'il a eu de ne pas suivre le sieur de la Barre dans son expédition,

Qu'il ne doit pas manquer dans de pareils occasions d'aller lui-même donner ordre à tout ce qui regarde la subsistance des troupes et la facilité des entreprises.

Qu'il remettre un mémoire au dit sieur de Denonville des désordres du Canada et des moyens d'y rémédier.

Le dit sieur de Denonville fera savoir au Roi ses sentiments sur le mérite des officiers.

Sa Majesté veut qu'il rende justice à M. de LaSalle à l'égard du Fort de Frontenac sur ce qui pourra lui appartenir en cas qu'on le prenne pour son service. Les présens qui se font aux Sauvages dans les occasions doivent être faits par les ordres du Commandant et avec la participation de l'intendant.

Je lui renvoi la requête des hobitans de Montréal et lui écrit d'expédier une ordonnance pour empêcher le commerce qui se fait au bout de l'Isle et pour rétablir la foire à Montréal.

Je lui demande la liste des gentilhommes de Canada et le mémoire sur lequel ils fondent leur noblesse.

Je lui envoie un arrêt pour leur permettre de faire commerce, même en détail, sans déroger.

Sa Majesté veut bien faire recevoir tous les ans deux fils des dits gentilhommes dans les gardes de la marine.

Sa Majesté a accordé 1000 livres aux ouvriers qui montreront à travailler aux filles des sauvages.

Je l'excite à perfectionner cet établissement et faire en sorte d'établir l'usage des mariages entre elles et les François.

M. BARILLON

Le Roy a appris que le gouverneur de la Nouvelle-Yorck au lieu d'entretenir avec le sieur de la Barre, gouverneur de Canada, une bonne correspondance, suivant les ordres du roy d'Angleterre, a fait ce qu'il a pu pour empêcher les Iroquois de s'occommoder avec lui..

Qu'il leur a offert des troupes contre les François et qu'il a foit planter des étendards dans leurs bourgs, quoiqu'ils aient été soumis à la France depuis que leurs terres ont été découvertes par les François sans que les Anglois s'y soient opposés.

Sa Majesté veut qu'il en porte ses plaintes au dit Roy et qu'il lui demande des ordres précis pour obliger ce gouverneur à tenir une autre conduite avec M. de Denonville choisi par Sa Majesté pour succéder au dit sieur de la Barre.

1685 — 10 mars

LETTRE DU MARQUIS DE SEIGNELAY

A M. BARILLON, AMBASSADEUR A LONDRES.

A Versailles, le 10 mars 1685.

Monsieur,

Le Roy a appris que le gouverneur de la Nouvelle-Yorck, au lieu d'entretenir une bonne correspondance avec le sieur de la Barre, gouverneur de Canada, suivant les ordres du feu Roy d'Angleterre, a fait ce qu'il a pu pour empecher les Iroquois de traiter avec lui, qu'il leur a offert des troupes pour servir contre les François, et qu'il a fait planter des estendarts dans leurs bourgs, quoique ces nations ayent toujours été soumises à la France depuis que leurs terres ont été découvertes par les François, sans que les Anglois s'y soient opposés. Sa Majesté veut que vous en portiez ses plaintes au Roi d'Angleterre et que vous lui demandiez des ordres précis pour obliger ce gouverneur a se contenir dans les limites de son gouvernement et à tenir une autre conduite avec le sieur de Denonville choisi par Sa Majesté pour succeder au dit sieur de la Barre.

1685 — 12 novembre.

NOTES DU MINISTRE

AU SUJET DE PLUSIEURS LETTRES DE M. DE
DENONVILLE

Je commencerai ma lettre en réponse à la sienne par les assurances que je lui donne de l'extrême satisfaction que le Roi a de sa conduite dans le commencement de l'établissement. Je l'exhorte à continuer, et je suis persuadé que, continuant à agir avec d'aussi bonnes intentions et autant de sagesse, il mettra cette colonie sur un pied bien différent du passé et fera une chose agréable au Roi et très utile a l'Estat.

Bon.

Il est bien important de conserver ce poste qui seroit très considérable en cas de guerre avec les Iroquois, mais il doit observer de ne rien faire contre les intérêts du sieur de la Salle qui en est propriétaire et gouverneur, et qui d'ailleurs est employé pour le service du Roy à la découverte des terres du côté du Mexique. Qu'il lui donne donc toute sorte de protection en l'obligeant cependant d'obéir à ses ordres comme les autres gouverneurs. J'ai vu ce plan et ce qu'il m'écrit sur ce fort. Je ne puis assez m'étonner de l'ignorance de ceux qui l'ont brûlé puisqu'ils pouvoient en se retirant de quelques toises occuper tout l'espace qui est entre les deux parties du Lac, faire passer devant eux une branche de ce lac et empêcher qu'on ne put les attaquer par le derrière qui ne me paroit pas hors d'insulte. Il sera très bon avec le tems de fortifier ce poste sans cependant y rien faire autre chose que le mettre hors d'insultes et en état de protéger l'endroit du mouillage des barques, n'y ayant rien à craindre de la part des Iroquois quand on sera à couvert du coup de main.

Une autre fois il pourra voir cette Ile, cependant la difficulté de l'aborder à cause

A fait un voyage à Cataraquoi. Le sieur de la Forrest qui y commande de la part du sieur de la Salle lui ayant demandé permission d'aller chez les Illinois pour les affaires du dit sieur de la Salle, il a mis à sa place sieur d'Orvilliers avec sa compagnie, ce poste lui paraissant de très grande importance.

L'on verra par le plan qu'il envoye le méchant état où est le fort comme il (pourroit) être mieux situé ; et ce qu'il y auroit à faire pour mettre les barques que l'on envoye à l'abri du feu ennemi.

On l'a assuré que l'Ile de la Forêt qui est voisine d'une lieue de ce fort dans le lac des vents dont il écrit, doit faire préférer le poste de Cataraquoi, bien que le terrain soit moins fertile que celui de l'Ile.

Ce sera apparemment de ce poste qu'il commencera la guerre aux Iroquois, en cas qu'il ne puisse se dispenser de leur faire, et ce sera une grande facilité pour la terminer bientôt, que ce qu'il dit que la plupart des Iroquois passent à portée de ce Fort au retour de leur chasse, parce qu'il sera aisé de prendre une conjoncture favorable pour les attaques au dépourvu ainsi qu'ils ont fait plusieurs fois à l'égard des François. Cependant Sa Majesté se remet à lui de faire à cet égard ce qu'il jugera plus convenable, et tenant toujours dans le principe qui lui a été expliqué qu'il faut, par rapport au bien de la colonie, éviter la guerre autant qu'il sera possible avec sûreté et en maintenant la crainte que les Iroquois doivent avoir des François, mais s'il faut la faire, il est nécessaire de prendre de bonnes mesures pour exterminer promptement les Iroquois et éviterer de tirer la guerre en longeur.

Bon.

Le Roi se remet à sa prudence pour la conduite qu'il tiendra à cet égard.

Il n'y a rien de plus important que de soutenir les alliés des François que les Iroquois n'insultent ces nations, et si pour leur Ontario est plus fertile et qu'il y a une anse où les barques pourroient être à couvert des vents qui sont effroyables. Il n'a pu voir cette île à cause des vents qui avoient agité leur lac, mais il ira à la première occasion.

Le poste de Cataraquoi est de très grande importance comme l'on pourra voir dans le mémoire de l'état présent du Canada qu'il envoie.

Trois des villages Iroquois passent à portée de ce fort pour aller et retourner de leurs chasses.

L'on doit s'attendre à la guerre avec les Iroquois, et si on ne leur déclare pas, ils la déclareront après qu'ils auront fait leurs efforts pour se défaire des sauvages amis des François.

Quoiqu'ils soient d'une grande insolence, il se ménagera avec eux en attendant une occasion favorable pour se déclarer.

Un nommé Acoutache qui est d'entre les Outawas leur a dit que lui Denonville se préparoit à les attaquer, ce qui les a alarmés. Les Onontagués lui ont promis de les venir trouver au mois de juillet et il tachera d'y attirer cet Acoutache pour le faire arrêter et en faire un exemple.

Il recevoit des lettres du Père Lamberville, missionnaire, portant que les dits Iroquois sont rassurés, de manière qu'il ne croit pas qu'ils songent à déclarer les premiers.

Ce père lui marque qu'ils ont envoyé quelques gens en guerre contre les Illinois et autres nations alliées des François.

L'on ne manquera point de raison pour rompre avec eux quand on voudra, et il est même impossible de se dispenser de leur défense ils falloit faire la guerre aux Iroquois, ils vaudroit mieux s'y engager que de laisser détruire des Nations qui sont celles avec lesquelles on peut contenir le commerce.

Il est très important d'empêcher ce commerce, étant certain que la colonie du Canada périra entièrement si on n'empêche pas les mauvaises intentions des Anglois et des Hollandois qui la serrent de tous côtés et ont une attention continuelle à s'emparer de son commerce. Il a très bien fait d'envoyer ces canots pour empêcher le passage des Anglois, mais s'il pouvoit arrêter quelqu'un de ces déserteurs françois, il seroit bien important d'en faire une prompte et exemplaire justice.

Le Roy se remet à lui de faire ce qu'il estimera plus convenable, mais qu'il observe de ne s'engager pas en grande dépense, et d'envoyer, autant qu'il pourra, la description du pays et les plans des lieux. Il aura dessein d'établir des postes à l'avenir, qu'il observe aussi qu'il ne faut point dans une colonie nouvelle avoir tant de postes à garder parce que cela sépare les forces du pays et qu'ainsi il faut précisément s'en tenir à ce qui est nécessaire pour le maintien et augmentation du commerce et pour la sûreté des habitants.

Bon.

Il donne l'ordre de l'envoie de ces 300.

Je donne ordre pour le paiement, mais comme il marque que ce n'est qu'en avance, ils seront donnés à compte de l'argent qui doit être remis en Canada, sauf à en recou-

faire la guerre, vu qu'ils sont trop fiers et qu'ils ne tiennent à rien de ce qu'ils ont promis par leur dernier traité.

Ils doivent venir le trouver cette été. Envoie un mémoire des choses nécessaires pour faire la guerre, et un autre de ce qui est dans les magasins.

Le sieur d'Orvilliers lui a écrit qu'un de ses soldats revenant des Onontagués, y conduire un jésuite, a vu onze canots anglois, chargés de marchandises, pour aller en traite aux Sonnontouans, conduits par des déserteurs françois. Comme il est nécessaire d'empêcher ce commerce, il doit envoyer au dit sieur d'Orvilliers quelques canots dont il se servira avec ses barques pour courir sur le lac, et tâcher de saisir les dits François et Anglois.

Si on ne remédioit promptement à cela, le commerce de Canada seroit perdu. Il faudra établir un bon poste à Niagara, après avoir battu les Sonnontouans, et un autre fort sur le lac Erié, pour la sûreté des barques qu'il y faudra faire construire, et ainsi l'on tiendra les Iroquois en bride.

Il a trouvé des anciennes troupes sur un assez méchant pied, mais il y remédiera. La plupart des compagnies sont sans armes. Il leur a distribué les 600 fusils qu'il a apporté. Les 300 qui doivent être envoyés cette année seront distribués aux habitants. Il prie de les envoyer incessamment. Il seroit à propos de donner des armes aux Illinois, le sieur Tonty les paieroit, ainsi le Roi en feroit que l'avance.

A fait marché avec le nommé Azur (Hazeur) pour la fourniture des dits fusils.

Il s'oblige de les rendre à Québec à 10 livres pièce, monnoie de France, suivant le vrer les avances pour employer le fond à ce à quoi ils seroient destinés suivant l'Etat.

Répondu.

En écrire précisément à M. de Tonty.

Cette une prétention ridicule du dit Tonty et je lui en écris fortement, l'intention de Sa Majesté étant de conserver aux François la liberté d'aller trafiquer chez les Illinois.

Il ne faut point penser à obliger les peuples à ces transports par corvées, et il vaut mieux qu'il en coûte un peu davantage au Roy que de fatiguer et de dégoûter les habitans en les éloignant de leur travail et de leur commerce.

Le Roi ne veut point donner de commandement général du pays, et d'ailleurs il faut que M. de Callières mérite cette distinction par des plus longs services.

C'est à lui à y mettre ordre et c'est une des choses en quoi sa sagesse et son application pourront être plus utiles à cette colonie.

modèle qu'il en a. Comme ce n'est qu'une avance, supplie d'en ordonner le paiement à LaRochelle entre les mains du sieur Grognon, marchand.

On l'a averti que le sieur de Lasalle ne prétend pas que le commandant de son fort recoive les ordres de lui Denonville. Demande les intentions là-dessus. De quelque manière que l'on décide, il est de service d'ordonner au dit sieur de Tonty de marcher avec le dit sieur de La Forest à la tête des Sauvages où il lui ordonnera. Tâchera de faire revenir les François qui disent avoir ordre de M. De La Barre d'aller aux Outaouas. Le dit sieur de Tonty ne veut pas permettre aux François d'aller en traite du côté des Illinois. Demande si le Roi a donné tout ce pays à M. de Lasalle.

Il se loue extrêmement de la conduite du chevalier de Callières. Il a cherché avec le sieur de Callières les moyens de diminuer les dépenses de la voiture des vivres à Cataraquoy, mais il n'y en a point que celui de commander le peuple ce qui le fatigueroit extrêmement et le ruineroit. Il a augmenté le gouvernement du dit sieur de Callières et il lui a donné un ordre pour commander aux troupes et habitans suivant le mémoire qu'il envoie. Propose de donner le commandement général du pays sous lui au dit sieur de Callières, vu que s'il venoit à manquer il y auroit bien du désordre et de la confusion jusqu'à ce qu'il y eut un nouveau gouverneur.

AUTRE EXTRAIT

Les jeunes gens du Canada sont si mal élevés que dès le moment qu'ils peuvent porter un fusil leurs pères n'osent plus rien leur dire. Comme ils ne sont pas accoutumés au travail et qu'ils sont pauvres, ils n'ont d'autres ressources pour vivre que de courir le bois où ils font une infinité de désordres. Il se servira de toute son autorité pour les

Il n'y a rien de plus important que d'attirer les sauvages à vivre parmi les François, mais il faut que ce soit pour les instruire à la religion, pour les porter à prendre nos manières et non pas corrompre la jeunesse de France et la faire vivre comme les sauvages. Je suis persuadé que lui qui a des sentiments si droits sur la religion fera tout ce qu'il pourra pour empêcher ce désordre.

Il ne faut point l'augmenter.

Il n'y a rien de plus important que de les obliger a travailler et il faut faire en sorte d'établir les manufactures qui conviendront au pays.

J'en ferai parler au sieur Brunet, mais il faudroit que je susse à quel prix les Anglois

châtier et n'exercera à cet égard qu'une justice militaire. Il tâchera surtout de supprimer un abus qui se pratique dans la débauche qui est de se mettre tout nus à la manière des Sauvages. La vie de ces sauvages a beaucoup d'attroit pour ces jeunes gens qui suivent tous leurs mouvements. Il a remarqué que bien loin que les sauvages s'instruisent de la religion et des bonnes mœurs, il ne s'attache qu'à ce qu'il y a de mauvais parmi les François et qu'à moins de les assembler dans des bourgs l'on ne peut les faire vivre dans l'ordre. Il est beaucoup édifié de ceux qui sont établis dans les bourgs de Sillery, Lorette, du Sault, La Prairie et de la Montagne de Montréal. Il examinera les moyens d'occuper la jeunesse du dit pays dans son bas âge.

La noblesse de Canada est ce qu'il y a de plus gueux et en augmentant le nombre c'est multiplier le nombre de fainéans. Les fils de conseillers ne sont pas plus laborieux que les autres jeunes gens.

3ᵉ Extrait.

Les Canadiens sont tous grands, bienfaits, robuste et vigoureux et accoutumés à vivre de peu. Les femmes et filles y sont assez paresseuses faute de menus ouvrages.

4ᵉ Extrait.

Donnera toute sa protection à l'agent des fermiers. Cet agent prétend obliger tous les marchands et les canoteurs de porter leurs pelleteries au bureau à leur arrivée sans les garder chez eux afin d'éviter qu'on ne les fasse passer en France ou chez les Anglois. Les dits marchands disent que si cela a lieu l'on ruinera le commerce en ce que leurs pelleteries allant au bureau passent par plusieurs mains et sont sujettes à être diverties. Les anglois donnent leur poudre à meilleure marché que les Français, ce qui fait que les donne leur poudre, afin d'examiner avec le dit sieur Brunet s'il peut les donner au même prix, lui écrire de venir me parler sur ce sujet.

Bon.

Qu'il y tienne la main.

Il n'y a d'inconvénient à permettre ce commerce que celui qui pourroit arriver de la communication avec les étrangers qui leur donneroit peut-être moyen de tirer du castor et d'autres pélleteries sous prétexte du commerce du blé, mais en tenant exactement la main à ce que cela n'arrive pas, le Roy veut bien permettre pendant un an cette traite du blé, sauf à l'interdire dans la suite si on reconnaissoit que celá ne fut pas avantageux à la colonie.

Bon pour le gouverneur, non pour l'Intendant.

sauvages les vont chercher chez les Anglois et leur portent les castors qu'ils ont. Si M. Brunet vouloit se relâcher sur cet article ce seroit un bien pour le pays.

A trouvé à Montréal à son retour de Cataraquoï des marchands anglois qui croyoient enlever le castor comme par le passé, mais ils s'en sont retournés comme ils étoient venus. A fait connaître à tous les marchands les intentions du Roy sur ce sujet.

Des marchands anglois lui ont proposé de venir chercher des grains à Québec et quoique le pays en désire le débit pour les enchérir, il n'a pas cru devoir accorder cette permission sans ordre.

Il y aura beaucoup à gagner, car les marchandises des Anglois sont à meilleur marché qu'en France.

5° EXTRAIT.

Tiré des lettres de Mgr de St-Vallier.

Demande si dans les Prônes le curé doit traiter le curé et intendant de Monseigneur, et si dans les lettres que les ecclésiastiques leur écrivent, ils en doivent user ainsi.

Représente aussi M. de Denonville que la plupart de la jeunesse du Canada est entièrement corrompue ; qu'il y a des hommes mariés qui ont avec leurs femmes des Sauvagesses dont ils abusent publiquement et qu'il se commet par les jeunes gens et autres François qui se refugient dans les bois des crimes épouvantables. S'il croyait que ses lettres ne fussent vues de personne, il écriroit les choses dans un plus grand détail.

Pour remédier à ce mal il seroit nécessaire de mettre tous les sauvages en des missions réglées. Cela le regarde, mais il doit être secouru pour faire une pareille entreprise.

Se remettre à ce que lui et M. de Denonville estimeront nécessaire pour empecher les désordres et l'assurer pour cela de la protection du Roy.

Quelques crimes que les Sauvages commettent ils demeurent impunis, et puisqu'ils vivent parmi les françois ils doivent être sujet aux mêmes lois.

Il est aisé de les mettre sur ce pied là et ils ne se détruiroient point les uns les autres, s'ils voyoient qu'on punit leurs crimes.

Ils viendroient même parmi les françois en plus grand nombre.

Cinq ou six sauvagesses qui sont sorties depuis quelques années de pensions chez les Ursulines n'ayant pas de quoi se marier.

Il faut remettre le fonds pour le mariage de ces 6 sauvagesses à 50 livres chacune.

On avoit autrefois destiné un fonds de mille écus pour les mariages si on en a changé d'emploi à l'égard des françoises, il ne croit pas qu'on l'ait conservé pour les sauvagesses.

Il pourroit aussi faire un établissement de maistres d'écoles qui coûtent trop à faire venir de France.

Bon.

Des pauvres l'accablent et lui demandent de quoi se couvrir.

Les suites de cette pauvreté sont fâcheuses, les enfants étant obligés de coucher ensemble, dont il arrive des desordres épouvantables.

Comme ils n'osent pas paroître en cet état les enfants ne sortent pas de leurs maisons surtout pendant l'hiver, et de cette manière ils demeurent sans instruction.

Cela est très bon.

M. de Denonuille croit ne pouvoir pas mieux employer quelques congés qu'en donnant le moyen à ces pauvres pour s'habiller.

1686

RÉPONSES

RÉSUMÉ DES LETTRES ÉCRITES EN 1686.—M. DE DENONVILLE

Religion

Sa Majesté a été bien aise d'apprendre qu'il n'y ait aucun religionnaire en Canada et qu'il ait converti les soldats qui étaient encore de la R. P. R.

Il n'y a aucun habitant de la religion prétendue réformée.

Il y avoit quelques soldats seulement dont la plupart ont fait abjuration. Si on leur donnoit quelque petite gratification, cela feroit bon effet.

GUERRE

Sa Majesté, après avoir bien examiné les raisons portées par ses lettres, convient avec lui de la nécessité de faire la guerre aux Iroquois, et pour cet effet elle a donné depuis longtemps des ordres nécessaires pour la préparation des troupes, armes et munitions et autres choses dont il aura besoin pour la faire avec avantage ; Elle attend de sa bonne conduite et de sa valeur un succès heureux de cette entreprise et lui recommande seulement de ménager avec une telle économie les fonds qu'Elle a fait et dont je lui donne part, qu'ils puissent suffire pour mettre fin à cette guerre.

Sa Majesté a approuvé ce qu'il a fait en cette occasion, mais il doit prendre garde que les soldats connaissent la facilité avec laquelle on leur pardonne un pareil crime et ne prennent plus facilement la liberté de déserter.

J'écris à M. de Barillon de faire des plaintes du procédé du Colonel Dongan, et j'en donne avis à M. de Denonville. Je lui fais part aussi du traité de neutralité et des ordres que le Roi d'Angleterre a donnés pour le faire exécuter dans les pays de son obéissance, en Amérique, et je lui marque que ce traité étant connu par le colonel Dongan, Sa Majesté est persuadé que cela mettra fin à toutes les entreprises qu'il auroit pu avoir.

Il s'est refugié à Manatte 50 ou 60 religionnaires des îles de St. Christophe et de la Martinique. Il en est aussi arrivé à Baston quelques-uns de France.

Nous sommes tombés dans un si grand décri parmi les sauvages non alliés que nous ne saurions plus nous en relever que par quelque avantage considérable contre les Iroquois qui travaillent à les débaucher.

Un Huron nommé Escoutache, sous ombre de négociation, leur a livré 70 hommes de sa nation et 36 Outaouas dans la pensée de proposer ensuite la paix entre les Iroquois et ces 2 nations et y parvenir en rendant ces prisonniers. Les Pères Jésuites ont rompu ce prétendu traité ayant même porté ceux du village des Onnontagués, l'un des cinq Iroquois à désavouer cette action.

Ces Onnontagués ont eux-mêmes ramené au fort de Catarakouy 5 soldats du dit fort qui avoient déserté et ont demandé grâce pour eux, ce qu'il n'a pas cru devoir refuser dans la conjoncture présente, et il a jugé à propos de dissimuler ce crime pour se conserver leur bonne volonté.

Toutes les mauvaises intentions des Iroquois viennent par les Anglois qui les font agir dans la pensée de nous détruire et de se rendre maître du pays.

Le colonel Dongan les a assemblé à Manatte et leur a promis toute sorte de protection contre les François. Il leur a fait des présents pour les exciter à nous faire la guerre. Il envoie même chez les sauvages nos alliés pour les unir aux Iroquois.

On l'a assuré que ce colonel doit faire partir 150 Anglois dans le dessein d'attaquer le détroit du lac Erié qui est gardé par les François. Si cela arrive il ne croit plus avoir à rien ménager avec eux et son sentiment

Je lui donne avis que Sa Majesté doit nommer incessamment des commissaires qui, avec d'autres que le Roy d'Angleterre doit aussi nommer de sa part, travailleront en exécution du dit traité de neutralité à terminer toutes les contestations qu'il peut y avoir entre les François et les Anglois sur les pays qui appartiennent aux deux Roys, dans l'Amérique.

Sa Majesté ne sait pas en quoi consiste les prétentions de ce colonel, mais il est nécessaire qu'il fasse observer sa conduite parce que s'il contrevient aux ordres qu'il a reçus et qu'il recevra dans la suite pour maintenir la bonne intelligence entre les deux nations, Sa Majesté priera le Roy d'Angleterre de lui vouloir ôter son gouvernement. Sa Majesté est persuadée de la nécessité qu'il y a de ne point tirer cette guerre en longueur et elle espère que par les bonnes mesures qu'il a prises, il la terminera dans le cours de l'année. Il lui marque qu'il sera en état de lui faire faire, avec le secours que Sa Majesté lui donne, savoir 800 soldats qu'il y a actuellement en Canada, et un pareil nombre qu'Elle lui envoie présentement, sans compter les habitans du pays et avec les armes et munitions nécessaires que Sa Majesté fait passer à Québec. A l'égard de l'argent je lui explique que des 168000 livres qu'il demande, j'en ferai employer en France 30000 à l'achat d'une partie des choses dont il a besoin. Et quant aux autres 138000 livres, monnoie de Canada, qui se réduisent à 103000, monnaie de France, je lui marque qu'il en a été envoyé 50000 livres l'année dernière et que je lui fais remettre les 58000 livres restantes.

seroit d'aller droit à Orange les forcer dans leur fort et tout brûler.

Les Iroquois sont en parfaite union avec les Anglois depuis que M. de la Barre fut chez eux.

Ils se mirent en ce temps sous leur protection et les Anglois firent dresser des poteaux dans leur pays avec les armes d'Angleterre, quoique les François y aient eu des missionnaires les premiers et qu'ils ayent une infinité de titres incontestables des droits qu'ils ont sur ce pays.

Le colonel Dongan a écrit au supérieur des Jésuites qu'il lui donneroit toutes sortes de protection pourvu qu'il ne se mêlât que des affaires de la religion.

Et à lui que Sa Majesté lui devait 25000 livres, et comme c'est un homme fort intéressé, il croit qu'on pourroit l'attirer, si on vouloit, avec de l'argent.

Il n'y a rien de plus important que de ne point tirer la guerre en longueur et de la terminer s'il se peut cette année.

Il lui faudroit pour cela 1500 hommes de troupes réglées avec les munitions et l'argent qu'il demande montant à 168,000 livres.

En cas qu'on ne puisse pas terminer la guerre en une année. Il seroit à désirer au moins qu'il put attaquer dans la première campagne les 2 plus gros villages des Iroquois et hiverner dans leur pays, pour les empêcher de venir rétablir pendant l'hiver ce qu'on auroit détruit en été. Cela est aussi nécessaire pour empêcher qu'ils ne viennent attaquer les habitations de la Colonie qui sont extrêmement éloignées les unes des autres et hors d'état de s'entre secourir.

POSTE DE NIAGARA

Sa Majesté approuve qu'il fortifie ce poste, mais elle est bien aise de lui faire observer, à l'égard de tous les forts qu'il propose de faire, qu'il est nécessaire qu'il prenne garde de ne pas trop se charger de dépenses en même temps. Et pour cela je lui fais remarquer deux choses essentielles auxquelles il doit être attentif. La première de ne faire qu'un fort toutes les années à commencer par les plus pressés, et la deuxième de n'y faire que des fortifications légères pour parer un coup de main, n'ayant à faire à aucune puissance qui soit capable de faire un siège, de sorte qu'une simple muraille percée de créneaux avec un fossé médiocre et des palissades au dehors sont les seules fortifications qu'il doit admettre en ce pays-là.

A l'égard des ouvriers, il s'en trouvera plusieurs parmi les soldats, mais il ne doit pas faire de difficultés de faire travailler ceux du pays en leur fournissant ce qui est nécessaire pour leur subsistance, n'étant pas à propos dans une conjoncture comme celle-ci de souffrir qu'ils se prévalent du besoin qu'on peut avoir d'eux. Cependant j'écris au sieur de Mauclaire de chercher 4 ou 5 maçons et 20 manœuvres pour les envoyer en ce pays et je lui marque de faire en sorte de leur faire prendre partie dans les troupes.

Sa Majesté approuve les mesures qu'il a prises pour la campagne prochaine, et elle n'a rien à ajouter si ce n'est que dans la suite de cette guerre, il pourra faire plusieurs Iroquois prisonniers. Elle veut qu'il fasse en sorte de les garder jusqu'à ce qu'il puisse les faire passer en France, estimant qu'Elle pourra s'en servir sur ses galères, et il pourra même envoyer, par le retour des vaisseaux qui porteront les soldats, ceux qui auront été pris avant le départ de ces vaisseaux.

Aussitôt que la guerre sera déclarée, son intention est de fortifier le mieux qu'il pourra le poste de Niagara qui est d'une extrême conséquence, tant pour faciliter aux habitans les moyens de retirer leurs pelleteries des Outaouas et des autres lieux éloignés, que pour assurer une retraite aux Illinois en cas qu'ils fussent poussé par les Iroquois, mais il seroit à propos d'envoyer des maçons de France, vu que ceux du pays coûtent $3^l.3.10^s$ par jour, encore sont-ils mal habiles.

Il est d'autant plus nécessaire de fortifier ce poste qu'il est à craindre que les Anglois ne s'en emparent si on ne les prévient. Il propose aussi de bâtir un fort à Chambly dans la prairie de la Magdeleine pour empêcher que les Iroquois n'y viennent.

Et il représente que le Roi ne sera jamais maître de ce pays que Sa Majesté n'ait des barques sur tous les lacs. Il fait état de se rendre dans la fin de juin au lac Ontario avec les troupes qu'il aura.

Il donne ordre aux Pères Jésuites et à quelques officiers de confiance de ramasser tous les François qui sont en traite, et le plus de sauvages alliés qu'il pourront et de les amener au rendez-vous qu'il leur a donné, et il a ordonné au sieur de Tonty de venir avec

Sa Majesté a approuvé qu'il ait donné cet ordre, et je lui envoie une ordonnance pour défendre aux François sans congé chez les nations voisines à peine de la vie.

Il est important de faire un exemple de cet homme s'il se trouve coupable de ce crime.

Sa Majesté n'est pas persuadée que le grand nombre de ses sauvages soient à craindre, vu qu'ils n'ont aucune expérience de la guerre ; et au contraire elle espère que ceux qu'il ramassera dans le nombre de nos alliés, étant conduits par un homme qui a autant d'expérience que lui, seront d'une grande utilité.

Je lui donne avis que Sa Majesté envoie 300 fusils pour être distribués en dons aux sauvages qui serviront avec lui.

Sa Majesté a beaucoup d'impatience du sieur de La Salle. Qu'il fasse savoir ce qu'il en apprendra, et, s'il revient, qu'il lui donne toute la protection dont il aura besoin.

Je lui donne avis que le Roi a fait choix du sieur...... pour commander sous lui toutes les troupes qui sont en Canada. A l'égard de la conduite de la guerre et du commandement du pays ils appartiendroient de droit à ce commandant. Cependant comme il assure que M. de Callières en est fort capable, Sa Majesté lui envoie des Patentes, le nom en blanc, pour les remplir, en cas qu'il se dit hors d'état de pouvoir agir, du nom de celui de ces deux officiers qu'il en estimera le plus capable, mais il doit observer de ne se servir

les Illinois prendre les Iroquois en guerre en même temps qu'il leur tombera dessus d'un autre côté.

Il a envoyé à l'officier qui commande le poste du lac Erié l'ordre de faire passer par les armes tous les François qu'il prendra avec les Anglois.

Le sieur chevalier de Callières a, depuis peu, fait arrêter un habitant du Canada qui vouloit débaucher les jeunes gens du pays pour les engager à passer chez les dits Anglois.

Les Iroquois peuvent mettre 2000 hommes sous les armes, et ils ont fait alliance avec les nations du Loup qui leur doit fournir jusqu'à 1500 hommes pour nous faire la guerre sans compter un grand nombre d'autres peuples qui sont leurs alliés.

Il a fait partir le sieur de Tonty pour aller assembler les Illinois, et lui a remis 150 fusils pour en armer une partie.

Cet officier a été jusqu'à l'embouchure du Mississipi pour chercher le sieur de la Salle sans en avoir aucune nouvelle.

Il y a seulement appris en revenant que des sauvages l'avoient vu à la rivière des Mouilla qui est à 40 lieues au nord de l'embouchure du fleuve de Mississipi, et qu'il en étoit parti pour aller du côté du sud.

Le dit Tonty a ramené avec lui 2 chefs Illinois qui ont promis que leur nation feroit son devoir contre les Iroquois.

Comme il n'y a point officier général dans le pays pour commander sous lui, et que s'il tomboit malade toute la guerre rouleroit sur quelques enseignes de marine qui commandent les premières compagnies et qui ne sont pas capables d'une aussi grande entreprise, il demande un ordre pour un des gouverneurs particuliers pour commander en son absence et sous son autorité en sa présence et il propose le sieur chevalier de Callières, gouverneur de Montréal, qu'il assure avoir toutes les qualités requises pour s'en bien acquitter.

de ce droit que dans cette occasion seule. Sa Majesté approuve qu'il mène avec lui le dit chevalier de Callières pour le faire agir comme il l'estimera à propos pour le service.

JUSTICE ET ETAT PRÉSENT DU PAYS

Sa Majesté n'a pas trouvé que l'augmentation des habitans soit assez considérable et surtout à l'égard des sauvages dont il doit tâcher d'accroitre le nombre par toutes sortes de moyens.

Rien n'étant plus convenable pour cette colonie que d'y acquérir de nouveaux sujets à Sa Majesté sans qu'il en coûte rien au royaume, outre que ces sauvages seront d'une grande utilité pour rétablir le Christianisme dans le pays.

Sa Majesté a été aussi surprise qu'il y ait moins de terre en labour en 1686 qu'en 1685. Elle veut qu'à l'avance il fasse en sorte que cela augmente en donnant des terres à défricher à ceux qui pourront en prendre.

Sa Majesté approuve les mesures qu'il prend de peupler l'île de Montréal.

Sa Majesté lui commande toujours de faire exécuter sévèrement les ordonnances rendues centre les coureurs de bois. Elle approuve le règlement qu'il a fait sur ce sujet. Elle approuve aussi la proposition qu'il fait d'en former des compagnies réglées, mais il faudroit qu'il fit en sorte qu'elles ne contassent pas plus que celles que Sa Majesté entretient actuellement, et elle lui permet d'en établir dès à présent une sur ce pied-là, je lui explique que des 6 sols par jour que le Roi leur donnera, comme aux soldats, il en sera envoyé 4 sols 6 deniers en argent dans le pays et il sera retenu en France 1ˢ 8ᵈ pour employer à l'achat des habits qui leur seront envoyés tous les ans.

Il envoie le recencement du Canada qui se trouve augmenté depuis l'année passée de 110 personnes, y en ayant à présent 12,373.

Les prêtres du Séminaire de Montréal protégent beaucoup les établissements qu'il ont en cet île et comme c'est un pays qui est important de peuple, il portera les soldats qui se marieront à s'y habituer par préférence.

Il n'y a rien de plus important que de reprimer les désordres qui se commettent dans les bois, et il a fait des règlements pour y rémedier, mais il sera mal aisé de les faire observer si on ne trouve quelque moyen d'occuper les enfans de la noblesse et de ceux qui vivent comme tels.

Il propose pour cet effet d'engager ces jeunes gens dans des compagnies réglées et de donner 8 sols de France par jour aux plus raisonnables et 6 sols aux autres.

Il est à craindre que si on ne les retient par là que les Anglois ne les débauchent.

Il pourra faire choix pour commander cette compagnie de quelqu'un des anciens capitaines qui sont établis en Canada qui aura plus d'autorité et de crédit sur l'esprit de ces jeunes gens qu'un autre officier qu'on pourroit envoyer.

Sa Majesté a accordé 100 écus d'aumône à chacune de ces familles, et je lui fais observer que la misère dans laquelle elles sont vient d'avoir voulu vivre en gens de qualité et sans travailler, et qu'ainsi il est bien à propos d'empêcher à l'avenir ceux qui ne seront pas gentilhomme de prendre cette qualité qui les réduit à la mendicité.

A l'égard des lettres de noblesse, Sa Majesté n'estime pas qu'il faille en donner d'avantage aux habitans du Canada. Et pour soulager le pays d'une partie des enfans de ceux qui sont véritablement nobles, je lui envoie 6 lettres de gardes de la marine et je lui recommande de prendre garde de ne pas les remplir d'aucun qui ne soit bien gentilhomme.

Sa Majesté pourra retirer dans la suite le fort de Cataraquoy, mais il n'y a rien qui presse à présent.

Il représente qu'il y a plusieurs familles de gentilhommes, très honnêtes gens, qui sont dans la dernière nécessité, n'ayant pas de pain et il demande quelque charité pour elles.

Il ne croit pas à propos de faire dans un temps de guerre comme celle-ci, recherches des faux nobles, d'autant plus que ceux qui en ont pris la qualité mal à propos ne deviendront pas plus laborieux. Il est d'avis seulement de n'accorder des lettres de noblesse qu'à ceux qui seront riches et qui entreront en quelque commerce.

Le poste de Cataraquoy est dans une situation avantageuse pour le commerce et il seroit à propos d'y attirer les habitans, mais pour y parvenir il faut que Sa Majesté l'achète du sieur de Lasalle et qu'elle en laisse le commerce libre à tout le monde.

LE SIEUR PARAT, GOUVERNEUR DE PLAISANCE

Il peut sans difficulté faire arrêter ces matelots et les envoyer en France, mais qu'il prenne garde de ne faire aucune entreprise à cet égard qui ne soit assurée du succès.

Il demande s'il doit arrêter les matelots français de la R. P. R. (religion prétendue réformée) qui viennent dans les ports de son gouvernement sur les vaisseaux anglois.

TABLE DES MATIÈRES

	Pages.
Lettre de Louis XIII à Champlain, au sujet du commandement en la Nouvelle-France.—7 mai 1620	1
Du même à d'Aunay de Charnisay, au sujet de son commandement et celui de M. de Latour.—10 février 1638	1
Du même au même, au sujet de la capture de M. de Latour, s'il refuse de revenir en France.—13 février 1641	2
Lettre de Louis XIV à d'Aunay de Charnisay, au sujet des services qu'il rend à Sa Majesté.—28 septembre 1645	2
Lettre de la reine régente au même, sur le même sujet.—27 septembre 1645	3
Lettre de Louis XIV au comte de Doignon, au sujet du voyage du vaisseau " La Marquise."—6 avril 1646	3
Lettre de Louis XIV à M. D'Argenson, au sujet de l'appui qu'il doit donner à l'évêque de Pétrée.—14 mai 1659	4
Mémoire du roi pour servir d'instruction à M. Talon, nommé intendant au Canada.—27 mars 1665	4
Mémoire du roi pour servir d'instruction à M. de Frontenac, nommé gouverneur et lieutenant général au Canada.—7 avril 1672	10
Extrait d'une lettre du roi à M. de Frontenac, au sujet du recensement que doit faire M. du Chesneau, des nouvelles découvertes, du commerce et de la traite.—13 avril 1676	14
Extrait d'une lettre du roi à M. de Frontenac, au sujet du voyage que ce dernier a fait au fort de Frontenac, pour calmer les Iroquois.—Sa Majesté veut que l'on continue à vivre en bonne intelligence avec les Anglais et que l'on favorise le commerce maritime, l'établissement des manufactures et la pêche.—28 avril 1667	14
Extrait d'une lettre du même au même, au sujet des traités faits avec les sauvages, de l'éducation des enfants de ces derniers, et des ordres donnés au sieur de Marsan, commandant en Acadie.—12 mai 1678	15
Extrait d'une lettre du même au même, au sujet de ce qui se passe entre les sauvages et les nations de l'Europe qui sont établies près de la Nouvelle-France.—Sa Majesté désire maintenir la paix avec les Anglais et les Hollandais, et recommande l'union entre les habitants du Canada.—25 avril 1679	15

TABLE DES MATIÈRES

PAGES.

Extrait d'une lettre du même au même, au sujet de la prétendue rupture entre la France et l'Angleterre.—M. de Frontenac doit cependant maintenir les habitants du Canada dans l'exercice et le maniement des armes, et doit bannir de son esprit les difficultés qu'il a pu faire trop légèrement naître dans le pays.—29 avril 1680.... 16

Instruction que le roi veut être mise entre les mains du sieur de La Barre, nommé gouverneur en la Nouvelle-France.—10 mai 1682.. 16

Extrait d'une lettre du roi à M. de La Barre, au sujet de l'établissement des Anglais dans la Baie d'Hudson et de la bonne intelligence qui doit régner entre lui et M. Dongan, gouverneur de la Nouvelle-York.—Sa Majesté croit que les découvertes de La Salle sont fort inutiles.—Elle veut que M. de La Barre travaille de concert avec l'intendant à l'établissement du commerce entre les îles et le Canada.—5 août 1683. 18

Extrait d'une lettre du même au même, au sujet de la guerre avec les Iroquois et de l'armement du vaisseau l' "Emérillon".—Passeports.—Rétablissement du fort de Québec.—Demande de prisonniers iroquois pour servir sur les galères.—Voyage de M. de Laforest.—La Salle doit rester en possession du fort de Frontenac.—31 juillet 1684.. 18

Lettre du roi à M. de La Barre annonçant à ce dernier que Sa Majesté a choisi M. de Denonville pour le remplacer.—10 mars 1685... 20

Extrait d'une lettre du roi à M. de Meules, intendant, au sujet du traité fait entre M. de La Barre et les Iroquois, et de la nomination de M. de Denonville, comme gouverneur.—10 mars 1685.. 20

Instruction que le roi veut être mise entre les mains de M. de Denonville, nommé gouverneur en la Nouvelle-France.—10 mars 1685.. 20

Extrait d'un mémoire du roi à MM. de Denonville et de Champigny, au sujet de la guerre avec les Iroquois, du voyage que M. de Tonty a fait à l'embouchure du fleuve Mississippi et de l'entreprise de M. de La Salle.—Ordre de faire travailler les femmes de mauvaise vie aux ouvrages publics.—30 mars 1687................................. 22

Lettre du roi au marquis de Denonville, défendant à ce dernier de faire aucune entreprise contre les Anglais, pendant les négociations qui se poursuivent à Londres au sujet du traité de neutralité conclu le 16 novembre 1686.—17 juin 1687................ 23

Mémoire pour servir d'instruction au marquis de Denonville sur les éclaircissements à donner au sujet des contestations qui sont entre les Français et les Anglais touchant la propriété des pays de l'Amérique septentrionale.—8 mars 1688..................... 24

Mémoire du roi à MM. de Denonville et de Champigny, au sujet des Anglais et des Iroquois.—Nécessité de mettre à couvert le commerce dans les postes avancés, particulièrement à Missilimakinac.—1 mai 1689.. 25

Mémoire pour servir d'instruction à M. de Frontenac sur l'entreprise de la Nouvelle-York.—7 juin 1689... 26

Instructions au marquis de Frontenac.—7 juin 1689....................................... 30

Mémoire du roi à MM. de Frontenac et Champigny, au sujet de la défensive qu'ils doivent garder en ce qui concerne les ennemis.—14 juillet 1690.................................. 32

Mémoire du même aux mêmes, sur les affaires du Canada.—14 juillet 1690............ 33

TABLE DES MATIÈRES

PAGES.

Mémoire du même aux mêmes, au sujet des ennemis, de l'état du fort St-Louis et de la conduite du sieur de Laforest.—7 avril 1691 35

Mémoire du même aux mêmes, au sujet des préparatifs qui se sont faits à Boston, pour tenter une nouvelle entreprise contre Québec et de la construction de bâtiments de guerre légers.—28 mars 1693 36

Mémoire du même aux mêmes, au sujet de la prétendue entreprise contre Québec et du paiement aux sauvages chrétiens de dix écus blancs pour chaque prisonnier, etc.— 8 mai 1694 37

Mémoire du même aux mêmes au sujet des Iroquois.—14 juin 1695 37

Mémoire du même aux mêmes au sujet des Iroquois et des dépenses d'argent.—26 mai 1696 38

Lettre du roi à M. de Frontenac au sujet des cinq nations iroquoises et de la cessation des hostilités.—25 mars 1699 41

Mémoire du roi au chevalier de Callières et à M. de Champigny, au sujet des intentions de Sa Majesté sur les affaires de la Nouvelle-France.—27 mai 1699 42

Mémoire du roi au chevalier de Callières, au sujet de l'entente des Anglais et des Français pour forcer les Iroquois à demeurer en paix.—5 mai 1700 44

Mémoire du même au même, au sujet de la conclusion de la paix avec les Iroquois et de la perspective d'une guerre avec l'Angleterre.—31 mai 1701 44

Mémoire du même au même en réponse à ses dépêches et à celles du sieur de Champigny, ancien intendant.—3 mai 1702 45

Mémoire du même au même, au sujet de la dépense que la compagnie de la colonie a faite pour le Détroit.—30 mai 1703 46

Mémoire du roi au marquis de Vaudreuil, en réponse à la dépêche écrite en commun par lui et par le sieur de Beauharnois, ancien intendant.—17 juin 1705 47

Instruction pour servir au sieur d'Aigremont, subdélégué du Sieur Raudot, intendant de la Nouvelle-France, que le roi a choisi pour aller au fort Cataracouy, à Niagara, au fort du Détroit de Pontchartrain et à Missilimakinac.—30 juin 1707 48

Mémoire du roi à M. de Vaudreuil, au sujet de la bonne correspondance que ce dernier doit entretenir avec les sauvages, etc.—30 juin 1707 51

Lettre de cachet du roi à M. de Vaudreuil au sujet de la réjouissance ordonnée par Sa Majesté pour la naissance du prince des Asturies.—7 septembre 1707 53

Extrait d'un mémoire du roi à MM. de Vaudreuil et Raudot, au sujet du traité de neutralité avec le gouverneur de la Nouvelle-Angleterre, et des affaires du Canada.— 6 juin 1708 53

Mémoire du roi à MM. de Vaudreuil et Raudot, au sujet des sauvages qui avoisinent le Canada et des fortifications.—6 juillet 1709 54

Lettre du roi à M. de Vaudreuil, ordonnant un *Te Deum* à l'occasion de la prise de la ville et du château Saint-Sébastien.—27 avril 1710 54

TABLE DES MATIÈRES

PAGES.

Publication de la paix conclue entre Sa Majesté et l'Angleterre, la Hollande, etc.—22 mai 1713... 55

Publication de la paix conclue entre Sa majesté et l'Empereur.—13 avril 1714............ 55

Extrait du projet du mémoire du roi aux sieurs de Vaudreuil et Begon, au sujet des sauvages de la rivière St-Jean.—23 mai 1719.. 56

Lettre du roi à M. de Vaudreuil au sujet d'un *Te Deum*, qui doit être chanté pour le recouvrement de la santé de Sa Majesté.—(Sans date) 1722................................ 56

Extrait d'un mémoire du roi à MM. de Vaudreuil et Begon, au sujet du commerce des Sauvages à Orange, des écarlatines de Montpellier, de l'établissement de Niagara, et de la vente de l'eau-de-vie aux sauvages.—8 juin 1723.. 5

Extrait d'un mémoire du roi aux mêmes, au sujet de la guerre des Anglais contre les Abénakis.—30 mai 1724.. 58

Lettre du roi à M. de Vaudreuil, annonçant le mariage de Sa Majesté, et ordonnant de chanter un *Te Deum*.—5 septembre 1725... 58

Mémoire du roi pour service d'instructions à M. de Beauharnois, gouverneur de la Nouvelle-France.—7 mai 1726.. 59

Mémoire du roi à MM. de Beauharnois et Dupuy, intendant, au sujet d'un poste que les Anglais veulent établir à l'entrée de la rivière Chouégen, et autres affaires concernant les Anglais et les Sauvages.—14 mai 1726.. 60

Lettre du roi annonçant au conseil supérieur qu'il prend le gouvernement du royaume.—14 juin 1726... 61

Lettre du roi à M. de Beauharnois au sujet du rétablissement de la santé de Sa Majesté.—1 août 1726.. 62

Mémoire du roi à M. de Beauharnois et à M. Dupuy, intendant, au sujet de la maison à Niagara, de la construction de deux barques au fort Frontenac; et de l'érection d'un fort à l'embouchure de la rivière de Chouégen.—29 avril 1727...................... 62

Lettre du roi au marquis de Beauharnois, à l'occasion de la naissance de deux princesses.—14 août 1727.. 63

Mémoire du roi à M. de Beauharnois et à M. Dupuy, au sujet de la guerre des Abénakis contre les Anglais.—29 avril 1727... 64

Résumé des dépêches du Canada, avec recommandations du ministre, approuvées par le roi.—16 mars 1728.. 65

Extrait d'un mémoire du roi à MM. de Beauharnois et Dupuy, au sujet de la paix entre les Anglais et les Abénakis, et autres affaires concernant le Canada.—14 mai 1728... 70

Lettre du roi à M. de Beauharnois, à l'occasion de la naissance d'un fils de Sa Majesté.—4 septembre 1729.. 75

Lettre du même au même au sujet de la naissance d'un deuxième fils.—30 août 1730.... 75

Extrait d'un mémoire du roi à MM. de Beauharnois et Hocquart, au sujet des postes de Frontenac et de Niagara, de l'eau-de-vie, de l'établissement de la colonie du côté du sud du fleuve St-Laurent, d'un établissement sur le lac Champlain, etc.—8 mai 1731... 76

TABLE DES MATIÈRES

PAGES.

Mémoire du roi à MM. de Beauharnois et Hocquart, au sujet des Chaouanons, d'un fort de pieux sur le lac Champlain et des officiers commandant dans les postes de la Nouvelle-France.—22 avril 1732...... 77

Instruction à M. de Beauharnois, au sujet des desseins des Anglais.—18 février 1733...... 78

Extrait d'un mémoire du roi à MM. de Beauharnois et Hocquart, au sujet de la navigation sur le lac Champlain, des Chaouanons et des Sauvages.—10 mai 1737............ 78

Lettre du roi au conseil supérieur, concernant les enregistrements.—9 décembre 1746. 80

Lettre du roi à M. de La Galisonnière, au sujet de la conclusion de la paix avec l'Angleterre et d'un *Te Deum* qui doit être chanté à cette occasion.—1 février 1749 81

Lettre du roi au marquis de Duquesne, au sujet de la maladie du Dauphin.—31 août 1752... 81

Instructions du roi pour le baron de Dieskau, maréchal de camp des armées de Sa Majesté.—1 mars 1755... 82

Instruction particulière à M. de Vaudreuil sur la conduite qu'il doit tenir avec les Anglais.—1 avril 1755... 86

Extrait des instructions du sieur Vaudreuil de Cavagnal, gouverneur en la Nouvelle-France.—14 juin 1755... 90

Lettre du roi de France au roi d'Angleterre.—21 décembre 1755................................ 92

Ordre du roi au sujet du commandement des troupes en Canada.—11 mars 1756......... 93

Le roi au marquis de Montcalm.—Lettre de service pour MM. de Lévis, de Bourlamaque et de Montreuil.—11 mars 1756... 94

Mémoire du roi pour servir d'instruction au marquis de Montcalm, maréchal de camp. —14 mars 1756... 94

Congé temporaire au lieutenant Leblanc, du régiment de La Sarre.—16 octobre 1757... 96

Amnistie en faveur des soldats déserteurs.—29 décembre 1757.................................. 96

Le roi au marquis de Montcalm.—Lettre de service pour MM. de Bourlamaque, de Sénezergues et de Bougainville.—10 février 1759... 97

Nomination du sieur Nolin au poste de lieutenant réformé au régiment de La Sarre.— 13 février 1759... 97

Nomination du sieur Cabanel de Sermet, comme lieutenant réformé au régiment de Guyenne.—13 février 1759... 97

Le roi au marquis de Montcalm.—Lettres de service pour recevoir des chevaliers de St-Louis.—17 février 1759.. 97

Lettre du roi au sieur de La Martinie, l'informant qu'il est nommé chevalier de St. Louis.—12 février 1760.. 98

Lettre du roi au chevalier de Lévis, l'informant qu'il le commet pour recevoir les chevaliers de St-Louis.—12 février 1760... 98

Instruction pour recevoir des chevaliers de l'ordre militaire de St-Louis....................... 98

TABLE DES MATIÈRES

	PAGES.
Lettre du roi au chevalier de Lévis, au sujet de M. de Preyssac.—22 mars 1761	99
Lettre du Conseil d'Etat au sujet du sieur de Latour.—6 mars 1644	99
Extrait des registres du Conseil d'Etat au sujet de la compagnie de la Nouvelle-France.—15 mars 1656	102
Arrêt du Conseil d'Etat portant règlement sur le commerce et traite du Canada.—7 mars 1657	105
Extrait des registres du conseil privé du roi au sujet du sieur de Bécancourt.—20 février 1660	107
Arrêt qui accepte les offres faites par Robert Cavalier de Lasalle.—13 mai 1675	109
Arrêt au sujet des lettres de change.—12 mai 1716	110
Lettre du conseil de marine au sujet de l'établissement du Détroit.—2 mars 1716	111
Le conseil de marine au sujet des sauvages Abénakis.—1er avril 1716	113
Guerre contre les Renards et amnistie pour les coureurs des bois.—28 avril 1716	115
Le conseil de marine au sujet des congés.—28 avril 1716	116
Le conseil de marine et l'enceinte de Montréal.—5 mai 1716	117
Le conseil de marine et la monnaie de cartes.—12 mai 1716	117
Le conseil de marine au sujet d'une lettre de l'évêque de Québec.—12 mai 1716	118
Guerre des Renards.—14 octobre 1716	119
Etablissement proposé à Niagara.—7 novembre 1716	121
Le conseil de marine au sujet du castor.—14 décembre 1716	122
Le conseil de marine au sujet des lettres de noblesse.—26 janvier 1717	123
Le conseil de marine au sujet du rang des capitaines.—16 février 1717	124
Le conseil de marine au sujet de M. de Breslay, missionnaire.—23 février 1717	124
Le conseil de marine au sujet d'un établissement au Labrador.—23 février 1717	126
Le conseil de marine au sujet d'une lettre de MM. Vaudreuil et Begon.—26 février 1717	126
Le conseil de marine et les lettres de change.—26 février 1717	129
Le conseil de marine au sujet des prêtres du Canada qui ne sont pas en état de servir.—9 mars 1717	129
Le conseil de marine au sujet d'une lettre de MM. de Vaudreuil et Begon.—9 avril 1717	131
Monnaie de cartes.—Historique de ce qui s'est passé à ce sujet.—12 avril 1717	132
Le conseil de marine au sujet d'une lettre de noblesse du sieur de Tonnancour.—11 mai 1717	138
Le conseil de marine au sujet de procédures judiciaires.—18 juin 1717	140
Extrait d'une lettre à M. de Vaudreuil.—26 juin 1717	140

TABLE DES MATIÈRES

PAGES.

Le conseil de marine au sujet du sieur d'Auteuil.—27 juillet 1717 141

Le conseil de marine au sujet d'une manufacture de chapeaux.—3 août 1717 141

Le conseil de marine au sujet de terrains pour M. du Chesnay.—18 août 1717 142

Le conseil de marine.—Changement de la mission St-Louis.—7 décembre 1717 143

Le conseil de marine au sujet d'une lettre de MM. de Vaudreuil et Begon.—7 décembre 1717 145

Le conseil de marine et la découverte de la mer de l'ouest.—7 décembre 1717 148

Le conseil de marine au sujet d'une lettre du gouverneur Lovelace, de New-York.—1er juin 1718 149

Le conseil de marine au sujet d'une lettre de M de Vaudreuil.—25 janvier 1718 151

La pêche aux marsoins.—Avis du conseil de marine.—27 février 1720 153

Le conseil de marine au sujet de la requête du Sieur de La Boularderie, qui demande la permission d'établir une pêche sédentaire à l'île Nigamiche.—Projet d'ordre du roi à ce sujet.—27 février 1720 154

Le conseil de marine.—Requête du sieur Benoit au sujet de la justice au Canada ; des attributions du Conseil Souverain, et des prétentions des officiers.—mars 1720 155

Le conseil de marine au sujet d'une requête des pères Jésuites.—Leur collège à Québec.—Leur entrepôt à Montréal pour les missionnaires.—16 mars 1720 156

Le conseil de Marine au sujet d'une requête de MM. Gauthier, Nicolas, et autres, demandant que le comte de St. Pierre soit obligé de leur rendre les lettres patentes de concession des îles St-Jean et Miscou.—23 avril 1720 157

Le conseil de marine et la requête des Sulpiciens, au sujet des fortifications de Montréal.—23 avril 1720 159

Le conseil de marine et la requête des supérieurs des hôpitaux du Canada, au sujet des rentes de ces derniers sur l'Hôtel de ville de Paris.—23 avril 1720 160

Le conseil de marine au sujet d'une lettre de M. de Vaudreuil.—Le sieur de Sabrevois et le poste du Détroit.—1720 160

Approbation du conseil de marine au sujet des mesures prises par MM. Vaudreuil et Begon pour le fort de Niagara.—janvier 1721 163

Le conseil de marine au sujet d'une lettre de M. Begon. La culture du chanvre.—Encouragement qu'il faudrait donner à cette culture.—14 janvier 1721 164

Le conseil de marine au sujet des jésuites missionnaires.—Leur entrepôt à Montréal.—4 mars 1721 165

Le conseil de marine et la veuve Laforest.—Le fort de Frontenac.—18 mars 1721 165

Le conseil de marine au sujet d'une lettre de l'évêque de Québec, relativement aux congés.—Nécessité de les rétablir.—Familles pauvres.—Coureurs des bois.—Hôpital général de Québec.—24 mars 1721 166

TABLE DES MATIÈRES

PAGES.

Le conseil de marine au sujet d'une réclame du Séminaire de St-Sulpice, relativement à la taxe des fortifications.—Diminution de leurs revenus.—Missions du Sault aux Récollets transportées sur la terre du lac des deux Montagnes.—24 mars 1721 167

Le conseil de marine au sujet d'une lettre des missionnaires du Sault St-Louis.—Le commandant militaire de cette place, et la garnison.—24 mai 1721 170

Le conseil de marine au sujet d'une lettre des MM. de St-Sulpice, de Paris, appuyant la réclamation de leurs confrères de Montréal.—Taxe des fortifications.—8 juin 1721. 171

Délibérations du conseil de marine au sujet d'une lettre de MM. Vaudreuil et Begon.— Districts des paroisses.—Dots des religieux.—Hôpital général pour les fous.—Soldats invalides.—Maîtres d'écoles.—Turcq de Castleveyre.—Eau-de-vie.—Sault St-Louis.— Troupes.—Concessions.—Commerce de grains.—Sarrasin.—Rats musqués.—Etablissements.—Niagara.—Rivalité anglaise.—19 octobre 1721 172

Délibérations du conseil de marine au sujet d'une lettre de MM. Vaudreuil et Begon.— Manière de composer l'Alkernès.—2 décembre 1721 178

Le conseil de marine au sujet d'une lettre de M. Chaussegros de Léry.—Bâtiments publics aux Trois-Rivières et à Montréal.—Nécessité de couvrir les magasins du roi en ardoises.—Le corps de garde et magasins du roi, à Montréal, compris dans l'incendie, ont été rétablis —17 décembre 1721 178

Le conseil de marine au sujet d'une lettre de M. de Vaudreuil.—Mariage des officiers. —Missionnaires.—Nouveaux coups des Renards.—Etablissement de la rivière Saint-Joseph, etc.—23 décembre 1721 179

Délibérations du conseil de marine au sujet d'une lettre de l'évêque de Québec.—Gouvernement des couvents.—Destruction proposé de l'hôpital de Montréal.—Hôpital de Québec.—23 décembre 1721 183

Délibérations du conseil de marine au sujet d'une lettre de MM. Begon et Vaudreuil. —Commerce de la colonie.—Importations et exportations.—Anes.—19 janvier 1722. 185

Délibérations du conseil de marine au sujet d'une lettre de MM. Begon et Vaudreuil.— Religieuses hospitalières de Montréal.—Hôpital général de Québec.—Lettres de noblesse.—Crevier.—19 janvier 1722 187

Délibérations du conseil de marine au sujet d'une lettre de MM. Vaudreuil et Begon.— Moulins et bateaux devant Québec.—Lanouillier.—21 janvier 1722 188

Délibérations du conseil de marine au sujet d'une lettre de M. Vaudreuil.—Traite de l'eau-de-vie.—Témoignages des sauvages en justice.—Incendie de Montréal.—Marché de cette ville.—Place d'Armes, à Montréal.—21 janvier 1722 189

Le conseil de marine au sujet d'une lettre de M. de Ramesay.—Incendie de l'hôpital de Montréal.—Hôpital Charron.—Plaintes contre les hospitaliers.—21 janvier 1722...... 190

Délibérations du conseil de marine au sujet d'une lettre de MM. Begon et Vaudreuil.— Population.—Pêche aux marsouins.—24 mai 1722 192

Arrêt du conseil de marine au sujet de 400 livres à être payées à Madeleine Bouchette, sage-femme.—1er juin 1722 192

Délibérations du conseil de marine au sujet des criées des bancs d'églises.—6 juillet 1722. 192

TABLE DES MATIÈRES

PAGES.

Lettre de M. de Lyonne à M. de Tracy.—C'est un plan général de conduite que lui donne le ministre au nom du roi.—15 novembre 1664 194

Lettre de Colbert à M. Talon, intendant de la Nouvelle-France.—5 avril 1666 195

Extraits d'un mémoire signé de Colbert, sur l'établissement de la colonie, adressé à M. Talon.—6 avril 1667 200

Lettre de Colbert à M. de Courcelles, au sujet du commerce du Canada, de M. de Boutterouë, et des Iroquois.—L'évêque de Pétrée et les Jésuites, etc.—15 mai 1669. 202

Lettre du même au même, au sujet de la paix avec les Iroquois, des mariages dans la colonie, des pêcheries et du commerce de la mer.—9 avril 1670 203

Extrait d'une lettre de Colbert à M. Talon, au sujet de la bonne correspondance que l'on doit établir avec les Anglais de Boston.—La découverte du passage de la mer du Sud.—Février 1671 204

Extrait d'une lettre de Colbert à M. de Courcelles, au sujet des Iroquois et du maniement des armes dans la colonie.—11 mars 1671 204

Extrait d'une lettre de Colbert à M. Talon, au sujet du passage de la mer du sud, des mines, du tabac, de la multiplication des bestiaux, du commerce des pelleteries, d'une monnaie pour le Canada, et des Français qui repassent en France.—4 juin 1672. 205

Extrait d'une lettre de Colbert à M. de Frontenac, au sujet des Iroquois, de la division des habitants du pays en trois ordres ou états, pour leur faire prêter le serment de fidélité, et de certains Récollets qui se sont embarqués pour le Canada.—13 juin 1673. 206

Extrait d'une lettre du même au même, au sujet du recensement fait au Canada, du maniement des armes par les habitants, des missions des Jésuites dans les pays éloignés, et des affaires en général.—17 mai 1674 207

Extrait d'une lettre du même au même, au sujet des Récollets, de l'évêque de Pétrée et des Jésuites.—17 mai 1674 208

Extrait d'une lettre du même au même, au sujet de la manière dont la correspondance du gouverneur doit être adressée, du poste du lac Ontario, et de l'instruction des petits Sauvages.—15 mai 1675 208

Extrait d'une lettre de Colbert à M. Duchesneau.—Refus fait à Joliet de s'établir aux Illinois.—28 avril 1677 209

Extraits, par Colbert, du résumé des lettres de M. de La Barre.—Commandement des armes.—Pouvoirs des gouverneurs.—Troupes et fortifications.—12 novembre 1682.. 209

Mémoire de ce qui a été accordé au sieur de la Salle.—23 mars 1684 212

Extraits d'une lettre de M. de Seignelay à M. de La Barre.—Mauvaise administration de ce gouverneur.—Avide de l'autorité, plus encore de gain.—Reproche du roi et du ministre.—10 avril 1684 214

Extraits d'une lettre de M. de Seignelay à M. de Meules, au sujet d'un habitant qui aurait voulu passer chez les Anglais et que l'intendant voulait faire pendre, et d'un édit pour la punition des Français qui se retireront à Manatte et à Orange.—10 avril 1684 214

TABLE DES MATIÈRES

PAGES.

Extrait d'une lettre du même au même, au sujet de l'augmentation des villages des sauvages qui sont aux environs des habitations du Séminaire de Montréal, des sauvagesses de la Montagne, et des affaires de la colonie en général.—10 avril 1684. 215

Lettre du marquis de Seignelay au sieur Dumont, au sujet du vaisseau " Le Joly ", et du sieur de Lasalle.—14 avril 1684... 216

Extrait d'une lettre de M. de Seignelay au sieur Arnoul, au sujet du voyage du sieur de Lasalle.—17 juin 1684.. 217

Lettre du même au sieur de Beaujeu, au sujet du commandement pendant le dit voyage. —17 juin 1684.. 217

Lettre du même au sieur de Lasalle sur le même sujet.—17 juin 1684..................... 218

Lettre du même au sieur Arnoul sur le même sujet.—23 juin 1684........................... 218

Lettre du même au même sur le même sujet.—30 juin 1684.................................. 219

Lettre du même à M. Barillon, ambassadeur à Londres, au sujet de la guerre contre les Iroquois et des instances qui doivent être faites pour obtenir du duc d'York la défense au gouverneur de Boston de fournir des armes et munitions à ces sauvages. —31 juillet 1684.. 219

Extraits du résumé des lettres reçues du Canada.—13 et 14 novembre 1684............. 219

Idem.—18 février 1685... 220

Lettre du marquis de Seignelay à M. Barillon, ambassadeur à Londres, au sujet des relations qui existent entre M. de LaBarre et le gouverneur de la Nouvelle-York.—10 mars 1685... 221

Notes du ministre au sujet de plusieurs lettres de M. de Denonville.—12 novembre 1685. 222

www.ingramcontent.com/pod-product-compliance
Lightning Source LLC
Chambersburg PA
CBHW060121170426
43198CB00010B/986